D1253919

L'ALLIANCE DE LA BREBIS
est le quatre cent dix-septième livre
publié par Les éditions JCL inc.

Catalogage avant publication de Bibliothèque et Archives nationales du Québec et Bibliothèque et Archives Canada

Lavallée, Gabrielle, 1949-

L'Alliance de la Brebis

2e éd.

(Collection Second souffle)
Autobiographie.

ISBN 978-2-89431-417-3

1. Lavallée, Gabrielle, 1949- . 2. Thériault, Roch. 3. Secte de Moïse. 4. Communes (Contre-culture) - Québec (Province) - Gaspésie. 5. Communes (Contre-culture) - Ontario - Burnt River. 6. Ex-membres d'une secte - Québec (Province) - Biographies. 7. Ex-membres d'une secte - Ontario - Biographies. I. Titre. II. Collection: Collection Second souffle.

BP610.T442L39 2009   307.77'4092   C2009-940936-4

© **Les éditions JCL inc., 2009**
Édition originale : août 2009

L'ALLIANCE
DE LA
BREBIS

Collection
Second
Souffle

Les éditions JCL inc.
930, rue J.-Cartier Est, CHICOUTIMI (Québec) Canada G7H 7K9
Tél. : (418) 696-0536 – Téléc. : (418) 696-3132 – www.jcl.qc.ca
ISBN 978-2-89431-417-3

GABRIELLE LAVALLÉE

Rescapée de la secte de Moïse

L'ALLIANCE
DE LA
BREBIS

LES ÉDITIONS JCL

AVERTISSEMENT

*Ce livre est autobiographique. Cependant,
par souci de discrétion, la plupart des noms mentionnés,
ainsi que certains détails, qui auraient permis l'identification
des personnes concernées, ont été changés.*

Nous reconnaissons l'aide financière du gouvernement du Canada par l'entremise du Programme d'aide au développement de l'industrie de l'édition (PADIÉ) pour nos activités d'édition. Nous bénéficions également du soutien de la SODEC et, enfin, nous tenons à remercier le Conseil des Arts du Canada pour l'aide accordée à notre programme de publication.

Gouvernement du Québec – Programme de crédit d'impôt pour l'édition de livres – Gestion SODEC

« *Si quelqu'un vous dit alors :*
"Vois, ici le Messie! Vois, là"
n'adhérez pas.

Oui, de faux messies, de faux inspirés se réveilleront.
Ils feront signes et prodiges, pour égarer,
si possible, même les élus.

Mais vous-mêmes, prenez garde!
Voici : je vous ai tout dit d'avance. »

(Évangile selon Marc, 13, 21-23)

PRÉFACE

L a vie de Gabrielle Lavallée ne laisse personne indifférent. À lui seul le nom de cette femme est évocateur du dénouement tragique de son expérience au sein du groupe de Roch « Moïse » Thériault. L'amputation de l'un de ses bras et sa souffrance sont gravées dans la mémoire de plusieurs Québécois. Dans la culture populaire, le groupe de Roch « Moïse » Thériault est devenu l'exemple de ce qu'est une secte.

Plusieurs raisons auront motivé l'auteur à nous faire ses confidences. Celles-ci offrent aux lecteurs la possibilité de comprendre l'expérience sectaire et son processus.

Madame Lavallée n'a pas adhéré à une secte. Elle s'est jointe à un groupe soucieux d'aider les Québécois souhaitant la désintoxication. Le but commun était louable. À cette époque, Roch Thériault ne dirigeait pas le groupe, mais il était, il faut en prendre conscience, un conférencier au charisme hors du commun.

Cette passion sincère et partagée pour la santé a conduit à la formation d'un groupe spirituel distinct dont l'unique préoccupation est devenue de se préparer à l'entrée au royaume de Dieu. De simple conférencier qu'il était, Roch Thériault est devenu le représentant de Dieu sur terre. Graduellement, au prix de leur intégrité et de leurs libertés individuelles, il apparaissait logique de laisser entre les mains du tout-puissant les décisions quotidiennes concernant chacun.

En acceptant l'autorité (spirituelle) de Roch Thériault, Gabrielle Lavallée ne pouvait prévoir les conséquences de cette décision. C'est la ferveur du désir individuel et collectif d'accéder au paradis qui a placé Roch Thériault en position d'exiger de ses disciples qu'ils modifient radicalement leur mode de vie et étouffent leur personnalité. Cette transformation progressive a conduit Gabrielle Lavallée à croire que les mauvais traitements dont elle était victime étaient acceptables et nécessaires. Un jour, toutefois, l'intensité de la souffrance a été telle que l'accès au paradis a perdu ses attraits.

L'histoire que Gabrielle Lavallée a accepté de partager est bien davantage que le récit des horreurs dont elle a été victime. Elle permet de rendre compte que les abus sont commis au fil du temps dès lors que les circonstances deviennent propices.

L'expérience sectaire est un processus qui ne se présente pas sous son vrai jour.

Michael Kropveld
Directeur général et fondateur d'Info-Secte

le 3 juillet 2009

I

Les années et des années à m'échouer contre les récifs d'une existence mouvementée, aussi bien en Europe qu'aux États-Unis ou en Amérique latine. Tout cela, en ce mois de juillet 1977, pour me conduire ici, à Keswick en Ontario, au camp d'été des Adventistes du septième jour dont le dogme semble répondre à mes aspirations spirituelles.

Par curiosité, je m'éternise dans le hall de réception, afin de voir arriver la délégation du Québec. Il y a longtemps que je n'ai rencontré des compatriotes.

Il s'avance. Ils sont quatre, mais je ne vois que lui. Un peu voûté, mais plein de prestance, dans la trentaine, il porte une courte barbe brune. Je le détaille jusqu'à ce que je croise ses prunelles d'un bleu qui me rappelle celui du ciel. Incapable de supporter son regard, je baisse les yeux.

Comment faire pour le rencontrer?

***

Déjà une journée de passée. Faisant la queue à la cafétéria, je le vois poser son plateau sur une table. J'espère avoir la chance de m'installer en face de lui. Mon plateau à bout de bras, je m'avance. La place est libre mais au dernier moment je n'ose m'y installer. Au lieu de ça, je m'assieds face à lui, mais une table plus loin, comme par hasard. Il m'adresse un signe de reconnaissance. Mon cœur bat. Il faut que je lui parle, je me décide? :

— Tu viens du Québec, n'est-ce pas?

— Effectivement. Toi?

— J'y suis née, mais je roule ma bosse depuis un bout de temps...

— On dit que les voyages forment la jeunesse.

— Je ne sais pas...

— J'ai l'impression qu'on aurait des choses à se dire, aimerais-tu qu'on se rencontre tous les deux?

Il rayonne de bienveillance et n'aurait pu me faire une meilleure proposition. J'acquiesce avec empressement.

— Que dirais-tu de demain soir? me propose-t-il. D'ici là, avec toutes ces conférences, j'ai peur de ne pas avoir le temps.

— D'accord pour demain soir.

***

Il m'attend comme prévu près du bâtiment des visiteurs. Nous nous serrons longuement la main. Une formidable énergie irradie de la sienne. Sur le coup, comme si je venais de me brûler, j'essaie de retirer la mienne, mais rien à faire; ma main reste attachée à la sienne par une force mystérieuse.

— Moi, c'est Roch, se présente-t-il.

— Et moi, Gabrielle.

— Comme l'ange! Eh bien bonjour, Gabrielle, ou plutôt bonsoir.

Tranquillement nous avançons le long d'un sentier qui mène à un monticule où nous nous asseyons. Les étoiles clignent dans la nuit et une légère brise joue dans mes cheveux. Je me sens bien. Il semble plein d'attention à mon égard.

— Comme ça, hier, tu me disais que tu avais beaucoup roulé ta bosse?

— Pas mal...

— Tu ne veux pas me raconter?

— Il y a tellement à dire... Et toi?

— Moi, oh je crois que c'est très banal. Je suis resté au Québec, j'ai été marié, j'ai deux garçons et me voici séparé. Ajoute à ça la maladie et tu as les grandes lignes de mon existence.

— Peut-être que je veux en savoir plus que les grandes lignes... Tu me dis que tu as été malade, tu peux m'en parler, j'ai été infirmière.

— Infirmière! tiens, et où as-tu suivi ton cours?

— À Chicoutimi, je suis native de La Baie.

— Moi aussi je suis du Saguenay! de Rivière-du-Moulin.

— Et tu restes encore là-bas?

— Non, il y a longtemps que j'en suis parti. J'étais encore tout jeune lorsqu'on a déménagé en Abitibi. Puis, plus tard, je suis allé à Montréal où j'ai travaillé au Service des incendies, puis à Thetford-Mines où j'ai eu une shop d'ébénisterie et où j'étais conseiller municipal.

— C'est ta maladie qui t'a fait changer de métier? Qu'est-ce que tu avais?

— Quand j'étais jeune, j'ai reçu le sabot d'un cheval dans le ventre. Depuis ce jour-là, j'ai toujours eu des maux de ventre; enfin, jusqu'à ce que je subisse une vagotomie. Tu sais ce que c'est?

— Bien sûr! Le sectionnement du nerf pneumogastrique.

— Je vois que tu connais ton affaire. Ensuite j'ai subi un Billroth II...

— Ça, c'est le sectionnement de l'estomac et du duodénum.

— Bravo! Dans quel hôpital as-tu travaillé?

— D'abord à Chicoutimi, aux Urgences. Ensuite en France...

— En France! Tu as travaillé en France, pourquoi là-bas?

— C'est là que commence la longue histoire, mais, pour te résumer en quelques mots, disons que j'avais fait application là-bas car je devais me marier avec un garçon qui était vice-consul à Madrid...

— Madrid, c'est en Espagne, non?

— Oui, je sais, mais j'avais fait application en France de crainte que ça ne marche pas avec mon gars. Je ne voulais pas revenir dans la parenté, la queue entre les deux jambes, je voulais prouver que j'étais capable de vivre par moi-même.

— Si je comprends bien, tu ne t'es pas mariée avec lui?

— Non, pas du tout; le lendemain de mon arrivée à Madrid, je l'ai quitté après qu'il m'ait prévenue que lorsque nous serions mariés, il ne fallait pas que je m'imagine qu'il puisse être fidèle lorsqu'il partirait seul dans des tournées d'ambassades.

— Bref, il te proposait un mariage... disons moderne?

— Moi, ce modernisme-là...

— Et tu es allée travailler en France?

— Oui, à l'Hôpital américain de Neuilly-sur-Seine.

— Et c'était comment en France?

— Comme ailleurs, on y distribue des tonnes de médicaments chimiques qui font souvent plus de dégâts que de bien. Du reste, c'est pour ça que j'ai donné ma démission; je ne pouvais plus me résoudre à distribuer ces cochonneries-là tous les jours.

— Tu m'as l'air d'être très idéaliste.

— J'ai horreur de devoir faire le contraire de ce que je pense. Il me semble que c'est renier tout ce pourquoi on est là.

— Je suis tout à fait d'accord avec toi.

— Remarque bien que ça ne veut pas dire que j'ai toujours été une sainte, loin de là...

— Personne n'est parfait...

— Moi particulièrement...

— Tu peux me raconter si tu veux, tu n'as pas à avoir de gêne avec moi. Je crois qu'on est faits pour se comprendre tous les deux.

Cela me tente de tout lui dire, mais j'ai peur. Peur que mes révélations ne le détournent de moi. Et puis il y a quelqu'un derrière qui me gêne. Qui est cet impoli qui reste comme ça derrière nous sans se manifester? Je vais lui dire ma façon de penser...

Je viens de me retourner, mais je ne vois personne. J'ai beau fouiller les ténèbres, je ne vois rien. Roch pose sa main sur la mienne.

— Ne cherche pas, me dit-il, c'est une créature céleste.

— Tu... toi aussi tu l'as... sentie derrière nous?

— Bien entendu.

— Mais qui est-ce?

— Je viens de te le dire, Gabrielle...

Je ne sais que répondre. Ça doit être une farce. Pour qui me prend-il? Je veux en avoir le cœur net.

— Allez! dis-je en riant, c'est un de tes amis, il doit se cacher quelque part...

Je m'interromps car le regard qu'il m'adresse est empreint d'une grande souffrance. Comme si je l'avais blessé. Je ne crois plus qu'il s'agisse d'une plaisanterie.

— Quel personnage céleste? dis-je.

— J'ignore lequel, mais je crois qu'il est venu approuver notre rencontre, Gabrielle. Je crois que tous les deux nous allons faire de grandes choses.

Pourquoi, contre toute raison, est-ce que je crois ce qu'il vient de me dire? Je frissonne, non de crainte, mais d'exaltation. Je dois pourtant dire à Roch qui je suis vraiment.

— Je ne vois pas ce que je pourrais faire de grand, mon passé ne me permet pas de l'imaginer...

— Tu as été malheureuse, n'est-ce pas?

— Disons que ça n'a pas été rose tous les jours. Tiens, pour te donner un exemple, le jour de ma naissance mes parents m'ont laissée à la garde de l'orphelinat.

— Ils ne voulaient pas de toi?

— Ce n'est pas la raison, nous étions déjà beaucoup à la maison. Maman a été enceinte dix-huit fois. Elle n'avait plus la force de s'occuper d'un nourrisson. C'est pourquoi je suis restée trois ans à l'orphelinat.

— On ne se rend compte de rien à cet âge-là...

— Détrompe-toi, je me revois encore enfermée dans le placard tout noir parce que je ne voulais pas avaler mon gruau. (Je désigne mon front.) Tu vois cette cicatrice, là, au-dessus de mon arcade sourcilière, c'est une des sœurs de l'orphelinat qui m'a donné un coup de bâton, soi-disant parce que je pleurais.

— Je crois que nous avons tous à traverser nos épreuves. Là-bas, dans le fond de l'Abitibi, j'ai vu mon petit frère de dix-huit mois mourir d'une pneumonie dans les bras de maman, ça fait mal aussi... On se pose beaucoup de questions sur le sens de la vie et de la mort. As-tu jamais perdu un de tes proches?

— Papa. Il est décédé lorsque j'avais cinq ans. Je crois aujourd'hui que son départ m'a beaucoup marquée. Tu sais, lorsqu'un enfant manque de calcium en bas âge, c'est durant toute sa vie que ses os en souffrent d'une façon ou d'une autre. C'est pareil pour l'affectivité...

Il me regarde et semble tout comprendre ce que je lui dis. Il s'intéresse à moi et je crois que, pour la première fois, mon corps en tant que tel n'a rien à voir dans l'intérêt qu'un homme porte à ma personne.

— Tu avais ta mère? me demande-t-il.

— À la maison, c'est papa qui faisait la popote et donnait son amour aux enfants. Je ne sais pas si tu pourras comprendre, mais quand j'étais petite, quand il était là, je m'imaginais parfois qu'un jour je dormirais serrée dans ses bras. Il était mon seul havre, et il est mort quand j'ai eu cinq ans, d'une pneumonie. Il y avait longtemps qu'il crachait le sang, mais ça ne l'empêchait pas de continuer son travail au terminal de la *Consolidated* à Port-Alfred. En plus de ça, comme je te l'ai dit, il s'occupait de presque tout à la maison. Et la nuit, comme si c'était pas assez, il distillait de l'alcool clandestin avec une grosse poche des environs. Inutile d'ajouter qu'il jugeait bon d'y goûter.

Roch hoche lentement la tête. Personne ne m'a jamais comprise comme lui le fait. Qui est-il? Je le lui demande de façon détournée.

— Est-ce que c'était aussi comme ça chez vous?

— Non, le père ne faisait pas la cuisine. De toute façon, on ne le voyait pas toujours. Il avait acheté une terre, mais comme c'est pas ça qui pouvait nourrir une famille, il devait aller travailler sur les chantiers dans le bois. Pendant ce temps-là, c'est moi et ma sœur aînée qui faisions les petits boulots autour de la maison, comme de corder le bois dans la shed, aller chercher l'eau au puits qui était à vingt mètres en arrière de la maison. C'est moi aussi qui vidangeais la catherine derrière le clos des cochons. Tu vois le genre...

— Très bien, chez nous, moi aussi je cordais le bois et ramassais la cour...

— Tu ne m'as pas dit que chez vous vous étiez nombreux?

— Oui mais les plus vieux étaient partis, mes autres frères passaient par les maisons pour vendre des billets de loterie qu'imprimait ma mère – ça donnait droit à des saintes-vierges qu'elle achetait à Sainte-Anne-de-Beaupré –, mes sœurs, elles, s'occupaient des tâches ménagères; il ne restait que moi pour m'occuper des petits travaux autour de la maison. J'avais bien un frère cadet, mais il ne fichait rien. Physiquement il ressemblait à papa, et c'est peut-être pour ça qu'il est devenu le chouchou de maman. Il n'était même pas encore pubère qu'il pouvait fumer et boire de la bière à sa guise. Pendant ce temps-là, moi je fauchais l'herbe sur le terrain ou je rentrais le bois de poêle.

Roch se met à rire doucement. Je m'en étonne, qu'ai-je dit de drôle? Je le lui demande.

— Rien de drôle, répond-il, c'est juste que je viens de réaliser le besoin que l'on a de se confier l'un à l'autre. Tu ne ressens pas ce besoin de communier?

— Oui... Oui...

— Je suis content de t'avoir rencontrée, Gabrielle.

— Moi aussi.

— Mais je t'ai interrompue, tu disais que tu rentrais le bois...

— Il n'y a pas grand-chose à ajouter, sinon que j'aurais préféré être à l'intérieur avec mes sœurs.

— Tu ne l'as jamais dit à ta mère?

— Ma mère n'était pas une personne avec laquelle on pouvait communiquer facilement, c'était une personne prise dans le carcan étroit de la religion telle qu'elle se pratiquait autrefois. Et puis, pour des raisons que j'ignore, je crois qu'elle ne m'aimait pas beaucoup.

— C'est risqué de juger ses parents, peut-être était-elle ainsi parce que, inconsciemment, elle s'en voulait de ne pas t'avoir gardée quand tu étais bébé.

— J'avais jamais pensé à ça comme ça.

— C'est pourquoi il est dur de juger. Le plus souvent l'on ne voit que ce que l'on veut voir. On ne veut pas accorder aux autres l'indulgence que l'on s'accorde à soi-même.

Cet homme est bon et perspicace, ses paroles me le prouvent. Dois-je m'ouvrir davantage à lui? Il me semble qu'il pourrait tout comprendre... Comment se fait-il que sa femme ait pu le quitter?

— Excuse-moi de changer de sujet, mais tu disais que tu étais divorcé?

— Je n'ai jamais été bon dans les affaires, mon commerce d'ébéniste engloutissait plus d'argent qu'il n'en faisait et je me sentais responsable de ma famille. Ça me torturait de penser que, par ma faute, ma femme et mes fils pourraient manquer de l'essentiel. Comme, de plus, ma maladie n'avait pas arrangé nos relations, j'ai préféré la laisser refaire sa vie. Dans le fond, elle sera plus heureuse avec un homme plus... comment dire, plus terre-à-terre. Comme je te le disais, la disparition de mon frère m'a amené à réfléchir sur le sens de la vie et de la mort; je suis plutôt mystique. Je ne me contente pas de l'à peu près, il me faut l'entier.

— Je suis comme ça aussi. J'ai toujours recherché l'absolu, et je dois admettre qu'en désespoir de l'atteindre j'ai parfois touché au pire.

— C'est de ce pire-là dont tu ne veux pas me parler?

— Disons que c'est plutôt gênant.

— Même vis-à-vis de moi?

— Avec quelqu'un d'autre, ça ne m'intéresserait pas du tout d'en parler, mais avec toi, ça me fait peur.

— Tu as peur que je te juge sévèrement?

— Il y a un peu de ça.

Il me sourit mystérieusement. Je crois savoir que je peux lui faire confiance. Je m'apprête à lui parler mais il pose son doigt devant mes lèvres.

— Tu sais, me dit-il, je ne suis pas comme tout le monde. Petit, je courais les bois pour parler avec les animaux. Je pouvais faire parler toute la forêt. À dix ans, contrairement aux autres, moi je demandai à servir la messe juste pour le plaisir d'être près de notre Créateur. Je te dis tout cela pour que tu te rendes compte que tu n'es pas obligée de te confesser à moi. Tu es libre, Gabrielle.

C'est vrai qu'il n'est pas comme les autres. N'importe qui m'aurait parlé de se confesser à lui, je lui aurais ri au nez. Roch est différent. Je ressens comme le besoin de m'en remettre à lui, de lui accorder toute ma confiance. Que fait-il ici?

— Je t'ai entendu parler hier contre le tabagisme, est-ce une lutte que tu comptes mener?

— À plein-temps! Tu vois, autrefois je pouvais fumer deux paquets par jour, jusqu'à ce que je fasse une hémorragie abdominale. Aujourd'hui je suis heureux d'en avoir fini avec le tabac et je veux faire partager cette délivrance à ceux qui en sont encore prisonniers. Bien sûr, ce n'est pas une mission grandiose comme de répandre la Bonne Parole dans les pays d'Afrique ou autres, mais, comme on dit, ce sont les petits cours d'eau qui font les grands fleuves. Je sais que tu peux me comprendre puisque tu as toi-même abandonné un ouvrage parce qu'il entrait en contradiction avec tes idées.

— Pour tout te dire, il faut aussi avouer qu'autrement j'aurais été congédiée, car, vois-tu, en plus du reste, j'avais commencé à faire comprendre aux autres filles qu'il serait bon de monter un syndicat.

— Il n'y en avait pas?

— Pas à cette époque en tout cas.

— C'était comment, là-bas?

— Comment t'expliquer?... Je suis arrivée à Paris, mes valises à bout de bras, en débarquant sur le quai de la gare d'Austerlitz. Rappelle-toi que je venais de casser avec mon fiancé, je ne ressentais aucune émotion à me trouver à Paris. Pressée d'arriver au terme de ce voyage éprouvant, sitôt sortie de la gare, j'ai hélé un taxi et me suis fait conduire directement à Neuilly. Le soir, enfermée dans ma chambrette de la résidence des infirmières, j'ai dû pleurer toutes les larmes de mon corps. Suffisamment en tout cas pour parvenir à me reprendre assez en main pour être capable d'affronter le lendemain. Même si je n'avais plus le goût de vivre, il fallait bien survivre. Puis le boulot a commencé. J'ai accepté de travailler sur un département sur lequel, en temps ordinaire, j'aurais refusé d'aller.

— Quel département?

— En médecine générale.

— Combien de temps as-tu travaillé là?

— Au moins sept mois. Tout ce que je voulais, c'était de gagner un revenu qui me permettrait de voyager pour essayer d'oublier. Avec le temps j'ai commencé à sortir un peu? : Saint-Germain, le boulevard Saint-Michel, Montparnasse. Je m'attablais devant une sole meunière, un morceau de camembert, un carafon de vin et j'essayais de rassembler les morceaux déchirés de mon cœur; je regardais passer le flot anonyme des Parisiens.

— On dirait que t'as pas de misère à t'adapter aux nouvelles situations.

— C'est vrai que je m'adapte facilement et j'aime le monde également.

— As-tu réussi à oublier ta peine d'amour?

— Je me laissais absorber par le train-train de mon emploi du temps? : six jours de travail de douze heures et quatre jours de congé. Je passais la plupart de ces derniers à tourner en rond dans ma chambrette en essayant d'oublier. J'ignore comment cela s'est produit, mais je me suis mise à haïr Pierre – il s'appelait Pierre – avec la même force que je l'avais aimé. À tel point que j'en suis venue à souhaiter qu'il meure. Puis de là, à envisager son assassinat. Crois-moi ou pas, à force d'imaginer toutes les façons possibles de faire disparaître mon vice-consul, j'ai repris peu à peu goût à l'existence. Mais ce qui m'a sauvée réellement, et ça, je crois que tu vas me comprendre, ce fut, pendant la nuit, dans un songe, la visite d'un être de lumière. D'une stature très imposante, il se tenait debout face à moi. Me sentant toute petite, j'étais émerveillée par sa majestueuse prestance. Vêtu d'une ample tunique immaculée, il me tendait les bras et je ressentais un calme indéfinissable. Mon âme baignait de réconfort. Me disant qu'avec lui je serais bien à tout jamais, je voulus aller vers cet être mais, dès que j'ai eu fait un geste, il s'est évanoui dans la nuit. Au fil des années, il est resté dans mon esprit comme le remède unique à mes tourments.

— Je te comprends, très bien même. Tout à l'heure je te raconterai quelque chose de semblable. Mais continue, c'est intéressant.

Je lui souris. C'est la première fois que je me confie aussi totalement. Surtout à quelqu'un dont, il y a deux jours, j'ignorais totalement l'existence. Pour lui je continue.

— À partir de ce songe, j'ai récupéré, puis, abandonnant ma fixation, j'ai décidé de vivre et j'ai commencé par l'acquisition d'un *Guide Michelin*. À compter de ce moment-là, mêlant les amusantes Folies Bergère, la richesse artistique du Louvre, la grandeur de l'Arc de Triomphe, les balades romantiques sur les bords de la Seine, le surfait des Champs-Élysées, les frissons du bois de Boulogne, l'extase mystique lors d'un concert d'orgues à Notre-Dame, j'ai découvert quelques-unes des innombrables facettes de Paris. Puis j'ai étendu mon aire de visite à Versailles, je me suis enthousiasmée pour le château de Louis XIV. Il y a eu aussi la cathédrale de Chartres; là encore, ce fut l'extase. La lumière revenait.

— Tu as bien dû te faire des amis rapidement.

— Oui, disons que je commençais à entrer dans les conversations et à connaître mes compagnes de travail. C'est ainsi que j'en suis venue à me lier d'amitié avec Lisette qui est avec moi ici, je te la présenterai. C'est une Normande, de trois ans plus jeune que moi. Rapidement, nous sommes devenues des confidentes. Comme on s'était arrangées pour obtenir les mêmes congés, on est devenues également d'inséparables compagnes de voyage. Elle m'a introduit auprès de sa famille qui demeurait à Vire. Un jour, j'ai même été invitée aux noces de sa sœur où, sérieusement initiée au « trou normand », le calvados m'a un peu monté à la tête. Par la suite, elle m'a fait visiter le littoral de la Normandie, notamment les plages du Débarquement de 1944? : Arromanches, Ouistreham, Sainte-Mère-Église où j'ai eu une pensée pour tous les jeunes gars d'Amérique qui s'y sont fait tuer avant même d'avoir touché le sol qu'ils venaient libérer. Une autre fois, à la suite de tant de célébrités, j'ai marché sur les planches de Deauville. Mais le Mont-Saint-Michel a gagné la palme dans les endroits visités.

— Un lieu mystique. Tu vois, Gabrielle, je crois que nous sommes faits de la même pâte.

J'acquiesce. Je suis certaine qu'il a raison. Autour de nous, la nuit semble retenir mon évocation de la France. Il continue? :

— Après ma faillite, un peu avant mon divorce, j'ai été engagé comme gardien de nuit. Parfois, pour passer le temps et ma rage, car il faut te dire qu'à l'époque ça allait tellement mal que je songeais au suicide, à ce moment-là donc, j'avais pris l'habitude stupide d'aller au dépotoir municipal avec ma .22 pour descendre des rats. Ce jour-là, je regardais partout dans l'espoir de voir sortir un rongeur lorsque j'ai été attiré par un gros livre qui était en fait une bible. Qui avait pu jeter ça là? En tout cas... je m'approche, je me penche et le prends à la page qui est ouverte. La première chose que je lis c'est : « Remets ton sort à l'Éternel et Il t'aidera ». Cette phrase était tellement faite pour moi que je suis allé m'asseoir sur un talus un peu plus loin et je me suis mis à lire le livre. C'est à partir de ce moment-là que j'ai senti augmenter mes forces spirituelles. Pour tout te dire, je me sentais appelé et c'est ainsi que peu de temps après je suis devenu adventiste, comme toi. Lorsque j'ai été baptisé, en janvier cette année à Montréal, j'ai ressenti un puissant courant me pénétrer. Comme j'en ai parlé au pasteur, il m'a dit qu'il avait également ressenti une forte énergie tomber sur ma tête et il a ajouté qu'une très grande mission m'attendait.

— Quel genre de mission?

Il hausse énigmatiquement les épaules, mais le sourire qu'il m'adresse tente de m'en dire plus long. Est-ce qu'après toutes ces années je rencontre enfin quelqu'un de bien, quelqu'un de fort? J'en suis persuadée, je veux le croire. Pour tout dire, j'ai envie de me confier complètement à lui, de m'en remettre à lui. Il pourra sûrement me guider. N'est-ce pas ce que tente de me dire son sourire?

— Et toi, me demande-t-il, comment en es-tu venue à ce camp d'été?

J'y pense et me demande si cela ne remonte pas à ces jours de maladie à Puerto Arista. Dois-je le lui raconter au risque qu'il découvre ce que finalement j'ai été? D'un autre côté, s'il m'accepte après avoir appris dans quel abysse je suis parfois descendue, alors je sais que je pourrai vraiment avoir confiance en lui.

— Je crois que tout a commencé lorsque je suis tombée malade au Mexique, à Puerto Arista...

— Puerto Arista?

— Oui? : une petite station balnéaire de l'État de Chiapas, pas très loin de la frontière du Guatemala. Je vivais là depuis quelque temps avec un Américain et... mais laisse-moi te raconter comment ça s'est passé...

— Je suis là pour t'écouter.

— Il faut d'abord que je te parle de Richard. Ex-héroïnomane, il s'était séparé un an plus tôt et, laissant sa femme à Vancouver, il était rentré chez sa mère à Los Angeles pour entreprendre une cure de désintoxication. Réussissant à ne plus toucher à l'aiguille, il s'était trouvé un travail de soudeur, le temps de se remplir les poches en vue d'un long congé sabbatique qui lui permettrait de visiter du pays. Quand je l'ai rencontré, il avait définitivement abandonné l'héro et disait pouvoir trouver un dérivatif dans le chanvre indien.

Je sens le malaise de Roch quand je parle de drogue. Il devient nerveux, il gesticule des mains d'une façon inhabituelle.

— Avec lui j'entamais une longue période de *dolce vita*. Pour un temps nous avons passé nos journées nus sur la plage, entre quatre poteaux soutenant un drap nous abritant du soleil. Mais il devenait évident que notre présence à proximité devait être source de frustration pour un certain Chicoutimien – un homme que je venais de quitter pour Richard.

— Un ex-chum?

— Pas vraiment, c'était un homme marié de Chicoutimi avec qui je passais les vacances sans que sa femme le sache.

— Et toi, tu savais qu'il était marié?

— Je le savais...

— Continue.

— Tu me juges mal, hein?

— Pas du tout, Gabrielle.

— En tout cas... Richard me proposa d'aller me présenter à sa mère à Los Angeles. J'ai accepté sans hésitation. Avec lui, je me sentais bien et chaque jour était pour moi une nouvelle aventure. Après avoir dépassé la Sierra Madre, les villes coloniales, Guadalajara, Mazatlán, on a longé le Pacifique à travers le Sonora et franchi la frontière à Nogales. Là, on a jeté un coup d'œil aux superbes propriétés de Tucson avant de tourner à l'ouest dans un grandiose panorama montagneux jusqu'à San Diego dont la rade me coupa le souffle. Puis ça a été la super *Highway* remontant à *L.A.* La mère de Richard vivait à Pasadena. Elle ne s'est pas montrée particulièrement enchantée de faire ma connaissance. J'ignore si c'était parce que je parlais encore très mal l'anglais ou si elle regrettait que son fils s'engage si vite après avoir rompu avec la femme qui lui avait donné deux fils, ou encore parce qu'elle aurait peut-être préféré le garder pour elle.

— Peut-être que le courant ne passait pas entre vous deux, simplement.

— J'en sais rien. T'as probablement raison.

— Les femmes sont souvent comme ça.

— Mais nous ne devions pas beaucoup la déranger car la nuit nous couchions dans le camion sur le stationnement attenant à la maison et le jour nous allions nous prélasser à Long Beach en écoutant du Moody Blues. Pendant que lui tripait sur le corps des belles filles, moi j'admirais les beaux surfers blonds et bronzés. Le midi, on avalait un taco et, pour digérer, nous pédalions jusqu'au mont Wilson qui domine Los Angeles.

— Comme au cinéma.

— Oui, tu peux le dire... Durant cette période, j'ai fait la connaissance de plusieurs de ses relations. J'ai vite compris que leur profession, si je puis m'exprimer ainsi, consistait à faire le trafic des stups. Du reste, suite à quelques-unes de ces rencontres, Richard a changé son campeur pour une voiture usagée et quatorze kilos de colombien rouge qu'il allait falloir traverser au Canada pour les revendre lors du Stampede de Calgary en 1975. Tout ça pour assumer les frais de déplacement afin de répondre à l'invitation au mariage de son ami d'enfance qui résidait à Sogamoso en Colombie. Je n'avais rien contre, je tenais à ce que cette belle vie continue, je ne voyais aucune raison pour que cela cesse.

— Je te comprends.

— Tu aurais fait pareil?

— J'aurais sûrement pas vendu de la drogue car j'ai toujours été contre, mais, avant de tomber sur cette bible, je crois que j'aurais pu faire n'importe quoi d'autre.

— Tu me rassures un peu. Toujours est-il qu'on a emballé la marchandise dans différents sacs de plastique et d'aluminium afin d'éviter toute odeur. On a démonté la banquette arrière de notre nouvelle voiture afin d'y dissimuler la marchandise, puis on a répandu un peu de poivre afin de dérouter le nez d'un éventuel chien renifleur. Et, un beau matin, on a emprunté la vallée de San Bernardino, en roulant vers le nord et en faisant les détours qui s'imposaient pour voir les parcs comme le Yosemite. Ensuite... comment te décrire le Grand Lac salé et les canyons d'Utah? Comment t'exprimer la beauté des paysages vierges du Yellowstone? Pourquoi j'aurais critiqué les activités qui nous permettaient de vivre ça? Et aussi, je dois te le dire, j'ai toujours aimé l'idée de faire le contraire de ce qu'on me disait de faire. En fait, je crois que c'était encore plus tripant que la drogue elle-même.

— C'est exactement la réaction de l'ivrogne, en pleine euphorie, qui se demande pourquoi il devrait abandonner la bouteille.

— Exactement! Mais que veux-tu... Un peu avant la frontière, on s'est arrêtés dans un motel pour faire l'amour au cas où, et aussi pour passer une tenue plus *straight*. Il faisait très chaud quand on est arrivés au poste frontalier :

« Citoyenneté » nous a demandé l'officier. « Américaine, répondit Richard, et mon amie est canadienne, du Québec.? »

« Vous venez en visite? »

« Nous allons voir le Stampede à Calgary, on nous a dit que c'était formidable. »

« Des articles à déclarer? »

« Rien du tout. »

« Descendez de voiture s'il vous plaît. »

Le cœur battant, je me suis retrouvée dehors, et la sueur qui me coulait entre les omoplates n'était pas due à la chaleur. Je me voyais déjà derrière les barreaux.

« Pourrais-je voir vos papiers? » me demanda l'officier en même temps qu'il inspectait le coffre. Je lui tendis mon passeport. Le feuilletant, il désigna le tampon de la douane française à Orly.

« Vous êtes allée en France? »

« Oui, j'y ai travaillé. À l'Hôpital américain près de Paris. Je suis infirmière. »

« Oh! Infirmière... »

Cette déclaration a eu l'air de le rassurer. Souriant, il m'a rendu le document et nous a souhaité un bon séjour. Soulagés, le cœur en fête, en chemin on s'est attardés à observer les chiens de prairie. De les voir faire, de savoir que nous avions passé le pire, tout cela nous portait à rire de tout et de presque rien.

— J'imagine...

— Oui. Notre première activité à Calgary a été de rechercher un petit meublé. Nous avons déniché une adresse dans le journal. C'était un sous-sol dont le propriétaire, un vieil homme veuf, nous a avoué qu'il nous trouvait sympa. Il nous a fait un clin d'œil un peu complice lorsqu'on lui a dit que nous venions de nous marier. Le prix avait du bon sens, le loyer était bien ventilé et les murs insonorisés. C'était l'appartement qu'il nous fallait.

Le réfrigérateur plein de manger, on s'est enfermés là, comme des jeunes mariés, et on s'est mis au travail. Ça consistait en premier lieu à épurer la marchandise, puis ensuite à subdiviser des portions de dix ou vingt grammes de marijuana que l'on emballait dans des *Ziplock*. Une fois ce travail terminé, on est allés se familiariser avec les divers lieux de réjouissance et lorsque les festivités ont commencé, nous étions prêts.

— Tu te sentais bien là-dedans?

— Bien sûr, c'était l'aventure et rien ne pouvait m'arriver.

— Tu risquais gros, pourtant.

— C'est vrai mais je n'en étais pas consciente totalement.

— Avez-vous réussi à tout vendre votre stock?

— Bien sûr, nous avons écoulé plus de sept cents sacs à travers le demi-million de spectateurs qui se pressent à ces festivités. Nos principaux clients étaient surtout des jeunes qui, pour célébrer au maximum, cherchaient à ajouter un peu de piquant à leur bière habituelle. Sitôt la clôture du Stampede, on est redescendus vers Los Angeles, en passant cette fois par la 101 qui longe la côte du Pacifique. Au passage, on a vu les fjords et les cascades de l'État de Washington, la côte escarpée de l'Oregon où, une nuit, on a même entendu hurler des coyotes. Un peu avant San Francisco, au Point Reyes National Seashore, j'ai vu des centaines d'otaries qui nous dévisageaient avec leur sourire moustachu. J'ai vu aussi des énormes éléphants de mer, une colonie de pétrels qui piaillaient. Les orteils dans l'eau, assise sur un gros rocher découpé par l'océan, j'arrêtais pas de me dire que c'était vraiment « la belle vie ». Et ce fut la magie de San Francisco, le Golden Gate où j'insistai pour m'arrêter, puis, dans le centre-ville, un splendide building en haut duquel tournait un restaurant d'où on distinguait toute la ville, Alcatraz qui m'a rappelé Al Capone, la pente abrupte des rues qui me faisait songer à Chicoutimi, qu'à présent j'appelle la petite San Francisco du nord.

— Ben dis donc, c'est tout un voyage que tu as fait là!

— C'est pas fini, c'est pas fini... À Los Angeles, on a dit bonjour à la parenté et on a filé, car nous avions une invitation pour la Colombie. « Revoiture », traversée de la moitié du continent : les cactus aguaro – tu sais, ceux avec des bras –, les champs de coton d'Arizona, les canyons calcaires du Rio Grande, puis San Antonio dont les canaux la font appeler la Venise américaine. C'est de là, après avoir passé deux jours chez un ami de Richard, qu'on a pris un vol pour Miami où on a fait escale quelques jours, histoire d'obtenir les visas et vaccinations avant de monter dans l'avion de Bogotá.

— On m'a toujours dit que la Colombie est un pays dangereux.

— Tu as raison, sitôt arrivés on a changé certaines habitudes. On a caché notre argent et nos chèques de voyage entre les chaussettes et la semelle de nos souliers, on a enlevé nos montres, on a revêtu des vêtements de coton froissés; on ne voulait pas attirer l'attention. Puis, à travers des cages à poules et des paysans au regard farouche, on est montés dans un vieil autobus qui s'est enfoncé dans des chemins de montagne en direction de Sogamoso où l'on nous attendait pour un mariage. L'ami d'enfance de Richard nous a accueillis comme des princes. Étourdis, nous avons été présentés à la famille de la mariée et on a dû accepter quantité d'invitations où, une fois sur place, les contacts étaient restreints car tous ces gens ne parlaient que l'espagnol. Puis ce fut la noce, haute en couleur.

— C'était la belle vie.

— Quand on en parle comme ça, ça en a l'air. Je me disais même que l'amitié et quelques jours de travail à Calgary nous autorisaient bien des joies. Pendant trois semaines, on est restés dans ces montagnes. On se levait au chant du coq, on mangeait, pour déjeuner, des omelettes *ranchero* servies avec des pommes de terre aromatisées à la coriandre, puis nous passions nos journées en promenade dans les vallées et collines environnantes, en observant les lamas et les chèvres de montagne. On a même failli participer à une expédition en pirogue sur l'Amazone. Mais, comme on n'était pas préparés, on a décliné l'invitation. Nous avons appris plus tard qu'on avait eu tout à fait raison; les autres se sont retrouvés pendant des jours et des jours exposés sans répit à de véritables nuages de moustiques. Au lieu de ça, nous autres, au milieu de paysans à moitié « stone » par le mâchement de feuilles de coca, on se déplaçait dans les « autobus » locaux que t'aurais dû voir.

— Avez-vous visité la fameuse ville de Medellín?

— Oui, on s'est rendus d'abord à Boyacá et ensuite à Medellín puis un jour on s'est retrouvés à l'aéroport Jose Maria Gordova pour monter à bord d'un petit cargo local qui ne m'inspirait pas trop confiance. Mais en vol, j'ai perdu mon inquiétude tellement j'étais sidérée par la contemplation des paysages enchevêtrés de plateaux, de plaines et de vallées enserrés dans la Cordillère. Moins d'une heure plus tard, nous sommes arrivés à Barranquilla d'où l'on exporte des quantités industrielles de cocaïne. Puis, après plusieurs sauts de puce à travers les pays d'Amérique centrale, on s'est retrouvés une nouvelle fois à Puerto Arista. Là, on a loué une petite maison d'adobe. On a pu enfin poser nos sacs à dos dans l'unique placard de cette demeure d'une seule pièce. Recommença alors notre vie de farniente : l'amour, la baignade, la cueillette des fruits dans les arbres qui parsemaient notre voisinage – cocos, bananes, amandes –, balade parmi les orchidées qui poussent en abondance dans l'État de Chiapas. C'était le paradis terrestre. Sauf qu'il arrivait parfois des incidents qui nous rappelaient à la réalité. Il y eut celui où si ç'avait pas été d'une puissante lame de fond qui me rejeta sur la grève, je me serais noyée au cours d'une baignade nocturne. Celui où, en me promenant seule en dehors des limites du village, un cavalier me prit en chasse; j'ai réussi à lui échapper après avoir couru je ne sais combien de kilomètres. Enfin... Comme tu dois le savoir, à force de n'avoir rien à faire on finit par s'ennuyer, c'est pourquoi un beau jour j'ai commencé l'étude de l'espagnol.

— Tu le parles?

— Pas si pire... je l'ai étudié d'une part dans les livres, mais d'autre part en me rendant au marché de Tônalá où je demandais le nom de tout ce que je voyais et m'essayais à marchander comme le font les gens du pays. Je devais avoir l'oreille car j'ai fait des progrès rapidement. Il y avait aussi les frivolités. J'aimais bien exhiber mon corps sur la plage, le hachisch est entré dans ma vie afin, c'est ce que je me disais, de percevoir au-delà du naturel. Comme cette drogue douce n'est pas gratuite, nous en sommes venus à en faire la vente aux « gringos? » de passage. Nous nous approvisionnions à Oaxaca, auprès d'une vieille femme qui cachait sa marchandise dans le meuble de sa machine à coudre. Il ne me déplaisait pas de flirter avec le danger, je n'imaginais pas que les flics puissent un jour nous intercepter et nous jeter dans un de leurs affreux cachots; aussi, pour moi, c'était comme faire un pied de nez à la société et cela avait une certaine saveur.

— L'attrait de l'aventure.

— C'est ça. Bref, nous nous installions. À tel point qu'on a été jusqu'à adopter un animal domestique. Un gros iguane que je promenais en laisse. Mais, un jour, il a disparu de son attache. Je crains qu'il ait été mangé par un de nos voisins.

— C'est bon?

— Il paraît... Cela dit, petit à petit le paradis devenait, comment dire... une sorte de purgatoire. Obstinée, je me fichais des conseils d'un « gringo » qui nous avait mis en garde contre l'eau du pays. Richard et moi nous disions que tout cela n'était que des histoires de Nord-Américains fragiles. De même, nous ne contrôlions pas la cuisson du porc dans les plats qu'un couple de nos amis mexicains nous apportaient à l'occasion. Cette insouciance n'a pas été sans effet. Ça a commencé par des coliques, puis la coloration de la peau; le beau bronzage dont j'étais fière est passé à un jaune brunâtre. Puis ce furent mes selles qui se décolorèrent. Plus inquiétant encore, on s'est aperçu que l'herbe flétrissait aussitôt aux endroits où Richard soulageait sa vessie. J'ai compris que nous devions avoir une hépatite. Rassemblant ce que je savais sur le sujet, je nous ai prescrit de très longues siestes à l'ombre, une diète liquide et beaucoup de miel afin de suppléer au foie malade. Au bout d'un certain temps, les symptômes disparurent. Mais... car il y a souvent un mais, on s'est retrouvés avec un appétit démesuré. Sitôt un repas terminé, nous attendions avec impatience la jeune fille qui nous livrait chaque jour le « *pan frances* », le pain français, et nous nous dépêchions de l'engloutir. Peine perdue, nous avions toujours aussi faim. Nous étions devenus boulimiques et passions notre temps à manger ou à rêver de ce que nous pourrions manger. Je n'y comprenais rien, d'autant plus que nous maigrissions à vue d'œil. En me réveillant, une nuit, à force de me gratter l'anus, j'ai compris que nous étions les hôtes de parasites intestinaux.

— Ça prend de l'ail.

— Peut-être pour les vers qu'on peut attraper par chez nous, mais, là, le problème était plus sérieux puisqu'il était reconnu que même les médecins locaux étaient impuissants face à ce genre de maladie. En visitant les pharmacies, j'ai essayé de découvrir en espagnol comment nous pourrions nous soigner. La santonine ne fut d'aucun effet. Devant certaines douleurs diffuses, je me rendais compte que des larves devaient s'être déplacées dans nos muscles. Il fallait prendre les grands moyens, ça pressait. J'ai décidé de nous administrer des anthelminthiques toxiques afin de tuer les embryons dont je sentais la présence grouillante sous la peau de mes doigts. Et ils gagnaient la musculature des bras et des cuisses; nous ne pouvions même plus fermer l'œil. Je ne pesais plus que trente-huit kilogrammes lorsqu'on a pris le parti de gagner le Guatemala pour nous faire soigner dans une clinique réputée.

— Je gage que c'est là que tu as rencontré les Adventistes?

— Pas encore. C'est bien au Guatemala, mais plus tard... Pour en revenir à mon histoire, il y avait déjà un mois que nous étions à Quezaltenango. Nous prenions du mieux lorsque, dans la nuit du 3 février 1976, j'ai commencé par avoir un rêve abracadabrant? : les murs semblaient danser puis les canalisations d'eau qui les parcouraient jusqu'au plafond ont cédé en laissant l'eau fuser violemment vers nous. Je me suis rendu compte cependant que je ne rêvais pas; je n'arrivais pas à analyser quel était le terrible grondement sourd, pas plus pourquoi notre chambre oscillait comme un bateau sur une mer agitée. « Un tremblement de terre! » réagit Richard. « Sortons! Vite, Gaby! » Sans prendre le temps de rassembler quoi que ce soit, on a fichu le camp en toute hâte. De l'extérieur, on a aperçu l'hôtel d'où nous venions de sortir se fendiller en deux parties.

— Ça doit faire tout un choc!

— Je te le fais pas dire. Nous venions de vivre, sans trop de dégât pour nous-mêmes, le tremblement de terre qui, durant trente secondes, a secoué le Guatemala avec une magnitude de 7,5 à l'échelle Richter. Au petit matin, on est retournés dans l'hôtel pour récupérer nos passeports et nos chèques de voyage. Trop tard, d'autres avaient profité de la débandade pour passer avant nous. Tout ce que j'ai pu rassembler, ce furent les pages d'une brochure trilingue que je venais de colliger sur les vermifuges, afin de sensibiliser les touristes à ce sujet. Enfin... Malgré tout ça, je trouvais que nous nous en sortions plutôt bien. Le pays autour de nous était dans la désolation? : vingt mille morts, des centaines de milliers de blessés et un million de sans-abri. Dans l'autobus qui nous emmenait vers la frontière, le silence était total en entendant, à la radio, la narration de toutes les pertes. Serrés l'un contre l'autre, Richard et moi étions incapables de nous parler. Rendu au poste frontalier de Talismán, il me fit part de ses préoccupations? : « Qu'est-ce qu'on va dire aux douaniers pour les convaincre de nous laisser passer? Pas de passeport... » J'ai voulu le rassurer? : « Laisse-moi le soin de me charger du douanier à ma façon. Tu me fais confiance? »

« Fais pour le mieux. »

« T'inquiète pas, on va les avoir? », que je lui ai promis. Il y avait une longue file et il nous fallait attendre patiemment notre tour. Dans la salle d'attente, c'était la pagaille générale. Des gens venus de tous les coins du pays et qui n'avaient plus rien à perdre, essayaient d'en profiter pour passer au Mexique. « Et vous, que voulez-vous? » nous interpella un préposé au bout d'un temps fou. Je me suis dirigée vers lui en affichant mon sourire le plus timide. « Tout d'abord, commençai-je, je vous demanderais votre indulgence pour mon espagnol qui n'est pas des plus fameux. Toutefois je tiens à m'exprimer dans votre langue puisque je suis dans votre pays. »

« Continuez? », m'a-t-il dit, déjà adouci.

« Nous étions à Quezaltenango lors du tremblement de terre et nous sommes sortis de l'hôtel dès que ça a commencé à bouger; seulement, quand nous y sommes retournés, on nous avait tout volé, passeports, argent, linge. »

« Que faisiez-vous au Guatemala? »

« Nous suivions un traitement contre la trichinose. Mais

maintenant que nous n'avons plus rien, il nous faut retourner aux États-Unis afin de continuer le traitement. S'il vous plaît, je vous prie de considérer dans quelle mauvaise situation nous sommes.? » Il a répondu par un signe de tête, puis il s'est absenté longuement. En revenant enfin, il avait un laissez-passer pour nous permettre de retourner aux États-Unis. Je lui ai serré chaleureusement la main. « Dieu vous le rendra au centuple », l'ai-je assuré. « Allez, fit-il, presque intimidé, je ne fais que mon travail. Allez et bonne chance. » Nous avons donc repris la route de Puerto Arista dans l'espoir, en retournant dans cette localité, que mon ex-béguin de Chicoutimi s'y trouve encore, et que je puisse lui emprunter de quoi aller nous faire soigner.

— Celui que tu avais laissé pour Richard?

— Oui, c'est ça. Mais je m'attendais au pire. Première surprise, il m'a accueillie chaleureusement. « Gabrielle! Quel bon vent? Il y avait longtemps... Que deviens-tu? » Je lui ai conté toutes nos dernières aventures, y compris le traitement interrompu. « Qu'est-ce que vous comptez faire maintenant? » m'a-t-il demandé, visiblement soucieux. Je lui ai expliqué que s'il pouvait me prêter un peu d'argent pour monter aux États pour nous faire soigner, on le rembourserait. « Bien sûr! » m'a-t-il répondu sans protester. « De combien as-tu besoin? »

« Une couple de cents piastres, ça devrait suffire. »

« Tu es sûre? »

« Oui... » Et, sans discuter, il m'a prêté la somme demandée. Ce geste m'est allé droit au cœur. C'était la première fois que, dans le malheur, une amitié résistait. J'en avais des larmes aux yeux. Je regrettais d'avoir eu à le peiner et l'assurai? : « Je te remercie, on te rendra ça le plus tôt possible. Tu es vraiment chic. » Il m'a répondu? : « Ça me fait plaisir, Gabrielle. Les amis, c'est fait pour ça. » Je l'ai salué et suis retournée vers Richard qui me jura qu'il allait tout mettre en œuvre pour rembourser la somme au plus vite. Quelques heures plus tard, nous étions dans le Greyhound en route pour le Texas. On a traversé à Laredo et, trois cents kilomètres plus loin, on a retrouvé notre guimbarde, la voiture laissée chez l'oncle de Richard à San Antonio. Là, inquiète pour ma santé, j'ai persuadé mon compagnon qu'il fallait que je rentre, en autobus, me faire soigner au Québec par des médecins que je connaissais. L'oncle, qui prenait part à cette conversation, a insisté pour me donner l'argent d'un billet d'avion aller-retour. « On te renverra ça par mandat-poste au plus tôt », de l'en assurer Richard. « Certainement pas! a répondu l'autre, ça me fait plaisir et on n'en parle plus. »

— Il y a des gens comme ça, dit Roch. Parfois on désespère et, soudain, au détour du chemin, voilà une âme charitable qui nous permet de continuer...

— C'est vrai ce que tu dis.

— Mais continue, je t'interromps sans arrêt...

— Non, pas du tout; tu fais des remarques très justes. Bon, où est-ce que j'en étais... Ah oui! Cela me faisait curieux dans le Boeing de me rendre compte que, pour la première fois depuis huit mois, je me retrouvais seule. Je mesurais à quel point Richard comptait pour moi.

— Il comptait par amour ou par habitude?

— Maintenant que tu le demandes, je dirais que c'était par habitude... Quoi qu'il en soit, à Dorval j'ai pris la correspondance pour Bagotville et là, de me retrouver chez nous, ça a apaisé mes craintes quant à mon état. J'avais dans l'idée qu'une fois rendue là, rien ne pouvait plus m'arriver. De l'aéroport, j'ai appelé une femme qui autrefois avait été ma patiente et chez qui j'ai pris l'habitude de revenir lorsque j'arrive au pays.

— Pourquoi que tu ne vas pas dans ta famille, ils restent toujours au Saguenay, non?

— Oui, mais je n'ai rien à leur dire et je sais qu'au bout de quelques minutes je vais vouloir repartir... En tout cas... quand j'ai fait part à cette femme de ce qui me ramenait au Saguenay, elle m'a fait conduire par son mari tout de suite à l'Hôtel-Dieu-Saint-Vallier où je n'avais pas remis les pieds depuis deux ans. Un examen complet suivi d'une batterie de tests ont alors révélé que j'étais en parfaite santé. Comme tu peux l'imaginer, j'avais de la misère à croire à ce bilan. Quelque chose que je n'aurais jamais osé avouer me disait qu'il devait s'agir là d'un miracle. Je voulais bien m'en persuader, mais pourquoi? Et pourquoi moi? après la vie que j'avais menée.

— J'ai vécu ces questions... fait Roch comme dans un monologue.

— Et as-tu eu les réponses?

Une nouvelle fois il esquisse un sourire énigmatique. Il me charme. Oh non pas comme pourrait le faire un don Juan, pas du tout! Il me charme par son assurance qui semble m'indiquer les voies d'une nouvelle vie.

— Continue, dit-il.

— Oui... La nouvelle de mon retour s'est vite répandue en ville et j'ai reçu un téléphone qui, je me le suis dit, apportait une réponse à ma question. La sœur cadette de Pierre – mon vice-consul de Madrid –, Nancy m'apprenait que celui-ci, frappé de leucémie, était hospitalisé à Ottawa, condamné. Selon ce qu'elle me disait, il lui avait demandé de me prévenir si jamais elle en avait l'occasion. Je voyais dans cette nouvelle la seule raison de ce qui m'avait ramenée au Saguenay. À présent, ma conscience me demandait d'accourir au plus vite au chevet de mon ex-fiancé et, comme tu peux l'imaginer, mentalement, je me suis préparée à l'entretien d'un agonisant sur son lit de mort. À Ottawa, avant de me précipiter à l'hôpital, j'ai marché tristement le long du canal Rideau, en me rappelant ces jours où je venais ici rencontrer mon amour. Pourquoi devais-je revivre encore tout cela? me disais-je. Est-ce que je n'avais donc pas encore assez donné?

— C'est ce que Job devait se dire.

— Oui, mais à ce moment-là, Job... Enfin, tu vois ce que je veux dire...

— Je vois, Gabrielle, et je suis heureux que tu aies ajouté : *à ce moment-là*. Es-tu allée à son chevet?

— Oh oui! Le lendemain midi, après avoir fait provision des fruits et des magazines favoris de Pierre, je me suis décidée à prendre le chemin de l'hôpital. Là j'ai échoué lamentablement dans une première tentative. En effet, après être arrivée à l'étage où devait se trouver sa chambre, j'ai été frappée d'une angoisse incontrôlable; je suis retournée dans l'ascenseur d'où je venais juste de sortir. Je suis redescendue afin d'aller souffler à l'extérieur. Puis, une seconde fois, essayant de me maîtriser, j'ai recommencé mon parcours. Cette fois, je suis arrivée à la porte entrebâillée de la chambre. Il était tourné vers la fenêtre, couché dans la position fœtale. J'ignore pourquoi, je fus émue par l'arrondi de son épaule. « Pierre?... » que je lui ai dit. Il s'est retourné et, dissimulant habilement qu'il était surpris, m'a saluée d'un : « C'est gentil de passer, toi. Que deviens-tu? »

« Je voyage, que je lui ai dit, je voyage pas mal. J'arrive du Guatemala. »

« Ah oui? Ils ont eu un sacré tremblement de terre là-bas. »

« Oui, nous y étions. »

« Tu n'as pas eu peur? »

« Un peu. Mais toi... comment vas-tu, moralement? »

« Qu'est-ce que tu veux dire? » qu'il m'a dit. Je ne comprenais pas du tout pourquoi il était aussi froid, aussi distant dans ses propos. N'étais-je pas dans la capitale fédérale pour lui? n'avait-il rien de sérieux à me dire? Comme pour contredire mes pensées, me détaillant de ses yeux bleus, il m'a dit : « Tu as encore de beaux gros seins, Gabrielle. » Par ces mots, il venait de me rappeler que pour lui je n'avais été qu'une fantaisie sexuelle. J'aurais voulu lui dire ce que je pensais de lui, mais je n'en étais pas capable, sachant qu'il allait mourir. J'ai changé tout simplement de sujet, comme s'il ne m'avait pas blessée une autre fois. Je lui ai demandé comment il avait appris pour sa maladie. « Un après-midi, en revenant d'Espagne, m'a-t-il répondu, j'étais sur la colline parlementaire à jouer au tennis avec un compagnon de jeu d'ambassade lorsque je me suis senti mal. Comme je transpirais abondamment, mon confrère a soupçonné une attaque cardiaque et m'a fait transporter à l'urgence. Ensuite il y a eu les examens, les contre-examens et tout le bazar, bref un foutu cancer du sang, même qu'il me reste 24 mois à vivre. »

« C'est terrible... » ai-je affirmé sans savoir quoi ajouter. « Oh... fit-il, il y a là une infirmière-chef avec un corps de déesse. Je crois qu'elle ne dirait pas non. Je connais ça, les infirmières... » Et il a eu un clin d'œil grivois. J'étais consternée et attristée par de telles platitudes tenues en des moments aussi tragiques. Je me demandais si je n'étais pas venue inutilement lorsque, soudain, ses propos changèrent : « Gabrielle, je voulais te revoir avant que... enfin je veux te demander pardon pour ce que j'ai pu te faire subir. » Je l'ai rassuré froidement que je ne lui en tiendrais pas rigueur. Orgueilleuse, j'avais gardé mon sang-froid et n'avais laissé percer aucun trémolo dans ma voix. Cependant, comprenant que j'avais été dure, j'ai ajouté pour donner le change : « Dieu est avec toi maintenant, tu peux t'en remettre à lui. »

« Dieu! s'écria-t-il, presque choqué, il y a belle lurette que je ne crois plus à ces sornettes. Regarde-moi, Gabrielle, j'avais tout pour moi et regarde ce qui m'arrive, tu crois qu'un dieu laisserait faire ça... S'il en est un, je le rejette. » Malgré ma conscience élastique, ses paroles m'épouvantèrent. Personnellement je n'avais encore jamais blâmé Dieu, je n'avais pas atteint un tel degré d'orgueil. Les blasphèmes de Pierre me faisaient frissonner d'horreur, j'avais l'impression que pour ces mots il se condamnait pour l'éternité. Mais comme si cela n'avait aucune importance, il était déjà passé à autre chose : « Où est-ce que tu loges? » Je lui ai répondu que j'étais à l'hôtel. « Tu vas aller chez moi, me proposa-t-il presque comme un ordre, tu y seras bien mieux. » Et il m'a remis les clefs de son appartement. Je peux te dire que ce soir-là, en pénétrant chez lui, j'ai fondu en larmes. Je mesurais toute l'étendue du gâchis. J'ai eu une nuit agitée. J'arrivais pas à m'endormir et n'arrêtais pas de me demander si ce n'était pas d'avoir souhaité sa mort autrefois – car c'est ce que j'avais fait à Paris – qui l'avait rendu malade par je ne sais quelle alchimie paranormale. Et le pire était que, quelque part en moi, j'éprouvais un malin plaisir à ce qu'il pâtisse. J'ai combattu toute la nuit cette odieuse pensée.

— Le mal est en nous, cette vie ici-bas consiste à le vaincre par tous les moyens, y compris l'autopunition... Qu'as-tu fait ensuite?

— Le lendemain il m'a proposé de rester chez lui. « Je pourrai demander qu'ils me libèrent une fin de semaine, m'a-t-il dit, nous louerions un cottage... Ce serait formidable, non? »

« Ce que tu me demandes est impossible, Pierre, que je lui ai dit. J'ai quelqu'un maintenant, quelqu'un qui m'attend. »

« Et toi, l'attends-tu? »

J'avoue que j'étais loin d'en être certaine, mais je l'en assurai, même si sa proposition me tentait. « Tant pis... » a-t-il murmuré d'un ton blessé qui m'a fait mal. « Bon... eh bien il va falloir que j'y aille... » ai-je dit pour couper court. « Oui, Gabrielle, ta vie t'attend. » Je comprenais le sens de ses mots. Nos regards se sont croisés, chargés de cent messages non dits. Je sentais comme un grand vide gris et froid au-dedans de moi. J'aurais tellement encore voulu l'aimer sans retenue! Mais c'était impossible. J'aurais hurlé en refermant la porte de la chambre derrière moi. À la gare d'autobus, alors que je m'apprêtais à repartir pour Chicoutimi, j'ai décroché le téléphone, demandé sa chambre puis, le cœur dans un étau, j'ai replacé le récepteur d'un coup sec. Ça devait finir. J'en ai même oublié de remettre ma boucle d'oreille blanche. Dans l'autobus, sur la banquette que je partageais avec une vieille dame, je ne cessais de pleurer. La pauvre femme essayait de me réconforter en me tapotant dans le dos. De retour à Chicoutimi, j'ai rencontré un de mes anciens copains qui m'a invitée à un souper. J'ai accepté en me disant que ça me changerait les idées. Au cours de la soirée, il m'a tendu un comprimé en me disant que c'était un relaxant super. « C'est pas dangereux? » lui ai-je demandé.

« Pantoute! J'en prends souvent. Tu le laisses fondre sur ta langue. » Quelques minutes après, me sentant toute drôle, je me suis dirigée vers une chambre pour m'y étendre. Il m'a emboîté le pas. Comme il s'est étendu près de moi, j'ai été la proie d'une première hallucination extravagante : mon hôte m'apparaissait comme le Sphinx. Paniquée, je me suis pincée pour essayer de faire disparaître cette vision ridicule, mais en vain. Un mauvais trip, me suis-je dit, ça doit être ça! Au bord de la panique, je demandai à Dieu de m'assister. C'est ainsi que je finis par sombrer dans un sommeil profond. J'ai alors eu un second songe comme celui que j'avais eu à Paris. Mon corps planait au-dessus d'une foule de gens qui chantaient et dansaient en rond en se tenant par la main, heureux. De loin, ils m'apparaissaient comme des gamins, mais dès que je m'approchai d'eux, je m'aperçus qu'ils n'en étaient pas. Quoiqu'ils n'étaient pas vraiment des adultes non plus. Soudain une voix grave vibra au-dessus de moi : « Ne veux-tu pas devenir comme ces gens? »

« Oui je le veux! » m'écriai-je. « Oui j'aimerais être l'un d'eux. » Lorsque je revins à moi, j'avais le moral au plus bas. Je n'étais pas ce que je voulais être.

— Mais aujourd'hui tu sais ce que tu veux être, n'est-ce pas? Ce songe te l'a indiqué?

— C'est maintenant que tu le dis que je commence à m'en rendre compte, parce que par après...

À la fin de mars 1976, sans trop m'attarder à saluer la parenté, je suis retournée vers Richard qui est venu me chercher à l'aéroport de Los Angeles. Il s'était rétabli durant mon absence et avait récupéré son poste de soudeur électronique dans un atelier qui assemblait de l'équipement spatial pour le centre de recherches astronautiques de Pasadena. Abandonnant la maison de sa mère, il s'était déniché un appartement à Temple City, près de son travail. Notre vie en commun reprit dans des conditions plus conventionnelles. Le matin il partait au travail et moi je profitais de mes journées pour découvrir Los Angeles. Tous les midis, simplement vêtue d'un bikini, j'allais à l'usine en bicyclette porter un lunch végétarien à mon homme. En effet, depuis le recouvrement de notre santé, nous avions décidé d'adopter ce régime alimentaire. Les journées étaient longues cependant et j'avais hâte au week-end. Ces jours-là, nous nous levions de bonne heure, préparions notre sac de plage, aspirions les émanations d'une boulette de hachisch incinérée entre les lames de deux couteaux rougis sur un rond du poêle, puis on se rendait sur la plage de Santa Monica nous étendre pour la journée, histoire d'être en forme pour, le soir venu, aller s'éclater dans les boîtes huppées de la Marina Del Rey. Mais, comme pour le reste, avec le temps, j'ai commencé à m'ennuyer de n'avoir rien à faire et de dépendre entièrement de Richard pour ma subsistance. « Je veux travailler », dis-je un soir à Richard.

« On en a assez pour vivre, non? » m'a-t-il répondu. Il a fallu que je lui explique que je n'aimais pas être dépendante, et puis aussi que je commençais à m'ennuyer. Los Angeles ou non, on finit par se lasser de n'avoir rien de productif à faire. « Si tu veux travailler, travaille, j'ai rien contre... » a-t-il fini par céder. J'ai fini par me trouver une place de danseuse à gogo que j'ai abandonnée quelques jours plus tard en me rendant compte que je n'arriverais à rien dans ce bar minable. Toutefois j'avais fait mes premières armes et parce que la drogue rend aboulique, je savais que je pouvais m'effeuiller en public sans que cela ne me cause de cas de conscience ou n'offusque Richard.

— Tu en es sûre?

— Que ça ne le dérangeait pas?

— Oui...

— C'est ce qu'il laissait entendre en tout cas.

— Ça n'a pas dû marcher encore très longtemps entre vous, pas vrai?

— Tu as raison. Un peu plus tard j'ai décroché une place au The Ball, un cabaret assez huppé qui m'offrait de bonnes conditions de travail et une rémunération confortable. En outre, j'avoue que j'aimais danser et m'afficher. Telle était ma nature. Ça ne te choque pas?

— Je suis très content que tu m'avoues tout ça, Gabrielle. Je crois qu'ensemble nous pourrons lutter contre les tendances mauvaises... Alors tu t'es mise à danser...

— Oui. Le propriétaire du club était chef de police, aussi exigeait-il que l'on suive strictement les règlements : interdiction d'accepter les pourboires de la main d'un client, ils devaient être déposés sur l'estrade. Aucune suggestivité obscène. Défense formelle de converser avec les clients entre les shows. Interdiction de répondre aux avances. Toujours exiger l'accompagnement d'un gorille pour retourner à notre voiture en sortant. C'était vraiment un travail d'artiste tel que je le concevais. Dès la première représentation, mon numéro fut accueilli par une tempête d'applaudissements. Bientôt je devins populaire sous le nom de Foxy Lady – plus sophistiqué que le Frenchy que je portais jusque-là. Je commençais à me sentir la vedette, mon patron imprima même les cartes de l'établissement avec ma photo dessus. La tâche exigea de plus en plus et, sans m'en rendre compte, je demandais à Richard de me suivre et de s'occuper d'une foule de détails domestiques. Pour ce faire il laissa son travail. Inconsciemment j'imitais ma mère; je faisais de mon conjoint le domestique. Mais, sur le coup, nous n'avons pas vu les nuages noirs à l'horizon; l'argent rentrait à flot, des coupures de 100 piastres voltigeaient sur l'estrade. À chaque représentation, le silence se faisait, l'auditoire semblait électrisé : quel velours pour mon ego! Je devenais assoiffée d'honneurs, je me voyais déjà au Flamingo ou au Caesar's Palace de Las Vegas. Pour ce faire j'ai même voulu suivre des cours de chorégraphie à Hollywood, mais ils n'allèrent pas loin car mon professeur voulut abuser de la situation et je plaquai les cours. Puis, petit à petit, je me rendis compte que le public était là non pas pour apprécier l'expression artistique, mais bien pour élaborer ses phantasmes. Pour oublier, je me droguais de plus belle et visais ma propre satisfaction égocentrique en admirant mon reflet sur les miroirs qui entouraient la piste.

— Étais-tu heureuse, Gabrielle, à ces moments-là?

— Je pensais bien l'être mais je m'illusionnais, c'est certain. Je criais à chacun de m'aimer pour compenser tous les « vrais » mots d'amour que je n'avais pas eus, dans le passé.

— Tu n'en étais pas consciente, cependant.

— Aucunement.

— Et Richard, là-dedans.

— Justement, je ne ressortais de ma coquille que lorsque Richard arrivait; alors je dansais pour lui. Ce qui ne nous empêchait pas de commencer à nous disputer pour des riens. Je ne voulais pas comprendre que mes activités sapaient nos relations. Un jour, un Noir, qui venait régulièrement me voir, m'a offert un poème de son cru. Je décidai, qu'au milieu de la foule superficielle, il était le seul à ressentir ma véritable identité; je me mis à penser à lui. Tant et si bien que je ne fis plus l'amour avec Richard que par devoir. Un matin, je lui ai vidé la boîte de céréales sur la tête. C'est ce qui a précipité notre séparation. Adieu, Richie. J'ai déménagé à Rosemead. Mais la chute n'était pas terminée, loin de là! Un beau jour d'août, je me suis retrouvée au lit avec mon patron pour un collier de perles dont j'avais envie depuis longtemps. C'est à ce stade que Lisette est revenue dans mon existence. Depuis Paris nous n'avions guère correspondu autrement que par un téléphone que je lui avais fait de passage à Miami, un an plus tôt. Retrouvailles mémorables. Je retrouvais celle qu'à Paris je considérais comme ma protégée. Mais comme il avait coulé de l'eau sous les ponts! À New York elle s'était amourachée d'un Noir qui s'est dépêché de la laisser tomber lorsqu'elle lui a appris qu'elle était enceinte. Elle s'était fait avorter, après quatre mois de grossesse, et venait à Los Angeles pour, je crois, essayer de se remonter le moral. Je la tenais dans mes bras tandis qu'elle me contait ses malheurs et, toutes deux, nous pleurions à chaudes larmes. « Ne retourne pas à New York, lui ai-je dit, reste avec moi, je gagne du fric plus qu'il n'en faut pour deux. » Et ça a été à mon tour de passer aux aveux. Mes propos ne l'ont pas choquée. Par la suite, elle a même pris l'habitude de venir me voir durant mes représentations. Alors que jusqu'ici je m'étais toujours déshabillée sans y penser, voilà que ça me faisait tout drôle de le faire devant elle.

— *L'abîme appelle l'abîme*, a dit le psalmiste David.

— C'est bien vrai! Un jour, passant outre au règlement, j'ai accepté une invitation et me suis retrouvée dans le Cesna d'un client, en route pour Vegas. Repas gastronomique dans une salle au faste éblouissant, soirée passée à introduire dans les machines à sous les cent piastres qu'il m'avait données avant d'aller tenter sa chance à la roulette, retour dans le ciel de nuit sans qu'il se passe quoi que ce soit de physique. Mais mon patron n'était pas content. « Tu ne connais pas le règlement! » m'a-t-il engueulée. Je lui ai prétendu que je n'avais rien fait de mal. J'avais eu envie d'aller à Vegas, c'est tout. « Je ne veux plus que ça se reproduise », m'a-t-il ordonné. « Si tu le prends comme ça, lui ai-je retourné, nous deux, c'est terminé pour le plumard. »

« Dans ce cas, tu es virée! » Je n'ai pas chômé longtemps. Suite à un téléphone au neveu de mon ex-patron, qui tenait une boîte nommée The Other Ball, je me suis retrouvée sur une estrade. Mais cet établissement était vraiment différent. Là, il fallait s'« écartiller », se faire des attouchements, bref toutes les bassesses étaient de mise. Comme je ne voulais rien savoir de ces gestes obscènes, lors de ma première représentation, un peu avant la seconde, il m'appela dans son bureau, me fit la *morale* et me demanda d'inspirer dans un flacon brun. Euphorique, le ventre en feu, je suis montée sur la scène et j'ai travaillé contre toutes les règles de l'art. Les clients réclamaient l'ordure. Malheureusement, je n'étais pas encore au terme de ma chute. Un peu plus tard, j'ai même accepté de poser pour une revue résolument porno. Au bout du rouleau, j'ai abandonné The Other Ball pour me produire dans un bistrot appartenant au propriétaire de *Playmate*. Le soir même, il m'invitait au restaurant et, rendu loquace par le scotch, me fit part de ses déboires. « Je viens de divorcer et la garce cherche à mettre la main sur tout ce que je possède. Et putain, je crois que je l'aime encore... » Je l'écoutais d'une oreille distraite en savourant un cognac. Au hasard de la conversation, je lui ai dit que j'aimais la pêche. Il a sauté sur l'occasion : « Ouais! Qu'est-ce que tu dirais d'une semaine sur mon *cruiser* à Tijuana pour taquiner le poisson? » J'ai répondu : « Ce serait épatant! » C'est ainsi que j'ai entamé une nouvelle passade qui allait m'amener à faire la connaissance de cet homme dont la compréhension et la gentillesse étaient incomparables. À l'automne, je n'avais plus à m'effeuiller pour survivre. Servie comme une princesse, je vivais dans un impressionnant château. Mon papa-gâteau avait le double de mon âge et il m'aurait donné la lune si je l'avais demandée. Je pouvais avoir tout ce que je désirais. Le hic est que je ne peux supporter la dépendance. Je veux réussir par mes propres moyens – même si je dois t'avouer que jusqu'ici la majorité de ceux employés n'ont pas été des plus appropriés. Pour me donner du temps, j'ai proposé à Lisette de m'accompagner à Puerto Arista, et c'est là que nous avons rencontré un Torontois qui nous a parlé d'un centre – qui était une branche américaine de l'Église adventiste du septième jour – au Guatemala où l'on enseigne la naturopathie et la Bible. Tout de suite j'ai pensé « ma vie va enfin changer » et j'ai eu le pressentiment que Dieu orientait mes pas; à nouveau j'allais pouvoir soigner les gens. En novembre, nous nous sommes retrouvées, Lisette et moi, sur la montagne de Santa Lucia de Milpas Atlas et avons commencé l'apprentissage de l'hydrothérapie et de l'utilisation d'argiles et de plantes pour soigner les maladies.

— Même des maladies comme le cancer?

— Je peux te dire avoir soigné moi-même une femme qui avait été référée par le Loma Linda Hospital de Californie. Cette femme s'en est sortie, Roch.

— C'est merveilleux! Ça confirme tout ce que je pense à propos de la médecine traditionnelle. Gabrielle, j'ai vraiment l'impression que c'est Dieu qui t'a mise sur mon chemin...

— Après tout ce que je viens de t'avouer? Sans jouer sur les mots, tu as sûrement remarqué que je suis descendue au plus bas.

— Tu as manqué d'amour et tu as cru le trouver dans le sexe. Pour ça tu as cru que ton corps était comme une carte d'affaires et tu l'as exploité au maximum. Mais dans tout cela, tu ne faisais rien d'autre que de rechercher un peu d'affection. Et pour le fond, tu l'as expliqué toi-même, tu recherches la Vérité. Ton erreur jusqu'ici a été de ne pas d'abord prendre en considération que tu devais te mettre au service de Dieu, c'est pour cette raison que tu t'es trompée de chemin. Mais à présent – et je suis dans la même situation – je crois que tu es sur la bonne voie.

Je l'observe dans les violets de l'aurore naissante. La brise a légèrement fraîchi et porte en elle l'arôme des pins. Cet homme est sincère. Je me moquerais de n'importe qui d'autre osant prétendre que Dieu m'a placée sur sa route, mais, venant de lui, ça semble naturel. Plus encore, je crois que je suis d'accord avec lui.

— Quelle est cette voie? lui demandé-je surtout pour l'entendre.

— Vois-tu, Gabrielle, avec quelques autres, comme je te l'ai dit, je m'occupe d'organiser en Estrie des sessions de cinq jours pour permettre aux fumeurs d'en finir avec ce vice. Cela n'en a peut-être pas l'air, mais c'est une occupation à temps plein qui peut permettre de sauver bien des vies. En ce moment, c'est l'Estrie, mais je compte bien couvrir tout le Québec. Si tu voulais te joindre à nous, avec tout ce que tu sais... Ce serait formidable!

— Mais...

— Non, non, ne me donne pas de réponse tout de suite. Je veux que tu y penses sérieusement. Nous avons encore un peu de temps avant de repartir.

J'ai l'impression de respirer plus librement qu'avant. Une grande fraîcheur a envahi ma poitrine. Je me sens légère. Je vais en parler avec Lisette, mais je crois que ma réponse est déjà prête. Oui! j'ai envie de le suivre. Il me semble qu'avec lui ma vie va pouvoir enfin trouver un sens. Je crois qu'ensemble nous pourrions travailler à rendre le monde un tout petit peu meilleur.

Avant de la rencontrer, n'ai-je pas dit à Lisette que je sentais que ma vie allait prendre un tournant radical? Et en Californie, lorsque j'ai décidé de remettre ma destinée entre les mains de Dieu après m'être aperçue que par moi-même je ne pouvais arriver à rien, n'ai-je pas fait le serment que je suivrais celui qu'Il mettrait sur ma route? Roch était celui-là. Ma prière avait été exaucée.

***

Je n'ai pour ainsi dire pas dormi, mais me suis levée comme les autres pour la première conférence. Je suis surprise de me rendre compte que c'est Roch qui doit prendre la parole. Je le regarde en train de classer ses feuilles debout devant le lutrin et, ce faisant, me dis que la nuit a construit quelque chose entre nous. Il lève les yeux et comme s'il avait senti exactement où je me trouvais dans la salle, nos regards se rencontrent. Nous nous sourions.

Il parle de la mission qu'il s'est fixée, un pasteur se lève et lui demande s'il a discuté de ses buts avec d'autres frères avant de commencer sa campagne anti-tabac.

— Pourquoi est-ce que je l'aurais fait? lui répond Roch.

— Mais pour avoir l'avis de vos supérieurs. Si chacun commence à faire comme bon lui semble, il n'y aura plus de communauté...

Je vois Roch pâlir.

— Je n'ai rien entrepris qui soit contraire à nos buts spirituels, dit-il sèchement.

— Ce n'est pas ce que j'ai dit, et même je ne doute pas que cette campagne contre le tabac soit fort louable; j'ai seulement voulu faire remarquer que si chacun prenait des initiatives de son côté...

— Si Jean-Baptiste ou le Christ n'avait pas pris d'initiatives, y aurait-il des chrétiens aujourd'hui?

— Sans vouloir t'offenser, je ne pense pas que personne ici ou ailleurs ne puisse se prendre pour Jean-Baptiste et encore moins pour le Christ.

— Évidemment! rétorque Roch brusquement, mais laissez-moi quand même le droit de me prendre pour qui je suis. Quand j'ai décidé de faire quelque chose contre le tabac, il ne m'est pas venu une seconde à l'idée que ça puisse être contraire à nos buts. Et puis si je dois être interrompu à toutes les minutes, je ne vois pas ce que je fais ici!

L'air outré, il semble solliciter un soutien afin de poursuivre son allocution. De mon côté je regarde autour de moi et ne constate aucun encouragement. Du même regard je me rends compte combien la plupart de ces gens paraissent prospères. Seuls quelques-uns comme Roch ou ceux qui l'accompagnent portent ce qui me semble être les attributs d'une simplicité qui à mon sens est compatible avec le message chrétien. Pour cette raison, et peut-être aussi pour cette nuit passée ensemble, je tends à lui donner raison. C'est décidé, je vais le suivre!

Roch a repris son allocution, mais cette fois son ton est nettement plus tranchant. Je me demande déjà ce que sera cette nouvelle vie qui m'attend.

***

Pause café. Je rejoins mon amie Lisette pour lui faire part de ma décision. Comme il y a maintenant de nombreux mois que nous faisons route ensemble, je veux néanmoins son avis et aussi son approbation. Je lui demande d'abord ce qu'elle en pense.

— Il a l'air d'être quelqu'un qui sait où il va, me répond-elle. Si tu crois en lui, pourquoi pas...

— Et toi, ça ne te tente pas de nous suivre?

Lisette regarde vers le plancher quelques secondes.

— Je ne dis pas non, Gabrielle, mais pour te dire toute la vérité, avant, j'aimerais bien aller en France voir ma famille; je ne sais pas s'ils vont m'accueillir comme la fille prodigue, mais je m'ennuie d'eux, tu comprends?

— Bien sûr! Et tu n'as pas à t'en défendre, au contraire... Je voudrais tellement pouvoir dire comme toi.

— Et ça ne veut pas dire que je ne vais pas revenir. Et même, si tu me dis que c'est formidable, je me joindrai à vous.

— Je suis contente!

— On va s'en sortir, tu vas voir, me dit-elle en me donnant un léger coup de coude.

Ça doit être le manque de sommeil, j'ai les larmes aux yeux. *S'en sortir...* Il serait grand temps.

***

La journée s'est écoulée en conférences. Me dirigeant vers la cafétéria pour le repas du soir, je vois Roch s'approcher de moi accompagné des Québécois de son groupe.

— Gabrielle! m'interpelle-t-il, je voudrais te présenter à mes amis. Voici Roberte qui...

Au fur et à mesure de la présentation, je salue Roberte, Raymonde, et Germain Lebel. Je crois que je vais avoir du mal à me souvenir de tous ces prénoms en même temps. Tous me paraissent sympathiques et chaleureux. Je me sens bien en leur compagnie et, avant même de leur parler, je sais qu'ensemble nous pourrions faire quelque chose dans la joie. C'est bon de se dire que je ne suis plus toute seule, que quelqu'un de fort et généreux va prendre les décisions qui s'imposent et qu'il n'y aura plus désormais qu'à être heureux ensemble. Mais je m'aperçois que je vais vite en raisonnement, je ne lui ai même pas encore donné ma réponse.

— J'ai demandé à Gabrielle de se joindre à nous, dit Roch aux autres tout en me regardant.

— Et moi, je crois que je vais vous suivre, dis-je en réponse comme si les mots débordaient de ma bouche.

Des sourires fleurissent sur leurs visages. Je sens que je

suis la bienvenue. Oui, c'est certain! cette fois, ça va aller. Ensemble nous allons vivre et construire de belles choses.

— Je suis vraiment content, Gabrielle, me dit Roch en me tendant la main. Bienvenue parmi nous.

Je suis réchauffée par son regard de ciel.

***

Je suis venue dire à mon directeur spirituel que je n'irai pas en Colombie-Britannique comme j'avais prévu de le faire afin de suivre un cours sur l'utilisation des plantes médicinales, qu'à la place j'ai décidé de suivre Roch Thériault dans sa croisade contre le tabac.

L'homme ne semble pas apprécier mon enthousiasme :

— Mais voyons, Gabrielle, tu ne le connais même pas... Et d'après ce que nous avons pu voir durant les conférences, il semble être quelqu'un d'assez... personnel.

— Oh vous ne le connaissez pas!

— Toi non plus justement, et tu décides comme ça, du jour au lendemain, de donner un nouveau tournant à ta vie. Tu ne crois pas que tu devrais y penser plus longtemps?

— J'ai senti que je devais le suivre.

— On peut *sentir* bien des choses sur un coup de tête.

Il m'énerve! Pourquoi ne m'accorde-t-il pas le droit d'avoir raison et aussi, pourquoi ne veut-il pas reconnaître que Roch puisse être quelqu'un de très bien? Il m'énerve et je vais lui dire ce que je pense de lui.

— Je crois que vous êtes jaloux de son...

— Oui, de son quoi? Cette conversation devient ridicule tu ne trouves pas? Je ne le connais pas, cet homme, en quoi pourrais-je être jaloux de lui? Tout ce que je sais est que ce n'est pas l'humilité qui l'étouffe et, à mon avis, c'est dangereux. Maintenant je ne peux pas te retenir, tu fais ce que tu crois devoir faire. J'ai juste voulu te mettre en garde contre certains coups de tête.

— Ce n'est pas un coup de tête!

— Si tu veux appeler ça une décision mûrement réfléchie, libre à toi...

Je le salue sèchement. Je lui en veux de vouloir semer le doute dans mon esprit. Ils sont tous pareils, ils profitent des autres, ils arrivent là, dans leurs belles voitures de l'année, avec le prétexte de s'entendre dire comme ils sont bons. Ils s'offrent quelques jours de vacances au bord d'un lac entre les arbres avant de retourner dans leurs petites maisons cossues avec tout le confort. Mais leurs paroles sont creuses, je ne les crois plus. Je veux ce qui est vrai. Et comment ces gens repus pourraient-ils porter la Vérité alors qu'ils sont obnubilés par leur confort? Avec Roch et les autres, je sais que ce sera différent, je sais que nous mettrons tout en commun pour vivre comme l'on doit vivre. Loin du profit à tout prix, loin des bars à gogo, loin des *cruisers* achetés avec les profits de revues pornos, loin de ceux qui ne m'ont touchée que pour le plaisir de bander. C'est fini tout ça!

II

eux voitures roulent vers le Québec. Je suis dans celle conduite par Roch. Ça y est!

Il me parle de sa vie, de ses fils qui demeurent chez son ex-femme. Sans la connaître, je m'étonne que ce soit elle qui en ait obtenu la garde et je lui en demande la raison.

— Le juge était un vieux *straight*, explique-t-il. Parce que je lisais la Bible, il a décidé que je devais être un poteux irresponsable. Ils sont tous pareils...

J'approuve Roch :

— Tu as raison, tous ces gens-là croient que parce qu'ils sont arrivés socialement, tout ce qui s'écarte des normes n'est pas acceptable. Ils crèvent de trouille à l'idée de s'être trompés. Comme si lire la Bible était une raison pour enlever la garde des enfants à quelqu'un... C'est ridicule!

— C'est pas nouveau, autrefois l'Église catholique ne voulait même pas que les fidèles la lisent, tu te rends compte... Le Christ a été clair lorsqu'Il a dit qu'Il venait semer la zizanie jusque dans les familles. Les soi-disant bien-pensants sont verts de peur à l'idée que leur morale petite-bourgeoise sur laquelle ils assoient leur pouvoir puisse être bousculée.

À l'autoradio, les Séguin chantent : *Dans le train pour Sainte-Adèle*. Droit devant moi, j'aperçois le grand panneau bleu fleurdelysé qui marque le début du Québec. Pour la première fois de ma vie, je suis émue par ce que ça signifie. Je rentre chez nous, me dis-je. Je rentre à la maison.

Dans ma tête, une sarabande hétéroclite : tourtière, soupe aux pois, Vigneault, Ferland, René Lévesque, Duplessis, une bonne grosse Molson, la tire de la Sainte-Catherine, les *balancignes* sur la galerie... Chez nous... Encore une fois ma vue se brouille.

Le paysage défile et, en discutant, je fais connaissance avec ceux qui accompagnent Roch. Aussi bien de Roberte Poitras, que de Raymonde Poliquin ou Germain Lebel, me paraît irradier la certitude d'un bonheur accessible. Je me sens en accord avec eux, et c'est tout nouveau pour moi.

À Longueuil, nous décidons de louer deux chambres. Tandis que Roch et Germain s'installent dans la première, Lisette, Raymonde, Roberte et moi occupons l'autre.

La journée a été fertile, mais je n'arrive pas à trouver le sommeil en cette fin de juillet. Je vais aller faire un tour dehors, l'air de la nuit me fera du bien.

Il fait bon. Les bras croisés sur ma poitrine, j'avance lentement sur le trottoir. Un bruit derrière moi, je me retourne et aperçois Roch qui s'avance à ma rencontre. A-t-il senti que j'étais dehors? Vient-il me retrouver? Je le crois.

— J'arrive pas à m'endormir, dit-il.

— Moi non plus... C'est une belle nuit...

— Sûrement. (Son regard me sonde.) J'aimerais bien que tu me parles encore un peu de toi.

— Que veux-tu savoir?

— Tu me disais l'autre nuit qu'il y avait des choses que tu n'osais pas me dire, est-ce que ça a changé?

— Alors tu veux tout savoir...

— Si nous devons travailler ensemble, je crois qu'il est mieux de ne rien se cacher.

— Tu as raison, mais il faudrait peut-être que je commence par le début, du temps où j'allais à l'école.

— Étais-tu une bonne élève?

— Plutôt, mais côté discipline c'était toujours désastreux.

— C'est ce qui arrive avec les gens idéalistes.

Je le regarde en essayant de lui transmettre ma gratitude. Lui me comprend, c'est net. Personne d'autre avant lui ne l'avait fait aussi bien. Il me comprend et ne me reproche rien. J'ai l'impression que si je lui dis tout j'établirai un lien d'intimité comme je n'en ai encore jamais connu. Oui! je vais tout lui dire.

— À l'école, les journées se succédaient, monotones. Chaque matin, maman se levait à quatre heures pour allumer le poêle et la température était douce lorsque je me levais à mon tour à cinq heures et demie. Seulement, avant d'aller en classe, tous les jours, il me fallait assister à la messe à l'église Saint-Édouard. Le chemin de croix que je faisais après la cérémonie me dérangeait beaucoup. Chacune des quatorze stations me perturbait tellement que j'en pleurais. J'étais déchirée jusqu'au fond de l'âme des souffrances imposées à cet homme.

— Tu trouvais ça injuste?

— Je trouvais ça terrible et je n'acceptais pas que le Christ se soit tant laissé faire.

— Il fallait bien qu'il y en ait un qui rachète tous les péchés des hommes.

— Peut-être mais pourquoi Lui? Pourquoi les juges avaient-ils décidé que cet homme méritait la mort par crucifixion?

— C'était la façon de l'époque de punir les criminels, les voleurs, les larrons...

— Et probablement ceux dont ils avaient peur également. Enfin, je reviens à mon enfance. Comme je te l'ai déjà dit, en revenant de la classe, tandis que mon cher frère cadet se contentait de me regarder, les bras croisés, c'est moi qui regarnissais la remise à bois, moi qui entretenais le terrain, fauchais l'herbe et retirais les pierres, moi encore l'hiver qui pelletais la neige. Tout ça pendant que le « bébé » se foutait de moi. Il mentait, s'adonnait aux plus mauvais tours comme celui de m'effrayer avec des couleuvres ou en faisant éclater des crapauds. Un après-midi, alors que je révisais mes devoirs à l'extérieur, il s'était amusé à lancer des dards sur l'appentis contre lequel je m'appuyais; jusqu'à ce que, sentant un danger, je me protège l'œil du revers de la main... dans laquelle est venue se planter la pointe d'un dard. Il blasphémait à plaisir, insultait notre mère, la manipulait et, par-dessus tout, je réprouvais totalement le fait qu'à quatorze ans il dorme avec elle.

— Est-ce que tu veux dire que...

— J'en sais rien et je ne veux pas le savoir. Toujours est-il que c'est moi qui étais battue de la main osseuse de maman, ou rouée de coups de croûte de bois. Elle voulait que je me couche à l'heure des poules et refusait que je joue avec les jeunes de la rue. Entre les corvées, je n'avais pas d'autre loisir que de me bercer sur la véranda en chantonnant un « hit » de Françoise Hardy, tu sais : « ...*tous les garçons et les filles de mon âge (...), les yeux dans les yeux et la main dans la main sans peur du lendemain* ». Et lorsqu'il m'arrivait de chanter du Elvis, je me demandais quand donc l'on m'aimerait. Puis, en regardant les transatlantiques dans la baie, je me promettais qu'un jour je partirais loin, je voyagerais de par le monde.

— Tu as fait ce que tu avais décidé.

— Si on veut... Mais à l'époque, en tout cas, il n'était pas question de voyager. Assez pauvres, notre mode de vie était plutôt limité. Comme j'étais la sœurette, je portais les vêtements usés des autres. À force de porter leurs souliers, mes pieds se sont déformés. Quand j'ai eu ma première robe neuve – en velours rouge! –, folle de joie je n'ai cessé d'aller l'admirer dans la penderie.

— Tu es fière un peu, non?

— Oui, je crois que je l'ai toujours été.

— Il y a beaucoup de monde qui a vécu comme tu dis. Vous deviez manger à votre faim?

— Ouais, mais je ne m'étendrai pas sur le menu qui nous ramenait tous les soirs une « sauce à poche » et des sandwiches aux bananes écrasées ou au *baloné*. Le lait, le fromage, et les agrumes n'apparaissaient sur la table qu'à Noël.

— Mais ta mère t'a quand même envoyée à l'école, puisque tu es infirmière?

— Ça c'est vrai! À treize ans, malgré un budget serré, je suis entrée à l'école secondaire Durocher. J'étais même bien étonnée, car mes sœurs n'ont jamais eu cette chance. Pour subvenir au pain quotidien, elles ont dû faire le ménage chez des parents plus fortunés. Et tout ce dévouement ne leur méritait qu'imprécations et claques par la tête. Le puritanisme de ma mère réglementait nos goûts. Interdit aux filles de porter jeans, bermuda et encore moins de maillot de bain.

— On dirait que tu en veux à ta mère?

— Non... Non, et je crois que ce serait malhonnête de ne pas parler de ses qualités. J'admire le courage dont elle a fait preuve après la mort de papa. Après dix-huit grossesses laborieuses, dont trois se sont soldées par des mortalités postnatales, quelques fausses-couches, les inévitables maladies infantiles, elle a poursuivi notre éducation coûte que coûte et nous a inculqué un vrai trésor de principes élémentaires et de préceptes de bienséance introuvables sur les bancs de l'école. Repas à heures régulières, hygiène corporelle absolue, et même, en un certain sens, son puritanisme ont été pour nous les bases d'une richesse inépuisable. Plus tard, j'ai compris que l'interdiction pour moi de fréquenter la gent masculine m'a sûrement été d'un grand secours, si je dois en juger par ma nature... disons passionnée. Tu sais, c'est contre moi-même que j'ai dû me battre une fois, lorsque le père des enfants que je gardais s'est essayé à des attouchements en me ramenant dans sa voiture. Enfin... En 1967, un événement très inattendu est venu mettre du soleil dans mon quotidien. La religieuse qui m'enseignait les sciences et qui appréciait mon assiduité à l'étude, insista afin que j'accompagne à ses frais un groupe de méritants à l'Exposition internationale de Montréal. C'est au cours de ce séjour que j'ai été contaminée par le virus de la découverte et des voyages.

— Et as-tu toujours envie de voyager?

— J'ai envie de faire quelque chose de bien.

— Ce n'est pas ce que tu voulais déjà?

— Dans un sens, oui... Toujours à la recherche d'une certaine consolation pour moi-même, j'en suis venue à vouloir consoler les autres; ça doit être la raison pour laquelle, la même année, je me suis inscrite au Collège d'enseignement général et professionnel de Chicoutimi. Ma mère s'y est d'abord opposée. Heureusement, j'ai appelé en renfort un de mes oncles qui est parvenu à convaincre maman de revenir sur sa décision et de me permettre ces études.

— Elle devait être dans le besoin...

Je comprends à ces paroles que Roch me trouve un peu égoïste. Je veux lui démontrer comment ça se passait chez nous.

— En attendant la rentrée à l'automne, je me suis trouvé un petit emploi au restaurant du coin et, à la fin de l'été, j'avais amassé près de deux cents dollars. Sur-le-champ, ma mère m'a réclamé la somme. J'avais beau lui expliquer que cet argent devait servir à mes études, elle s'opposait de nouveau à mon projet. C'est là que j'ai compris que ma mère s'était toujours servie de la foi de l'Église pour cacher son besoin de domination. Je me suis rebiffée, elle m'a giflée. Je lui ai alors lancé : « Vous ne m'avez pas mise au monde pour faire de moi ce que vous voulez, vous devez respecter qui je suis! » Mais elle ne voulait rien entendre. Refusant de me soumettre, je lui ai donné mes économies et, en beau maudit, je lui ai crié que je n'accepterais plus rien d'elle, que j'allais suivre mon cours et je ne lui demanderais plus jamais rien, que j'allais réussir sans elle. Et sur ce, j'ai tourné les talons et quitté la maison à tout jamais. J'avais 17 ans, me sentais incomprise et mal aimée.

— Est-ce que ça a été mieux ensuite?

— Un peu... À Chicoutimi, ma première rencontre avec la directrice des soins infirmiers ne fut pas des plus avenantes : « À mon avis, Mademoiselle, m'a-t-elle dit sèchement, ce débordement d'acné sur votre visage ne me semble pas idéal pour le réconfort des malades sur lesquels vous allez devoir vous pencher. » Il a fallu que je m'engage à faire tout ce qu'il faudrait pour arranger ça. Sur les conseils d'une cousine en charge d'un département de l'hôpital, j'ai demandé asile aux Augustines qui m'ont offert un lit dans le dortoir réservé aux parents de religieuses en visite. L'endroit était très monastique d'aspect, mais j'en appréciais le silence et l'atmosphère spirituelle. Souvent, la supérieure ainsi que Marceline, une de mes parentes entrée dans la congrégation, venaient rompre ma solitude et me prodiguaient des délicatesses. Cette opportunité me permit de modifier l'opinion négative que j'avais gardée des religieuses depuis l'orphelinat et le pensionnat. Je savourais à présent leurs conversations et leur totale liberté d'expression. J'admirais leur mysticisme et m'interrogeais sur la vie contemplative. Comment une femme pouvait-elle renoncer à tout jamais à ce qu'un homme la caresse?

Roch me regarde fixement. Ses yeux semblent sourire et comprendre. Il est fort et j'aimerais sa main sur mon épaule.

Surtout pour continuer à rester seule avec lui, je poursuis mon histoire.

— Suite à la promesse faite à la directrice, j'ai engagé une partie de mes prestations de Bien-être social dans des soins cosmétiques visant à me redonner un visage agréable. À force de crèmes coûteuses, le résultat ne s'est pas fait attendre. Après ce jour, chaque fois que je la rencontrais, je toisais la directrice avec arrogance. En ce temps-là, je ne connaissais que la loi du talion.

— Et c'est différent maintenant?

— En tout cas j'essaye. Il faut dire qu'à l'époque je m'identifiais beaucoup à maman. Que veux-tu, je n'avais jamais eu d'autre modèle. Sévère, j'exigeais beaucoup des autres et de moi-même. Cette attitude me laissait peu d'amis. Je prenais la vie très au sérieux et je me consacrais totalement à l'assimilation des sciences infirmières. Ma routine se confondait dans les notions d'anatomie, de pathologie, d'éthique et de psychologie du malade. Dans mes études, j'étais épaulée par ma mémoire qui m'a toujours été une alliée fidèle, mais aussi par mon orgueil; car, comme tu l'as certainement déjà compris, je suis orgueilleuse et je n'admets pas la défaite.

— J'ai compris...

— Ça paraît tant que ça?

— Ça paraît... Et après?

— Eh bien, profitant de toutes les opportunités, à la fin de la première année, grâce à l'intervention de cousines en poste à l'hôpital, j'ai obtenu de travailler au département de chirurgie. En plus de m'aider dans mes finances, cette expérience fut très riche en enseignements.

— Alors tu as vu pas mal d'opérations?

— Non, pas du tout, je ne faisais que travailler sur l'étage...

— Je m'intéresse à la physiologie, je crois que j'en ai déjà appris pas mal sur la question. Mais je t'interromps tout le temps...

— Non, non! On dirait plutôt qu'il n'y a que moi qui parle.

— J'aime t'entendre. Qu'as-tu fait ensuite?

— En 1968, ma seconde année, ayant obtenu un prêt et une bourse du gouvernement, j'ai décidé de rallier la résidence des autres étudiantes. Il est certain qu'à cette époque ma vie a pris un certain tournant. Ma discipline personnelle s'est assouplie passablement. Je n'ai plus jamais manqué d'amis. « Ici et maintenant » était devenu ma nouvelle règle de vie et mon avenir professionnel glissait au second rang. J'étais partout à la fois : folklore, théâtre, chorale, tout y passait. En même temps, la considération que j'inspirais commençait enfin à croître. Durant mes loisirs, je m'adonnais aussi à la lecture et à la poésie. Quelquefois, j'y allais même de mes propres compositions. En classe l'on me surnommait « le dictionnaire » et sûrement que c'est pour ça que des camarades m'ont proposé un jour, en vue d'un goûter préparé en son honneur, de composer quelques vers rendant hommage au cardiologue Berthon, ce que je fis. À son sujet, quelque temps après, cet homme intègre et noble a dû affronter jalousie, intransigeance et abus de pouvoir de la part de confrères et d'administrateurs. Il dut partir et cet incident m'a tellement choquée qu'il a contribué à bâtir ma marginalité. Je n'étais qu'étudiante mais déjà je me sentais à l'étroit à travers l'esprit de clocher qui régnait.

— Comme je te comprends. Moi-même j'ai eu pas mal de démêlés avec ce genre de comportement.

Je me demande si je dois lui parler de Pierre maintenant. Est-ce que cela ne risque pas de le chagriner à mon égard? Non! entre nous, il faut tout se dire; lui peut me comprendre. Je continue :

— Au cours des vacances, j'avais repris le boulot de l'été précédent au département de chirurgie. Un patient a voulu me remercier en me faisant parvenir une bague sertie d'une perle pour mon anniversaire. Dans les jours qui ont suivi, je me suis liée avec cet homme qui était avocat.

— Pas un autre!

— Ben oui... Un jour j'ai accepté de l'accompagner à son chalet dans le bout d'Alma, et là le vin, la musique et la chair furent à l'honneur.

— Je vois...

— Malheureusement ce ne fut pas tout, loin de là... Au cours de la troisième année, j'ai aussi rencontré un homme marié qui m'avait prise sur le pouce alors que je retournais chez ma cousine Marielle chez qui je logeais depuis l'automne. Il m'a laissé entendre à mots couverts son désir de donner suite à cette première rencontre. Comme il me plaisait, j'ai accepté à la condition que notre relation n'interfère jamais dans sa vie de ménage. Il avait une boutique, rue Racine, où je lui rendais souvent visite. Complices, nous nous laissions voguer au gré de nos ébats.

— C'est léger, mais tu n'es pas la seule qui...

— Je ne sais pas, parfois j'ai honte. Quand est venu le temps des examens de fin d'études, nous logions dans un pavillon de l'Université Laval. Pendant que mes camarades se mortifiaient à réviser leur texte, j'allais écouter, incognito, un pianiste au salon-bar du Frontenac, et plus tard dans une chambre, après un joint ou deux de marijuana, je faisais l'amour avec lui en attendant d'aller passer mes examens.

— Et tu as échoué?

— Non, même que mes résultats ont été supérieurs à ceux que j'escomptais.

— Tout cela est compréhensible si l'on part du principe que, n'ayant aucun contact avec Dieu, tu te laissais guider par tes bas instincts.

— Tu veux dire que j'ai réussi mes examens parce que j'agissais en *guedoune*?

— En faisant le jeu de Satan, il était inévitable qu'il te rende des services qui te permettraient de continuer.

Le raisonnement de Roch me paraît tellement évident que je ne peux que l'approuver. Cet homme a le don de me sonder et ce don me rassure. Avec lui, je me sens beaucoup moins seule qu'avec n'importe qui jusqu'à ce jour.

Nous arrivons dans la cour déserte d'un collège et nous nous asseyons sur un talus. Je veux lui raconter une de mes « bonnes actions ».

— Parce qu'elle « n'avait rien à se mettre sur le dos », en juin 70, maman ne voulait pas venir à ma cérémonie de graduation. Mais moi je voulais à tout prix qu'elle partage ma joie et soit fière d'avoir une fille qui avait réussi à entrer dans une profession capable de lui assurer son indépendance. Alors, je me suis rendue à Port-Alfred au magasin pour dames Hélène Lavoie et, là, j'ai fait part à la propriétaire de mon projet d'habiller ma mère et de payer la note lorsque je percevrais mes premiers revenus. Elle accepta ma proposition et c'est ainsi que je suis arrivée à la maison avec robe, blouson, souliers et accessoire assortis. Maman, très heureuse, est venue à la réception et ça a été pour moi un jour aussi émouvant qu'inoubliable. J'étais tellement fière de prouver à ma famille et à moi-même que j'étais capable de réaliser ce que j'entreprenais.

— Encore une fois l'orgueil?

— Oui, tu as raison.

— Et où as-tu commencé à travailler?

— À Chicoutimi. Quand le temps est venu de faire un choix, redoutant la routine, j'ai sollicité un poste au service d'urgence ou aux soins intensifs puis, certaine que c'était là le moyen de réaliser mes projets, je me suis mise à faire beaucoup d'affirmations en ce sens. C'est pourquoi je n'ai pas été surprise lorsque j'ai reçu mon engagement pour l'urgence... Ah là, là! Comment oublier le matin où j'ai été introduite auprès du personnel de l'urgence! Je ne portais plus à terre dans mon costume de novice, avec ma coiffe ornée du ruban de velours noir. Le visage cramoisi de gêne. J'avais quasiment honte d'être aussi heureuse et contente de moi. Mon rêve prenait forme, ce service était susceptible de contenter mon esprit d'initiative. Mais, imagine-toi que, dans les premiers jours, j'ai dû injecter une intraveineuse à un cas de délirium tremens. Selon la prescription, j'administrais très lentement le sulfate de magnésium lorsque subitement le drap s'est soulevé comme une tente au niveau du pubis de l'homme. Tant bien que mal j'essayais de me concentrer sur ma seringue qui tremblait entre mes doigts, mais, dès que j'ai eu terminé, je n'ai pu faire autre chose que de sortir de la chambre en courant.

— Est-ce que tu cherches à me dire que tu es... comment dire? fascinée par le pénis?

— C'est plus fort que moi.

— Il faut lutter, Gabrielle. Je t'aiderai.

Je le crois et ressens en même temps une impression de légèreté.

— Mais j'avais quand même des qualités, tu sais. J'étais en fonction lorsque le glissement de terrain de Saint-Jean-Vianney est survenu. Comme dans un rêve précipité, la salle d'observation a été transformée en local de médecine de brousse. Ça a été une poursuite effrénée. Voltigeant d'un cas à l'autre, réconfortant, prenant les signes vitaux, appliquant les ordonnances, pendant des heures et des heures je n'ai pour ainsi dire pas eu conscience de ma propre existence. Comme si le temps s'était arrêté. Un véritable marathon médical et infirmier de deux jours. Tout le temps où j'ai travaillé sur ce département, j'ai vécu tout un challenge. J'aimais éliminer les obstacles un à un. Un après-midi, une de mes consœurs s'est arrêtée subitement de transcrire des notes sur le cardex et m'a dit à l'improviste : « Toi, Gabrielle, tu iras loin dans la vie! » Je me suis souvent interrogée sur le sens de ses paroles.

— Te voilà avec moi, et je crois qu'on ira loin. Elle avait raison.

— Mais tu ne me connais pas encore, Roch. Je ne t'ai pas tout dit. Oh je ne suis pas toujours tombée dans les bras de n'importe qui! Un jour, un interne m'a invitée sans détour à partager son lit. Il était du genre play-boy et très imbu de sa personne, je l'ai envoyé promener. Il a voulu se venger en se plaignant de mon travail à l'un de ses proches au conseil d'administration. Il y a eu aussi ce dermatologue qui, au lieu de s'occuper des verrues que j'avais sur les doigts, s'attaqua plutôt aux boutons de ma robe. Repoussant la main du débauché, j'ai dû lui indiquer à nouveau la nature de mon problème. Mais en dehors de mes heures de travail, j'étais fort occupée à me divertir. J'allais me trémousser à La Pilule, ma discothèque favorite. Je buvais peu, juste quelques verres de cognac. Je n'étais là que pour la danse qui m'hypnotisait et me transportait dans un autre monde. Je ne quittais la piste qu'une fois lessivée.

— Étais-tu consciente que ton corps dérangeait pas mal de monde?

— Sûrement et ça me flattait de plus en plus.

— Déjà, à cet âge-là, tu aimais t'exhiber en public?

— J'aimais m'exprimer avec mon corps, c'est vrai. Je sentais la vie qui circulait en dedans. J'étais bien dans ma peau et je laissais faire les commérages.

— Continue, c'est intéressant.

— J'aimais aussi m'offrir des gueuletons dans les bons restaurants du Saguenay–Lac-Saint-Jean. J'adorais fureter dans les boutiques où je devais bien dépenser la moitié de mon salaire en vêtements et bijoux. J'avais aussi une passion pour les bouquins et la peinture. J'allais parfois assister à des vernissages. Je me suis même rendue rencontrer des artistes chez eux, comme François-Roger Cantin à Charlesbourg, Stanley Cosgrove, Georges Saint-Pierre. Une fois, j'ai même servi de modèle pour le demi-nu d'une toile de l'un d'eux. Un peu dans le même ordre d'idées, j'ai été mannequin pour des présentations de maillots de bain et de bikinis pour le magasin Gagnon & Frères. Enfin il y avait le cinéma où souvent je devenais véritablement le personnage. Un soir en sortant de l'Odéon où je venais de voir la vie d'Isadora Duncan, j'ai fondu en larmes car je venais de prendre conscience qu'enfant j'avais toujours rêvé que je serais danseuse de ballet et je réalisais soudain qu'une telle chose ne m'arriverait jamais. Et puis il y avait ce commerçant de la rue Racine avec lequel j'allais parfois en week-end. Avec lui, je me suis laissée aller à une douce dérive autour de la Gaspésie; avec lui encore, je suis descendue en Floride. Toujours avec lui, durant l'hiver 1970, je suis partie pour le Mexique, et, chemin faisant, j'ai appris à boire de la bière et à aimer le blues de la Nouvelle-Orléans. Avec lui, j'ai fait la connaissance d'un écrivain avec lequel j'ai passé la nuit avant de retourner, embarrassée, vers mon compagnon que je venais de cocufier.

— Il a dû te laisser tomber?

— Pas du tout. Après des excuses, tout s'est arrangé et le lendemain nous étions au Mexique où j'ai passé deux semaines formidables à Puerto Arista à manger des crevettes géantes, à me baigner dans l'eau chaude du Pacifique et à faire l'amour sous un soleil merveilleux.

— C'est le bonhomme à qui tu as emprunté de l'argent plus tard?

— Oui. Mais j'étais naïve, à cette époque-là, et je croyais que c'était ça l'amour. Jusqu'au jour où je suis devenue amoureuse pour de bon de mon futur diplomate. De cinq ans plus âgé que moi, lui aussi venait d'un milieu modeste. Ambitieux et brillant, bien décidé à s'en sortir, il achevait son Droit international à McGill avec l'intention de devenir ambassadeur. Je me rendais compte à quel point il était difficile de fonctionner sans lui. Plus je le revoyais, plus je l'aimais. Mon existence se peuplait d'horizons et de rêves nouveaux. S'il en avait formulé le souhait, j'aurais tout de suite abandonné mon travail afin de le seconder dans sa carrière. Mais en même temps, incorrigible, je me voyais déjà dans le club sélect des ambassades, parée de toilettes excentriques, provoquant l'admiration dans les cercles restreints du pouvoir. Chaque fois qu'il repartait pour l'université, je me retrouvais désorientée. À sa simple évocation, ma gorge se serrait et mon corps, imperceptiblement, se cambrait. Je me confortais dans l'idée que nous étions nés l'un pour l'autre. On en est venus à voyager beaucoup ensemble : New York, Boston, Cape Cod. Je me souviens du premier périple dans les Cantons de l'Est dont j'ai parlé tout à l'heure; j'usais de tous les moyens pour attiser sa sensualité. J'entrouvrais ma blouse pour le provoquer, puis, très excitée, je troussais ma jupe et me caressais. Avant lui j'aurais trouvé ridicule cette appellation, mais, oui, il était mon prince charmant. J'étais séduite par la beauté et l'allure de cet Apollon.

Roch soupire et s'étire, les yeux fermés. Au loin, une sirène fend l'air et le vent doux de juillet disperse mes paroles. Il n'a jamais entendu une telle histoire, c'est évident. Je respecte sa pause et reprends le fil de mes souvenirs.

— Roch, est-ce que tu veux qu'on s'arrête là pour aujourd'hui?

Sans dire un mot, il me fait signe d'enchaîner à la manière d'un régisseur de télévision.

— Comment t'expliquer ma fierté lorsque je me promenais dans les rues, bras dessus bras dessous avec ce jeune dieu? Malgré tout, je n'étais pas tout à fait aveugle; petit à petit j'assistais, impuissante, à la détérioration de nos liens. Puis est venu le moment d'admettre que mon coup de foudre était à sens unique. Les agissements de mon universitaire n'étaient pas ceux de quelqu'un qui aime, mais qui manipule. Trilingue, il riait de ma méconnaissance du simple anglais, il me méprisait et, venant de lui, cela me meurtrissait jusqu'à la moelle. Pour essayer de m'élever à son niveau linguistique, j'ai été jusqu'à délaisser temporairement ma profession pour me faire embaucher dans un foyer torontois dont le chef de famille était psychiatre à l'Hôpital Général. Mais, ayant une vie sociale très élaborée, sa femme n'était jamais là. Je restais donc seule avec deux jeunes enfants et l'entretien ménager, ce qui n'est pas ce qu'il y a de mieux pour apprendre une langue. À la veille de Noël, je démissionnai et en profitai pour m'offrir mon baptême de l'air pour revenir au Québec. Malgré tous ces efforts, mon diplomate demeurait ironique et même parfois devenait froid. Pourtant il frimait lorsque je l'accompagnais lors de réunions avec ses amis. Il était visible qu'il appréciait l'impression que je laissais sur ses compagnons. Il m'utilisait pour mousser son prestige autour de lui. Toujours j'essayais de me mettre à son niveau intellectuel. À tel point que j'ai suivi des cours du soir au Cégep et continué jusqu'à décrocher un DEC en sciences humaines. Mais rien n'y faisait. Il m'ignorait de plus en plus. Peut-être pour me détacher de lui, je me suis lancée dans des chevauchées libertines. Bientôt un de mes amis m'informa qu'il n'avait couché qu'avec moi, ces derniers temps, et qu'il avait attrapé une « chaude-pisse ». Aussitôt je suis allée passer un test pour m'entendre confirmer que j'avais bien une blennorragie. Je devins désabusée. Consciente de mon charme, je l'utilisais sur la gent masculine pour des rapports sans lendemain. Je fis des ravages parmi les spécialistes de l'hôpital, au bureau des échevins, chez les boutiquiers de la rue Racine. Ma conscience s'étirait comme un élastique. Vaillamment, durant toutes mes études, j'avais lutté contre la bête qui sommeillait en moi, mais là, blasée, je la laissais mugir. Je m'attachais aux plaisirs de la chair. J'avais un besoin maladif de provoquer, de conquérir l'homme et devenir, à travers lui, mon propre objet d'idolâtrie. Je m'enlisais lentement et assurément dans la corruption. Bref j'étais nymphomane.

— À ce point-là?

— Il y a eu par exemple ce vieillard singulier qui entretenait un harem de jolies jeunes femmes et chez qui, dans la fumée du hachisch, j'ai participé à des orgies. Comme je voulais tout essayer, j'ai même couché avec une de ses amies, mais il ne se passa rien : je voulais du mâle. Alors, dès que l'occasion se présentait, je me mis à faire du pouce entre Chicoutimi et Montréal, sélectionnant les voitures qui ralentissaient; plus le modèle était stylé, plus je me disais pouvoir rencontrer un partenaire de classe. J'allais d'aventure en aventure et ne craignais rien. J'ai été jusqu'à m'offrir à deux Grecs simultanément. Je me sentais bestiale, je me le reprochais, mais j'aimais ça. Ma bonne étoile était là car rien de fâcheux ne m'arriva. Je descendis à un rang plus bas que l'animal. Tout cela en réponse à la froideur de l'homme qui m'aurait suffi pourtant jusqu'à la fin des temps. Et malgré tout cela, je ne le perdais pas de vue et espérais encore. Comme je cherchais toujours à apprendre l'anglais, j'ai postulé en chirurgie cardio-vasculaire au Royal Victoria à Montréal. Mon ignorance de la langue a bien failli me coûter cher. En effet, traduisant mal une posologie, j'ai commis une erreur dans l'administration d'une prescription. Erreur qui aurait pu être fatale pour le malade. Sans attendre, je me suis empressée de démissionner. Par chance, sur ces entrefaites, au bistrot Chez Pierre, j'ai rencontré la fille du ministre de la Santé qui revenait d'un stage à Paris. Sympathique, elle m'a donné les coordonnées de l'hôpital où elle avait travaillé et c'est comme ça que j'ai entrepris des démarches pour me faire embaucher là-bas, car je venais d'apprendre que l'amour de ma vie allait être nommé vice-consul à Madrid. Il faut dire qu'un peu plus tard, parlant lui-même de mariage, il m'avait invitée à ses frais en Espagne. Dans le même temps, j'ai reçu ma réponse de Neuilly-sur-Seine. J'étais contente : si le projet de mariage ne se réalisait pas, j'aurais toujours la possibilité de rester en Europe. Orgueilleuse, je ne voulais pas revenir au Québec bredouille devant mes parents.

— Et après tout ce que tu viens de me raconter, tu t'es fâchée avec lui parce qu'il parlait de la possibilité qu'il rencontre d'autres femmes?

— Je le voulais pour moi toute seule. C'était l'amour exclusif ou rien du tout. Je ne voulais pas souffrir.

— Mais toi, aurais-tu pu lui rester fidèle?

— Oui, tout le temps qu'il m'aurait aimée.

Roch fait oui de la tête. Levant la mienne, j'aperçois les étoiles; je n'ai plus envie de poursuivre mon récit. Roch en sait assez. À quoi bon lui parler du reste? Il fait doux, je me sens bien en sa compagnie. Pourquoi cette nuit ne durerait-elle pas tout le temps? Pour toujours. Je rêve éveillée.

Une plainte douloureuse, je tourne la tête et vois Roch recroquevillé sur lui-même, le visage crispé de douleur. Je m'affole.

— Roch? Qu'est-ce que tu as?

Se tordant, il essaie néanmoins de me sourire.

— Laisse faire, ça va passer...

— Mais dis-moi ce que tu as? Est-ce que je peux faire quelque chose?

Il se redresse et ses traits commencent à se détendre.

— Ça passe, m'assure-t-il, ça va mieux maintenant.

Je le regarde qui se remet lentement. Il me sourit d'un air un peu mystérieux.

— Tu ne veux pas me dire ce que tu as?

— C'est une grâce qui vient de m'arriver. Une grande grâce...

— Une grâce?

— Gabrielle, tu ne me croiras pas si je te dis...

— Pourquoi je ne te croirais pas?

— Comme tu voudras... Alors sache qu'il y a déjà un certain temps, j'ai demandé au Maître qu'il me fasse ressentir les souffrances du Christ sur la croix.

— Mais pourquoi?

— Pour être à même de faire ses volontés, de m'éprouver pour voir si je ne flancherais pas quand se présentera l'épreuve.

Il est fou! Je ne vois pas d'autre explication. Pourquoi n'ai-je pas vu cela plus tôt? Pourquoi n'ai-je pas écouté le pasteur, là-bas en Ontario?

« *Gabrielle... Gabrielle* »

Je regarde autour de moi par réflexe, mais je sais fort bien que la voix vient de ma tête. Ce n'est pas Roch qui vient de me parler. Qui cela peut-il être? Est-ce que je deviens folle aussi?

« *Il persévérera jusqu'à la fin...* »

Il y a plusieurs voix à présent. Que m'arrive-t-il?

« *Il persévérera jusqu'à la fin... Il persévérera jusqu'à la fin...* »

Stridentes elles ne cessent de me le répéter.

Ça y est! elles se taisent. Ai-je rêvé? Roch en sait peut-être plus.

— Roch, as-tu entendu quelque chose, il y a comme des voix qui m'ont parlé?

Il me répond d'un simple signe de tête entendu. Que sait-il que j'ignore? Son regard exprime la connaissance d'un mystère.

— Allons nous coucher, propose-t-il doucement. Nous ne sommes pas encore au bout du voyage.

III

Au matin nous nous sommes levés tôt et nous voilà au siège social de notre communauté religieuse sur la rive sud de Montréal. Il y a là un dénommé Steven St-Gelais que Roch vient de me présenter.

— Il fallait que je vous voie, nous explique-t-il.

Nous le regardons sans comprendre puis voyons son visage se crisper comme sous l'effet d'une souffrance. Soudain il éclate en sanglots. Roch lui pose une main sur l'épaule.

— Ça va aller, Steven. Reprends-toi, ça va aller à présent.

— Je veux bien me calmer, mais je ne sais même pas ce que j'ai...

— Moi je le sais, cependant il faut que tu le découvres par toi-même.

Je comprends que ce Steven est comme moi et les autres; il vient de découvrir le chemin qu'il doit suivre mais se refuse encore à l'admettre.

***

Nous avons déposé Germain Lebel chez ses parents et avons continué notre route vers la Beauce, dernière étape de ce voyage. Nadine Gendreau, la première amie de Roch, nous attendait et a converti son salon en dortoir. Je suis sidérée par tant de dévouement, mais aussi je me rends compte que, plus jeune que moi d'un an, elle possède un logement, des ressources et tout ce qu'il faut. Je réalise que, durant toutes ces années, je n'ai rien amassé d'autre que ce qu'il y a dans ma petite valise. C'est un peu effrayant.

Nous sommes en train de souper et Roch nous explique qu'il voudrait aller passer deux ou trois jours dans le bois avec ses fils.

— Après, je n'aurai plus tellement le temps de les voir...

— Bien sûr! l'encourage Nadine, il faut que tu ailles avec eux. Nous, pendant ce temps-là, on mettra au point les derniers détails pour les conférences.

Roch hoche la tête, avec gratitude.

— C'est bien, nous remercie-t-il, j'irai avec mes garçons.

Nous sommes heureux du bonheur que ça va lui procurer.

***

Aujourd'hui dimanche, cette journée s'annonce comme les autres, c'est-à-dire une journée de bonne camaraderie à établir ce que nous allons faire et à se conforter dans l'idée que nous sommes très différents de la société qui nous entoure et que nous sommes faits pour être ensemble. Quelle surprise en voyant arriver Steven St-Gelais que nous avions laissé il y a quelques jours à Montréal où il devait poursuivre des études universitaires!

— Steven! Qu'est-ce qui t'amène? s'étonne Raymonde.

— Je m'en viens avec vous autres, je veux travailler avec votre groupe.

— C'est pas vrai! s'écrie joyeusement Roberte.

— Oui c'est vrai, je ne pouvais plus continuer là-bas; j'abandonne les études, l'appartement, tout! Je ne veux plus faire le jeu de cette société pourrie.

Il y a comme un courant d'euphorie qui baigne le salon de Nadine, de l'eau dans nos regards. Nous ne nous connaissions pas, il y a quelques jours, et voici que l'on se sent comme si nous étions amis depuis toujours. C'est incroyable! Émus, nous nous regardons en savourant notre joie. Roberte, la première, rompt le silence :

— J'ai une amie dans le village voisin, qui m'a dit qu'elle aimerait se joindre à nous, je me demande si ce n'est pas le moment de le lui proposer pour de bon.

Nous approuvons et Nadine désigne son téléphone :

— Tu peux l'appeler, vas-y.

C'est vraiment une journée extraordinaire, il suffit de quelques mots au téléphone et Cécile Déry accepte de se joindre à nous. Steven propose à Roberte d'aller la chercher dans sa Ford 59. Aussitôt proposé, aussitôt accepté; tous deux partent chercher Cécile. Je me réjouis pour nous et pour Roch.

***

Nous nous promenons dans les rues de la ville à la recherche d'un logement. Depuis le retour de Roch, il est devenu évident que l'appartement de Nadine n'est pas fait pour héberger tant de monde. D'autre part, comme nous avons prévu que ce sera ici, dans la Beauce, que nous commencerons à donner les conférences sur la façon de cesser de fumer en cinq jours, nous décidons de partir à la recherche d'un nouveau logis. Nous entrons dans un dépanneur pour nous informer d'un éventuel loyer. Une cliente dans la quarantaine entend la question que nous posons à la patronne.

— Moi, j'ai quelque chose pour vous, nous assure-t-elle. C'est pas un château, mais je crois que ça pourrait faire votre affaire. Ça vous intéresse?

— Certain! affirme Roch.

— Ben si vous voulez, vous êtes jeunes, vous avez juste à embarquer dans la boîte de mon *pick-up*, je vais aller vous montrer ça.

— C'est loin? s'informe Roch.

— À une vingtaine de kilomètres d'*icitte*.

***

Nous faisons le tour du petit chalet. La rivière Chaudière coule en arrière et le coin est tranquille. J'aime bien l'endroit mais, vu la taille de l'habitation, je me demande comment nous allons tous faire pour tenir là-dedans. Un détail emporte cependant le consentement de tout le monde; madame Vaillancourt nous assure qu'elle le loue meublé et qu'elle laisse même les ustensiles de cuisine et les couvertures. Comme nous ne disposons que d'une centaine de dollars, c'est un gros point à considérer.

Roch s'entend avec la femme et nous retournons chercher nos véhicules où nous les avions laissés.

***

Les jours passent et certains conflits commencent à éclater pour des riens. Untel est resté trop longtemps sur la toilette, tel autre sifflote et ça énerve. Nous avons tous nos habitudes personnelles et celles-ci se heurtent à cette vie en commun que nous essayons d'ériger et qui nous semble être celle que doivent avoir de vrais chrétiens. N'était-ce pas ainsi qu'ils vivaient au tout début de la chrétienté?

L'autre jour, l'un de nous a proposé d'aller chercher une caisse de bière, il a fallu lui rappeler que cela n'était plus compatible avec notre genre de vie. Pareil pour moi qui ai étourdiment proposé d'aller à la discothèque.

— Où te crois-tu? m'a demandé Roch.

Pour la première fois de ma vie, je n'ai pas répliqué; au contraire, je me suis excusée d'avoir pu émettre pareille ineptie.

— Il faut choisir, a répondu Roch pour tout le monde. Ou bien l'on vit dans le monde ou bien hors du monde. Le Christ a affirmé que Son royaume n'était pas de ce monde.

Ses paroles sont sages et ont généralement pour résultat de raccommoder ceux qui, pour un grognement ou une porte qui claque, en viennent à échanger des propos agressifs. Il lui suffit de nous rappeler nos égarements passés pour que nous nous rendions compte à quel point ce que nous faisons ici est profitable pour tous. De plus en plus nous nous en remettons à lui et pour ma part cela me convient parfaitement.

Les sessions pour cesser de fumer en cinq jours vont bon train. Les journaux commentent nos succès et les volontaires sont de plus en plus nombreux à s'inscrire.

Généralement à la recherche de nouveaux volontaires ou de nouvelles recrues, Roch est absent pour toute la journée. Dernièrement il est revenu avec Jessica Loisel, une fille qui voulait se joindre à nous depuis un bon moment mais que la mère avait fait interner dans un institut psychiatrique en soutenant qu'elle était sous le coup d'un lavage de cerveau. Au terme de cinq semaines, après toute une série de tests et d'examens, l'Institut Roy Rousseau l'a déclarée saine d'esprit et elle a appelé Roch pour qu'il aille la chercher à Québec.

Malgré certaines frictions, les liens se tissent entre les membres de notre groupe. Jour après jour, nous comprenons que nous faisons partie d'un ensemble extérieur à cette société dont nous ne nous sentons pas solidaires dans ses objectifs.

L'automne est bien là, et avec lui son triste cortège de pluie, de neige et de froidure. Nous avons bien un peu plus de place parce que Roch a loué un second bungalow où les hommes peuvent aller dormir, mais les deux bâtisses ne possèdent aucune isolation. Pour tout dire, on gèle. Roch est rentré tout à l'heure et il semble rire dans sa barbe. Que nous cache-t-il?

— J'ai trouvé deux loyers attenants sur le boulevard Principal, nous annonce-t-il soudain, fini de geler.

— Pourquoi deux loyers plutôt qu'un grand? je lui demande.

— Pour éviter de faire jaser. Tu sais comment sont les gens dans les petites places...

J'acquiesce. Et cela d'autant plus que la nature de nos activités ne nous permet pas de jouer avec notre réputation. En effet, en plus d'organiser les réunions du Plan pour cesser de fumer, tout comme les premiers chrétiens, une lourde valise à la main, nous sillonnons tous les rangs et chemins de la Beauce et Dorchester dans le but premier de colporter la Bonne Parole, mais aussi de placer des volumes de pédagogie, de santé ou de spiritualité.

— Ce serait plus facile à Montréal, a dit un jour l'un de nous.

Ce à quoi Roch a répondu :

— Les campagnards sont plus hospitaliers et plus faciles à convaincre.

Durant un instant, je me suis demandé pourquoi les gens des villes n'auraient pas droit eux aussi à nos enseignements.

***

Depuis le boulevard Principal, nous butinons comme des abeilles autour d'une ruche. Plus une minute à perdre, nos deux voitures vont et viennent pour relayer les équipes. Roch organise bénévolement des banquets végétariens pour les vieillards et les infirmes. Les réunions se succèdent à un rythme fou, nous avons déjà reçu des milliers de personnes, les récidives semblent rares. Nous ne tarifons pas le Plan, mais souvent, en contrepartie, d'ex-fumeurs nous accordent des dons substantiels atteignant parfois le millier de dollars. Ce soir nous sommes réunis pour discuter de l'opportunité d'implanter une épicerie végétarienne.

— Mais il ne faut pas que cela devienne un commerce, avertit Roch. Nous ne sommes pas là pour faire des piastres.

— Comment ça va marcher? demande Steven.

— Nous n'afficherons aucun prix, les gens donneront ce qu'ils veulent.

— On n'y arrivera pas! fait l'une des filles. Les gens vont donner des cents noires et partir avec la marchandise.

— Détrompe-toi, soutient Roch. Si je vends quelque chose à quelqu'un, ce dernier va toujours essayer de faire baisser le prix, mais si je lui donne, il va se sentir en dette et souvent laissera davantage que s'il payait vraiment.

— Et comme ça, poursuit Nadine, cela permettra d'en donner plus à ceux qui ne sont pas en moyen.

Nous sommes tous d'accord. Encore une autre bonne action à notre actif. C'est merveilleux!

Il y a quelque temps, nous avons loué la moitié d'une vaste maison de brique en plein centre-ville. Nous l'utilisons comme dispensaire pour les nécessiteux et la nommons : Clinique Vivre en Santé. J'aime sentir que je sers à quelque chose de positif et, chaque jour, intérieurement, je remercie Roch de m'avoir permis cela. Bien sûr, il y a certains petits inconvénients auxquels j'ai du mal à me faire, comme de partager mon linge par exemple. Dès le début, nous avons mis en commun tous nos vêtements. Je trouve que c'est plus rationnel et plus généreux; néanmoins, cela me dérange. De voir mes robes sur les autres me procure la sensation d'être dépouillée d'une partie de moi-même. Bien entendu, cela ne veut pas dire que je n'ai rien à me mettre sur le dos, au contraire; les armoires regorgent de linge. Il y a seulement que ce n'est pas à moi. Pareil pour la nourriture, nous ne manquons absolument de rien, mais il y a des fois où j'aimerais manger ce dont j'ai envie, et non ce qui est au menu. Mais je comprends qu'il faille faire abstraction de ses petits caprices pour le bien de tous.

***

Un beau téléphone ce matin de novembre : deux amies de Raymonde, qui sont venues nous rendre visite cet automne, nous annoncent qu'elles veulent se joindre à nous. Il est décidé d'aller les chercher dans les Cantons de l'Est. Suite à la demande de Roch, Raymonde et moi l'accompagnons.

Il neige des « peaux de lièvre »; j'aime me laisser transporter dans cette ambiance ouatée. Cela donne une autre dimension au voyage.

Yvonne Fillion et Linda Pedneault nous accueillent avec chaleur. Avant de repartir, nous nous attablons devant un plantureux repas qui nous permet de faire plus amplement connaissance. Roch fait état de toutes nos réalisations. Malgré cela, moi qui approche de la trentaine, je me surprends à me demander si ces filles d'à peine vingt ans, qui n'ont encore rien connu de la vie, ne se trompent pas en se joignant à nous.

***

Aujourd'hui dimanche, comme cela lui arrive parfois, Roch a décidé de faire la cuisine. Il veut offrir un gros banquet pour souhaiter la bienvenue à Yvonne et Linda. Je viens de m'asseoir à table et je me rends compte qu'il pleure. Qu'a-t-il? J'ai mal pour lui. Nadine lui demande la raison de son attitude.

— J'ai souvent des révélations, nous dit-il, mais je crains de vous les dévoiler de peur de passer pour un cinglé ou un illuminé.

— Mais non! affirmons-nous.

Et pour ma part, je suis sincère en affirmant cela, puisque moi aussi j'ai été la proie de songes et de voix. Roch semble hésiter.

— Mon cœur vole en éclats à l'idée de vous décevoir. Vous ne pouvez pas savoir comme je vous aime...

— Parle-nous, Roch, lui demande Nadine. Parle-nous.

— Bien je vous le dis, Dieu s'adresse à moi par l'intermédiaire de songes alors que je suis parfaitement éveillé et même parfois debout. Ce matin, je me suis levé, je suis allé à la fenêtre pour regarder la neige qui tombait à gros flocons. Je suis resté là, sans penser à rien de spécial. Brusquement, des images se sont mises à défiler dans ma tête. J'ai essayé de lutter contre la vision, mais rien à faire. Je voyais un homme, revêtu d'une longue tunique, qui me tournait le dos. Même si je ne me suis jamais vu de dos, je trouvais qu'il me ressemblait. Lorsque je me suis posé la question à savoir si c'était moi, l'homme s'est retourné et je me suis reconnu en lui. Cet autre moi me disait : « Oui c'est toi ». J'avançais seul à contre-courant d'une horde d'humains; parmi eux, parfois je reconnaissais l'un de vous et chaque fois que cela se produisait, celui de vous que je croisais m'emboîtait le pas pour marcher avec moi. Il y en avait aussi certains que je ne connaissais pas. Le ciel était couvert de nuages ténébreux et, à l'horizon, j'ai vu une caravane de véhicules roulant en direction de la Gaspésie. J'étais au volant de la dernière voiture. Puis, j'ai contemplé une chaîne de montagnes; au-dessus de l'une d'elles, qui était toute dénudée, un rayon transperçait la couche des nuages. À ce moment, je me suis vu projeté sur le flanc dégagé de cette montagne au pied de laquelle il y avait une grande maison octogonale. Encore une fois, je me suis vu transporté : cette fois, sur le toit de cette maison que j'étais en train de construire. Sous moi j'apercevais mes deux fils qui jouaient entre les murs. Enfin j'ai été déplacé à une vitesse vertigineuse dans un endroit où était planté un écriteau de bois sur lequel il était écrit : Ici louez l'Éternel.

— Sais-tu ce que tout ça veut dire? lui demande Nadine.

Roch secoue gravement la tête de droite à gauche.

— Rien ne sert de chercher. Tout me sera démontré en temps et lieu.

Je me pose la question si ce n'est pas toutes ses souffrances qui lui ont ouvert les portes d'une certaine connaissance. Car Roch souffre presque sans arrêt. Depuis son opération à l'estomac, il est affecté du syndrome de chasse; dès qu'il vient de manger, il lui faut courir à la toilette.

***

Peut-être aussi est-ce pour se guérir qu'il a entrepris de nombreuses recherches en autodidacte dans des livres de médecine, d'anatomie, de neurologie et de botanique. Il étend même ses recherches en psychologie et approfondit sa réflexion physique en étudiant l'astronomie. L'été il parcourt les bois et les marécages à la recherche de nouvelles plantes dont il semble trouver le pouvoir curatif. De plus il nous a dit avoir reçu de son grand-père le don de stopper une hémorragie. Il possède déjà une trousse médicale qui, outre quelques instruments, regorge de pommades et de sacs de plantes. Il affirme souvent vouloir guérir les maux de ceux qui souffrent. Quoi qu'il en soit, aujourd'hui il vient de nous proposer de louer le premier étage de l'édifice dont nous occupons déjà le rez-de-chaussée et d'investir une grande partie de notre avoir dans l'installation de lits et de matériel.

— Mais pour quoi faire? lui demande l'un de nous.

— Pour mieux servir Dieu, il faut s'entourer de malades et d'enfants.

— Mais les malades sont à l'hôpital...

— Pas tous. Il y a beaucoup de gens qui souffrent mais dont la médecine moderne ne reconnaît pas l'état. Ce sont ces gens-là que je veux aider. Il y a aussi certains malades mentaux qui font vraiment pitié. Il serait bon de pouvoir s'en occuper et de leur offrir gratuitement les soins, le gîte et le couvert.

— Comment allons-nous y arriver?

— Nous travaillerons. Jusqu'ici Dieu a pourvu, il n'y a pas de raison pour que ça cesse. D'autres se joindront à nous...

Ses paroles sont belles et, tout comme moi, je sens que chacun de nous l'approuve. Pour notre plus grande joie, nous comprenons que notre mission évolue.

***

J'ai l'impression que notre communauté commence à être acceptée. Comment pourrait-il en être autrement? Nous faisons du bien. Même, nous avons dû encore déménager dans deux appartements distincts et séparer bien nettement les gars des filles pour faire taire certaines mauvaises langues. Mais cela continue. Sur la rue ou dans les boutiques, il nous arrive encore d'entendre des : « Ça doit être beau là-dedans! » ou des : « Ça doit pas prier fort... » Pourtant, nous sommes plus sages que la majorité des jeunes de notre âge : pas de flirtage, de coucherie, de dope ou de boisson; rien que de l'entraide. Pourquoi les gens nous en veulent-ils autant? Pourquoi traitent-ils Roch de laveur de cerveaux, de profiteur de femmes et même, comme la mère de Jessica, de sorcier? Ces ragots n'ont vraiment aucun fondement.

Nous sommes en train de souper, une femme entre et nous salue d'un sourire triste.

— C'est bien vous, les jeunes, qui avez une maison pour aider les malheureux?

Nous faisons signe que oui à la femme. Roch se lève et s'avance vers elle.

— Nous aidons tous ceux qui veulent bien accepter nos soins, dit-il à la femme. Est-ce qu'on peut faire quelque chose pour vous?

— Oh pas pour moi, malheureusement! Non, il s'agit de ma fille, Gabrielle, qui a dix-neuf ans. Elle est hospitalisée à Saint-Georges et se meurt de sclérose en plaques... Imaginez, ma pauvre petite fille ne pèse plus que vingt kilos...

Je me dis que si elle ne pèse pas plus lourd que ça, on ne peut pas faire grand-chose, elle va mourir dans les jours qui viennent. Mais Roch ne semble pas de cet avis, et même il se tourne vers moi pour me présenter à la femme.

— Cette jeune fille s'appelle aussi Gabrielle, et elle possède son diplôme d'infirmière. Si vous le désirez, nous nous occuperons de votre fille. Nous la soignerons, comme ils le font sûrement à l'hôpital mais, en plus, nous lui donnerons notre amour. C'est de cela dont elle a le plus grand besoin.

La pauvre femme se mord les lèvres. Visiblement elle est émue.

— Vous savez, dit-elle, ma fille ne peut absolument rien faire, elle est paralysée, n'a pas la force de manger et encore moins de faire ses besoins.

Roch hoche la tête d'un air entendu.

— Nous lui apporterons tout ce dont elle a besoin, je vous le promets.

— Vous êtes bons!

— Nous ne sommes que de pauvres instruments du Seigneur.

— Je vous la confie sans crainte, nous dit la femme.

***

Nous sommes allés chercher Gabrielle Madore un peu avant Noël. Depuis ce temps, avec l'assistance de mes compagnes, sous l'œil vigilant de Roch, je fais mes premiers pas en tant qu'infirmière missionnaire. Je la lave quotidiennement dans des bains d'herbes comme je l'ai appris au Guatemala, je lui administre des lavements pour évacuer ses intestins paralysés, je la masse pour tonifier sa musculature et je renouvelle souvent ses postures afin de lui épargner les escarres. Je me rends compte que ce que j'ai appris n'est pas inutile.

L'une ou l'autre d'entre nous reste continuellement près d'elle, il m'arrive même parfois de coucher à ses côtés. Ma récompense est de constater que nos soins la font se sentir moins seule. J'aime lorsque, avec des mouvements saccadés, ses bras entourent mon cou et qu'elle m'embrasse bruyamment sur la joue. J'aime lorsqu'elle me toise de ses grands yeux verts et me sourit. Lorsque je lui en conte de drôles, elle rit en émettant de petits cris. Nous ne la considérons même plus comme une patiente, elle fait partie de nous, elle est notre grand bébé. Nadine lui a confectionné un *Jolly Jumper* muni d'un soutien pour la tête, et lorsque nous sommes « en famille », nous la suspendons dans le salon et il nous arrive même de valser au son de la radio. Elle reprend du poids, a moins de difficulté à parler et se meut avec de plus en plus de souplesse. En fait, Gabrielle nous rend au centuple ce que nous lui donnons.

Ce qui a été le cas aussi pour Madeleine, une pauvre femme dans la quarantaine atteinte d'un cancer généralisé. Mais Madeleine ne va pas mieux du tout; en fait nous sommes presque tous autour d'elle en ce moment car nous la sentons partir. Voyant ses lèvres s'agiter, je m'approche pour saisir ce qu'elle dit.

— Je voudrais parler à Roch...

— On va aller le chercher.

Prévenu, Roch accourt, se met à genoux, le visage à la hauteur de celui de Madeleine. Les traits de la femme sont empreints d'une radieuse sérénité. Avec difficulté, elle pose ses doigts sur les joues de Roch afin d'en effacer les larmes.

— Vous êtes le peuple de Dieu, souffle-t-elle. Vraiment vous êtes le peuple de Dieu.

Je me penche, croyant qu'elle va en ajouter davantage mais, au regard qu'elle a, je comprends que c'est la fin. Elle écarquille les yeux, ouvre la bouche et expire. Tenant toujours sa main, Roch pose sa tête sur le matelas et, les épaules secouées de soubresauts, il sanglote.

***

Samedi, 14 janvier 1978. Je suis triste. Je ne devrais pas l'être, car aujourd'hui est un jour de joie; Roch se marie avec Nadine. Un pasteur adventiste doit célébrer l'union et, pour l'occasion, nous sommes tous venus à Montréal. Tout le monde semble gai. Je ne sais pas si personnellement je donne cette impression. Je ne le crois pas. Je sais bien que Roch ne m'appartient pas, je sais qu'il ne m'a rien promis, mais je sais aussi que quelque part j'ai espéré qu'il soit mien. Le mien. Je sais, ce sont des pensées d'autrefois, des inclinations primaires. Que de contradiction entre ce que je pense et ce que je ressens! Pourquoi est-ce que je ne peux m'aimer que si je suis aimée par un homme? Pourquoi ne puis-je exister qu'à travers le regard d'un homme? Est-ce à cause de papa? Une image me vient que je m'empresse de chasser; cette image d'un moment qui, depuis l'âge de quatre ans, me laisse une masse noire à l'endroit du plexus.

D'autres se sont mariés : Germain Lebel et Cécile Déry, Steven St-Gelais et Roberte Poitras. Pour ces derniers, leur parenté était là.

***

Nous formons presque une communauté cloîtrée partageant une très grande intimité. L'une des particularités de notre croyance est d'observer le sabbat. Ainsi, le samedi, toutes nos besognes sont suspendues et le matin nous pouvons faire un peu la grasse matinée. Ce matin, je ne sais pas pourquoi, je repense à mes voyages. Les yeux fixant le plafond, je vois défiler ce que fut ma vie en Europe et en Amérique. Je me souviens de mon arrivée en Espagne en septembre 1973 pour retrouver mon beau diplomate. Le décalage, la durée du voyage, c'est épuisée que j'aurais dû arriver à l'aéroport Barajas. Mais la nouveauté, le sentiment en quelque sorte de faire mon voyage de noces, tout cela fit que c'est dans un état de grande excitation que je tombai dans les bras de Pierre qui m'attendait à l'aérogare. Le temps de déposer mes bagages, et déjà nous nous baladions dans les ruelles ensoleillées de Madrid. Dans la soirée, tandis que deux guitaristes jouaient du flamenco autour des tables d'un sympathique restaurant, je dégustais mon premier gaspacho et ma première paella. Je recommençais à espérer. Le lendemain, régénérée par ma première nuit ibérique dans les bras de mon amour, nous visitions le Prado, allions aux arènes pour assister à une corrida, mais la mise à mort ne fut pas celle à laquelle je m'attendais. Pas du tout!

— Tu sais, me dit-il nonchalamment, avant que l'on se marie il faut mettre les choses au point. Tu me connais, lorsque j'aurai à faire des tournées solitaires dans les ambassades, je ne peux te promettre de pouvoir résister à toutes les femmes. Je ne suis pas de bois. Je préfère être franc et te prévenir avant que tu ne t'estimes trompée.

— Tu n'en connaîtras jamais une autre comme moi! lui criai-je.

Il haussa les épaules, incrédule et indifférent. Le cœur au bord des lèvres, je le quittai précipitamment. Un peu plus loin, je repris mon souffle puis, sur une impulsion, téléphonai à l'Hôpital américain de Neuilly pour demander à l'administration si l'on pouvait me recevoir immédiatement. La réponse fut positive. Je ne pouvais rester à Madrid, je voulais Pierre pour moi seule ou pas du tout; je me sentais incapable de le supporter dans d'autres bras. Le soir même, la mort dans l'âme, j'étais dans le train pour Paris. Jamais, depuis la mort de papa, je n'avais autant souffert d'une séparation. Ce voyage fut affreux. Traversant les Pyrénées, je ne leur jetai même pas un regard. L'attention anesthésiée par la douleur, me sentant détachée du temps, j'évoluais dans un quasi-néant.

Je me rappelle du jour, à l'hôpital, où j'eus à m'occuper d'un cas d'hépatite virale qui, pour une période de deux semaines, devait s'abstenir de tout effort. Lui installant un soluté, une aiguille souillée vint en contact avec une blessure mineure que je m'étais faite au doigt. Sur le moment, je n'y accordai aucune attention. Ce n'est qu'au bout de quelques jours que de sérieux symptômes commencèrent à apparaître. Je me sentais de plus en plus faible, je pleurais pour un oui ou pour un non, je n'avais plus faim, le moindre verre de vin me donnait la nausée et il m'arriva même une fois d'aller m'étendre sur un lit inoccupé alors que j'étais en service. Malgré tout cela, ce n'est que le jour où je perdis connaissance que je réalisai en me reprenant que je devais avoir quelque chose de sérieux. J'ai donc demandé des examens et, suite à des analyses de matières fécales, le médecin diagnostiqua un changement de flore intestinale. Rien de plus. Rassurée, je persistai à travailler et finalement je remontai la pente. Ce n'est que plus tard, après avoir offert de mon sang à la Croix-Rouge, que l'on me remercia par une lettre m'informant que mon sang ne pouvait être utile car j'étais porteuse de l'antigène de l'hépatite virale. Ce n'est qu'à ce moment que je compris ce qui avait pu se passer et réalisai à quel point j'avais une grande endurance physique. Pendant que mon patient avait été mis au repos total, moi j'avais dû m'occuper de lui et des autres.

C'est en reprenant du mieux que j'ai commencé vraiment à reprendre à cœur mon travail d'infirmière. Je prenais même des initiatives. Lors de ma tournée du soir, je pris l'habitude de frictionner les membres et le dos de mes malades. De même, plutôt que de prendre un sédatif, je leur suggérais un verre de lait chaud. Mes collègues ne tardèrent pas à se plaindre de ce que j'en faisais trop. Moi je ne comprenais pas pourquoi elles avaient choisi ce métier; plutôt que de bichonner leurs malades, dès qu'elles n'étaient pas expressément obligées de s'occuper d'un patient, elles se vernissaient les ongles ou entamaient de longues conversations sur leur intimité. Et le jour où j'ai commencé à leur parler de l'instauration d'un syndicat infirmier, elles ont paru totalement désintéressées à l'idée de mon projet. Je commençais à me demander si j'allais persévérer dans cette profession.

Un jour de printemps, en 74, j'étais en service lorsque je reçus un appel.

— Allô?

— Gabrielle? C'est Pierre...

— Pierre! (Mon cœur s'emballa.)

— Oui, c'est moi, je suis présentement à Orly. Je dispose de quelque temps à Paris; que dirais-tu d'une petite bouffe tous les deux?

— Je suis pas mal occupée, et puis...

— Et puis?

— J'ai quelqu'un dans ma vie...

— Alors si je comprends bien, c'est non?

— C'est non, Pierre. Je ne tiens pas à te revoir.

En moi une voix hurlait le contraire, mais je ne voulais pas lui donner la possibilité de me faire mal à nouveau. La déchirure que je ressentais me prouvait que je l'aimais encore. J'eus du mal à terminer mon travail ce jour-là et, lorsque ce fut fait, je ne sus quoi faire d'autre que de me précipiter dans la chambre de Lisette et là, dans un flot de larmes, lui dire combien je me sentais malheureuse.

Cet appel me replongea dans mon mal-être. Au travail, je

remarquais plus que jamais tout ce qui n'allait pas à mon goût. Je me fâchais toute seule de l'oisiveté dans laquelle nombre de mes consœurs se complaisaient. Je ne pouvais oublier ma décadence personnelle, mais lorsqu'un soir je vis une infirmière chevauchant un patient, je considérai l'acte contraire à toute déontologie. Aussi, depuis quelque temps, certaines lectures m'avaient ouvert les yeux sur les médicaments. Sachant qu'il y avait des alternatives valables à la majorité de toutes les cochonneries prescrites, j'en faisais presque un cas de conscience chaque fois que je devais passer le plateau des pilules, capsules et comprimés divers. J'avais l'impression d'être complice d'un empoisonnement. Tout cela m'aigrissait le caractère. Un jour, sept mois après mon arrivée, me rendant compte que je venais de me montrer irascible envers un patient, j'ai décidé de renoncer à ma profession et, sans plus attendre, je suis allée informer la directrice des soins, mademoiselle De la Boissière, de ma démission. Celle-ci fut soulagée car elle comptait me signifier mon congé suite à certains incidents avec quelques infirmières, qui m'ayant finalement écoutée, réclamaient l'instauration d'un syndicat.

Libérée, je me rendis compte que tout l'édifice que j'avais construit patiemment pierre par pierre, venait de s'écrouler sous moi. Je n'étais plus infirmière, je n'étais plus rien. Après le drame de ma famille sans amour, de mon amour sans amour, c'était maintenant celui de ma profession qui n'était pas telle que je l'avais voulue.

Que faire dans un pays étranger, quand on n'a plus de ressources? Fouillant dans mes papiers, j'ai trouvé l'adresse d'un bureau de placement belge pour infirmières dans le service privé. M'y présentant, j'ai eu la surprise d'une embauche immédiate.

Mon client était le fils d'un politicien dont la résidence jouxtait celle de Valéry Giscard d'Estaing, alors président de la République. Lorsque je dis le fils, je dois quand même préciser qu'il avait quarante ans. Ce qui motivait ma présence était le fait que cet homme était devenu narcomane alors qu'il était en poste en Asie. Mon travail se limitait à lui administrer une dose de Démerol chaque fois qu'il m'en faisait la demande. Comme ce travail était très limité, je devins en quelque sorte sa dame de compagnie. Nos dialogues sur la politique européenne pouvaient s'étirer des heures durant. Le champ de connaissance de cet homme, qui ne faisait plus rien, était immense; j'appris davantage avec lui que lors de mes cours du soir en vue d'obtenir un DEC. Malgré la perspective alléchante de le suivre sur son yacht en Méditerranée, j'abandonnai bientôt son service, ne pouvant me résoudre sans cas de conscience à lui injecter son poison jour après jour.

Je retournai au bureau de placement et, encore une fois, à mon plus grand étonnement, je me retrouvai le jour même auprès d'une septuagénaire, ex-reporter de calibre international. Cette femme, qui avait connu Évita Perron, venait d'entreprendre une cure de désintoxication. Mon rôle consistait à m'interposer entre elle et l'alcool – y compris l'eau de Cologne. Son cas était sérieux.

Peu après mon engagement, nous partîmes pour sa résidence estivale de Neuchâtel en Suisse. Arrivés au crépuscule, mauvaise surprise : sa maison venait d'être mise à sac par des vandales. Ne se désespérant pas, ma patiente ordonna à son chauffeur de nous conduire au Beau-Rivage à Lausanne, où je passai huit semaines de véritables vacances à l'écouter me parler de son rocambolesque passé tout en courant théâtres, cinémas et restaurants où la fondue savoyarde ne le cédait qu'aux raclettes valaisanes.

Malgré son désir de me garder à son service, je quittai cette charmante femme pour retraverser l'Atlantique car j'avais promis d'assister aux noces de mon petit frère. Je voulais cependant revenir en Europe, car je venais de faire une demande d'emploi pour la saison des vendanges dans le Midi de la France.

À l'aéroport de Genève, pour ma plus grande peur, on me fouilla. En effet, j'avais caché dans un de mes étuis à lunettes une somme de francs suisses dépassant la limite autorisée. Je fus chanceuse, ils n'ouvrirent que mon étui contenant effectivement des verres.

Arrivée à Dorval, j'enchaînais aussitôt sur le vol à destination de Bagotville. Après un an et demi, j'étais de retour au milieu des miens. Il me fit plaisir de me rendre compte qu'ils étaient contents de revoir la sœur prodigue.

Quelques jours après, j'étais de retour en Europe. Le soir de mon arrivée à Paris, je passai la nuit dans un petit hôtel du boulevard Saint-Michel. Je me levai de bonne heure car j'avais rendez-vous avec Lisette à cinq heures et demie à la gare de Lyon d'où nous devions faire route ensemble pour le Midi et les vendanges.

Pour gagner du temps, je voulus faire de l'auto-stop. Mal m'en prit. Un véhicule vint se ranger le long du trottoir. Comme ce n'était que le point de l'aube, il ne faisait pas assez clair pour que je puisse voir à l'intérieur. J'hésitai. Mais je n'eus pas le loisir de prendre une décision; sitôt la portière ouverte, on m'agrippa par une manche et on me tira sans concession à l'intérieur. J'eus tout juste le temps de dénombrer cinq individus basanés avant qu'ils me bandent les yeux. La peur me figeait. On a roulé longtemps, et sûrement avions-nous quitté Paris lorsqu'on est arrivés à leur repaire. Sans ménagement, ils m'ont poussée à l'intérieur d'une chambrette remplie de matériel haute fidélité qui me fit déduire que j'avais certainement affaire à des voleurs. « Mais pourquoi alors m'avaient-ils donc enlevée? » J'eus rapidement la réponse :

— À poil, la môme! m'intima l'un d'eux. Si tu fais des histoires, on connaît quelques négros avec des bittes d'orang-outan qui te feront regretter de ne pas nous avoir fait plaisir... Tu piges?

En un instant, on était revenus à l'âge des cavernes. Ces brutes avaient soif de peau et j'étais la biche au bord de l'étang. Il me restait à survivre ou risquer de me faire tuer. La rage au cœur, impuissante, j'étais leur proie et ils me tenaient entre leurs serres, fermement.

Lorsque tous les cinq furent passés sur moi, le premier revint à la charge.

— Tu m'as l'air d'être une sacrée pute, toi. J'ai bien envie de t'enculer maintenant; t'aimes ça dans le cul, dis-moi?

— Je ne l'ai jamais fait, vous allez me déchirer... Soyez chic, jusque-là c'était bien...

— Putain! t'as de la chance qu'on soit des types gentils. Toutes celles qui sont passées ici et qui ont été sages ont jamais eu à le regretter.

Pour mon plus grand soulagement, il se rhabilla et les autres firent de même.

De nouveau, ils m'ont bandé les yeux et nous sommes repartis en voiture. En route, vaguement nauséeuse, tandis qu'ils commentaient grassement leurs prouesses, je réalisais l'impact qu'un viol comme celui que je venais de subir pouvait avoir sur une fille encore pleine d'illusions sur l'amour et tout ça. Pour ma part, même si j'étais révoltée par le fait d'être lésée de mon libre choix, la vie que j'avais menée m'avait préparée à endurer l'acte en tant que tel. Je me répétais que ça ne faisait jamais que cinq queues de plus. J'avais juste les deux aines endolories.

Ils me poussèrent hors de la voiture près d'une station de métro. J'essayai bien de relever leur numéro de plaque, mais je n'en eus pas le temps.

Il ne me restait qu'à espérer que Lisette ne m'ait pas fait faux bond.

Elle était à la gare de Lyon à m'attendre. Mentalement, je lui en sus gré. Je ne sais pas si moi j'aurais patienté près de trois heures.

— Mais Gabrielle, où étais-tu passée? On avait dit cinq heures trente?

— Il m'est arrivée une sale histoire, Lisette... Je commande un café et je te raconte.

— Une sale histoire? J'espère bien que tu vas me raconter! Je lui ai tout raconté. Elle semblait incrédule.

— Tu veux dire qu'il y a cinq types qui t'ont violée, il y a de ça à peu près une heure, et tu es là à me détailler cette histoire comme si c'était arrivé à une autre?

— Tu ne veux pas me croire?

— Si, mais... moi... à ta place, il me semble que je serais... morte.

— Je sais que ça peut paraître épouvantable, et c'est épouvantable en réalité, mais je ne veux pas gâcher toute mon existence pour ça. Tu sais, Lisette, c'est pas aujourd'hui que je découvre que la terre est pleine de vautours. Et puis tiens, je ne veux même plus y penser. Regarde ce que j'ai acheté à Montréal...

J'ai voulu sortir ma nouvelle caméra de mon sac de voyage, mais je me rendis compte qu'elle n'y était plus. Sûrement que mes violeurs avaient fait main basse dessus. Fouillant davantage, je m'aperçus que mon chéquier aussi était disparu. « Les fumiers! »

Je n'avais pas le choix, aussitôt nous sommes allées à ma banque afin de faire un arrêt sur tous mes chèques avant que mon compte ne soit vidé.

Nous nous sommes retrouvées dans le train du Sud avec

une demi-journée de retard. À Lyon, après nous être enten-dues pour que la première ayant fini rejoigne l'autre, on s'est séparées car elle était affectée dans une autre région que moi. C'est donc seule, repensant sans cesse à mes dernières misères, que j'ai continué jusqu'à Châteauneuf-du-Pape où j'allais loger sous le même toit que les vignerons.

Puis ce furent les vendanges. Lever à l'aube dans le petit matin glacé, travail jusqu'à l'apparition du soleil, petit déjeu-ner gargantuesque pour se réchauffer, puis, seulement entre-coupé de repas plantureux, à nouveau le travail jusqu'au crépuscule. Lors des premiers jours, un peu étourdie par les vapeurs éthyliques du raisin en maturation dans les chais, j'avais l'impression que mes reins ne tiendraient pas le coup à force d'être penchée pour cisailler les grappes. Puis, cette étape de mise en condition franchie, la douleur disparut. Il ne resta plus que des journées bien remplies suivies chaque soir d'un sommeil profond peuplé de raisins.

Exactement ce qu'il me fallait pour cicatriser ma mésaven-ture parisienne.

Trois semaines plus tard, pour clôturer les vendanges, il y eut des bacchanales que je ne suis pas près d'oublier. Dès le lendemain, la tête un peu fragile, je partis rejoindre Lisette pour finir de mettre au point le périple que nous avions pro-jeté : un mois en auto-stop autour de la France.

Que de joie! Que de soleil! Monaco (le château du prince Rainier, le musée océanographique, le casino de Monte-Carlo – que l'on ne fit que regarder), la Promenade des Anglais à Nice, la Croisette à Cannes, le port pittoresque de Saint-Tropez, la Cannebière et ses restaurants à Marseille, les arènes de Nîmes, le Palais des papes d'Avignon, le théâtre romain d'Orange, les époustouflantes gorges du Tarn, les chevaux sauvages de Camargue, le port de Sète, les couleurs de Perpignan, le golfe de Gascogne, les caves du Bordelais, les remparts de La Rochelle, l'île de Ré, Nantes et puis les châteaux d'Amboise, Chambord et Chenonceaux. Un grand gueuleton dans le vieux Dijon et nous nous retrouvâmes à Paris, la tête farcie d'images et d'anecdotes.

Là je repris mon service de garde-malade privée tandis que Lisette revêtait son uniforme. Comme elle s'interrogeait sur son avenir, je lui conseillai d'apprendre l'anglais, ce qui lui permettrait de convoiter des postes plus intéressants. Le sort fit qu'on rencontrât justement une de ses amies d'enfance qui arrivait tout juste de travailler à New York comme fille au pair chez un courtier au *Stock Exchange*. Elle proposa son poste à Lisette qui profita de l'occasion.

Un peu avant son départ, nous allâmes voir *La Grande Bouffe* de Ferreri au cinéma. En sortant, nous voulûmes prendre un raccourci à travers des ruelles. Mauvaise idée; la tête recouverte d'un bas de nylon, un individu émergea de la pénombre pour nous agresser. Ne perdant pas mon sang-froid, je dégageai la petite barre de fer intégrée à l'armature de mon sac à main et lui en assenai un vigoureux coup sur le crâne. On a détalé sans attendre qu'il se reprenne.

— On en aura vu des choses, toutes les deux, me dit Lisette.

— Tu peux le dire...

— Il faudra s'écrire quand je serai à New York.

— Sûrement! il faudra s'écrire tout ce qui nous arrive.

Ce fut la promesse que l'on se fit avant de nous quitter.

Quelque temps après, j'étais en garde auprès d'un vieillard, richissime collectionneur de tableaux, lorsque je fus rejointe au téléphone par mon ex-compagnon de la rue Racine de Chicoutimi. Il me proposait un nouveau voyage au Mexique.

— Ben voyons, lui répondis-je, tu sais comment ça s'est passé la dernière fois... Cet écrivain...

— Je sais, je sais, mais je tiens à t'avoir avec moi, Gabrielle.

À force d'insistance, j'ai fini par céder et l'on a pris rendez-vous à Montréal.

Avant de repartir pour l'Amérique, j'ai voulu profiter une dernière fois de ma présence en Europe pour faire quelques visites. C'est ainsi qu'en route pour Marseille, j'ai rencontré un Allemand qui revenait des îles Baléares. Sur un coup de tête j'abrégeai mon voyage vers le sud pour prendre la direction de l'est, jusqu'en Allemagne où j'ai visité la foire industrielle internationale d'Hanovre, traversé le Mur de Berlin, passé quelques heures romantiques dans la ville médiévale de Lübeck, dégusté les asperges blanches de Brunswick et me suis promenée, solitaire, sur la plage déserte de Baden-Baden. En revenant, j'ai fait un détour en Suisse pour visiter Zurich, malgré moi fascinée par le pouvoir de l'argent que sous-tendait cette forteresse bancaire, puis ce fut le parlement fédéral à Berne et, comme si ce n'était pas suffisant, je n'ai pu m'empêcher de faire un saut en Belgique pour voir les canaux de Bruges et la Grand-Place de Bruxelles.

De retour à Paris, la veille de mon départ fut soulignée par une soirée-surprise organisée par mes amis dans un café créole. Mon émotion fut grande, car, à vingt-cinq ans, c'était la première fois que l'on célébrait mon anniversaire.

Pour retraverser l'Atlantique, j'ai trouvé un vol bon marché qui partait du Luxembourg. Quittant le duché sur les ailes de La Loftleidir, j'ai profité de l'escale à Reykjavik pour admirer la production locale de magnifiques vêtements de laine vierge puis, quelques heures plus tard, je voyais défiler les hangars de *Kennedy Airport* à travers les hublots. J'étais de retour en Amérique. Bagages, douanes, métro, attente, autobus, je suis arrivée exténuée à Montréal et me suis affalée dans le premier hôtel en sortant du terminal.

Ainsi s'achevait ma longue odyssée européenne, laquelle avait gavé de cultures et d'émotions chacune des fibres de mon être. Ce que j'ai vécu là-bas m'a très certainement influencée et même transformée. C'est une autre Gabrielle qui revenait.

Comme tout ceci paraît loin.

Heureusement!

Mes compagnes se lèvent et je réalise qu'il est temps d'aller se réunir autour de Roch qui, durant chaque sabbat, endosse implicitement les fonctions de pasteur.

En y mettant le ton, il lit la Bible et nous prêche ses enseignements. Entre deux textes, nous chantons les hymnes qui honorent le Très-Haut. Je commence à m'agiter, je sens venir le moment que je n'aime pas trop : celui où il faut avouer devant les autres tout ce que l'on a pu faire de mal.

J'écoute les confessions de gourmandise, d'orgueil et de mensonge. J'écoute également les textes bibliques que Roch extrait de la Bible afin de nous faire comprendre à quel point nos écarts nous mettent en marge du Royaume. Pour ma part il y a aussi la gourmandise, l'orgueil et tout le reste, mais je sais qu'aujourd'hui, si je ne veux pas que ma confession soit vaine, il va me falloir parler de luxure.

C'est à mon tour, Roch me regarde et attend. Je me lance :

— Je ne sais comment faire, mais souvent la nuit, malgré

toute la volonté que j'y mets, mes doigts sont plus forts et je me masturbe. Je voudrais de l'aide pour ne plus avoir besoin de faire ça...

Roch ne semble pas outré par mes propos. Au contraire, il prend une attitude bienveillante et ses yeux nous couvent chacun notre tour.

— Eh bien! Gabrielle vient de nous faire là une confession courageuse. Est-ce qu'il y en a un parmi nous capable d'affirmer ne pas avoir fait la même chose que ce dont elle s'accuse?

Un silence un peu gêné suit sa question. Il se tourne à nouveau tout à fait vers moi.

— Tu vois, Gabrielle, tu n'es pas toute seule... Mais ça ne veut pas dire qu'il faille continuer. (Il lève le Livre saint à bout de bras.) Tout ce livre nous parle de la chute de l'homme, et comment celle-ci a-t-elle commencé?... Par le péché de la chair.

— Est-ce que ce n'était pas l'orgueil? demande Germain. L'orgueil de vouloir être l'égal de Dieu?

— C'est cela aussi, mais ce que symboliquement l'on prend pour un croquage de pomme est en fait le péché de chair; c'est à cause de cela que nous avons été chassés de l'Éden.

— En quoi c'est pire que la gourmandise? demande Raymonde. Les deux ne visent-ils pas la satisfaction des sens?

— La gourmandise souille ton corps, mais ne détourne pas la fonction de l'appareil digestif. La fonction du sexe, elle, est de procréer; il y a donc un détournement du plan divin lorsque nos appétits sensuels nous poussent à n'y rechercher que le plaisir pour le plaisir.

— Alors il ne faut faire l'amour que pour procréer? s'étonne Yvonne.

— C'est ce qui est souhaitable.

Pour ma part je sais tout cela, ce que je voudrais savoir c'est comment lutter. Je le demande :

— Cela ne me donne pas les armes que je recherche pour lutter, Roch. Que dois-je faire?

— Chaque fois que l'envie te prend, tu dois prier. Prier très fort.

— J'ai essayé...

— Alors si c'est plus fort que toi, viens me trouver; en joignant ma prière à la tienne, peut-être réussirons-nous...

— En pleine nuit?

— Tu sais bien que je suis là pour vous tous. Qu'importe le sommeil lorsque des âmes sont en jeu!

Émue, je le remercie. Une nouvelle fois, je mesure la chance que j'ai d'avoir croisé son chemin. Il fera de moi une personne meilleure.

La réunion se termine et il lève les bras pour prendre à nouveau la parole :

— Il fait très beau aujourd'hui, j'ai pensé qu'il serait agréable que nous partions tous faire une excursion au mont Granit.

Je prends conscience qu'une nouvelle fois il va falloir passer la journée tous ensemble. Depuis quelque temps, j'aimerais me retrouver seule un petit peu le jour du sabbat afin de lire ou tout simplement de rêvasser, tranquille. La seule solution que je trouve pour ne pas avoir à suivre le reste du groupe est de me proposer pour veiller sur Gabrielle Madore.

— Tu es gentille mais ce ne sera pas nécessaire, me dit Roch en déclinant mon offre. Nous allons transporter Gabrielle en haut de la montagne. Elle mérite aussi cette sortie.

J'approuve.

***

Aujourd'hui a été une autre dure journée. Eu égard à l'intransigeance du monde qui nous entoure, Roch nous a demandé de couper toutes relations avec nos parents et amis.

— Garde le méchant loin de toi, a-t-il dit en citant la Bible.

C'est pourquoi j'ai appelé à la maison pour prévenir que je ne reviendrais plus.

— Plus jamais? a demandé maman, incrédule.

— Non, plus jamais, maman. Ce n'est pas que je ne vous aime pas, mais il nous faut rester loin du monde qui nous gangrène si nous voulons nous rapprocher du Seigneur.

— Mais mon doux, on dirait que tu es rentrée en religion!

— C'est un peu ça, maman, en mieux.

— Alors tu m'appelles, comme ça, pour me dire, toi ma fille, qu'on ne te reverra plus parce qu'on n'est pas assez bien pour toi; c'est ça que tu veux me dire?

— Vous me comprenez mal, maman... la fin du monde est proche, il faut bien se préparer.

— Qu'est-ce que tu veux dire par là?

— Que la fin des temps est arrivée, telle qu'annoncée dans la Bible.

— Gabrielle, tu trouves pas que c'est un peu fort ce que tu me dis là?

— C'est l'impression que ça donne, maman, mais c'est la vérité.

— On aura tout vu.

Roch me fait signe d'abréger.

— Au revoir, maman.

— C'est ça, au revoir.

Il y a eu le déclic puis plus rien. Ce silence qui ne doit pas avoir de fin m'angoisse et me fait mal.

***

Ce midi nous recevons le couple Cartier. Raymonde les a connus en faisant du porte à porte dans les rangs de la campagne environnante. Lui s'appelle Laurent et est journalier, elle s'appelle Liette. Ils ont une petite fille de quelques mois qui se prénomme Annie.

— Nous aimerions bien nous joindre à vous, dit Laurent en raclant son assiette.

— Qu'est-ce qui vous en empêche? demande Roch.

— Bien... avec le bébé, on ne veut pas faire d'erreur. Et puis je viens d'avoir ma camionnette, il y a des termes...

— Pour ta fille, explique Roch, crois-tu que la société a plus à lui offrir que notre communauté? Qu'est-ce qui l'attend dans le monde, hein? Tu sais comment il est, tu ne veux pas qu'elle aussi consacre sa vie à cette société de consommation où tout ce qui compte est de posséder?

— Tu as raison...

— Pis toi, tu ne vas pas gâcher ta vie à toi pour payer les termes d'une fourgonnette. Qu'est-ce qu'une voiture en regard de l'éternité?

— De la tôle.

— Oui, de la tôle, de la vulgaire tôle qui rouille et pour laquelle tu vas suer sang et eau et remplir les poches d'un boss qui ira se faire griller la bedaine en Floride. Mais ta vie dans tout ça, ta vie spirituelle...

— C'est sûr!

Roch approuve du chef la conclusion à laquelle semble parvenir notre invité puis il se tourne vers la femme de ce dernier et lui sourit très paternellement. Je me fais la réflexion que Cartier semble tout petit à côté de lui. Pas à cause de sa taille, mais il y a autre chose que je n'arrive pas vraiment à définir.

— Et toi, Liette, qu'en penses-tu? dit Roch doucement.

— Bah! je pense comme Laurent, j'aimerais bien me joindre à vous, il y a juste qu'avec Annie on n'a pas le droit de se tromper.

— Ce que tu dis est très vrai; vous n'avez pas le droit de vous tromper. Pour tout vous dire, je sais qu'un jour vous prendrez la bonne décision.

Nous comprenons qu'il fait allusion à cette vision qu'il a eue et dans laquelle il a vu chacun de nous. Je comprends que ce n'est plus qu'une question de temps avant que le couple s'installe parmi nous. Et je suis contente, car la décision de chaque nouveau venu semble me dire que j'ai eu raison.

***

Fin avril 78, les Cartier se sont joints à nous. Un mois plus tard, un autre couple, dans la trentaine, avec leurs deux enfants, Robin et Rénald, a vendu maison, voiture, roulotte et immeuble à logements multiples. Renonçant aux sorties, aux voyages et à l'aventure, Jean-Paul et Sophie Sirois ont tout remis entre les mains de Roch et sont entrés dans notre « communauté ».

— Ça ne vous fait pas peur de tout abandonner? leur ai-je demandé.

— Pas du tout! m'a affirmé Jean-Paul. Je ne veux pas passer ma vie à travailler plus pour avoir plus. Je crois en Roch, il m'a déjà aidé.

— Comment?

— Lorsque j'ai accompagné mon frère qui a suivi le plan de cinq jours pour cesser de fumer, j'ai demandé à Roch ce que je pourrais faire pour maigrir, car il faut dire qu'à ce moment-là j'étais tout bedonnant.

— Qu'a-t-il conseillé?

— Il m'a tout simplement dit : « Arrête de manger. » Ça a l'air bête comme ça, mais j'ai jeûné pendant une semaine et j'ai perdu sept kilos. Du reste, c'est à la suite de ce jeûne que, l'esprit clarifié par l'abstinence, j'ai à nouveau rencontré Roch et que j'ai compris ce qu'il voulait dire lorsqu'il m'a rappelé la parabole du riche qui voulait suivre le Christ. Il n'était pas question que je fasse comme le jeune homme du Nouveau Testament; au diable la richesse...

Quelque part, ça m'embête un peu que Roch ait accepté leur argent et s'en soit servi tout de suite pour payer de vieilles dettes personnelles; il me semble que... Mais je débloque, Roch fait ce qu'il faut pour le meilleur de chacun de nous!

***

L'été arrive et nous nous rendons compte que nous avons ratissé toute la Beauce. Tous ceux qui auraient pu avoir envie de suivre le Plan de cinq jours ont été approchés. L'activité va diminuer : que faire?

Nous sommes tous réunis pour en parler. Plusieurs d'entre nous évoquent la possibilité dont Roch nous avait entretenu d'aller prêcher la Bonne Nouvelle en Floride. Il secoue négativement la tête.

— Nous n'en avons pas les moyens. Mais j'ai une autre idée un peu moins loin, devinez...

— Montréal? suppose l'un.

Roch fait signe que non.

— Les Cantons de l'Est! suggère Yvonne.

— Non, non, fait Roch, pensez plutôt à la pêche...

— Les provinces Maritimes! lance une voix.

— C'est presque ça. En fait j'ai pensé à la Gaspésie et au Nouveau-Brunswick pour la saison estivale. Qu'en dites-vous?

Le projet ne semble pas faire l'unanimité.

— Pourquoi ce choix? demande Jean-Paul, nous sommes nombreux, il y a les enfants...

— La mentalité campagnarde est plus réceptive à notre forme d'apostolat, et puis vous connaîtrez un nouveau coin de la province...

— Comment on va faire pour tous se déplacer là-bas? demande Laurent Cartier. Avec les cinq enfants nous sommes vingt-deux, et trois femmes attendent des bébés.

— Nous nous séparerons en deux groupes, dit Roch. Un premier groupe partira en éclaireur pour la Gaspésie tandis que les autres continueront notre tâche dans la Beauce.

— Et où est-ce qu'on va loger en Gaspésie? demande une des filles.

— Je connais à Québec un surplus d'armée; dès demain je vais aller acheter des tentes et du matériel de camping. À ce sujet je voulais vous parler du linge. À mon idée, ce serait plus simple et plus naturel d'abandonner nos vêtements et d'adopter la tunique.

Je m'étonne :

— Comme les moines ou les sœurs?

— À peu près, acquiesce Roch. Nous nous vantons de vouloir tourner le dos au monde et aux choses matérielles. Alors est-ce que l'on doit continuer à se soucier de notre apparence extérieure? Cela affecte notre jugement, surtout les filles qui parfois en regardent une autre mieux vêtue avec un œil d'envie.

Tous nous approuvons vaguement.

— Dès ce soir je vais dessiner un patron, décide Nadine qui aussitôt est approuvée par Roch.

Je me demande si Roch aurait eu cet assentiment si c'était moi qui avais proposé de dessiner un patron. Je crois que je suis un peu jalouse.

— Et les femmes abandonneront aussi les sous-vêtements, ajoute notre leader. Ce sont des artifices qui ne servent à rien, sinon à s'attacher à une fausse pudeur que la société nous a inculquée.

L'idée me déplaît en ce qu'elle a d'inconfortable, mais, d'un autre côté, j'imagine que nous logerons tous à la même enseigne et, curieusement, j'entrevois que cette forme d'intimité resserrera les liens entre nous.

***

Lundi, 5 juin 1978. Je fais partie du groupe qui doit rester et cela m'attriste. Sur le perron de la clinique, dans nos nouveaux vêtements dessinés par Nadine (vert satiné pour les filles et vert foncé en coton pour les gars), nous surveillons les derniers préparatifs du départ. Laurent Cartier, notre mécano, a vérifié le bon état des cinq véhicules, dont un autobus scolaire de 78 sièges acheté avec ce qui restait de l'argent des Sirois. Lebel a peint en bleu royal chacun d'eux et a inscrit habilement en grandes lettres blanches : Clinique Vivre en Santé.

Je suis vraiment triste de devoir rester; je me verrais très bien ce matin prendre la 132 en direction du golfe. Et puis il y a aussi l'idée que je n'aime pas être séparée de Roch.

L'on s'étreint comme si nous n'allions plus jamais nous revoir. Après tous ces mois passés ensemble, il est difficile de se séparer.

IV

Hier soir, 28 juin, Roch a téléphoné, il nous a demandé de plier bagage définitivement.

— Emportez tout ce que vous pouvez, tout ce qui sera utile et laissez le surplus; les suivants seront contents de récupérer le reste.

Je me demande s'il faut s'occuper des factures qui s'amoncellent, mais préfère me taire.

— Et pour Gabrielle Madore? avons-nous demandé en nous inquiétant de notre malade.

— Demandez à ses parents l'autorisation de l'amener.

Cela a été une formalité, les parents Madore savent bien à quel point leur fille nous est précieuse. Depuis qu'elle est avec nous, son poids a doublé. Comme quoi...

Nous avons tous quitté la place sans oublier les deux chatons. Une belle journée de voiture à rire, le cœur léger. Cela ressemble à des vacances.

***

L'odeur de varech, la Gaspésie. Nous retrouvons les autres, c'est la joie, la fête. Tel un berger, Roch nous entoure et s'assure que tout le monde est là. Comme j'ai eu chaud durant le voyage, je voudrais bien faire un peu de toilette; avisant les tentes, je demande où cela se passe.

Une des filles me conduit à la source en plein air et m'apprend que c'est la seule salle de bains disponible. Je crois que j'ai encore une mentalité de petite-bourgeoise car cela ne me ravit pas du tout de me retrouver les deux pieds sur une roche polie pour m'éponger avec de l'eau glacée en claquant des dents. Où est le thermostat?

***

Pour le souper, nous nous retrouvons tous dans l'autobus devant une gamelle de pois antillais. Je suis tellement heureuse de ces retrouvailles que j'en oublie mes préoccupations concernant notre avenir. Pas pour longtemps, Roch nous informe des dernières nouvelles :

— La mairie ne veut pas de nous ici. On nous demande de partir demain matin.

— Qu'est-ce qu'on va faire? questionne Laurent Cartier.

— J'ai envie de pousser jusqu'à Cap-au-Renard; il paraît qu'il y a une belle plage là-bas, et, comme je l'ai appris, une plage n'appartient à personne; on ne pourra donc pas nous déloger.

Nous sommes tous d'accord. Pourquoi les gens ne veulent pas de nous? Plus ça va, plus la société me semble moche.

***

Le panorama de Cap-au-Renard est fascinant. Le coin de plage que nous venons de choisir est formidable. Il y a même le lit d'une petite rivière d'eau douce où nous pourrons faire notre vaisselle.

Avec vaillance et ingéniosité l'on s'affaire à préparer le terrain. Pioches et pelles sont en action. Steven et Germain Lebel, un peu en retrait, s'activent à creuser une fosse septique tandis que Cartier scie les bûches destinées à devenir des sièges. D'autres construisent le radeau flottant qui servira de frigidaire, d'autres encore préparent le feu au centre du campement. Roch a dit qu'il devra être alimenté en permanence.

***

Ouf! la journée a été rude. Nous n'avons pour ainsi dire pas vu venir la nuit. Nous nous rassemblons autour du feu et les musiciens vont chercher leur guitare. Je sais que tout à l'heure, sous le regard des étoiles, nous allons entonner quelques chants westerns. J'aime cette vie de bohème.

***

Les jours se suivent et l'on ne chôme pas. Je sens que notre existence est en train de prendre un nouveau tournant. Roch a décidé que le savon faisait du tort à l'environnement; aussi nous demande-t-il d'en utiliser le moins possible. Lavé à l'eau claire, notre linge reste taché. Toujours en contact avec la terre, la poussière, la suie, le poisson que l'on vide et la boucane, je sens que mon apparence extérieure en prend un coup.

Je me souviens que, petite, cette même apparence m'avait attiré bien des misères. À huit ans, à l'école Sainte-Anne en face de chez nous, j'abordais ma seconde année scolaire. Comme le budget familial était restreint, ma tenue vestimentaire en supportait les conséquences. L'humiliation que j'en ressentais était constante et bien entretenue par les quolibets de certaines filles. Je crois que cette situation avait aggravé mon esprit de rébellion. Par exemple, pour un mot que j'estimais injuste, je me souviens avoir rabattu avec fracas le couvercle de mon pupitre, ou encore d'avoir jeté rageusement mes livres et cahiers à travers la classe. Heureusement que malgré ces éclats, parce que j'aimais apprendre, mes notes académiques me permettaient de me tenir en tête de la classe.

Et c'est toujours cette apparence qui doit rebuter les riverains. Contrairement à ce qui se passait dans la Beauce, ici nous n'avons que très peu de volontaires pour notre Plan de cinq jours. Ce matin, un homme de la place s'est approché de moi, il m'a détaillée des pieds à la tête, comme si j'étais un animal à l'encan, puis m'a demandé :

— C'est quoi donc votre religion?

— Adventiste. Nous sommes chrétiens, nous suivons les enseignements de la Bible.

— C'est marqué dans la Bible de s'habiller de même?

— Bien...

— Si tu veux mon avis, ce qui vous manque à tous vous autres, c'est un peu de misère. D'la vraie misère comme du temps d'la Crise.

— Parce que vous trouvez qu'on vit dans le luxe?

— Pantoute, je crois surtout que vous êtes prêts à tout pour pas travailler.

— Mais on travaille! Toute la journée même...

— Pour de l'argent?

— Non, justement! On ne veut pas travailler pour de l'argent.

— Bah! alors c'est pas travailler, c'est s'amuser. Tu verras ce que j'te dis quand la faim te pognera...

— Nous mangeons à notre faim.

— Je parlais pas de c'te faim-là.

Je préfère ne pas répondre. Roch a dit de ne jamais prendre les gens à revers, que notre tâche, au contraire, consistait à leur laisser comprendre que c'était nous qui étions sur la bonne voie.

Heureusement il y en a d'autres qui comprennent ce que nous sommes et ce que notre façon de vivre représente. Il y a justement un garçon du nom de Mauril Lavoie qui vient de se joindre à nous. Je crois qu'il est amoureux de Raymonde et qu'elle-même le lui rend bien.

***

J'avais raison, Raymonde et Mauril veulent vivre ensemble. À ma grande surprise, Roch a dit que, puisqu'il n'était pas question qu'ils vivent dans le péché à l'intérieur de notre communauté, il bénirait leur union. Je me suis demandé s'il en avait le droit puis me suis fait la réflexion que ça lui est venu tellement naturellement qu'il ne pouvait en être autrement. On sent bien que Roch possède une force particulière.

***

Pour la réjouissance, nous enfilons nos tuniques de sabbat et mettons des fleurs dans nos cheveux.

La cérémonie se déroule sur la plage. Roch lit des passages dans la Bible puis impose ses mains sur la tête des époux. On le sent très ému.

— Je vous aime tous, s'écrie-t-il, je vous aime bien trop fort, vous allez me faire péter le cœur.

Je repense avec angoisse à la myocardite dont il se dit atteint. Pourvu que son cœur soit solide!

— Je veux me joindre à vous!

Nous nous retournons pour regarder Donald Guérin originaire d'Alberta, un ami de Mauril, qui demande à entrer dans notre communauté. Roch semble aux anges.

***

Surprise! Dans la lumière du matin, je vois s'avancer au milieu du campement Philippe Martel, un Parisien que j'ai connu au Guatemala et avec qui je corresponds depuis ce temps.

— Philippe! Mais qu'est-ce que tu fais ici?

— Bonjour, Gaby. Je crois que tes lettres m'ont donné l'envie de me joindre à vous.

— Tu as fait tout le voyage...

— Aujourd'hui, avec les avions...

Nous nous regardons. Pour la première fois depuis que j'ai rencontré Roch, je crois que mes sens palpitent pour un autre homme. C'est bon.

Les avions... Soudain j'ai envie de me retrouver dans un avion, d'être vêtue d'une belle robe, de sentir sur moi le regard admiratif des messieurs, de déguster un cognac, de savoir que ce soir je descendrai dans un bel hôtel, avec une grande salle de bains généreusement pourvue de savons et de shampoings fleurant bon. Et puis de l'eau chaude! Un bain chaud, pendant des heures... N'est-ce pas cela, la vraie vie?

Je me secoue. Comment puis-je encore me laisser aller à de telles rêveries! Il va falloir que j'en fasse part à la prochaine confession publique. Je sais que Roch ne supportera pas. Il accepte beaucoup, mais à condition que cela ne lui rappelle pas le monde auquel nous avons tourné le dos. C'est de sa faute aussi : s'il n'avait pas épousé Nadine!

***

Roch a accepté de bénir mon union avec Philippe. Quelque part je dois avouer qu'en le lui demandant je croyais éveiller quelque chose chez lui, mais non; rien. Tant pis!

Ce soir nous fêtons notre dernière soirée. En effet, il nous faut déménager dans la baie des Chaleurs où Roch a trouvé assez de volontaires pour donner quelques conférences. Nous avons passé une partie de l'après-midi à ramasser sur la grève des morceaux de bois pour confectionner l'énorme bûcher de quatre mètres de haut autour duquel nous venons de prendre place à distance respectueuse. C'est une belle veillée. Les miroitements sur l'eau, bien que d'une manière toute différente, me rappellent Saint-Irénée dans le comté de Charlevoix où, durant ma troisième année du primaire, je fus placée dans un couvent. C'est là que l'on essaya en vain de me faire écrire de la main droite car la main gauche était celle du diable, m'avait-on dit. Gauchère j'étais et gauchère je resterais. C'est là aussi que je pleurais toutes les larmes de mon corps quand j'entendais la chanson *Oh! mon papa!* J'étais l'inconnue au milieu d'inconnus. J'ignore pourquoi je me rappelle aussi qu'il y avait là une fillette qui s'évertuait à montrer ses fesses dans le dortoir. Pour faire rire, j'exécutais le même geste. Mais, sûrement à cause de la mer, ce qui me rappelle surtout cette époque, ce sont ces moments où, après avoir escaladé le parapet qui longeait le rocher escarpé face au couvent, je découvrais le fascinant panorama de la baie Saint-Paul et m'enivrais des reflets bleu argenté du fleuve ainsi que du clapotis des vagues léchant les flancs du roc.

Le feu monte très haut dans le ciel et j'ai l'impression que des petits tisons rouges se perdront à tout jamais dans l'espace. Philippe est étendu à mes côtés. Je suis bien. Tellement bien ici, à la belle étoile, que j'ai la certitude que jamais je n'oublierai cette nuit.

***

Nous avons installé notre campement à Bonaventure. Le site est extraordinaire. Malgré cela, ça ne va pas très bien car il n'y a presque personne à nos conférences. Nous n'inspirons pas confiance; pire, nous sommes l'objet de quolibets. Je recommence à me demander à quoi je sers.

Papy nous a réunis (j'ai ainsi baptisé Roch, il y a quelques jours, et depuis, tout le monde l'appelle de cette façon familière). Il veut nous faire des « aveux ». Je suis anxieuse.

— Mes amis, je dois vous avouer ce qui a motivé ma décision de vous amener en Gaspésie. Vous vous souvenez cet hiver quand je vous ai fait part de cette révélation que j'ai eue en regardant tomber la neige à la fenêtre, eh bien je suis persuadé que la montagne dont il était question se trouve ici, en

Gaspésie. C'est pour cette raison que je vous ai amenés ici. Pour tout vous dire, j'ai la certitude que cette prémonition était également le signe de l'Apocalypse. Souvenez-vous dans 22 du verset 6 où il est annoncé : *Le Dieu des esprits des prophètes, a envoyé son ange pour montrer à ses serviteurs les choses qui doivent arriver bientôt.* Et au verset 7 : *Heureux celui qui garde les paroles de la prophétie de ce livre!* Mais je n'ai pas encore vu cette montagne, il faut que vous m'aidiez car il importe au plus vite de se soustraire à ce monde qui s'est livré à l'impudicité. Il faut en sortir afin de se garder pur et ne point participer aux transgressions qui se sont élevées jusqu'au ciel. Il nous faut trouver la montagne où l'amour de mon Maître ne se trouve pas confronté avec l'Antéchrist. Oui, mes amis, il faut faire vite car je vois pour très bientôt l'abomination et la désolation des nations.

La peur me chavire les entrailles. Les mots de Papy font jaillir dans ma tête les images sulfureuses que l'apôtre Jean a entrevues sur l'île de Patmos, et je sais qu'il en est de même pour les autres; l'effroi est descendu sur nous comme un brouillard poisseux.

Sollicités, chacun notre tour nous faisons le serment de tout faire pour trouver cette montagne.

La nuit s'avance vers un matin gris. Prostrée comme la plupart de mes compagnons, je reste près du feu, toujours en proie aux sombres prédictions de Papy. Si la fin est proche, je ne veux pas être surprise durant mon sommeil. Qu'importent cette vie et ces attrape-nigauds, qu'importent les savons parfumés et les bains chauds, qu'importent les honneurs et même le bonheur; il faut épargner nos âmes. C'est tout ce qui importe! Et Roch est notre guide le long de ce parcours difficile.

***

Je m'éveille brusquement. L'aube est grise, comme prévu. Je me suis assoupie, là, sur la grève, et ce vieux cauchemar qui a hanté mon adolescence vient de se reproduire. Au plus profond de mon sommeil, une des mains robustes de mon père surgit des ténèbres, s'empare de l'oreiller sur lequel repose ma nuque, puis l'arrache brutalement. Ma tête sombre alors, happée dans un gouffre béant, mais à l'instant où je m'engloutis, je sursaute et m'éveille, glacée de sueur. C'était toujours comme ça.

Reviennent alors les images pénibles que je m'emploie à effacer de toutes mes forces. Car de l'amour dont j'avais besoin, enfant, je n'en recevais que de ce père qui m'a laissée seule à cinq ans. Je le trouvais beau, je l'aimais énormément et je me souviens des regards furtifs que je lui jetais. Il m'est même arrivé d'avoir la pensée troublante de vouloir me coucher contre lui, serrée dans ses bras. Fantasme de fillette, ai-je lu dans un livre de psychanalyse durant mon cours d'infirmière. Dans mon esprit, une porte se ferme que je refuse d'entrouvrir.

***

Le jour s'est levé. Papy est en train de faire des crêpes au-dessus d'un poêle au propane lorsque Liette, la femme de Laurent Cartier, vient le trouver, très pâle.

— Papy, dit-elle, il faut me croire, j'ai rêvé cette nuit et je crois que je sais maintenant où se trouve la Montagne.

C'est étrange, dit-il, moi aussi je viens de rêver...

— Je peux t'y emmener, Papy!

— Eh bien déjeunons et allons voir.

Je me pose bien des questions en les voyant partir tous les deux dans la familiale. Est-il réellement possible que Liette, elle aussi, puisse avoir des révélations? Et moi, mon rêve était-il prémonitoire?

Nous nous précipitons vers la familiale lorsque nous la voyons réapparaître. Papy en sort, véritablement épanoui.

— Nous avons vu la Montagne, mes amis.

— Oui elle est là! affirme Liette, beaucoup plus grave. La révélation de Papy se confirme.

Papy veut rendre à la jeune femme ce qui lui appartient :

— Mais sans toi, Liette, je ne l'aurais pas vue. Le Maître t'a parlé à toi aussi, c'est évident. (Se tournant vers nous, il raconte :) Imaginez-vous que lorsque nous sommes arrivés sur la 132, moi je voulais aller vers les monts Appalaches où il me semblait évident qu'il y avait plus de chances de trouver la Montagne, mais non! Liette a insisté pour que je continue vers Percé. On a fait plusieurs kilomètres sur cette route, on a passé Paspébiac puis en arrivant dans une petite localité du nom de Saint-Jogues, alors qu'on était dans une longue montée, nous avons aperçu une cordillère à l'horizon. Là, on a crié tous les deux en chœur : « Elle est là-bas ». Il n'y avait plus de doute; dans le lointain, on apercevait ma montagne dénudée. On a continué encore un peu, dans les rangs, et demandé des renseignements. Un gros bonhomme nous a appris que la Montagne que l'on voyait se trouvait en plein bois mais qu'on devait pouvoir y arriver par un ancien chemin de coupe.

— Alors on y va! propose Laurent Cartier.

— Qu'en pensez-vous, les amis? demande Papy. C'est une décision grave à prendre, peut-être la plus importante de votre vie... Il ne s'agit pas d'une expédition avec une idée de retour au bout; si nous nous retirons, nous le faisons en sachant que nous ne bougerons plus de là-bas avant le retour du Messie.

Chacun notre tour, nous donnons notre idée et, ayant toujours à l'esprit l'imminence de l'Apocalypse, nous prenons le parti de nous retirer au pied de la Montagne pour vivre dans la plus complète autarcie. Loin du monde.

— Alors, mes amis, conclut Papy, je vous demande de vous départir de tout ce que vous possédez encore : montres, bijoux, caméras, argent, tout ce qui est électrique. L'argent servira à acheter tous les outils dont on va avoir besoin pour nous installer; le reste, nous le donnerons.

Nous acquiesçons et il est entendu que le branle-bas de départ se fera demain matin à la première heure du 9 juillet 1978.

***

J'ai mal dormi et je suis transie par l'humidité. Dans l'obscurité du petit matin pluvieux, nous nous activons en silence, conscients que le moment est très grave. En passant près du feu, je constate que certains ont les yeux gonflés par les pleurs tandis que d'autres essaient de sourire avec confiance.

Tout est emballé, nous prenons place à bord des voitures et le convoi s'ébranle. En voyant la file de véhicules, je me souviens de la révélation dont Papy nous a entretenus cet hiver. J'ai de plus en plus peur car je pressens que la fin du monde est imminente. Et je ne comprends pas très bien pourquoi c'est juste notre petit groupe qui est appelé à être sauvé.

Au fur et à mesure que nous prenons de l'altitude, la

brume devient plus dense et j'ai l'impression d'avancer dans un monde déjà différent.

Nous quittons la route alors que les premiers rayons du soleil accrochent le faîte des arbres de la sapinière où nous allons pénétrer. La familiale stoppe. Papy en descend et nous invite à faire de même. Nous nous réunissons encore une fois autour de lui.

— Mes amis, dit-il gravement, je veux vous prévenir que ce ne sera pas de tout repos, au contraire! Il va falloir se retrousser les manches et coloniser au milieu des mouches noires et des maringouins. Tout ce que nous obtiendrons à présent sera uniquement le fruit de notre travail, rien ne nous viendra de l'extérieur, et il doit en être ainsi. Si vous êtes prêts, je veux que vous fassiez la promesse que vous ne rouspéterez pas, quoi qu'il arrive. Dans cette entreprise, vous avez besoin d'un guide; les Hébreux n'auraient pas quitté l'esclavage égyptien sans Moïse, il en est ainsi pour vous. Même si je ne comprends pas pourquoi, et de toute façon mon rôle n'est pas d'interpréter les voies du Seigneur, mon Maître m'a choisi pour vous guider. Si vous me suivez, vous devrez suivre mes enseignements et vous garder de les critiquer quoi qu'il advienne. Ce n'est pas ma volonté qui agira, mais celle du Maître. Ce n'est pas moi que vous allez suivre, mais le Maître à travers moi. Je vous demande donc à présent, avant de continuer plus loin vers la Montagne que le Maître nous donne pour nous protéger de Son courroux, je veux que vous me prêtiez serment.

Je réalise que Papy nous demande à présent de renoncer à toute forme de démocratie, de remettre notre vie entre les mains de Dieu à travers lui, de reconnaître à tout jamais une sorte d'alliance nouvelle entre lui, le Berger, et nous, les brebis.

Des idées contradictoires s'entrechoquent dans ma tête. « *La démocratie, c'est bien beau, mais regarde ce que ça a donné dans le monde... Ne vaut-il pas mieux s'en remettre totalement à quelqu'un dont l'âme s'est élevée! Qui suis-je pour aller contre la chance que Dieu m'offre? Et puis Roch n'est-il pas l'homme que je veux suivre jusqu'au bout. Avoue, Gabrielle, n'est-ce pas contre lui, malgré toi que jusque dans les bras de Philippe tu rêves de te presser? Oui! Je veux le suivre! Partout! Je veux être avec lui, me donner à lui, faire tout ce qu'il me dira; comme je l'aurais fait avec papa.* »

Encore une fois, chacun notre tour, nous prêtons serment. Je tremble lorsque vient mon tour.

— Papy, je prends Dieu à témoin et jure obéissance à tes enseignements et ordonnances et à me laisser conduire par toi, quoi qu'il puisse survenir.

Ça y est! Je suis à lui, je sens comme une chaleur, je suis bien...

Comme pour sceller ce serment, nous formons tous un cercle en nous donnant la main et demandons au Maître de la vie de nous guider. Puis nous remontons à bord des véhicules pour le dernier trajet.

Les aulnes bordent le chemin et freinent terriblement la progression. Souvent les roues patinent dans la terre détrempée.

Il y a déjà un temps fou que nous sommes repartis et nous n'avons franchi que deux kilomètres. Nous sommes arrêtés; en tête de convoi, la familiale s'est enlisée dans une marre de boue. De la vapeur s'échappe en fusant du radiateur percé par des branches. Cette voiture n'ira pas plus loin. Il est décidé de l'abandonner. Ses passagers montent à bord de l'autobus.

Nous avons progressé jusqu'à une clairière baignée par le soleil qui commence à sérieusement réchauffer l'atmosphère. Nous décidons de déjeuner là.

En tentant de franchir un ruisseau, stupidement, l'autobus est resté suspendu comme un pont au-dessus d'un fleuve. Impossible d'avancer ou de reculer. Les hommes attrapent les pelles et les pioches.

Deux heures pour réussir à dégager le mastodonte. Deux heures pendant lesquelles des nuages de mouches noires essaient de s'insinuer dans les oreilles, le nez ou la bouche. Nous taillons des bandelettes de gaze que l'on trempe dans de l'huile et du kérosène pour s'en faire des masques protecteurs.

Déjà le milieu de l'après-midi et nous ne savons toujours pas où se trouve la Montagne. La caravane s'est immobilisée devant une fourche. À droite ou à gauche? Va pour la gauche.

Nous abordons une corniche bordant un précipice et dont le virage est très serré. On s'arrête à nouveau et Roch s'approche de l'autobus pour s'adresser à Jean-Paul qui le pilote.

— Penses-tu être capable de descendre? Ça me paraît serré pas mal...

— C'est risqué... J'aimerais mieux que tout le monde débarque, on sait jamais...

— Et toi?

— Si je vois que je ne peux pas passer, je laisserai tomber.

L'autobus surallongé s'avance lentement dans la descente. Le souffle court, nous assistons tous à la manœuvre périlleuse de notre ami qui se cramponne au volant.

La roue avant gauche effleure le vide, le pare-chocs est complètement au-dessus du précipice. Nous retenons notre respiration. La tête sortie par la vitre, Jean-Paul progresse centimètre par centimètre. Ça y est! Il a réussi, le pire est passé. Nous reprenons notre souffle, convaincus que cette victoire est gage du bien-fondé de notre entreprise. Nous nous congratulons au milieu de cris et de rires.

En bas de la falaise, nous arrivons sur la rive d'un plan d'eau. Il y a là un chalet désaffecté mais aucune trace de montagne à l'horizon. Et c'est déjà le soir.

— Nous passerons la nuit ici, décide Papy.

Nous fabriquons grossièrement une crémaillère pour chauffer la soupe au-dessus d'un feu, puis celle-ci avalée, épuisés, nous nous apprêtons à nous coucher après cette longue journée.

Deux inconnus arrivent et prétendent que nous n'avons pas le droit de rester ici.

— Vous êtes sur une propriété privée, veuillez déménager s'il vous plaît.

Roch fait irruption de sa tente, visiblement furieux.

— Et vous, quels droits avez-vous?

— Nous sommes pourvoyeurs, nous détenons un permis du ministère de la Chasse et de la Pêche sur la réserve faunique de ce territoire qui est sous notre responsabilité.

— Mais pourtant on m'a bien dit que le territoire que je recherche est une terre de la Couronne!

— Quel territoire?

Se fiant autant à sa révélation qu'à ce qu'il a vu dans le lointain, Papy décrit sa montagne.

— Sacrement! C'est du lac Sec que tu nous parles là. C'est pas par ici pantoute! C'est complètement à l'opposé. Vous avez dû passer par un ruisseau en travers du chemin?

— Exact.

— Ben fallait tourner avant ça.

— Alors on a fait tout ce chemin-là pour rien...

— Ça en a ben l'air.

— Et on ne peut pas passer la nuit ici? demande Papy. On repartirait demain à la première heure.

— Le problème est que la météo annonce de la pluie pour cette nuit; si vous attendez jusqu'à demain vous ne pourrez pas remonter la côte avec vos voitures, surtout avec votre autobus...

— Je vois... (Papy fait signe à tout le monde.) On remballe les affaires, les amis; il faut s'en aller avant de rester pris ici.

Déçus après nous être donné tant de mal, nous nous apprêtons à repartir. À nouveau c'est l'angoisse de la grande côte qu'il faut repasser avec l'autobus. Pour nous donner du courage, nous chantons à tue-tête. Il me semble que je vais toujours garder en mémoire ces moments uniques où, dans la nuit, notre petite caravane a gravi la côte abrupte, poussée par nos chants et nos encouragements.

***

Il y a vingt-deux heures que nous sommes partis et nous venons juste d'atteindre la fourche du sentier qui mène au fameux lac Sec où l'on espère bien trouver la Montagne. Papy décide que l'on va prendre un peu de repos. Le jour se lève lorsque nous nous glissons dans nos sacs de couchage.

J'ai l'impression que je viens tout juste de me coucher alors qu'autour de moi l'activité m'apprend qu'il est temps de se lever.

Avec les autres j'aide à préparer le café de céréales et le déjeuner. Nous apercevons le 4 X 4 d'un des pourvoyeurs d'hier soir.

— Je vais vous montrer le chemin, les jeunes, nous annonce-t-il en descendant de sa voiture. Mais va d'abord falloir y aller à pied pour reconnaître le terrain.

Papy le remercie et demande à Laurent Cartier de l'accompagner. Nous les regardons s'enfoncer tous les trois dans le bois en nous demandant s'ils vont trouver la fameuse Montagne.

Nous profitons de la matinée pour nous reposer, conscients en songeant à tout ce qu'il va falloir bâtir, que ce sont nos dernières heures d'oisiveté avant longtemps.

Les trois hommes reviennent. Papy et Laurent paraissent euphoriques.

— Nous l'avons trouvée! s'écrie Laurent.

— C'est magnifique! continue Papy. D'abord, pour y parvenir, on longe un beau chemin de bois, on passe une magnifique cascade et enfin c'est le lac Sec, juste au pied de la montagne de l'Éternel.

— La montagne de l'Éternel? demande Nadine.

— C'est ainsi que nous l'avons appelée en la découvrant, nous apprend Papy.

Au regard furtivement étonné qu'a Laurent Cartier, je comprends que « nous » doit être Papy.

Le pourvoyeur est décidément quelqu'un de bien, il nous offre encore ses services :

— Demain matin, je viendrai avec mon tracteur pour vous aider à transporter votre matériel.

***

Midi. Nous sommes réunis au pied de la montagne de l'Éternel. Le paysage est superbe. Notre montagne semble vraiment différente de celles qui l'entourent, je ne saurais dire en quoi, mais c'est comme si elle cherchait à me dire que la terre se termine et commence à cet endroit. J'ai toujours le pressentiment que la fin du monde est proche.

Mais ici nous serons épargnés; Papy l'a dit.

Le thermomètre indique 28 degrés Celsius. Il faut se mettre au travail, déboiser et essoucher afin que l'on puisse lever le campement de base.

Au crépuscule, dix tentes sont dressées et, avec la fierté du travail accompli, nous nous jetons dans le lac afin de nous laver de notre sueur. Nous ne parvenons pas toutefois à ôter la gomme de sapin qui s'est agglutinée dans nos cheveux et sur nos mains. Hors de l'eau, les maringouins se déchaînent; il n'y a pas de doute, ça va être dur.

V

Mardi, 11 juillet 1978, premier réveil au pied de la montagne de l'Éternel. Les tâches ont été réparties par Roch. J'ignore pourquoi – je n'ai rien d'un bûcheron – mais je me suis retrouvée dans l'équipe des bras forts, affectée à l'enlèvement des souches dont il faut parfois plusieurs heures pour venir à bout d'une seule.

Roch, lui, s'est fait architecte; il a dessiné les plans d'une maison à huit côtés, comme dans la révélation qu'il a eue. Laurent Cartier, qui a travaillé comme menuisier, l'assiste dans le dessin des plans.

Puis, de l'aube au crépuscule, toujours harcelés par la chaleur, les mouches noires et les maringouins, il y a l'ébranchage des billots d'épinettes noires, leur transport sur nos épaules, l'écorçage et le creusage d'une rigole pour asseoir les fondations.

Heureusement, aujourd'hui, c'est le sabbat. Malgré nos luxations aux chevilles ou aux poignets, nos éraflures multiples, notre cou et l'arrière des oreilles qui ne sont plus que plaies à cause des morsures d'insectes, malgré tous ces déboires, fiers, nous contemplons le travail accompli. Cependant il y a une ombre au tableau : après un mois les vivres s'épuisent.

— Je vais devoir repartir vers la civilisation, dit Papy. Laurent m'accompagnera afin que nous réunissions tout ce dont nous pourrons avoir besoin.

— Et si la fin du monde arrive pendant ton absence? demande Lisette.

— Le Maître saura bien me prévenir pour que je rentre à temps. Pendant notre absence, je compte sur vous pour continuer le travail.

Je regarde Germain Lebel qui, en compagnie de mon époux, est occupé depuis des jours et des jours à creuser une citerne. Visiblement, il aimerait bien accompagner Papy vers la civilisation. Malgré moi, je le comprends.

***

Nous avons construit l'imposante maison octogonale, des annexes adjacentes où se feront bricolage et lessive, deux cabinets d'aisance que l'on pourra à l'occasion, lorsqu'on aura un poêle, convertir en sauna, une fosse septique de six mètres cubes; il reste à aménager l'enceinte du logis.

— Ce qu'il faut à présent, nous dit Papy, c'est bâtir un foyer.

— Avec quoi? lui demandons-nous.

— Le fond du lac regorge de grosses roches, il suffit de les sortir de la vase et de les transporter jusqu'ici...

Il suffit... Il en a de bonnes, lui. Je suis fatiguée, je ne mange pas comme je voudrais (il a décidé de supprimer le petit déjeuner afin que les cuistots puissent participer à la construction), je suis tannée de vivre dans cette tunique qui me protège mal des bestioles, va-t-il falloir que durant des jours je trimbale des cailloux du lac à la maison? C'est facile pour lui de donner des ordres, mais qui c'est qui fait le travail! Cinq jours que ça lui a pris pour aller chercher des provisions et le matériel qui nous manquait. Et quand il est revenu, il a juste trouvé à dire que la progression des travaux était lente. Bon, je sais, c'est lui qui a fait les bardeaux d'épinette noire, mais quand même... Nous ne sommes pas des bêtes de somme! Mes menstruations sont complètement débalancées, je me demande parfois si je suis encore une femme, est-ce normal? Et puis tous ces visiteurs qui font tout le chemin à pied pour venir nous voir, on n'est pas des bêtes de zoo! En plus, bien souvent, on les entend rire ou faire des commentaires du genre : « C'est une gang de fous! », « C'est des capotés, y sont restés accrochés sur la dope ».

***

Quatre jours pour sortir les roches du fond du lac et les transporter sur notre dos jusqu'à la maison, soit sur 150 mètres. Je reconnais toutefois, maintenant que le foyer et la cheminée sont construits, que c'est bien plaisant de savoir qu'il y aura là un feu qui va couver en permanence. C'est un peu le symbole de l'âme du foyer.

Nous achevons à présent l'aménagement des divisions intérieures. À la mezzanine, sous les combles, nous pouvons accéder à quatre chambres par des échelles. La pièce centrale du rez-de-chaussée est entourée par trois autres chambres. Celle de Papy est plus vaste car c'est de cette pièce qu'il doit gérer toute notre communauté. La couche de Gabrielle Madore, elle, a été placée sous la lumière d'une fenêtre, entre le coin cuisine et la longue table de la salle à manger. Au cœur de tout cela, trône Joyeux, l'énorme poêle fabriqué à partir de tôles arrachées aux automobiles. Il va être temps que nous puissions emménager, car le froid approche et, sous les tentes, les nuits sont froides.

***

Dimanche, 10 septembre 1978. Deux mois de travail sans relâche, voici enfin venu le moment de pendre la crémaillère. Notre joie est presque palpable. Nous avons réussi par nous-mêmes à nous installer au cœur d'une région totalement sauvage.

Nous sommes tous réunis autour de l'âtre où crépite un feu rassurant. Nous chantons et claquons des mains pendant que les musiciens jouent de la flûte et de la guitare.

— Mes amis! dit Papy. Mes amis, nous voici chez nous sous l'œil bienveillant de notre Maître. Nous avons travaillé selon Sa volonté et voici les premiers fruits de Sa récompense. Ce soir nous pouvons dire : Oui, Seigneur, pour Toi nous avons réussi à sortir du monde. (Il croise les mains et regarde la flamme comme s'il y lisait la suite de ce qu'il avait à nous dire.) Mes amis, je crois que pour Le remercier et pour réellement prouver que nous sommes désormais Ses enfants à part entière, et non pas les enfants de ce siècle, oui je crois que ce serait un geste symbolique si chacun de nous brûlait tous ses papiers d'état civil.

— Tous les papiers? s'étonne Steven.

— Tous.

— Mais la carte d'assurance-maladie? Si on est malades?

Papy semble s'affliger de ces propos.

— Mon ami... Quand nous avons prêté serment de quitter le présent système des choses, nous n'avons pas juré que nous partions faire du camping dans le bois. Sortir du monde veut dire que l'on refuse tout ce que ce monde produit, que ce soit la télévision, la radio, les journaux, les voitures, les cosmétiques, les bars à gogo ou les hôpitaux où se pratique une médecine basée sur une science impie. Cela signifie que plus jamais nous n'aurons affaire avec la société païenne. Notre vie est ici, et c'est ici que nous produirons tout ce que nous consommerons, aussi bien les patates, que l'hébergement ou les soins de santé. Donc, pour répondre à ta question, les cartes d'assurance-maladie ne nous sont plus nécessaires.

— Et les permis de conduire? demande Laurent Cartier.

— Puisque je viens de dire que vous n'aurez plus besoin de quitter cet endroit, quel est donc le besoin que vous avez d'avoir un permis de conduire? Par sécurité, si jamais il y avait des affaires à traiter avec la police ou avec les gouvernements, je vais garder le mien, mais j'espère de tout cœur ne jamais avoir à m'en servir.

Les uns après les autres, un peu perturbés, nous jetons nos papiers dans le feu et regardons les flammes les dévorer sans vergogne. Je ne sais pas pourquoi, mais je me sens mal à l'aise. Sûrement le fait de m'être trop attachée à ces petits bouts de papier, de leur avoir trop prêté la vertu de me représenter. En y réfléchissant bien, Papy a raison : c'est dur à admettre, mais nous avons tourné le dos au monde; pourquoi essayer de s'y raccrocher? Que nous a-t-il donné? Ce serait se conduire comme la femme battue qui pour une sécurité illusoire ne se résout pas à quitter son conjoint.

***

— Roch, je m'en vais!

C'est Roberte qui vient de prononcer ces paroles qui nous renversent tous. Il y a beaucoup de boulot, il fait chaud et peut-être que Papy s'énerve un peu fort, mais pourquoi Roberte veut-elle partir? A-t-elle oublié ce qui attend le monde? Blanc comme un linge, son interlocuteur la fixe sans ciller.

— Tu veux partir, tu veux nous quitter, comme ça?

— Oui.

— Suis-moi, j'ai à te parler.

— Je ne changerai pas d'idée, Roch.

— Entendu, entendu, je veux juste te parler...

Nous les regardons traverser le terrain découvert puis s'enfoncer dans le bois. Soudain, je ne sais pas pourquoi, mais je crains pour Roberte.

Elle revient en marchant devant lui, elle se tient le dos et a le visage ravagé par la douleur et les larmes. Je réalise avec stupeur qu'il a dû la battre.

— C'est pour son bien, dit-il en répondant à notre question muette. Qui aime bien, châtie bien; rien de tel que le bâton sur l'échine. Roberte ne veut plus partir, réjouissez-vous, j'ai arraché la brebis égarée des serres du Malin et la ramène au sein du troupeau.

Quelque part en moi, je sens s'insinuer une peur diffuse et difficilement identifiable, et cette masse noire qui m'étreignait le plexus se fait à nouveau sentir.

Jusqu'à ce jour, c'est toujours Roberte qui a plus ou moins tenu tête à notre directeur; elle était un peu comme le dernier rempart devant une force que j'analyse mal; ce rempart n'est plus, certes.

***

Ce soir, Papy est redescendu de la Montagne où parfois il se retire pour s'entretenir avec son Maître. J'avoue que la première fois que je l'ai entendu parler de ces visites, je suis demeurée sceptique, mais je me suis bien vite souvenue de mes propres songes, de cette présence lors de notre première rencontre, ainsi que des voix qui m'avaient assurée qu'il persévérerait jusqu'au bout.

Aujourd'hui, alors qu'il était là-haut, le sol a tremblé. Roch revient le visage illuminé.

— Oh mes amis!... En bas, tout est mort; c'est un monde où les arbres meurent, mais là-haut, les fleurs sont éternelles, tout est beau.

— Mais pourquoi ne peut-on pas t'accompagner? lui demande Liette.

— Ne le prenez pas mal, mais vous êtes tous à des degrés

de cheminement spirituel nettement inférieurs au mien; c'est pour cela que vous ne pouvez m'accompagner jusque là-haut. Je suis le dernier prophète sur cette terre et mon Maître me parle directement tel qu'il le fit à mon lointain ancêtre, Moïse.

— Quand pourrons-nous t'accompagner?

— Pas dans cette vie. Dans celle-ci, vous ne serez jamais en mesure de vivre mon genre d'expérience; heureusement car sinon il y aurait plusieurs maîtres dans le Royaume, d'où division et déchirement. Chacun a son rôle, le mien est d'être l'humble instrument de mon Maître pour vous instruire de ses lois.

— Nous te suivrons partout, Roch, affirme Nadine.

— Oui! l'appuyons-nous en chœur.

— Il y a autre chose, mes enfants... Dieu m'a chargé de changer vos noms civils afin qu'il puisse vous distinguer, vous, son nouveau Peuple élu.

Tout s'enchaîne, me dis-je. Et je suis impatiente de connaître le nom que le destin va m'octroyer.

***

Jeudi, 16 septembre 1978. Nous sommes en train de déjeuner, Papy nous annonce que la nuit lui a porté conseil.

— En me réveillant, ajoute-t-il, j'ai écrit des prénoms hébreux sur des petits papiers que j'ai déposés dans une boîte. Tout à l'heure, je pigerai au hasard et vous remettrai chacun un papier; le nom qui sera écrit dessus sera désormais, et pour toujours, celui que vous porterez. J'ai soudain une idée :

— Papy, toi aussi tu vas piger ton nom dans la boîte?

— Pourquoi pas?

— Il me semble que ce serait bien si c'était nous tous qui pouvions te le choisir.

— Comme vous voulez, mes amis.

Chacun notre tour, nous recevons notre papier des mains de Papy. Sur le mien je lis : Thirtsa.

— Cela signifie charme, m'apprend Papy.

C'est ainsi que Laurent Cartier devient Caïn, Steven St-Gelais rit en apprenant qu'il est Juda, Germain Lebel est étonné de s'entendre appeler Gédéon; Nadine, l'épouse de Papy, devient Ève; Roberte Poitras se demande pourquoi elle se transforme en Rachel; Jessica Loisel semble soupeser le Orpa qui lui échoit; Cécile Déry demande ce que signifie Naomi et apprend que cela veut dire agréable; Raymonde Poliquin confond « diva » avec son nouveau nom Dina; Liette, la femme de Laurent, est ravie de s'appeler Salomé mais se pose des questions sur le sens de la mission qui lui incombe avec ce nom qui veut dire paix. Gabrielle Madore est émue d'apprendre que son nouveau nom, Anne, signifie grâce; Linda Pedneault devient Schua; Yvonne Fillion est Thimna; et Annie, petite fille de Caïn et Salomé, est fort surprise de s'entendre appeler Jézabel. Mauril Lavoie, le musicien, hérite du nom Élon. Mon amie Lisette, la Française, est dénommée Kétura, tandis que mon époux devient Achab. Voilà pour nos nouvelles identités.

À notre demande, Papy se retire afin qu'on lui vote un nom. En référence au peuple qu'il a conduit vers la Terre Promise, je propose Moïse. Un autre suggère Daniel parce que, comme ce dernier, Papy souffre physiquement à chaque révélation. Après le tour de vote, c'est Moïse qui l'emporte. Nous faisons revenir Papy et lui apprenons le nom qui lui a été choisi. Sur-le-champ son visage exprime une grande émotion, ses yeux s'embrouillent.

— Merci, merci, mes amis! Cependant, par respect pour mon illustre prédécesseur, je vous demande, dans la mesure du possible, de continuer à m'appeler Papy. Et puisque Ève est mon épouse, vous l'appellerez Mamy.

***

Je croyais pourtant que notre communauté allait grossir, mais non, des vingt-sept que nous étions à Bonaventure, nous ne sommes plus que seize. L'ex-femme de Moïse est venue reprendre ses deux fils à la fin de la saison estivale, et la police rechercher la mineure qui s'était jointe à nous. Le couple Sirois, qui avait tout vendu pour se joindre à nous, est reparti avec ses enfants après quatre mois avec nous. Donald Guérin aussi s'est éclipsé en prétendant que Moïse devenait trop agressif. Enfin, parce que leurs visas de séjour au Canada étaient expirés, la GRC est venue chercher mon amie Lisette et mon mari Philippe pour les remettre dans l'avion pour Paris. En ce qui concerne Philippe, j'avoue que cette rupture ne m'ébranle nullement. Je suis enfin délivrée de ses harcèlements sexuels et de la puanteur que son corps dégageait dans le lit.

Je crois que le monde entier nous en veut, pourtant nous ne lui demandons rien! Même des chasseurs se sont plaints que notre présence était néfaste au gibier. Des agents du gouvernement ont essayé de nous évincer; heureusement que Moïse connaît les lois et qu'il a pu se prévaloir de la vieille loi des squatters qui dit que tout individu qui tient lieu et feu pendant 12 mois sur une terre sans titre de propriété acquiert la prérogative de louer ou de prospecter.

— Cette loi n'est plus valable, a dit l'un des agents des Terres et Forêts.

— Si vous essayez de nous déloger, a répondu Moïse, nous défendrons ces lieux au prix de notre vie.

***

Malgré tout le soin que l'on met pour éviter ces intrusions, des nouvelles du monde parviennent jusqu'à nous. C'est ainsi que nous apprenons le massacre de Jonestown. Je ne peux m'empêcher de voir une analogie entre la situation de ces disciples de Guyane et la nôtre. Pour la première fois, j'ai peur de m'être fourvoyée. Il faut que je m'en ouvre à Moïse.

— Papy, qu'est-ce qui nous prouve que ce que nous faisons ici est différent de ce qu'ils faisaient là-bas?

— Thirtsa, il est écrit : *C'est aux fruits que l'on reconnaît l'arbre.*

Pourtant ce n'est pas la prière qui manque. Vingt fois par jour nous prions en commun. Quels sont-ils les fruits de notre communauté? Chaque jour je trouve Moïse un peu plus dur. Il s'en explique en nous disant que c'est par la mortification que l'on vaincra les faiblesses de la chair, mais quand même... parfois je trouve que ça manque d'amour. Petit à petit, cette belle camaraderie du début se mue en méfiance. Comme si chacun voulait s'attirer l'assentiment de Moïse. Et certains réussissent. J'ai l'impression qu'il se forme deux groupes à l'intérieur de notre communauté : les favoris et les autres. Que faire pour revenir dans son estime?

***

Avant les gelées automnales, nous avons passé une semaine à ramasser 160 kilogrammes de bolets roux aux alentours du lac Sec. Il faut maintenant passer des nuits au net-toyage et à la mise en conserve de ces champignons. Le pire est que j'ai tout le temps faim. Des visiteurs nous ont amené des paniers de pommes dont il a fallu faire de la compote, sans avoir toutefois ni le droit de les goûter ni même celui de se lécher les doigts. Moïse dit que l'on doit se contenter de notre assiette de céréales, que c'est assez pour nous. Personne n'ose lui demander pourquoi lui a le droit à des tas de petits extra. Et lorsqu'on lui a posé la question à savoir pourquoi les hommes peuvent manger plus que les femmes, il a répondu :

— Notre musculature est plus abondante et a besoin de plus d'apport nutritif.

En réalité, je rêve de nourriture jour et nuit. Faire la cui-sine pour moi est un véritable calvaire, car, bien sûr, je n'ai pas le droit d'y toucher et ma convoitise est incontrôlable.

Mais aujourd'hui c'est le sabbat et, apparemment, nous pouvons manger tant que nous voulons. Nous en profitons sans rien dire et avalons, sans les compter, des crêpes tar-tinées de gras de poulet. J'ai la bouche pleine lorsque relevant les yeux je rencontre ceux de Moïse qui me fixe férocement.

— Tu es une truie, me dit-il. Tu mangerais ta portée.

— Papy! J'ai faim, on travaille dur...

Je le vois blêmir, sa main se contracte sur la fourchette qu'il plie sans avoir l'air de s'en rendre compte.

— Tu as faim! Mais quand donc vas-tu brider ta chair!

Effrayée, je le vois se lever, s'avancer vers moi; il me prend par mon linge, me soulève et me lance devant lui.

J'atterris durement sur les dalles du foyer.

— Bande de lâches! de bons à rien! hurle-t-il. Vous n'êtes bons qu'à vous empiffrer comme des porcs.

Endolorie, je le vois attraper la marmite et la lancer en l'air. Des débris du repas pleuvent sur tout le monde.

— Ah vous voulez bouffer, eh bien vous allez bouffer, jusqu'à vous en péter la panse!

Avec des gestes brutaux, il pose sur la table des pots de moutarde, de beurre d'arachide, de farine, de gruau. Il mêle le tout, en prend une cuillerée et me force à l'avaler, puis c'est au tour d'un autre et d'un autre encore. À ma troisième cuillerée, je suis très près de vomir. Il me vide la moutarde sur la tête.

Le geste me rappelle soudain celui de la mère de Roch qui lui avait versé un pot de moutarde sur sa chemise blanche alors qu'il s'apprêtait à aller veiller chez une amie. Beau geste maternel qui en dit long. Et ça continue.

— Bande d'ingrats, vous convoitez ce que j'ai, moi qui suis forcé d'avaler des aliments qui ont sur moi des effets secondaires. Vous n'entretenez que des mauvaises pensées et osez me juger, moi qui dors rarement la nuit pour veiller et prier pour la sécurité de vos âmes égoïstes. Au lieu d'envier ce qu'il y a dans le plat de votre frère, cherchez plutôt le royaume des cieux et craignez, oh oui! craignez que mon Maître ne vous mette à la disette. Et moi qui me casse la tête pour conserver la nourriture pour quand viendra la fin des temps. Un peu de provisions pour que vous soyez épargnés lorsque le courroux de mon Maître anéantira les impies.

En effet, nous ne mangeons pas beaucoup mais il y a beaucoup de réserves. Parce qu'il avait un peu dégelé au cours d'une fin de semaine, nous avons eu un don de 315 kilos de poisson remis par Sobey's de Paspébiac. Nous avons aussi reçu un don de 80 poches de patates que nous avons charriées sur notre dos durant toute une nuit à la noirceur, à travers un chemin très peu carrossable. Il y a aussi les os à viande que nous apportent les agents de la SQ de New-Carlisle lors de leurs patrouilles. Pourquoi Moïse est-il tellement avare sur la nourriture? Comme pour répondre à ma question, il ajoute :

— Je suis venu parmi vous pour mettre l'épée afin de vérifier votre honnêteté et la sincérité de votre amour pour mon Maître à travers moi.

***

Tout en chantant des cantiques, je ramasse des branches qui serviront à recouvrir le corridor qui doit relier la maison principale à la « chaumière » où se trouvent les cabinets. Relevant la tête, j'aperçois et reconnais le caporal de l'escouade de New-Carlisle. Il est accompagné d'une jeune femme.

— Est-ce que Roch est là? me demande-t-il.

Moïse nous a enseigné de tourner sept fois la langue dans notre bouche avant de répondre aux étrangers. « Ces gens-là viennent pour nous détruire; un seul mot de travers et ils débarqueront ici pour mettre fin à notre expérience. N'oubliez pas que nous dérangeons le monde; leur conscience les fatigue de nous voir vivre comme ils savent au fond d'eux-mêmes qu'ils devraient le faire. Ne permettez jamais qu'une de vos paroles puisse mettre la vie de notre communauté en danger. Refusez toutes leurs propositions soi-disant pour adoucir votre existence. Rappelez-vous toutes les belles paroles déployées par Satan pour convaincre Jésus dans le désert. »

Je réfléchis à ce que je dois répondre à cette simple question, mais n'ai pas le temps de rien formuler car Moïse s'avance vers eux.

— Qu'est-ce qu'il y a, caporal?

— Bonjour, Roch, je viens te présenter mademoiselle Elyette Curvalle; elle est reporter au *Soleil* et voudrait faire un papier sur votre expérience...

Moïse arbore un air soupçonneux.

— Pour dire du mal de nous? demande-t-il à la journaliste.

— Pas du tout! affirme celle-ci, je n'ai aucune idée préconçue, je veux juste présenter aux lecteurs le vrai visage de votre expérience.

— C'est plus qu'une expérience sociale, rétorque Moïse, nous appliquons directement les règles du vrai credo.

— Je ne demande qu'à en savoir plus...

Je voudrais bien continuer à écouter les explications de Moïse, mais, d'un simple regard, il me fait signe d'aller ailleurs. Je m'esquive, telle une enfant.

VI

— À partir de maintenant, annonce Moïse, les femmes enceintes coucheront sans leur mari. Ceci afin d'éviter toute complication ou tout rapport qui n'a plus lieu d'être puisque la procréation est accomplie.

Mal à l'aise, Caïn s'agite sur la bûche sur laquelle il est assis.

— N'est-ce pas aux couples de décider ce qui est le mieux pour eux?

— Non! C'est à moi. Souviens-toi du serment que tu as fait, Caïn. Moi seul sais ce qui vous convient. Je comprends que parfois c'est dur à prendre pour des gens qui, dans une société permissive, ont été habitués à se gouverner eux-mêmes, mais il en est ainsi.

Ève regarde son mari.

— Je suis enceinte; moi non plus je ne pourrai plus coucher avec toi durant ce temps?

— Toi non plus. Aussi, il faut que je vous annonce à présent que mon Maître m'a ordonné de prendre plusieurs épouses afin de les instruire. Souvenez-vous de cette révélation que je vous ai décrite dans la Beauce; eh bien, je ne vous ai pas tout dit car il y avait une partie que je ne comprenais pas. À présent mon Maître m'a expliqué. Rappelez-vous, j'étais sur le toit de la maison octogonale, cette maison actuelle. Eh bien, dans cette position, je contemplais une femme, pas une femme charnelle, mais la quintessence d'une femme. Elle me regardait et me faisait signe d'approcher près d'elle. En érection, je l'étreignis contre moi et la pénétrai. À ce moment, nos regards se sont croisés. Ils étaient chargés de tant d'amour qu'à cet instant j'ai vu tomber comme une pluie d'étoiles et entendu comme une musique de cristal...

Cette femme, c'était moi, j'en suis sûre. Mon ventre me brûle. Il faut que cette femme soit moi, il va l'annoncer. J'attends...

— Qui était cette femme? demande Juda.

— Cette femme représentait toutes les femmes de cette maison. Mon Maître m'a autorisé à prendre pour concubines les femmes qui me suivraient et à leur enseigner le véritable amour.

— Plusieurs femmes! s'étonne Juda.

— Salomon avait plus de sept cents femmes et trois cents concubines, cela n'ôtait rien à sa sagesse... (Il nous regarde.) Je vous aime toutes et tous sans poids ni mesure, et chacun de manière différente.

Selon tout ce que j'ai appris, cela devrait me répugner, mais, quelque part en moi, ce discours libère certains courants que je ne peux contrôler. Quelque part en moi, il me plaît que tous ici nous soyons les instruments du plaisir de Moïse. Je le sais, car entre mes cuisses, je suis toute mouillée. Peut-être est-ce là la volonté de Dieu que nous apportions réconfort et amour à Son porte-parole. Je veux le croire.

***

— Thirtsa... Thirtsa...

Je m'éveille, me rends compte qu'il fait nuit et qu'Ève se penche sur moi.

— Qu'y a-t-il?

— Moïse veut te voir...

— Papy...

Je comprends ce qui se passe. Pour la première fois, il veut me voir dans son lit. La même chose s'est déjà produite pour d'autres (je sais qu'il a dépucelé Orpa, cet été). Sur-le-champ, toutes mes fibres de femme réclament le mâle. J'essaie de donner le change à Ève qui, je le comprends bien, ne doit pas être heureuse de cet état de choses.

— Maintenant?

— Oui, il te réclame.

Un peu fébrile, je me lève et me dirige vers sa chambre. Il

est étendu sur le lit, une lampe à huile éclaire sa nudité. Il me tend les mains.

— Approche, Thirtsa.

Je m'assois au bord du lit, tremblante. Je me sens gauche comme une collégienne. Il prend ma main et la pose sur son pénis.

— Que dis-tu de ça, Thirtsa, n'est-ce pas une verge digne du représentant du Seigneur?

— Oui, Papy.

— Et tu aimerais que je te pénètre, hein Thirtsa?

— Bien sûr, Papy!

— Embrasse-la.

Je fais comme il dit, m'attendant à ce que ses mains se posent sur moi, mais rien. De lui je n'ai que le sexe dans la bouche. Je suis surprise de tant de rudesse, pourquoi ne me touche-t-il pas?

Cherchant à joindre mes lèvres aux siennes, je me redresse et m'approche de son visage.

— Que fais-tu? me demande-t-il sèchement.

— Mais... je veux t'embrasser, Papy.

— Tu n'y penses pas! Personne ne peut toucher mes lèvres, elles sont sacrées.

— Excuse-moi...

— Continue plutôt ce que tu as commencé.

— Mais...

Il secoue la tête.

— Non, Thirtsa, à moins que je ne décide de t'engrosser, je ne te pénètrerai pas. Je dois te châtier par où tu as péché. Tu as connu bien des hommes et des sensations autrefois; à présent tu dois comprendre que, pour te racheter, il faut te passer de la pénétration de l'homme.

Tous ces mots me torturent mais n'enlèvent en rien mon désir. Je le lui avoue :

— Après deux ans, Papy, j'ai terriblement envie de sexe!

— Pour aujourd'hui, puisque tu n'étais pas prévenue, je t'autorise à te masturber pendant que tu me suces. Mais à l'avenir, rappelle-toi que tu n'as aucun droit sur ton corps; si tu veux te caresser, tu dois d'abord m'en demander l'autorisation.

Blessée, je me penche pour le prendre dans ma bouche.

— Tu es moche, me dit-il, comment as-tu pu séduire d'autres hommes?

Je voudrais lui crier que c'est lui qui a fait de moi la planche à repasser que je suis aujourd'hui, c'est lui qui limite notre alimentation à quelques grains de céréales par jour, au point que je n'ai plus que la peau sur les os. J'aimerais beugler mon indignation, mais il tend la main et me pince violemment le mamelon. Malgré son geste déplacé, je ne veux pas me formaliser pour si peu.

— Prends-moi, Papy, prends-moi!

— Je t'ai dit que tu pouvais te caresser, c'est tout ce que je t'octroie.

J'abandonne toute pudeur et, tout en le suçant, je me caresse avec frénésie. N'importe comment, je veux jouir avec lui, je veux...

Son attitude est méprisante envers moi : ses yeux fermés, son mutisme me rendent malade; je me retiens de lui démontrer trop de zèle dans ce lit, de peur qu'il ne s'en serve pour me châtier, demain ou après-demain.

Même après éjaculation, il trouve encore à redire :

— Mon Maître, se plaint-il, pourquoi m'as-Tu donné d'aussi lamentables femelles? Crois-Tu que celle-là puisse jamais faire le bonheur d'un homme?

Anéantie, je me redresse. Je réalise avec horreur que je ne pourrai jamais avoir de relations sexuelles normales avec cet homme, le pire de ma collection.

***

C'est Ève qui, à la demande de son époux, a organisé cette nuit de bacchanales. Pour ma part, j'ai transporté deux cent vingt-cinq litres d'eau chaude dans le bain de Moïse dans lequel nous le bichonnons. Pendant que les musiciens jouent de la guitare, nous le frottons, le massons, le manucurons et le coiffons.

Il est tout rouge. Nous le séchons et le transportons sur son lit où, toujours pendant que les musiciens jouent de la guitare ou de la flûte, nous lui cajolons les amourettes à tour de rôle en nous extasiant sur son instrument.

— Ah, mes moutonnes... ronronne-t-il, que vous êtes chanceuses de m'avoir...

— Oh oui, Papy! Clame Dina qui aussitôt sort une lettre d'amour qu'elle lui a écrite dans la journée.

Il se laisse bercer par les mots encenseurs jusqu'à ce que, brusquement, il se redresse.

— Bande de femelles sans génie, vous ne savez rien faire! Juda, viens ici, viens t'allonger près de moi, fidèle ami.

Juda s'exécute. Il rit nerveusement lorsque Moïse lui prend le sexe et nous montre comment l'on doit s'y prendre pour bien masturber un homme. Puis c'est au tour de Caïn.

— Pourquoi me regardes-tu comme ça? me demande-t-il.

— Pour rien, Papy, pour rien...

— Menteuse! Femelle sans parole!

Il se redresse, vient vers moi et me projette contre la porte où je me cogne le front sur la poignée faite d'un gros clou recourbé. Je saigne.

— Alors? poursuit-il, pourquoi me regardais-tu comme ça?

— J'étais étonnée de... je pensais qu'entre hommes...

— Tu pensais! Qui t'a autorisée à penser?

— Je m'excuse, Papy.

— J'aime mieux ça, femme de peu de foi. Ne sais-tu pas que David, le grand roi David, aimait Jonathan?

— Oui, Papy.

— Alors?

— Je me suis trompée, j'étais dans l'erreur.

— Bon... Maintenant, les filles, ça va être à vous de nous montrer comment vous vous caressez. Celle qui jouira le plus fort pourra venir passer une partie de la nuit avec moi.

Nous sommes presque en ligne devant lui. Les unes sur le dos, les autres à genoux, cambrées, toutes, nous nous caressons.

Je ne pense plus à mon front abîmé, je veux être celle qui me retrouvera avec lui. Peut-être que cette nuit je réussirai à me faire aimer de lui?

— Allez! Allez! nous encourage-t-il, mon Maître n'aime pas les demi-mesures. Il vous donne la permission de disposer de votre corps, profitez-en! Les autres mortels n'ont pas ce privilège. Ceci, vous pouvez le faire car vous êtes avec moi, loin de l'influence néfaste du monde.

Là, sur le sol, je jouis et je souffre. Je souffre de ne pas être prise. Je veux que l'on me prenne, que l'on me serre. Ça y est! Moïse vient vers moi, il a compris... Aïe! Aïe! pourquoi me donne-t-il des coups?... Oui! encore, Papy! Je préfère tes coups au néant.

— Ce n'est pas moi qui te fais cela, clame-t-il, je ne suis qu'un instrument dans les mains de mon Maître pour sonder ceux qui en ont la capacité. Il exige beaucoup de toi car tu peux donner beaucoup.

Puis c'est au tour d'une autre et, finalement, nous nous retrouvons, les gars et les filles, riant, pleurant, dans les bras les uns des autres, ne sachant ce qui nous arrive, souhaitant que tout cela n'ait jamais eu lieu et en même temps que cela se reproduise jusqu'à la fin des temps.

Je me sens terriblement malheureuse, je pressens que j'ai perdu tout libre arbitre. Ma chair demeure ma prison.

***

Moïse et Caïn viennent de rentrer. Avec la tempête qui souffle dehors, nous commencions à nous inquiéter. Comme nos provisions sont au plus bas, réunissant quatorze dollars – tout l'avoir de notre communauté – ils sont partis hier avec un sac sur le dos afin de mendier quelques vivres dans les villages les plus proches. C'est le milieu de la nuit, mais nous sommes restés debout à les attendre. Ils ressemblent à des banquises avec leurs cheveux et leurs barbes totalement givrés.

— Mes amis, dit Moïse, vous pouvez nous remercier pour notre courage. Dix heures de raquettes pour revenir jusqu'ici depuis Saint-Jogues. Toute une expédition... j'ai les jambes en compote.

— Je peux te masser, Papy, que je lui propose. Ça te soulagerait.

— C'est pas de refus, Thirtsa.

Il est allongé et je le masse comme je l'ai appris au Guatemala. Il pousse des soupirs de satisfaction. Je suis heureuse de lui faire plaisir.

— Passe-moi mon sac, me demande-t-il, j'ai quelque chose pour toi...

— Pour moi?

Sans répondre, il fouille dans son sac à dos et en ressort une tablette de chocolat qu'il me tend.

— Tiens, c'est pour toi.

Je suis émue, c'est la première fois qu'il me fait un cadeau. À nouveau, je le masse afin de le soulager de ses douleurs.

— Ça fait du bien, décide-t-il au bout d'un moment. Il faudrait que tu enseignes la technique aux autres filles. J'ai bien l'impression que ça va me prendre un massage comme ça tous les jours si je veux poursuivre...

— Je leur montrerai, Papy.

— J'y compte bien. Et ne va pas t'imaginer que c'est pour mon petit confort personnel, c'est uniquement pour m'aider physiquement à poursuivre ma tâche. Je n'ai pas votre santé, moi.

— Je sais, Papy. On va s'occuper de toi.

— Ah comme je vous aime!

Cette affirmation me réchauffe. La vie est douce le jour où l'on se sent aimé par celui que l'on admire.

***

À la fin de l'automne, je croyais que l'hiver allait nous apporter un répit dans les durs travaux. Il n'en est rien. Notre poêle Joyeux, le four, le foyer et les truies des annexes consomment en moyenne une corde de bois par jour. Chaque matin, nous partons dans la forêt pour la coupe du bouleau que l'on charrie ensuite sur une lisse à patins munie d'une barre d'attelage que tous ensemble nous tirons à travers des pistes tortueuses de neige molle. Bête de somme à deux pattes, comme les autres, je m'arc-boute sur la charge.

Voici la pente d'un coteau. Me rendant compte que le chargement dévale derrière nous, je pousse un cri et, imitant les autres, je cours.

Moïse est au bas de la pente. Il nous regarde d'un œil sévère.

— Je ne vois pas beaucoup de sueur sur vos fronts! Est-ce que je ne vous ai pas déjà dit, comme Dieu l'a imposé à Adam, que vous deviez gagner votre pain à la sueur de votre front! Vous n'êtes qu'une bande de paresseux, de lâches! Vous m'écœurez! Moi qui suis malade, quand je dois m'atteler au travail, je ne recule pas devant l'effort véritable qui fait suer. Pour votre peine, après la coupe du bois, vous déblaierez la neige des entrées, et vous les ferez plus larges, fainéants!

J'ai envie de pleurer. Je voudrais crier à l'injustice. Nous ne mangeons presque rien, j'ai tout le temps faim, nous travaillons toute la journée sans arrêter, presque chaque nuit nous devons écouter pendant des heures les longues litanies de Moïse et si, par malheur, nos paupières clignotent, il faut en payer le prix en restant debout jusqu'à l'aube.

Je suis fatiguée; tellement fatiguée que je n'ai plus la force de m'opposer à quoi que ce soit. Et, de toute façon, Moïse ne dit-il pas que l'on doit craindre respectueusement celui qui nous guide dans le chemin de la Vie, et si la formation que l'on reçoit de notre berger nous cause du chagrin et des pleurs, c'est que l'on ne corrige pas nos mauvais penchants.

Je me demande comment je peux faire pour avoir encore de mauvais penchants : il nous suit partout, épiant constamment nos moindres gestes. Il faut l'avertir de tout ce que l'on fait, même lorsque nous allons aux toilettes, et il s'emporte s'il juge que nous y restons trop longtemps.

Je suis lasse.

***

Mercredi, 3 janvier 1979. Il fait très froid dehors. Ève vient de se plaindre d'une première contraction. Moïse m'ordonne de tout organiser et ajoute :

— On va voir si tu es bonne infirmière.

Puis il demande à Naomi de jouer de sa flûte et à Schua de sa guitare.

Trente heures à présent qu'Ève est dans les douleurs. À chaque contraction, un cri strident s'échappe de ses lèvres. Accroupie au pied de sa paillasse bourrée de sciures de bois, je suis à bout de fatigue. Malgré toute la responsabilité qui m'incombe, j'ai l'impression que je vais m'endormir, là, dans cette position.

J'ouvre brusquement les paupières. Est-ce qu'il y a longtemps qu'elles se sont fermées? Pas le temps de m'interroger, la poche des eaux vient de se rompre, je suis éclaboussée.

Voici la tête! J'aide du mieux que je peux, je n'ose trop tirer sur l'enfant. Mon Dieu! Le cordon est enroulé autour de son cou; me sentant maladroite, je le déroule.

Je ne m'étais jamais rendu compte à quel point un tout nouveau-né est laid. Sa tête est déformée par l'étroitesse du vagin, il est tout violet et grimace affreusement.

En tremblotant, je sectionne le cordon. Je déteste le bruit que font les ciseaux en tranchant dans la texture cartilagineuse.

Moïse s'empare de l'enfant. Je reste seule avec Ève et lui masse l'abdomen avec de l'huile d'olive tiède afin de la délivrer de son placenta. J'hésite à tirer sur le cordon, de crainte d'arracher le délivre et de provoquer une hémorragie contre laquelle je serais tout à fait impuissante.

Plusieurs heures se sont encore écoulées, mais ça y est : le placenta est sorti. Je crois pouvoir me permettre d'affirmer que l'accouchement s'est bien passé. Moïse décrète que son fils s'appellera Canaan, qui signifie : Terre Promise.

***

Quelques semaines ont passé et je suis maintenant devant le ventre de Salomé qui vient de mettre Ézéchiel au monde, avec une surprenante facilité. Cependant, son périnée s'est déchiré jusqu'à l'anus. J'ai l'impression qu'il faudrait recoudre.

— Inutile, affirme Moïse, j'ai ce qu'il faut.

Il s'absente et revient avec un onguent.

— Applique-lui ça sur la déchirure, c'est à base de plantain et de résine de conifère.

Je doute de sa réussite en appliquant cette pommade sur la blessure de cette nouvelle mère.

***

Deux jours plus tard. C'est maintenant au tour de Rachel. Tout a commencé comme pour les autres mais, depuis quelques instants, je la vois sombrer dans l'inconscience, je ne sais que faire sinon l'appeler par son prénom en lui recommandant de tenir bon.

Rachel est dans un demi-coma. Elle a perdu toute activité musculaire et les contractions utérines ont cessé. Elle divague.

J'ai peur pour sa vie.

Moïse l'a regardée fixement puis il est parti. Je m'affole et me demande s'il ne me laisse pas seule avec Rachel pour ensuite me faire porter le fardeau d'une tragédie.

Je respire, il revient avec un flacon d'huile bénite provenant de son sanctuaire personnel et commence à en frictionner notre amie.

Je n'en crois pas mes yeux. Moïse vient juste de finir de

l'oindre de son huile que Rachel reprend connaissance. Je ne sais plus que penser. Je m'en veux d'avoir parfois douté de lui. Puis le travail reprend brusquement, l'occiput du nourrisson apparaît.

— On voit la tête... On voit la tête, Rachel! Pousse! Pousse!

Le nouveau-né tombe dans les paumes de Moïse qui, aussitôt, le soulève et lui tapote les fesses jusqu'à ce que sorte le cri de la vie.

Je regarde Moïse avec le respect que je lui dois.

***

La maison est ornée de grandes banderoles. Sur l'une d'entre elles, il est écrit : Bienvenue, mignons poupons de montagne pleins d'amour. On a remis des cadeaux à chacune des mamans et Moïse, en guise de baptême, est allé à son sanctuaire afin de consacrer les trois petits gars au Maître de la vie.

— Est-ce que ta déchirure s'arrange? je demande à Salomé.

— C'est déjà guéri. Le remède de Papy est fameux.

Cette fois, je ne regrette plus du tout d'avoir jeté ma carte d'assurance-maladie au feu. Il est évident que notre guide a des pouvoirs surnaturels.

***

Je profite d'un de mes très rares moments de liberté (Moïse ne veut pas que nous restions seuls à ne rien faire, à lire ou à rêvasser) pour filer en secret une tunique en coton blanc que j'ai l'intention d'offrir à Moïse pour son anniversaire en mai.

— Au feu!

Je reconnais la voix de Gédéon et me précipite en bas de la mezzanine pour apprendre que nos cabinets, situés à trente mètres du bâtiment, sont en feu.

— Prenons les pelles! hurle Moïse. Il faut jeter de la neige sur le feu pour l'éteindre.

Comme indiqué, nous essayons de maîtriser les flammes, mais nous nous rendons vite compte que c'est peine perdue, nos pelletées de neige sont insuffisantes.

— Trop tard! lance cette fois notre guide. Il faut démolir le corridor avant que le feu ne se propage. Vite!

Cette fois nous nous acharnons sur le couloir fait de polythène et de branches sèches.

J'ai très peur, le vent souffle en hurlant et je crains que les étincelles et brasillons qu'il transporte ne mettent le feu à toute la maisonnée. Je me demande si ce n'est pas la fin du monde qui nous atteint d'une certaine manière. Je m'imagine dans la noirceur, dans la neige, offerte au vent et au froid, sans aucune place où m'abriter car le reste du monde a disparu dans les ténèbres glacées.

Finalement nous avons réussi à sauver la maison. Les cabinets et la salle de lavage sont une perte totale, mais nous sommes saufs.

Découragés, noirs de fumée, nous rentrons.

— On pue la boucane, décide Moïse, je crois qu'il va falloir qu'on se lave la tête.

Je le regarde et prends espoir. Se laver la tête! Il y a six mois que nous sommes ici et Moïse nous a toujours dit que c'était inutile. Enfin! je vais peut-être cesser de me gratter le cuir chevelu durant un moment.

Cet incendie a cela de bon, même si je me demande pourquoi les flammes, qui symbolisent l'enfer, ont fait irruption au milieu du Peuple élu.

***

Moïse déclare qu'il en a marre.

— Ces journalistes ne sont rien d'autre qu'une bande de menteurs. Des charognards à l'affût de la moindre nouvelle qu'ils modèlent au goût du public.

— Il ne faut plus leur parler, déclare Ève.

— Au contraire! Robert Ménard de CKCV me propose quatre heures sur les ondes, je vais y aller car je vais enfin pouvoir dire à la population ce qui se passe vraiment ici.

— Nous n'avons pas d'argent pour aller là-bas, dit Caïn.

— Ça, c'est arrangé, nous apprend Moïse. Le chef de gare m'a dit qu'il me prêterait le prix des billets.

Le train... J'aimerais bien partir en train, revoir un peu le monde, voir ce qu'il devient. Puis je me souviens de mon aspect dans le miroir. Je ne suis plus qu'un grand échalas, je n'ai plus de chair, je suis velue. Non! je préfère que le monde ne me voie pas comme ça.

Peut-être que Moïse a trop parlé à la radio il y a quinze jours, voici que deux agents de la SQ arrivent.

— Qu'est-ce qu'ils veulent encore? se demande Juda.

— Je m'en occupe, intime Moïse sèchement.

Les agents entrent et nous saluent un peu froidement. L'un d'eux tend à Moïse un papier.

— Roch Thériault, c'est une ordonnance de la Cour provinciale ordonnant que Jessica Loisel retourne dans sa famille afin de subir des examens psychiatriques.

— Cour ou pas Cour, déclare Moïse, si Jessica déclare vouloir rester avec nous, il faudra nous passer sur le corps pour l'emmener d'ici. Nous la protégerons contre l'ingérence de ceux qui veulent lui dicter sa conduite.

Questionnée, Orpa affirme qu'elle ne veut pas nous quitter.

— Je suis heureuse ici, affirme-t-elle. Dites-le-leur, et mentionnez-leur aussi qu'ils me fichent la paix. Je fais ce que je veux. Je n'ai rien fait d'illégal.

Les policiers ne discutent pas et s'en retournent. Tout au plus ajoutent-ils :

— Nous reviendrons, avec un autre mandat...

***

Gédéon est parti. Ce matin à l'aube, il a filé. Nous sommes tous tristes, surtout Naomi qui a été unie à lui par Moïse.

Je comprends un peu les raisons de sa fuite, il n'avait pas la vraie foi. Comme saint Thomas, il voulait tout le temps des preuves tangibles. De plus, il était autant préoccupé que moi par le peu de nourriture, et, très malhabile aux travaux, il était souvent la risée de notre guide.

Je regrette son départ. Bourré de talents artistiques, il savait apporter ce qu'il fallait d'émotion dans la rationalité de notre quotidien.

Moïse dit que « l'innocent » a choisi d'aller perdre son âme, qu'il ne pouvait plus rien faire pour lui.

***

— Police! Vous êtes cernés!

Des cris, des sommations hurlées sur un ton sans concession. Je m'éveille brutalement, constate que ce n'est que le point de l'aube et me demande si une bande de chasseurs ivres ne sont pas en train de nous attaquer. Un bruit de porte qui vole en éclats, le tacatac d'une arme automatique. Je m'approche du bord de la mezzanine pour comprendre.

Ce sont des policiers. Ils doivent bien être une quinzaine. Le tirant par les membres et par la barbe, plusieurs traînent Moïse dehors dans la neige alors qu'il est en slip.

Les agents ont l'air de se fâcher en trouvant des munitions dissimulées sous les paillasses; ils passent les menottes aux trois autres hommes. Surpris par le bruit, les bébés hurlent.

Nous apprenant que les bruits d'armes automatiques n'étaient que des enregistrements, d'autres policiers nous rassemblent et écarquillent les yeux devant la nudité de celles qui n'ont pas eu le temps de passer leur tunique.

Un bruit d'enfer dehors; cette fois, je me demande si ce n'est pas vraiment la fin du monde, mais non, il ne s'agit que de trois hélicoptères qui se posent autour de la maison. Qu'avons-nous fait pour mériter toute cette opération de commando?

Avant même que l'on comprenne exactement ce qui se passe, Moïse, nos trois compagnons et Orpa sont emmenés dans un des appareils.

De nombreux parents se sont déplacés pour convaincre leurs filles d'abandonner cette « vie de fou », de retourner à la maison, de reprendre une vie « normale ».

Ce sont des pleurs qu'ils versent alors que leurs filles refusent toutes ces propositions, parfois alléchantes.

Je me surprends à me demander ce que j'aurais répondu à maman si elle était venue me chercher. Mais la supposition est trop loufoque.

Je réalise un peu pourquoi nous sommes toutes là lorsque, faisant suite aux supplications gentilles, les parents usent de menaces et d'arrogance. Évidemment, ils obtiennent encore moins de succès de cette manière. Pauvres parents! Certainement que s'ils avaient persévéré avec de la gentillesse et de la compréhension, certaines d'entre nous les auraient écoutés.

— Qu'allez-vous faire ici, toutes seules? nous demande l'un des officiers.

— Nous attendrons notre berger, réplique Ève.

— Je crois que vous ne le reverrez plus, il a été emmené pour être interné dans un hôpital psychiatrique. Il est fou, vous savez...

— Il va revenir, soutient Mamy. Il va revenir très bientôt.

Un mardi saint qui commence bien.

***

En l'absence de Moïse, nous faisons comme s'il était là. Seul changement, Mamy se montre plus libérale dans les gâteries culinaires. Mais je ne sais pas si c'est mieux, cela ne fait qu'amplifier notre convoitise.

Schua et moi sommes en train d'ébrancher les bouleaux. Tout comme moi, elle en a marre que nous soyons les seules filles à faire le travail extérieur à plein temps.

— Pourquoi juste nous? me dit-elle. Je commence à être tannée... Et puis ça donne faim de travailler de même!

— Quand j'étais à Paris je mangeais des filets de sole aux amandes et après je commandais une crème caramel ou un gâteau viennois...

— Arrête, Thirtsa! C'est pas supportable. Qu'est-ce que tu dirais si je te parlais de la dinde farcie que l'on mangeait chez nous au réveillon, de la bûche de Noël, des tourtières...

— D'accord, j'ai compris.

— Moi aussi, je crois que je vais prendre mes dispositions...

— Qu'est-ce que tu veux faire?

— Je crois bien que je vais faire mes bagages et partir, Thirtsa.

— Hein! Mais tu ne peux pas!

— Pourquoi donc?

— Mais ta promesse à Papy... Si tu le fais, tu vas éprouver des remords toute ta vie.

— Je ne crois pas...

Je n'aime pas l'idée de son départ. Non seulement parce que cela entraînerait la rupture de la promesse qu'elle a faite, mais aussi parce que je crains de me retrouver seule aux travaux extérieurs.

— À ta place je ne le ferais pas.

— Mais c'est moi qui suis à ma place.

— Ouais... Je crois que je vais aller chercher un peu d'eau, en veux-tu?

— Si t'en ramènes...

À peine rentrée à la maison, j'expose à Mamy le projet de Schua.

— Merci de m'avoir prévenue, Thirtsa, elle doit être fatiguée, je vais lui parler.

Je ne suis pas fière de moi mais, aveuglée par l'envie, je ne peux accepter que Schua prenne d'elle-même une décision de cette importance sans seulement craindre les conséquences de son geste.

Toute la soirée, nous nous relayons pour lui donner une leçon. Elle promet qu'elle ne cherchera plus à fuir.

***

Élon, Caïn et Juda ont été libérés le surlendemain de la razzia policière et sont revenus. Ils nous apprennent que « là-bas », dans le monde, notre communauté fait la manchette des journaux. Moïse, lui, fait la première page des hebdos à sensation. Plus inquiétant, ils nous apprennent aussi que notre guide a été reconnu inapte à subir un procès et a été transféré à l'institut psychiatrique Robert-Giffard.

— Il en sortira bientôt avec tous les certificats de bonne santé mentale, nous assure Mamy. Vous en faites pas...

Moïse à l'institut, le temps passe plus vite. Est-ce que je me fais des idées ou, en son absence, les veillées sont réellement plus calmes et l'atmosphère plus détendue?

Mieux vaut ne pas y penser.

***

Vendredi, 27 avril. Ève avait raison : Moïse revient accompagné de Orpa et nous sortons tous en criant pour les accueillir.

— Eh bien, mes amis... Vous voyez, le monde ne m'a pas eu!

— Qu'est-ce qu'ils t'ont fait? demande Caïn.

— Ils m'ont passé tous leurs tests ridicules et en ont eu pour leurs frais. Ils ne pouvaient que me déclarer sain d'esprit.

— Et le procès, tu es passé devant le juge?

— Oui et je me suis défendu moi-même. Le magistrat, Jean-Roch Roy, a très bien compris la situation car, pour la forme, il ne m'a donné qu'une sentence suspendue. N'ayez crainte, tout continuera comme avant, mieux car Orpa peut désormais rester parmi nous, et puis aussi, voyant qu'ils ne pouvaient plus rien faire contre moi, des fonctionnaires du ministère de l'Énergie et des Ressources des Terres et Forêts m'ont proposé de me donner les lettres patentes pour la prise de possession du terrain ici.

— C'est formidable! s'écrie Mamy. Comme je suis heureuse que tu sois de retour!

— Qui en doutait?

— Personne, Papy, personne.

***

Telle une perpétuelle mise en garde, presque malfaisante, l'ombre de la Montagne semble soustraire notre lotissement au temps et à l'espace. Elle a présidé à l'hiver, alors que des vagues de neige successives paraissaient vouloir nous avaler; elle est toujours là, aujourd'hui, et je me prends à rêver qu'un matin elle aura disparu et qu'enfin l'on pourra voir le soleil se lever, voir l'horizon, voir plus loin, voir ailleurs.

Le printemps est revenu; et, avec lui, les travaux pour assurer une abondante récolte. Torse nu, les hommes fendent du bois pendant que nous préparons les semis pour le potager. Ce matin Moïse veut que l'on planifie les activités de l'été.

— Je veux assez de légumes pour soutenir un siège.

J'en pleurerais. Je sais que ça signifie de l'ouvrage de l'aube à la nuit. Je ne me sens pas la force de travailler sans relâche durant tout un autre été. Je voudrais le dire une fois pour toutes, mais Caïn apporte une autre nouvelle:

— Élon n'est nulle part, on dirait qu'il a emporté ses affaires...

Moïse fronce les sourcils et nous regarde tour à tour.

— Est-ce qu'il y en a d'autres qui, comme lui, veulent un billet pour la géhenne?

Personne ne répond.

— Très bien, Élon n'existe plus, nous n'avons rien à faire avec les lâches. Dommage pour lui car j'ai de bonnes nouvelles à vous annoncer : au cours de mon séjour à l'institut Giffard, les médecins m'ont conseillé, pour avoir la paix avec le gouvernement, de demander du Bien-être social. Vous savez comme je suis contre tout ce qui vient de l'extérieur, mais si l'on veut justement que cet extérieur nous laisse tranquilles, peut-être vaut-il mieux faire quelques petites concessions mineures.

Je suis surprise. Je croyais tellement que Moïse voulait réaliser un régime de pleine autonomie.

— Nous ne serons plus autonomes, lui dis-je.

— Il faut parfois ménager la chèvre et le chou. Nous nous servirons de cet argent uniquement pour des choses superficielles dont on pourrait se passer.

Je ne comprends pas très bien son point de vue, mais comme d'habitude je me dis que je pourrai sûrement vérifier plus tard le bien-fondé de son raisonnement.

***

Comme prévu, nous ne chômons pas. En plus de l'immense potager, dont je me demande s'il ne pourra pas nourrir une petite ville, nous avons construit un nouveau fumoir, agrandi la maison d'un bâtiment secondaire appelé « chambre d'Ève » où l'on a installé trois cabinets d'aisance, dont un réservé exclusivement à Moïse, qui nous explique qu'avec son syndrome de chasse il préfère savoir qu'il peut compter sur une toilette à n'importe quel moment.

C'est lui qui, de ses mains, a taillé dans de l'épinette blanche les bols, les sièges d'aisance et une buse de drainage de six mètres de long. Il est vraiment doué. Il a aussi sculpté un bain de bois dont il nous a offert, une fois, l'opportunité de s'en servir. Mon premier bain depuis que j'ai quitté la civilisation; un luxe! Même si l'eau est celle qu'il vient d'utiliser.

Il est interdit de faire du bruit ou de parler fort lorsqu'il est aux toilettes car c'est en ces lieux pour le moins inattendus qu'il dit être le plus souvent inspiré.

Moi je veux bien; je trouve néanmoins qu'il exagère lorsqu'il ordonne que l'on s'essuie avec du papier journal alors que lui, parce qu'il a des hémorroïdes, peut bénéficier de papier sanitaire. Je veux bien comprendre qu'il faille vivre dans des conditions précaires, mais que celui qui nous le demande nous montre l'exemple! Allons bon! voilà que je commence à regimber, est-ce que j'oublie mon serment? Pourquoi est-ce que je ne veux pas comprendre qu'un maître doit avoir des avantages physiques s'il veut pouvoir se consacrer uniquement au spirituel?

Mais aujourd'hui Moïse est fâché après Salomé qui, selon lui, couve trop son enfant.

— Que veux-tu en faire?

— Mais Papy, c'est mon fils!

— Ton fils! Ton fils! Je veux que vous abandonniez une fois pour toutes cette mentalité de mère poule. Les enfants sont les enfants de mon Maître et ils nous sont confiés à nous tous. Vous, les mères, n'en avez été que les porteuses.

— Mais ils vont manquer de chaleur maternelle...

— De chaleur maternelle! Est-ce de ça qu'un enfant a besoin? Tout cela n'est que de la petite morale bourgeoise. Ce dont ils ont besoin est de savoir que, comme tous les êtres vivants, ils sont les serviteurs de mon Maître; rien d'autre!

Tout ceci n'est pas tellement nouveau pour nous. Déjà, deux semaines après la naissance, Moïse a exigé que les enfants reçoivent une alimentation mi-solide, et il en a établi lui-même les quantités afin que les jeunes ne développent aucune tendance à la gourmandise. Lorsque Ézéchiel, qui est plus gros que les autres, pleure sa faim, Moïse le traite de cochon ou ordonne à Caïn : « Donne-lui donc une fessée, c'est ton fils après tout. » Il est interdit pour les mères de coucher leur bébé à côté d'elles. Un horaire a été strictement établi pour la toilette, le manger ou le boire des petits, il est défendu d'y déroger. À la fin de l'allaitement, qui ne s'étend guère au-delà de trois mois, les mères n'ont plus le droit de s'occuper de leur enfant en particulier. Ceux-ci sont confiés à l'une d'entre nous qui est désignée pour surveiller la marmaille.

— Puisque nous en sommes au chapitre des enfants, dit Moïse, à l'âge qu'ils ont maintenant, j'estime qu'il faut leur apprendre à être propres.

— Ils sont trop petits pour comprendre, dit Salomé.

— Pas du tout! Je vais vous montrer comment faire.

Il va chercher un pot, installe Canaan devant lui, place le pot devant sa braguette, ouvre celle-ci et urine dans le pot.

— Tu vois, Canaan, dit-il, c'est comme ça que tu dois faire ton pipi. La semaine prochaine, si tu ne fais pas comme moi, tu auras les fesses toutes rouges. (Il regarde Salomé en train de couver son fils, Ézéchiel, du regard.) Pourquoi regardes-tu ton enfant ainsi, penses-tu qu'il s'agisse d'un ange?

— Non, Papy...

— Je ne veux pas de ces élans larmoyants. La prochaine fois, ce sont vos rejetons qui en subiront les conséquences.

Je me demande pourquoi il a peur de l'affection que Salomé et Rachel veulent montrer à leurs fils. De quoi a-t-il peur? Et pourquoi ne dit-il rien à Ève qui bichonne le leur? C'est comme pour le papier de toilette, parfois on dirait qu'il considère que ce qui n'est pas bon pour les autres peut l'être pour lui.

— Je sais à quoi tu penses, Thirtsa.

Je le regarde, glacée.

— Comment...?

— Je sais ce que tu te dis et ma réponse est : parce que je suis déjà passé par où vous devez passer. C'est aussi simple que ça. Tu comprends?

— Oui, Papy.

Comment diable! peut-il lire en moi? Est-ce qu'il y a longtemps que ça dure?

Le regard ironique qu'il m'adresse est, je le crains, une réponse.

VII

Avec les premiers chèques d'assistance sociale et d'allocations familiales du mois de juillet, Moïse a fait l'acquisition de toute une basse-cour, d'une jument nommée Tourbillon et de divers outils dont une vieille machine à coudre. Puis, comme il en avait les « moyens », il nous a quittés quelques jours pour aller rendre visite, dans les Bois-Francs, à ses fils du premier lit.

Il est de retour ce soir, mais dans un état qui nous surprend tous. Il est complètement saoul.

— S'cusez, mes amours, marmonne Moïse, mais on a fait une pause aux Gouverneurs à Québec et... p't'être ben qu'on s'est laissé aller... Hein, Caïn!

— Sûr, Moïse!

Il avise Roger, un nouveau venu parmi nous depuis deux mois.

— Et toi, Roger, comment tu trouves ça, ici?

— J'aime ça... moé.

— Toi, t'es un bon homme! Tiens, pour te souhaiter la bienvenue, je t'offre une nuit avec une de mes concubines, choisis celle qui te tente...

— T'es sûr, Moïse?

— Puisque j'te l'offre... Vas-y...

Effrontément le dernier arrivé nous dévisage l'une après l'autre. Son choix semble se porter sur une des plus jeunes.

— J'vais prendre celle-là, dit-il.

— C'est bien, vas-y, donne-moi un autre descendant de serviteur.

L'élue roule de grands yeux qui interrogent notre guide. Visiblement elle ne sait si c'est une farce ou non. Pour ma part, je crains qu'il n'en soit rien.

— Me regarde pas comme ça, gronde Moïse. C'est moi qui te demande de faire plaisir à notre ami Roger.

— Mais...

— Comment *mais*! Est-ce que par hasard tu t'estimerais au-dessus de ce que tu vaux? Si je te dis de faire plaisir à notre ami, tu le fais et ça finit là.

Elle baisse la tête, soumise.

— Allez, viens-t'en, ma jolie, ricane Roger en l'entraînant dans une chambre. Tu regretteras pas...

Nous sommes tous sous le coup d'un malaise. Un rire gras nous fait regarder vers nos pieds, honteuses.

Une minute passe; renversement de situation : Moïse se lève et, une flamme jaune dans les prunelles, se dirige vers la chambre.

— Qu'est-ce que tu t'apprêtes à faire, mon écœurant! crie-t-il à Roger.

— Ben c'est toi qui m'as dit...

— J'ai voulu t'éprouver, c'est tout ce que j'ai voulu faire. Qu'est-ce que tu crois, que t'es arrivé dans un bordel, que tu vas pouvoir t'envoyer en l'air toute la journée pendant que les filles vont faire tout le travail? C'est pour ça que t'es venu?

— Non...

Moïse se jette sur lui, l'attrape par le collet et le précipite sur le sol.

— Larve! Porc! Cochon lubrique! Je vais t'apprendre où t'es arrivé!

Il s'approche de lui et lui décoche de violents coups de pied.

— Immonde pourceau! Vermine, tu mériterais que je te les coupe! Ouais! j'ai bien envie de te les couper...

Le nouveau venu se tord de douleur et semble paniquer.

— Non, Moïse! c'est une erreur... si j'avais su...

— Quoi si t'avais su? Tu serais pas venu?

— C'est pas ça...

— Alors pourquoi t'es venu?

— Pour écouter la Bonne Parole, vivre en relation avec Dieu et la nature...

— La nature, dis-tu, on va voir : déshabille-toi!

— Complètement?

— Complètement.

Grimaçant encore de douleur, Roger se déshabille. Seulement vêtu de son slip, il ne semble pas vouloir aller plus loin. Moïse s'approche et lui expédie un violent coup de poing au plexus.

— Je t'ai dit complètement nu!

Les yeux écarquillés par l'angoisse, tout en se relevant, Roger fait glisser son vêtement. Moïse désigne son sexe.

— C'est avec *ça*! pour *ça*, que tu t'apprêtais à souiller ton corps et celui d'une de mes brebis?

— Je ne savais pas...

— Alors je vais t'apprendre... (Il s'adresse à nous.) Rasez-lui la tête, peut-être qu'après il se sentira moins enclin à batifoler.

Selon le commandement de Moïse, nous installons le nouveau sur une chaise où aussitôt Orpa entreprend de le raser.

Moïse regarde, le résultat ne semble pas le satisfaire.

— Je crois qu'il manque une touche finale, dit-il. Caïn, apporte-moi les pinces qui barrent.

Lorsque notre guide s'approche de lui avec les pinces, Roger paraît comprendre ce qui va lui arriver. Ses yeux semblent lui jaillir des orbites, il tente de se débattre, mais d'autres le retiennent sur la chaise.

— Non! Pas le sexe! Pas le sexe! hurle-t-il.

— Qui t'a parlé de sexe... lui répond placidement Moïse.

Et dans la seconde qui suit, les mâchoires de la pince se referment sur une incisive. Avant que l'autre ne réalise vraiment ce qui lui arrive, Moïse, en deux ou trois mouvements énergiques du bras, arrache la dent qui jaillit suivie d'un jet de sang.

Le hurlement que pousse Roger nous déchire les tympans.

— Ceci pour te faire comprendre que tu dois lutter contre ton corps corrompu, dit Moïse qui semble calmé. Quand tu auras réussi à dominer ce dernier, alors tu pourras jouir de ton corps divin. Puisque tu as choisi de vivre parmi nous, tu dois savoir que je suis l'Oint du Seigneur. Je suis le bras de Sa vengeance et je serai le lieutenant des armées qui descendront du Royaume pour balayer la terre des impies qui désolent le regard de l'Éternel.

***

Au bout de quelques jours, le costaud de Roger s'est sauvé, non sans avoir dévalisé notre garde-manger flottant. Avec regret, je me dis que ce sont deux bras de moins pour les gros travaux.

Les récoltes sont bonnes, j'envisage un hiver où, sans extravagance, les repas pourront être un peu plus consistants que le précédent.

En fait la récolte est tellement bonne que Moïse a décidé d'organiser une « fête des Tabernacles ».

— Rien n'interdit de se donner un peu de bon temps à l'occasion, affirme-t-il.

Je suis tout à fait d'accord avec lui et m'apprête à passer une bonne journée tandis qu'il sort un gallon de vin rouge et nous convie à en prendre chacun vingt-huit millilitres.

Il y a longtemps que nous avons fini nos portions alors que Moïse, lui, boit le reste de la cruche au goulot. Je m'inquiète de ce qu'il va devenir s'il s'enivre. La dernière fois qu'il est rentré chaudette, il a arraché une dent à vif.

Il s'est vautré dans son fauteuil et, petit à petit, ses paupières s'alourdissent. Il nous regarde presque méchamment.

— Déshabillez-vous, lance-t-il d'une voix un peu pâteuse.

Nous nous regardons comme si l'un de nous allait pouvoir confirmer un éventuel contre-ordre.

— Vous m'avez entendu! crie Moïse. Pourquoi ne m'obéissez-vous pas, moi qui vous aime de tout mon cœur? Allez, mes brebis, mes agneaux, déshabillez-vous et mettez-vous debout devant moi que je vous voie. Vous n'allez pas me dire que vous êtes gênés; on n'a pas à l'être entre frères, il est grand temps de se défaire du tabou de la nudité entre nous.

Nous sommes debout, nus, alignés devant lui qui est en train de finir le cruchon de Saint-Georges. Je n'aime pas exhiber mes 43 kilogrammes d'os aux autres, surtout aux garçons. Je me sens mal. Pourquoi nous demande-t-il ça?

Il nous a observés pendant des heures, nous sommes morts de fatigue. Lorsqu'il se lève, nous croyons que c'est fini et que nous allons pouvoir aller nous étendre, mais non.

— Attendez-moi, dit-il, je reviens.

Revenant de sa chambre, il est vêtu d'un affreux peignoir en ratine à bordure bleue et orange phosphorescent. Il entrouvre son vêtement et, les soupesant du creux de la main, nous montre ses organes génitaux.

— Regardez! s'écrie-t-il, regardez comme Dieu m'a bien fait en comparaison de vous. Admirez cette verge impériale. Elle est faite pour vous aimer, pour vous apporter le plaisir et la joie. On peut dire que vous avez là, devant vous, un phallus biblique, le bâton du plaisir donné par le Grand Potier pour vous, mes moutonnes. Toi, Juda, la tienne ressemble à une verrue, et toi, Caïn, elle est toute croche. On dirait une apostrophe. (Il se contracte biceps et pectoraux.) Et regardez-moi ces muscles! Touchez!

Nous approchons pour tâter. Chacune y va d'un commentaire élogieux. Pour ma part je demande l'autorisation de m'absenter pour aller aux toilettes.

Assise là, sur le siège de bois taillé par Moïse, je suis bien. Je ne me presse pas, peut-être va-t-il m'oublier. Je n'aime pas ce qui se passe, je sais que ses agissements sont dictés par l'alcool. Je me souviens de la secte de Charles Manson aux États-Unis, et si c'était la même chose ici? Je me secoue : non! ce n'est pas pareil, ça ne peut pas être pareil. Moïse, lui, est bon. Est-ce que les voix ne m'ont pas dit qu'il persévérerait jusqu'au bout! Et qui suis-je pour le juger? N'est-il pas écrit dans Mathieu : « *Ne jugez point afin que vous ne soyez point jugés. Car on vous jugera du jugement dont vous jugez, et l'on vous mesurera avec la mesure dont vous mesurez.* »

Ne voulant plus me poser de question, je sombre progressivement dans une vague rêverie...

Je suis au Mexique, à mon retour d'Europe... il y a un an, un siècle, une autre vie...

De nouveau à Puerto Arista avec mon amant de Chicoutimi. Nous aurions pu vivre d'heureux moments, mais ceux-ci sont ombragés des nuages d'une certaine culpabilité réveillée par le fait que la femme de mon soupirant a appelé pour signifier qu'elle venait passer février auprès de son mari. Il y a aussi la question de savoir ce que nous devons faire. Je ne peux tout de même pas rester dans les parages alors que sa femme va être là, elle aurait vite fait de tirer des conclusions désastreuses. Considérant que ce que l'on ne sait pas ne fait pas mal, je veux bien coucher avec son mari, mais qu'elle puisse l'apprendre – et donc en être malheureuse –, je ne peux l'envisager.

— Et si tu allais passer février au Texas? me propose-t-il un jour. Je reviendrai te chercher dès qu'elle sera partie.

— Au Texas! Mais qu'est-ce que je vais faire tout un mois au Texas?

— On pourrait te trouver une petite job.

— Je ne parle même pas l'anglais...

— Les trois quarts des Mexicains qui travaillent là-bas non plus.

— Si tu crois que c'est possible...

C'est ainsi qu'après avoir retraversé une grande partie du Mexique, on se retrouve à Corpus Christi. À peine sommes-nous attablés dans un restaurant pour prendre un café que sur un hebdo local mon compagnon trouve une offre dans les petites annonces : un frigoriste demande une personne sérieuse pour s'occuper de sa maison et de ses enfants. Je me présente donc au McKenzie's Refrigeration Services and Emergency's Repairs. Satisfait d'entendre que je suis bonne cuisinière, d'apprendre que j'ai un diplôme d'infirmière et se rendant compte que mon américain n'est pas très élaboré, il m'engage sans trop poser de questions.

Les semaines s'écoulent sans que j'en prenne conscience. Je me plais à jouer à fond mon rôle de reine du foyer. J'y mets tout mon cœur, mijotant des petits plats pour lui et ses deux beaux garçons blonds de six et de dix ans, passant le reste du temps à faire le ménage d'une maison qui en a grand besoin. Mon bonheur est de le voir se réjouir de la métamorphose des lieux, et véritablement s'extasier de mes tourtières et pâtés chinois. Je trouve mon bonheur à faire plaisir à cet homme dont la femme est internée depuis deux ans dans un asile psychiatrique.

Une fin de semaine, nous allons chez ses parents qui possèdent un ranch à Three Rivers. Un peu plus et j'ai l'impression de jouer dans un feuilleton de *Bonanza*.

Peu à peu, Mr. McKenzie et moi devenons bons amis et ce qui doit arriver arrive : il s'éprend de moi.

Plus la date de mon départ approche, plus il devient triste et maussade. Il est évident qu'il voudrait que je reste et remplace sa pauvre épouse. Il n'a rien de déplaisant, au contraire, et financièrement c'est un bon parti, mais non! Depuis mon expérience avec Pierre, la simple idée de mariage me met mal à l'aise.

C'est lui-même qui me conduit à l'aéroport le matin de mon départ. Tout ce qu'il réussit à m'arracher est la promesse de lui écrire souvent. Je ne la tiendrai pas, de crainte qu'il n'entretienne des illusions.

Mon avion se rend à Mexico. Cette ville me fait peur et je n'y resterai pas. Tôt le lendemain, je monte dans un bus à destination d'Oaxaca où mon compagnon de Chicoutimi m'attend pour me ramener à Puerto Arista.

Puis les vacances reprennent. Bronzage, bains de nuit au milieu des diatomées, farniente sur les plages de sable fin. Mais le cœur n'y est pas. D'abord parce que, quelque part, cette relation me dérange, ensuite parce que la plupart du temps mon compagnon me délaisse totalement pour se consacrer à la rédaction d'un ouvrage sur la culture des orchidées. Pratiquement seule toute la journée, je m'ennuie. Un jour je fais la connaissance d'un Californien avec qui je passe la soirée puis, comme j'ai peur de rentrer seule à cause des hardes de chiens errants, je lui demande de me raccompagner. C'est ainsi que, venant à ma rencontre, mon compagnon de Chicoutimi m'aperçoit, main dans la main, avec Richard.

— Tu n'as pas l'air de t'embêter, me dit-il une fois que nous sommes seuls.

— Il est disponible, lui.

Il n'a pas pris cette remarque au sérieux; dès le lendemain, il est retombé dans ses notes.

L'après-midi, alors que je fais un tour le long de la grève sur un cheval de location, je rencontre à nouveau Richard qui décide, lui aussi, de louer une monture. À partir de ce jour, nous allons nous retrouver souvent, chevauchant côte à côte dans le courant du Campeche.

Plus l'on est ensemble, plus l'on s'attache l'un à l'autre. Jusqu'à ce qu'il me propose carrément de rester avec lui.

Lorsque je retrouve mon compagnon de la rue Racine le soir où tout va casser, je vois à son regard qu'il s'attend à quelque chose. Il y a comme une jalousie mauvaise dans ses yeux.

— Tu vois toujours ton beau blond? me demande-t-il comme si de rien n'était.

— Ben justement...

— Justement quoi?

— Bien tu vois, je voulais te dire que je ne suis plus capable de supporter ton indifférence. Je ne te vois jamais, j'ai l'impression que je ne suis là que pour tes envies de baiser.

— Tu sais bien que je dois travailler...

— Alors pourquoi m'as-tu invitée ici?

— Parce que je voulais t'avoir avec moi.

— Pour baiser, c'est bien ce que je dis.

Il me regarde avec un demi-sourire de vainqueur qui m'enrage.

— De toute façon, dit-il, tu ne pourras pas te passer de moi. Tu es bien trop accrochée, ma belle.

— Tu es trop con!

Il lève la main.

— Allez, gifle-moi si ça peut te soulager. Vas-y, te gêne pas...

Mais il laisse retomber son bras et moi je vais remplir mon sac de voyage.

— Alors tu t'en vas?

— Oui, je m'en vais. Adieu.

Et je claque derrière moi la porte de sa roulotte.

Il fait totalement nuit lorsque je frappe doucement au campeur de Richard. Bien qu'il m'ait proposé de rester avec lui, je suis anxieuse. Il n'est pas rare lorsqu'on obtient le jouet convoité de le laisser ensuite tomber. Mais non, Richard semble heureux de me voir débarquer dans son logis sur roues qui n'est en fait qu'un ancien camion de laitier aménagé. En guise de bienvenue, il m'offre des *brownies* à la marijuana et, toute anxiété envolée, je m'abandonne sans réserve dans ses bras.

— Thirtsa! Thirtsa!

Je m'éveille brusquement. Je me suis presque assoupie sur la toilette, il ne manquait plus que ça!

— Que faisais-tu? me demande Moïse alors que je reviens au milieu des autres.

— Je me suis endormie...

— Endormie! Nous fêtons la fête des Tabernacles et, toi, tu t'endors sur le bol.

— Je m'excuse...

Il rit, les autres l'imitent. Soudain il se fâche, prend une ceinture et me demande de me retourner. Je le supplie :

— Pas ça, Papy! Pas ça!

Ma prière est inutile, la sangle de cuir s'abat sur mon dos, et il recommence, recommence...

***

Dès le lendemain, Moïse a déclaré que la boisson était un don de Dieu, et qu'elle l'aidait notablement à soulager son syndrome de chasse. Depuis ce temps, nous fabriquons une espèce de bière qu'il surnomme « Gaieté ». Il y a presque continuellement une cuve de cent trente-cinq litres qui attend. Outre l'énorme quantité de travail que cela représente, je me demande si la boisson ne risque pas d'affecter le jugement de notre guide.

Si, au début, notre décoction n'est pas trop dégueulasse, au fil des jours elle devient franchement infecte. Mais comme Moïse ne veut pas qu'on jette, alors il faut tout boire. Hier soir nous avons eu une idée toute simple : si nous l'embouteillions, elle garderait sa fraîcheur. Aussitôt proposé, aussitôt adopté, et c'est pourquoi Caïn, moi et la jument Tourbillon nous voici sur le chemin de Saint-Jogues pour aller chercher des bouteilles vides.

Partis très tôt, nous arrivons de bonne heure, un matin de septembre, au village chez Harvey qui s'empresse de nous offrir une 50. Caïn et moi, nous nous regardons en pensant tous deux la même chose : Moïse nous défend d'accepter des cadeaux. Monsieur Harvey continue d'insister. Assoiffés par notre marche de douze kilomètres, nous succombons à la proposition.

Hum! qu'elle est bonne!

Je n'ai pas déjeuné ce matin et je crois que cette simple bière me rend un peu « paf ». Je commence à jaser de tout et de rien, et surtout je dois jeter de grands yeux gourmands sur les tablettes de chocolat car Onil finit par m'en offrir une que j'accepte.

Cette simple tablette représente presque le fruit défendu; elle n'en est que meilleure!

Quelle belle journée! Cette marche dans la nature, ces odeurs de chlorophylle, de terre humide, cette tranquillité; c'est presque une renaissance. Pourquoi le Peuple élu ne connaîtrait-il pas un peu plus de bonheur? Faut-il vraiment souffrir à dessein pour plaire à l'Éternel?

Nous avons ramené quarante caisses de vingt-quatre. Cela a été un surcroît de travail que de laver chaque bouteille pendant que Moïse, toujours plein de ressources inventives, mettait au point une capsuleuse, mais aujourd'hui je crois que ça en valait la peine. Pour la première fois, nous prenons notre bière à la bouteille, et l'on s'en donne à cœur-joie.

Moïse fait le fou et essaie d'imiter Adamo :

— Coquelicot sur un rocher... *Inch* Allah... J'ai tant de rêves dans mes bagages...

Ces pitreries m'amusent. Je me sens tellement heureuse que j'ai l'impression que je vais pleurer. Je remuerais ciel et terre pour que cette joie de vivre perdure à jamais.

Voilà les guitaristes qui pincent les cordes, la musique s'élève, entraînante. J'ai envie de danser.

— Pas trop fort, dit soudain Moïse assez durement.

Le regardant à la dérobée, je me rends compte qu'il a peut-être abusé un peu de la bouteille; les choses risquent de déborder du cadre du simple agrément.

— Pour éviter la colère divine, reprend-il, je dois appliquer moi-même ma justice; la mienne est minime en comparaison de la fureur de mon Maître.

Que veut-il dire?

Il veut tout savoir sur notre passé et nous presse de questions. Chacun, nous lui avons autrefois fait des confidences, voici à présent qu'il veut des détails en public.

— Pour vous réprimander et vous châtier, précise-t-il. Celui qui hait la réprimande est stupide. Celui qui se soustrait au châtiment sera perdu.

Voici que vient mon tour :

— Et toi, Thirtsa, ne m'as-tu pas dit un jour que tu t'étais donnée à deux Grecs en même temps...

— C'est vrai, Moïse, j'étais complètement dans l'erreur. Je croyais trouver je ne sais quelle affection dans ces bassesses.

— À mon idée, tu devais surtout avoir le feu au cul. Tu étais une nymphomane, t'en avais jamais assez, c'est ça hein?

— C'est vrai que j'étais une nymphomane, mais je crois que c'était ma façon à moi de chercher l'affection que je n'avais pas eue...

— Et tu te donnes de bonnes raisons! Tu cherches des

causes à tes erreurs! Ne peux-tu tout simplement dire : « Oui le sexe, j'aime ça et j'en veux et j'en veux encore »?

— J'ai changé, Papy.

— Et pourquoi aurais-tu changé?

— Parce que je suis sous ton influence...

— Tu veux dire que je te satisfais?

— Oui, avec toi je suis comblée, Papy.

— Sexuellement?

— Je voulais surtout dire spirituellement.

— Alors t'as encore besoin de sexe, le derrière te chauffe toujours?

— Mais non!

— Menteuse, arrogante, tricheuse, dissimulatrice, fornicatrice, vipère, fainéante, vache, gourmande; voilà ce que tu es! C'est pas vrai?

— Euh... oui, Papy.

— T'as pas l'air sûr?

— Oui...

— Ce *oui* ne me convient pas. Je me rends compte que tous ici vous êtes encore pleins de vices et de penchants corrompus. Je vous aime, mes amours, je vous aime tellement que j'en pleure des nuits et des nuits, mais, encore une fois, il va falloir que je vous corrige. Surtout toi, Thirtsa. Allez! Je veux voir tout le monde dans le sauna.

Nous nous rassemblons dans cet endroit où la chaleur est terrible, où l'on suffoque et où ça pue la sueur et la crasse. Moïse ne paraît pas y prendre garde, il est occupé à me châtier.

Il me boxe, puis me triture les seins méchamment jusqu'à ce que je tombe à genoux devant lui :

— Avoue que tu es une moins que rien...

— Je le suis, Papy!

— Alors il faut que je te punisse?

— Oui... enfin non... je ne sais pas!

Il se tourne vers les autres.

— Corrigez-la, vous autres. Faites-lui ce que vous croyez que l'on devrait vous faire.

Tous tournent autour de moi, me décochent des coups de pied, me tirent les cheveux, les poils du bas-ventre, des aisselles. Je hurle, j'ai tellement peur que je défèque.

Schua pousse un cri, Moïse vient de l'étaler d'un coup de poing.

— Quand tu châties une amie, lui crie-t-il, tu ne dois pas faire semblant. Maintenant frappe Thirtsa comme toi tu le mérites.

Je la vois qui se relève, ébranlée. Elle s'approche de moi et me lance un grand coup de pied dans l'estomac qui me plie en deux. Sous la douleur, je roule en arrière, ce n'est qu'en reprenant mes sens que je m'aperçois que je me suis vautrée dans mes excréments.

— Ça pue! déclare Moïse, on va arranger ça...

Et il se dresse au-dessus du poêle chauffé à blanc et pisse dessus. L'odeur est suffocante; tellement, que je crois qu'elle l'emporte sur mes douleurs.

— Allez, fait notre guide, embrassez-vous maintenant. Le châtiment est fini pour aujourd'hui, on va aller prendre une petite bière avant de se coucher.

Après les coups, les embrassades. Je pleure à chaudes larmes dans leurs bras. C'est bon de se retrouver, de s'embrasser, de s'étreindre. Je ne peux pas leur en vouloir. Du reste, quand Moïse me le demande, même si je préfère encore recevoir les coups que de les donner, je fais comme eux. Est-ce que, l'autre soir, je n'ai pas participé à rosser Caïn qui, selon Moïse, a le caractère trop raide? Est-ce que je n'étais pas de celles qui lui tiraient les cheveux, la barbe et les organes génitaux?

Et tout cela est bon pour nous, nous répète notre guide. Ces extériorisations d'agressivité ont l'avantage de nous châtier et celui de nous libérer d'un trop-plein d'agressivité qui autrement entraînerait des désordres mentaux.

Malgré toutes mes douleurs, je trouve que ses affirmations ne manquent pas de sens. Je veux croire qu'elles en ont, sinon pourquoi?

***

Mercredi, 17 octobre 1979. Nous venons de transférer Anne (qu'en mon for intérieur je continue à appeler Gabrielle) dans la petite maison réservée aux invités. Elle décline rapidement et nous voulons qu'elle puisse se préparer loin du vacarme. Même si elle a dû rester alitée en permanence, elle avait bien tenu le coup jusqu'à maintenant, et je me demande si ce ne sont pas nos « séances de châtiments » qui ont brisé ce fil minuscule qui la retenait à la vie.

Elle est le seul être qui m'a traitée avec une amabilité toujours égale et mon cœur se brise à voir s'éteindre cette femme dont le sourire perpétuel est le reflet d'une belle âme, d'une âme vraiment pure.

Elle n'en a plus la force aujourd'hui, mais je me souviendrai toujours comment elle me caressait la joue du revers de sa pauvre main difforme.

Ce n'est pas par hasard si j'insistais à l'appeler par son vrai nom, Gabrielle. Elle me rappelait sûrement la fille enjouée que j'avais été, la femme amoureuse qui cherchait en vain le bonheur tantôt dans les bras d'un amant, tantôt dans un miroir, tantôt sous les ovations d'un public voyeur.

Elle est la seule à qui Moïse n'a jamais rien reproché. Avec elle, il a toujours été d'une douceur remarquable. Ce qui me fait penser que si j'étais aussi gentille qu'elle, il agirait probablement de la même façon avec moi.

Nous venons de finir de souper et avons rendu visite à Anne. Quelle prescience nous a réunis ici maintenant? Il est douloureusement clair que notre amie est en train de rendre l'esprit, le visage serein.

Elle est partie.

Un grand vide douloureux s'installe en nous. Elle était notre unique rayon de lumière. Parce qu'elle était douce, parce qu'elle était le reflet de ce que nous pouvions faire de bien, elle était en quelque sorte notre trésor. À présent, j'ai l'impression que tout est plus sombre, plus gris.

***

Gabrielle voulait être inhumée au pied de la montagne de l'Éternel; je ne comprends pas pourquoi les parents réclament une autopsie. Ils savent pourtant fort bien que si leur fille était restée à l'hôpital, comme nous l'avons trouvée, il y a près de deux ans qu'elle se serait éteinte. Pourquoi ne respectent-ils pas ses dernières volontés? Est-ce à cause de la boue dans laquelle certains journaux nous ont traînés? Préfèrent-ils s'en remettre à la plume de journalistes peu scrupuleux plutôt qu'au gros bon sens? Ce sont des faits comme ceux-là qui me détachent chaque fois un peu plus de ce monde qui se veut parfait. Il n'y a pas d'amour dans ce monde-là. C'est clair!

À défaut de pouvoir inhumer Gabrielle où elle le désirait, nous avons rassemblé ses affaires et les avons enterrées sur une pente du coteau du « Cœur des enfants », sur la berge opposée du lac. Puis nous avons placé une énorme pierre sur laquelle on a gravé les mots : Le sabbat de Anne.

Depuis son départ, nous ne sommes plus que douze adultes : trois hommes et neuf femmes.

***

Papy et Caïn sont de retour d'un voyage à Ottawa où ils voulaient obtenir un document officiel qui nous aurait permis de devenir propriétaires du terrain. Ça n'a pas été comme ils l'espéraient et Moïse nous raconte ses déboires :

— Et tout ce que le député a pu nous offrir, c'est un bail de location de huit ans. Il n'était pas question d'accepter, on a claqué la porte et on est allés prendre un verre au Château Laurier pour essayer de se consoler. On était là, tranquilles, en train de prendre une bière quand un client commence à nous chanter des bêtises du genre : « C'est toi, le prophète de la Gaspésie; alors, c'est pour quand exactement la fin du monde? J'ai pas envie de payer mes termes pour rien. » Juste ça, j'aurais pu passer outre, mais quand il a ajouté quelque chose qui finissait par « tes bondieuseries », je n'ai pas pu retenir le courroux qui m'a emporté; j'ai frappé l'impie. Mais ce rigolo-là avait des supporters et finalement c'est moi qui me suis fait tabasser. Évidemment, si Caïn avait eu du courage, il m'aurait défendu, mais non, il est resté là, dans son coin, tremblant comme une couille molle. T'as pas de couilles, Caïn!

Je vois ce dernier frémir d'une rage mal contenue.

— Rajoutes-en pas, Moïse, hurle-t-il. J'avais pas d'affaire dans ta querelle.

— Alors pourquoi tu m'accompagnais?

— Parce que tu me l'as demandé. Je ne savais pas que c'était pour te servir de garde du corps...

Je suis stupéfaite de l'insolence de Caïn; personne encore n'a parlé sur ce ton à Moïse. Je vois ce dernier ébaucher un sourire ironique.

— Pauvre Caïn, tu n'es qu'un pauvre tas de merde. Pas étonnant que ta femme ne veuille plus coucher avec toi. Une couille molle!

À l'effarement général, Caïn se précipite sur Moïse et lui décoche un violent coup de poing à l'abdomen.

Notre chef semble sortir de lui-même, il pousse un hurlement paralysant et se jette à son tour sur Caïn qui, sous le cri, s'est recroquevillé.

— T'as porté la main sur moi! hurle Moïse. T'as osé! Tu vas t'en souvenir jusqu'à la fin de tes jours.

Paralysés, nous voyons Moïse charger Caïn sur son épaule puis le plaquer, torse nu, sur le gros poêle qui justement est rouge. Il y a comme un grésillement de steak mis dans la poêle, suivi d'un hurlement. Caïn a le côté droit du thorax sérieusement brûlé. Moïse ne semble en avoir cure, il le met en garde :

— T'as beau être ex-karatéka, si tu me touches encore, je te tue. T'as compris, je te tue!

Le visage déformé par la douleur, Caïn fait signe que oui. Je comprends que, désormais, il ne s'élèvera plus contre l'autorité temporelle. Malgré moi, et sans vouloir en analyser les raisons, j'en éprouve une vague inquiétude car je crains que nous soyons privés de protecteur si jamais les colères de Moïse deviennent trop fortes. Qui pourrait alors l'arrêter?

VIII

Moïse prétend avoir des dons de chaman et de guérisseur. Depuis les accouchements, je n'oserais pas prétendre le contraire. Mais dernièrement je n'ai pas réussi à accepter le lavement intestinal de vin rouge chaud qu'il a administré, en janvier 1980, à Schua pour la guérir d'une trop grande faiblesse que j'attribue à un surplus de travail et pas assez de nourriture.

Sur le coup, notre pauvre amie s'est tordue de douleur. Heureusement que l'effet du vin dans les intestins l'a vite déposée dans les bras de Morphée.

Ce soir, je suis encore plus inquiète; Juda a développé une entérite chronique – sûrement à cause de ces grains d'orge qui constituent l'essentiel de notre alimentation – et Moïse a affirmé pouvoir lui faire « passer ça ». Le perfide lui a fait boire six cent soixante-quinze millilitres d'une mixture à base d'huile d'olive puis, lui ligotant chevilles et poignets, il l'a suspendu par les quatre membres, face tournée vers le sol, à deux poutres symétriques au plafond.

Il lui administre à présent un lavement de la même mixture.

— Il faut que tu restes dans cette position un bout de temps afin que ça ne ressorte pas tout de suite, prévient-il Juda qui déjà se tortille d'indisposition. Il faut que le lavement agisse.

Nous souffrons de voir notre ami dans cette position des plus inconfortables. Je prie pour que Moïse ne se trompe pas et je me risque même à lui demander s'il est sûr de son traitement.

— Aurais-tu demandé à des chirurgiens s'ils étaient sûrs de ce qu'ils faisaient?

— Non, mais...

— Non mais quoi? t'imagines-tu que je fais ça pour le plaisir! Pourquoi penses-tu que je passe des nuits le nez dans des livres de médecine si ce n'est pour soigner vos infirmités?

— Bien sûr, Papy, c'est juste que la position est... étonnante.

Il doit s'énerver après moi car, tout en parlant, ses doigts se contractent machinalement sur Grisou, le minet qui est sur ses genoux.

— Surprenante...

Il n'a pas le temps d'en dire davantage : pour une raison que j'identifie mal et qui me surprend beaucoup, le chat, d'un coup de patte, vient de lui griffer le visage.

Les traits fous, Moïse attrape le félin par la tête, le transporte furieusement jusqu'à la cuisine, prend le grand couperet et tranche net la tête de l'animal. Puis il sort dans la nuit et plante cette même tête sanguinolente sur un pieu juste devant la porte arrière.

— Ainsi périront ceux qui porteront atteinte au représentant de Dieu, prévient-il à la ronde en rentrant dans la pièce.

Enfin, pour mon plus grand soulagement, il va détacher Juda.

— Ce chat m'a transmis la rage, dit-il un peu plus tard. Thirtsa, il va falloir que tu veilles sur moi, cette nuit.

Le thermomètre m'indique qu'il ne fait pas de température, mais Moïse me dit qu'il a des « contractures » et de subites pertes de vue.

— Je ne crois pas que ce soit la rage, lui dis-je encore une fois.

— Qu'est-ce que tu y connais? Je commence à en avoir assez d'être tout le temps repris par Mademoiselle Je-sais-tout!

— Pardon, Papy...

— Ouais, tu ferais mieux de te taire et de me soigner.

— Que veux-tu que je te fasse?

— Tu vas me faire une saignée pour évacuer le sang infecté par la malice de cet animal.

— Une saignée!

— Oui, une saignée! Il faut tout t'expliquer!... Tu vas chercher une lame de rasoir et tu m'entailles les avant-bras. C'est pas trop compliqué pour toi?

— Ça va aller...

— Et après tu répéteras l'opération sur tout le monde, il ne faut pas que la contagion se répande.

Je dis oui, mais je n'en sais pas moins que la rage ne peut être transmise que par une morsure d'animal enragé, ce qui manifestement n'était pas le cas de Grisou. Je commence à regretter d'avoir obtenu un DEC d'infirmière.

***

Ces derniers temps, je ne comprends plus du tout Moïse. Il y a eu la jument Tourbillon qu'il a battue jusqu'à ce qu'elle tombe, les quatre fers en l'air, parce qu'il la trouvait trop lente. Tant et si bien, qu'à présent, les chairs à vif de la pauvre bête sont infestées de vers et que c'est à nouveau à nous de tirer les charges.

Il y a ce nouveau calendrier qu'il faut apprendre par cœur où les mois sont dans l'ordre en commençant par février : abib, ziv, sivan, tammuz, ab, elul, tisri, bul, kislev, tébeth, shébath, adar et enfin ve-adar qui est une semaine surajoutée en janvier (adar). Il en va de même pour les jours qui, d'après les annales de la création de l'univers, sont devenus : lumière, ciel, terre, luminaires, oiseaux et poissons, animaux et homme, et enfin sabbat, du lundi au dimanche. Et ce n'est pas tout, l'heure aussi a changé : comme dans la tradition juive, le début du jour sidéral correspond au coucher du soleil.

Tout pour simplifier la vie!

Il y a aussi Thimna et Schua qu'il a accusées d'être lesbiennes et a forcées à se livrer mutuellement en présence de tous à des attouchements intimes.

Je ne comprends vraiment pas ses motifs; en quoi de tels actes peuvent-ils nous racheter?

Et il y a les périodes de purification où, tous nus, Moïse nous écharpe afin que nous trouvions l'inspiration d'écrire nos fautes pour *Le journal des enfants d'Israël*, le périodique de notre communauté. Suite à ces séances, nous gisons pour la plupart aux quatre coins de la maison, blessés à tel point qu'il m'est arrivé de changer dix fois l'eau du seau de cinq gallons afin de faire disparaître les flaques de sang sur le plancher.

Moïse boit de plus en plus. Il dit :

— Ce n'est que lorsque mon esprit est engourdi par l'alcool que mon Maître peut se saisir du corps de Son fidèle serviteur et l'utiliser pour extirper le péché qui sévit au sein de Son peuple, sinon je serais impuissant à vous châtier car je vous aime trop. Il est écrit : « *Si tu frappes de la verge, il ne mourra point.* » (Proverbe 23, verset 13) et aussi : « *L'Éternel châtie celui qu'il aime comme le père l'enfant qu'il chérit.* » (Proverbe 3, verset 12)

Pour oublier ou mieux comprendre, je chante le Cantique de David et m'adresse directement à Dieu sans passer par Moïse. J'espère une réponse. Sans intermédiaire.

***

Nous organisons souvent des fêtes à tout propos. En général, j'ai remarqué que les préparatifs, durant lesquels nous nous amusons parfois follement, sont de loin préférables aux fêtes elles-mêmes.

Aujourd'hui, c'est notre Pâques et je pense à cela alors que Moïse s'en prend à Ève, son épouse. Il lui reproche d'avoir gaspillé de l'argent, et d'avoir « pourri » leur fils, Canaan, qui n'a qu'un an.

Du reste, il va chercher ce dernier et l'approche de sa mère.

— Donne un coup de poing à ta mère, Canaan; il faut la punir de son étourderie.

L'enfant ne fait rien. Moïse commence à le disputer vertement puis soudain il le frappe du tranchant de la main.

— Arrête! Arrête! s'écrie Ève.

Je suis sidérée, Moïse lève l'enfant à bout de bras et le jette sur le dallage devant l'âtre.

Canaan ne bouge plus, je suis sûre qu'il est mort. Moïse s'adresse à son épouse :

— Détrompe-toi, femme de peu de foi, ton fils n'est pas mort. Ah! je t'y prends! Tu t'es attachée à lui plus qu'à moi... Tu vas avoir une leçon...

Et sous nos yeux incrédules, il cogne sans ménagement Ève qui va s'affaler contre une patte du poêle.

Je claque des dents, je frissonne et suis paralysée de terreur.

Nous sommes tous terrifiés.

Le chemin du Paradis passe-t-il donc par l'enfer?

***

Hier, Ève est allée avec Juda au poste de police de New-Carlisle. Mis au courant par Caïn, Moïse s'est aussitôt rendu à Saint-Jogues afin de l'appeler. J'ignore ce qu'il a dit à sa femme, mais elle s'est rétractée et elle est de retour parmi nous.

Juste à temps pour nettoyer les deux tonnes d'éperlans pêchés dans la rivière de Bonaventure à l'équinoxe de printemps.

Pour ma part, depuis l'autre jour, je suis étonnée que nous soyons encore tous vivants et je ne sais plus quoi penser.

***

Aujourd'hui, 16 mai 1980, c'est l'anniversaire de Moïse. Il y a longtemps que nous préparons cette fête.

Alors que nous le voyons revenir de sa randonnée habituelle, nous crions : « Vive le roi! Vive notre roi bien-aimé! »

À la maison, nous le prions de prendre place sur une chaise ornée avec recherche. Naomi déclame un discours vantant son ingéniosité, sa ténacité, son audace, son intelligence; tous les qualificatifs positifs sont à l'honneur. Pour ma part, je trouve que c'est un peu trop, mais Moïse semble aimer ça. Il rayonne.

Il jubile même alors qu'Ève dépose sur sa tête une couronne taillée dans une feuille de tôle et recouverte d'un tissu satiné auquel elle a fixé des boutons en guise de pierres précieuses.

Orpa joue de la flûte tandis que nous déposons sur les épaules de notre guide une cape écarlate. Puis vient le moment d'offrir nos présents. Pour ma part, je lui donne cette tunique tissée durant mes moments de loisir – si l'on peut dire.

Visiblement, il accepte tous ces dons comme lui étant dus.

Ce soir, il nous explique que l'on doit apprendre à ne pas écouter sa voix intérieure pour se fier à lui. Là seulement est le Salut.

— Cette voix en vous est la voix du Diable, nous met-il en garde.

— Mais, parfois, nous ne te comprenons pas toujours, lui dis-je.

— C'est normal! Nourrirais-tu un bébé avec du steak? Non! tu lui donnerais plutôt du lait qu'il digérera facilement.

C'est pareil pour toi, tu n'es pas en mesure d'assimiler ce que je t'enseigne car tu en es encore au lait spirituel. Comprends-tu?

— Très bien, Papy.

— Alors à l'avenir n'essaie pas de comprendre ou de chercher à contredire ce que je dis ou ce que je fais, contente-toi de m'épauler.

N'est-ce pas la meilleure solution? Réfléchir fait trop souffrir.

***

Encore une fois pour voir ses deux premiers fils, dit-il, Moïse s'est rendu à Québec où, pour 800 $, il a loué une suite à l'Auberge des Gouverneurs durant trois jours. Apprenant cela, j'ose me demander où se sont envolés nos chèques d'assurance sociale, mais ma question se trouve vite reléguée aux oubliettes par l'accusation que notre guide porte à Caïn.

— C'est de ta faute si on a été mis dehors de l'hôtel : si t'avais pas tant bu...

— Tu as bu tout comme moi...

Moïse cogne sur Caïn qui, plutôt que de contre-attaquer, va se réfugier sous la table.

— Présente-toi à moi, sale pleutre! hurle Moïse. Tu apprendras que le péché est inapplicable chez l'homme de Dieu.

Comme Caïn se redresse, notre guide lui envoie un verre en travers de la gorge avec une telle force que l'impact lui ouvre la jugulaire. Un jet de sang gicle par l'ouverture béante. Je vois Caïn vaciller. Jamais encore je n'ai vu un visage perdre aussi vite ses couleurs. Il va mourir, c'est certain! Je me sens lâche et pourtant je suis paralysée.

— Grouille-toi, pauvre imbécile, me crie Moïse. C'est toi l'infirmière ici, va chercher des linges de coton pour lui comprimer la plaie. S'il meurt, ce sera de ta faute!

Les heures se succèdent et je suis toujours au chevet de Caïn. De mes mains tremblantes, je comprime la veine en me demandant comment tout cela va se terminer.

Un autre miracle s'est produit! le saignement s'est arrêté; on dirait que la veine s'est cautérisée d'elle-même.

Moïse apporte un cataplasme de sa fabrication qu'il applique sur la blessure.

— Ça va aller maintenant, assure-t-il. On va te préparer des œufs battus dans du cognac pour te revigorer.

Mais ce n'est pas fini, Rachel se révolte de ce qu'elle vient de vivre.

— C'est fini! déclare-t-elle. Cette fois je pars; je ne veux plus voir ça!

— Et ton serment? lui rappelle Moïse.

— Je n'y crois plus!

Rachel vient tout juste de sortir que notre guide la rattrape et, de force, la fait rentrer.

— J'ai toujours été trop doux avec toi, tu ne veux pas entendre la voix de la raison. Maintenant je vais te montrer...

Il la fait déshabiller puis la flagelle sans retenue.

— C'est à votre tour, à présent, nous commande-t-il en nous remettant la verge de correction. Mettez-y le paquet, sinon vous allez y goûter.

Tout aurait pu finir là, mais ce n'est pas encore assez, le voilà à présent qui se tourne vers Ève.

— Et toi, mon épouse! Toi qui es allée me livrer à la police. Je ne t'ai encore jamais rien dit à ce sujet, mais je vois que la douceur n'est pas ce qu'il vous faut. Alors pour que je consente à pardonner, je t'ordonne de déféquer et que toi et Rachel vous vous en enduisiez le visage, afin de nous montrer votre véritable nature.

Plutôt que de risquer bien pire, nos deux compagnes se soumettent à cette volonté aberrante : dans une odeur infecte, suivant les directives de notre guide, elles paradent au milieu de nous.

— Regardez-les! clame Moïse. Vous avez devant vous les plus insoumises des femmes du Peuple, celles qui étaient prêtes à renier leur engagement envers Dieu. Mais il faut leur pardonner car elles ont une faible spiritualité. Dorénavant, vous devrez les surveiller afin qu'elles renoncent à Satan, à ses pompes et à ses œuvres.

Il envoie un violent coup de pied dans la région génitale de sa femme.

En moi-même je me rebelle. Je ne peux approuver ces traitements et pourtant, quelque part, parce qu'il châtie ses favorites, j'ai l'impression qu'il est plus proche de moi. Que peut-être il va m'admettre plus près de lui. Je sais que je m'égare, mais je voudrais tellement être plus proche de lui.

En est-il de même pour les autres lorsque vient mon tour d'être châtiée? À moins que tout cela secrètement ne me plaise? N'a-t-on pas, l'autre jour, sous son commandement, failli lapider Jézabel, la fillette de deux ans de Caïn? Tous, nous avons assemblé un petit tas de roches et nous avions des projectiles en main lorsque Moïse, à l'imitation du Christ, nous a dit :

— Que celui de vous qui est sans péché lui jette la première pierre.

Et pourquoi n'avoir pas protesté lorsque Moïse a eu l'idée de mettre le feu à la queue de Tourbillon afin de la presser? Et pourquoi aimer un homme qui uniquement vêtu d'un cache-sexe, poignard en main, a sauté sur notre bouc noir pour l'égorger parce que ce dernier avait foncé sur lui? À ce moment, ses yeux fous de rage m'ont réellement fait peur; ce n'était absolument pas le regard d'un homme de Dieu qui brûlait au fond des prunelles. Du moins, pas le Dieu que j'adore.

Une autre partie de moi en vient à souhaiter l'apocalypse prédite par notre guide afin d'en finir avec tout ceci, et c'est dans cet espoir que je participe activement à la construction du caveau à légumes où seront entreposées les provisions qui nous permettront de survivre au-delà de la fin du monde.

À moins que la fin du monde ne soit déjà commencée?

***

En novembre 1980, un étrange personnage nommé Luc Riel est arrivé. Plutôt grand, maigre comme un clou (comme moi), il dit être envoyé par son médecin traitant de l'institut Robert-Giffard afin de vivre avec nous.

Ce matin, nous nous rassemblons pour déterminer si nous devons héberger cet inconnu.

À cette question je ne puis m'empêcher de trouver que les temps ont bien changé depuis Sainte-Marie. Que s'est-il passé au juste?

— D'après ce que j'ai compris, nous dit Moïse, c'est un neurasthénique, il peut se suicider n'importe quand et nous attirer des tas d'ennuis.

— Si c'est une âme en détresse, il faut l'aider, dit Rachel.

— Ça, c'est juste, mais il va falloir que nous le surveillions constamment. Qui peut s'en charger?

— Je peux veiller sur lui, propose Juda.

— Merci, mon ami. Tu es brave. (Il se tourne vers moi.) Et toi, Thirtsa, peux-tu faire son suivi médical, monter un dossier sur son cas?

— Avec plaisir, Papy.

— Bien! alors il restera avec nous, tout au moins jusqu'à ce que j'aille rencontrer son médecin pour savoir de quoi il retourne.

***

Un rayon de lumière traverse la fenêtre du côté de la cuisine et réchauffe la teinte du bois. Une belle journée. Assise sur le banc en train d'éplucher des pommes de terre, je lève parfois les yeux vers Moïse qui en imitant le grondement d'un avion avec sa bouche, tient Canaan au-dessus de sa tête et lui fait faire le tour de la pièce. L'enfant rit aux éclats. C'est beau à voir.

Pourquoi n'est-ce pas toujours ainsi? C'est si facile.

En passant devant la fenêtre, Moïse s'arrête net de jouer, dépose l'enfant sur le plancher, doucement et, à l'exemple d'un chien pointeur, calcule chacun de ses gestes et nous chuchotte, tout énervé :

— On a de la grande visite à matin. Apportez-moi mon fusil.

Le lac Sec, devant notre campement, est surtout là pour les animaux. Les gros comme les petits. Ils viennent y boire, s'y baigner, chasser, manger quelques poissons, sûrement. On a d'abord cru à un panache qui flottait mais, non, l'orignal est bien dessous et farfouille le fond du lac à la recherche de son déjeuner. Ce sera son dernier, car le prédateur est là, derrière la lunette d'un gros calibre.

Une balle fend l'air du matin et, avant même que l'écho ne revienne, le cervidé s'affale sur le côté comme le navire qui montre son flanc opposé avant de sombrer. Papy ne manque jamais ses cibles.

— Il faut maintenant le sortir de l'eau, nous ordonne-t-il. Caïn, apporte les câbles.

Il a fallu s'atteler comme des chevaux, forcer comme des mulets et hisser l'énorme mâle sur la rive afin de le dépecer. Plus tard, seuls Moïse et quelques invités spéciaux, qu'il voudra épater, auront droit à cette viande divine.

***

Réveillon du jour de l'An 1981. Nous avons des invités : un marchand de meubles de Bonaventure est monté en motoneige avec d'autres joyeux lurons. Nous faisons la noce et l'alcool coule à flots. Je ris à gorge déployée, il y a longtemps que je ne me suis pas sentie aussi bien dans ma peau. Je sais que, tant que les étrangers seront là, Moïse ne se livrera à aucune violence.

— Orpa, demande-t-il en clignant de l'œil à l'intention du marchand de meubles, montre-nous un peu ton beau gros bedon.

Orpa, qui en est à son huitième mois, enceinte de lui, s'exécute sous le regard mal à l'aise des invités. Moïse se rend compte de leur inhibition, il se dépêche de leur proposer un spectacle plus « conventionnel ».

— Allez, les filles, enlevez votre linge et montrez-nous comment vous savez danser...

Comme les autres, je m'exécute en me demandant en quoi j'ai évolué depuis Los Angeles. Là-bas, je dansais pour vivre, ici pour satisfaire je ne sais qui après avoir travaillé comme un forçat pour survivre. Ne vient-on pas de refaire une partie de la maison en la recouvrant de 3 800 bardeaux!

Jaël, la première fille née il y a six mois dans notre maison, se met à pleurer dans une des chambrettes. Moïse s'y dirige et, lorsqu'il revient, nous n'entendons plus l'enfant. Il a su la calmer.

À nouveau, il se déplace dans la chambrette d'où je l'aperçois, quelques instants plus tard, qui me fait signe.

Lorsque j'arrive, il donne un bouche à bouche à la petite qui est tout à fait inerte.

Mais Jaël ne s'anime pas.

Les yeux pleins de larmes, Moïse s'adresse à son Maître :
— Oh! Grand Potier! insuffle à nouveau le souffle de vie à cet enfant.

Les instants s'écoulent, interminables...

Miracle! Jaël vient d'entrouvrir les yeux.

Je respire puis demande à Moïse ce qui s'est passé.

— Je l'avais enroulée dans un sac de couchage afin que ses cris n'importunent pas notre fête; je pensais qu'elle avait assez d'air...

***

Au petit matin, comme si rien n'avait eu lieu, nous devons tous participer à des pièces théâtrales.

C'est l'après-midi et la fête se poursuit toujours. Il faut danser à présent. Tango, charleston, polka. Moïse est de plus en plus ivre. Je crois qu'il a bu deux caisses de vingt-quatre et une bouteille de vin. Complètement nu, il mange ses spaghettis à pleines mains.

— Couche-toi là! me commande-t-il en me désignant le sol.

Sachant de quoi il peut être capable dans cet état, je m'empresse d'obéir. Il se place debout au-dessus de moi puis, tout en rigolant, pisse sur moi en visant mes lèvres.

— Bois, Thirtsa, bois le nectar doré de l'homme de Dieu.

Deux minutes plus tard, je m'estime chanceuse; tandis que Mamy gratte une guitare, il est en train de danser une polka avec sa bouteille, sans paraître se rendre compte qu'il est en train de déféquer sur le plancher.

***

Hier soir, 23 mars 1981, nous avons fêté la décision de la Cour de confier à Moïse la tutelle de ses fils, nés de son premier mariage. Les seuls à ne pas participer aux libations, où la bière et le vin canadien ont coulé à flots, étaient les enfants dits « impurs » (Saül, Jézabel et son frérot Ézéchiel) ainsi que Néhémie, nom qui a été attribué à ce garçon étrange qui nous est arrivé de l'institut psychiatrique. Notre guide l'a nommé « esclave du roi ». Il a été chargé de veiller sur les jeunes de ses serviteurs, afin, je suppose, que des accidents comme celui de Jaël ne se reproduisent plus.

En m'éveillant ce matin, je repense justement à un moment de la soirée où je me suis rendue à l'atelier et, de là, à travers la cloison, j'ai entendu Néhémie parler bizarrement, comme dans une langue étrangère, puis il a ajouté en français : « Ézéchiel, vas-tu arrêter de parler, je peux pas dormir! » Cette injonction, je m'en rappelle à présent, a été suivie de plusieurs claques. Je me demande pourquoi je n'en ai pas avisé les autres tout de suite. Étais-je trop saoule? Où est-ce que j'ai craint que Moïse, vraiment ivre, ne s'en prenne furieusement au nouveau et par ricochet à tout le monde? Ce

163

matin toutefois, je crois qu'il faut le prévenir. Je me lève pour y aller.

Je suis dans la chambre de Moïse, je viens de lui expliquer ce que j'ai entendu.

— Va voir si les « animaux » sont corrects, me demande-t-il. S'il y a quelque chose, préviens-moi.

C'est ainsi que Moïse surnomme les enfants dits « impurs », c'est-à-dire les fils et les filles de ses serviteurs, et ceux engendrés par les femmes autres que ses favorites.

Sur place, j'observe le petit Ézéchiel que j'ai aidé à mettre au monde. L'enfant est réveillé, étendu sur le dos. Son air me bouleverse. Il a le côté gauche du visage tout bleu-violet, son œil est meurtri, mi-clos et injecté de sang; plus étrange encore, son pénis est tuméfié, le gland enflé.

Je cours alerter Moïse qui, en arrivant, l'ausculte sans paraître s'inquiéter des ecchymoses sur le visage.

Apercevant le coupable dehors près de la grange, il l'appelle.

— Que s'est-il passé? Qu'as-tu fait à Ézéchiel? demande-t-il à Néhémie.

— Il arrêtait pas de brailler, j'en avais plein le dos et je l'ai un peu fessé...

Moïse est tout blanc, ses yeux fulminent, j'ai l'impression qu'il va tuer Néhémie comme il l'a fait pour le chat ou le bouc. Mais non, il se contient et ajoute d'une voix blanche :

— Prie pour qu'il n'ait rien de grave.

Pour ma part, je me demande s'il était judicieux de confier à ce gars venu de chez les fous la garde des enfants. Pour m'être occupée personnellement de son cas, je sais que même si son comportement s'est quelque peu amélioré depuis son arrivée il y a quatre mois et demi, il est toujours neurasthénique, dépressif et complètement replié sur lui-même. La seule activité où il manifeste de l'enthousiasme est celle du manger. Ce qui, je l'ai appris, est souvent le signe d'un besoin non comblé.

Moïse m'a laissé la charge d'Ézéchiel. Ce midi, de peine et de misère, j'ai réussi à lui faire avaler quelques cuillerées de purée de légumes. Dès que je l'installe en position assise, il est incapable de se tenir la tête droite, je dois la maintenir pour qu'elle ne bascule pas. Je ne comprends pas du tout pourquoi et ne cesse de me dire que l'on devrait l'envoyer passer des examens. Mais comment proposer cela à Moïse?

Le soir tombe et je remarque que le gland du pénis d'Ézéchiel a considérablement enflé.

J'en ai fait part à Moïse et ce dernier se penche sur l'enfant pour l'examiner.

— Il va falloir opérer, dit-il.

— Comment va-t-on le transporter?

— Le transporter?

— Ben... à l'hôpital.

— Qui a dit qu'on allait le transporter à l'hôpital? J'ai simplement dit qu'il fallait l'opérer et je vais le faire.

Ahurie, je regarde Moïse. Quelle est cette nouveauté! Il n'est pourtant pas chirurgien!

— Tu vas m'assister, dit-il. Tu m'as bien dit que tu avais travaillé en chirurgie?

— Oui, mais pas au bloc opératoire, je te l'ai déjà dit.

— T'inquiète pas, je sais quoi faire. En doutes-tu?

— Non... mais quand même... c'est fragile un enfant, Papy.

— Ne commence pas à me mettre en doute, Thirtsa! O.K.!

À mon grand étonnement, il lui injecte une poire d'alcool à friction dans l'estomac; puis il stérilise une paire de ciseaux et, pendant que je maintiens Ézéchiel, il entreprend une excision partielle du prépuce dans la bosse pleine de sérosité.

Je ne comprends rien à cette opération qui ressemble en fait à une circoncision, mon angoisse est extrême. Que cherche-t-il à faire?

Je voudrais signifier que je ne suis pas d'accord, mais la crainte d'en subir les conséquences m'empêche de protester.

— Cette excision devrait lui permettre d'uriner, déclare Moïse. À présent, tu n'as plus qu'à lui appliquer une gaze imbibée de cet onguent.

Il me tend un pot d'une pâte à base d'huile d'olive, de camphre et de plantain.

Ézéchiel a gémi toute la nuit et la journée du 25 avance sans que son état ne s'améliore, au contraire! Quand au juste va se produire le miracle auquel nous a habitués Moïse?

Encore une nuit de passée, je viens le voir, vers 7 h à l'aube du 26. Il entend ce que je lui dis mais semble incapable de me répondre. Son souffle est ténu, ses battements cardiaques très peu perceptibles et son regard sans expression. Je fais de nouveau appel à Moïse qui prend enfin conscience que ça ne va pas du tout.

— Je vais chercher Caïn et Salomé, dit-il.

Je sais qu'il les a envoyés bûcher et leur a interdit, jusqu'ici, de voir leur enfant pour « ne pas le troubler » dans sa convalescence.

Moïse est parti depuis quelques minutes, je me rends compte qu'Ézéchiel est en train d'expirer. L'agonisant va mourir et je ne sais quoi faire!

Ézéchiel est mort. Il n'a pas rouvert les yeux, n'a pas dit un mot, il s'en est allé comme une feuille se détache de l'arbre. Dans le creux de mes bras, il a succombé aux mauvais traitements infligés.

En arrivant, Salomé et Caïn ne peuvent que constater l'inéluctable sans toutefois le réaliser pleinement.

— Je vais lui dire ma façon de penser, à ce mental! déclare Caïn au milieu des sanglots de son épouse.

— Ça ne fera pas revivre ton enfant, Caïn, lui rétorque Moïse. Je crois même que pour le salut de son âme, tu devrais pardonner. Oui! tu devrais aller trouver Néhémie et lui pardonner. Tu sais qu'il n'est pas vraiment responsable...

Caïn baisse la tête quelques instants, puis, la redressant, approuve le conseil de Moïse.

— Je vais lui pardonner, déclare-t-il. Que cela puisse aider mon fils à obtenir sa place dans le Royaume!

Tout le monde pleure dans la cuisine, sauf Moïse qui envisage déjà les détails « pratiques ». Le décès de cet enfant de vingt-six mois et les conditions dans lesquelles il est survenu semblent soudain l'embarrasser.

— Nous allons devoir l'incinérer, déclare-t-il, si l'on ne veut pas que les charognards disposent de son enveloppe charnelle.

Personne ne s'oppose à cette décision et, pour mon infortune, sans l'avoir recherché en aucune façon, c'est Juda et moi qui sommes désignés pour procéder à la crémation.

Juda a coupé quatre arbres dont les troncs, dépassant de la neige, forment quatre piliers destinés à soutenir le baril de quarante-cinq gallons coupé en deux sur sa hauteur et dans lequel nous déposons la petite dépouille nue et enveloppée dans du papier journal.

Un feu est allumé sous le baril. Il doit brûler toute la nuit. Jamais, dans ma vie, je ne me suis sentie aussi loin du monde qui m'a vue naître.

Dans cette atmosphère ténébreuse et triste qui me donne l'impression d'avoir été avalée dans la gueule béante du temps et abandonnée dans je ne sais quel Moyen Âge, tout le monde reste là contemplant, dans un silence lourd, les flammes léchant la tôle et se déplaçant lorsque le vent nous amène une odeur de viande calcinée.

Parfois nous essayons d'entamer un chant funèbre, mais très vite les sanglots étouffent nos paroles et l'intolérable silence retombe sur nous comme un autre linceul.

Ce matin je crois que n'importe qui, ici, est capable de n'importe quoi. Il y a un an ou deux, je n'aurais seulement pas pu imaginer pouvoir assister de loin à ce à quoi je viens de participer.

Il faut à présent creuser dans la terre dégelée par le feu pour y déposer les cendres.

Lorsque nous repartons, Moïse dit :

— Pas question de parler de ça à qui que ce soit!

Il n'a vraiment pas besoin de le demander...

— On va travailler fort pour oublier ces mauvais moments, ajoute-t-il.

Quelle sorte de travail pourrait bien me faire oublier cette tranche d'enfer?

« Ézéchiel, pourras-tu jamais nous pardonner! »

***

L'été est arrivé et avec lui l'ex-femme de Moïse venue voir ses garçons.

Aujourd'hui, je n'étais pas là quand ça s'est passé, mais on m'a rapporté que Moïse s'est chicané avec Mariette au sujet de la vie qu'il impose à tous les membres de la famille. Moïse l'a entraînée un peu à l'écart pour lui spécifier justement que, ne vivant pas ici, elle n'avait pas à critiquer. Il lui aurait même servi l'exemple de Salomé qui ne s'est même pas plaint lors de la mort de son fils Ézéchiel.

À la suite de cette révélation, son ex-conjointe a demandé à Salomé ce qu'il en était et c'est ainsi qu'elle a appris tout ce qui s'était passé.

Tout à l'heure, je les ai entendus, elle et Moïse, se disputer : elle le traitant de « cinglé complètement malade », lui la couvrant de « guedoune » et la giflant. Sur quoi elle a déclaré qu'elle partira demain à l'aube.

Je crains qu'en plus de nous hanter, ce que nous avons fait à Ézéchiel ne nous vaille la visite de ces messieurs de la Sûreté.

Ils sont déjà venus pour beaucoup moins que cela.

***

Mariette Claveau est repartie depuis quelques jours. Moïse ne dessoûle pas. Ce matin il a décrété qu'aujourd'hui serait une grande journée.

— Nous allons nous purifier par le sang afin que nous soyons distingués des moutons bâtards qui infestent Babylone, la prostituée.

— Tout le monde? demande Caïn.

— Tout le monde sauf les petits enfants. Mon fils, Élam, a 13 ans astheure, il peut participer, il est bien assez vieux pour affronter la vie.

Malgré ma peur, je compatis en ce moment avec Élam qui est en train de supplier son père :

— Non, papa! Je t'en prie, fais pas ça, ça va me faire trop mal!

— Le but est justement de te faire mal, afin que tu offres ta douleur en expiation de tes fautes.

— Mais je n'ai... Aïe!

Je me bouche les oreilles. Tantôt ce sera mon tour de me faire casser la gueule, à coups de pied.

Pourquoi est-ce que nous acceptons qu'il nous roue de coups? Je crois que je connais la réponse mais j'ai peur d'y répondre. Elle n'est pas acceptable. Non, je préfère croire – et dans le fond, c'est sûrement cela la vérité! – que nous acceptons tout parce qu'il est le serviteur de Dieu, que nous sommes ses moutons et préférons les sévices qu'il nous inflige au nom de son Maître à l'indifférence du monde qui nous entoure.

***

Août. La fête des femmes bat son plein. Moïse s'est trouvé un divertissement qui ravit tout le monde, sauf les

« volontaires », bien sûr. Debout contre le mur, nous devons rester stoïques alors qu'il lance des poignards tout autour de nous. Les couteaux sifflent. L'un d'eux en retombant vient de m'ouvrir un orteil. Ça continue, un autre tombe et reste planté dans mon pied gauche.

Il rit.

— Amène-toi, Thirtsa, mets tes mains sur la table, me commande-t-il : on va jouer à autre chose...

Je n'ai pas le choix. Cette fois il s'amuse à tirer le couteau à toute vitesse entre mes doigts. Pourquoi ne le fait-il pas sur lui-même? Ce serait plus édifiant.

« Aïe! » Le couteau vient de m'entamer le majeur gauche. Mon doigt! Mon doigt! Pourquoi me fait-il ça?

Il rit à nouveau.

— Es-tu capable de retirer le couteau toi-même? me demande-t-il.

Affolée, je secoue négativement la tête.

— Fais-le quand même!

Tremblante, je retire la lame de ma chair.

En gémissant de douleur, je regarde mon doigt abîmé. Je ne peux croire ce que je vois, c'est un mauvais rêve! Pourquoi aurait-il fait ça?

— La chair est faible, me dit-il, il faut que tu apprennes à la maîtriser.

Je ne veux pas! Ce doigt-là fait partie de moi, il n'a pas le droit de disposer de mon corps!

Malgré ces réflexions, malgré le mal lancinant, quelque part, je ne suis pas certaine de mes propres sentiments. Je me demande si ce n'est pas lui qui détient la Vérité. Ça devient une obsession.

Mais autrement, pourquoi serais-je ici?

À moins que nous soyons là uniquement pour satisfaire son besoin de dominer dans son royaume personnel. Un royaume où quand ce ne sont pas des jeux abracadabrants comme celui qui vient de m'entamer un doigt, ce sont les corvées harassantes, la bière artisanale qu'il faut prendre bon gré mal gré, les classes interminables (car il s'est institué professeur), le volley-ball auquel il est obligatoire de participer, les compétitions de course ou de boxe ou les séances de châtiments.

Je me le demande, mais aussitôt ma réponse est non, car

si c'était vrai, ce serait trop dur à présent de reconnaître que l'on a perdu tout ce temps.

Je préfère espérer.

***

Le plein de boisson a été fait et depuis le crépuscule du 14 septembre, s'est ouvert le procès de Néhémie pour déterminer s'il est coupable ou non dans la tragédie qui a emporté le petit Ézéchiel. Il est déjà tard et nous penchons tous pour un acquittement pour cause de débilité mentale. C'est une bonne échappatoire; autrement, quelle peine faudrait-il lui donner?

— Alors acquitté! conclut Moïse.

Néhémie, âgé de 23 ans, ne semble pas s'en réjouir. Moïse fronce les sourcils.

— Ceci dit, ajoute-t-il, je voudrais profiter de cette assemblée pour débattre de la castration dont j'ai déjà parlé avec Néhémie. Pour résumer, il souffre d'un testicule et, selon mon diagnostic, tous ses déboires viennent de là. Je propose donc une ablation...

— Qu'en penses-tu, Néhémie? demande l'un de nous.

— Ben...

— Néhémie m'a avoué à plusieurs reprises vouloir devenir l'eunuque de mes compagnes, reprend Moïse. Pas vrai, Néhémie?

— Ouais...

— Alors je propose la castration. Qui est pour? Qui est contre?

Bien entendu, tout le monde vote dans le sens indiqué par Moïse. Chacun sait que d'aller à contresens lui mériterait ultérieurement un châtiment.

Néhémie lui-même accepte de signer un papier sur lequel est écrit :

J'ai dit non à cause que j'avais peur et maintenant je dis oui car de toute manière ils ne me servent plus à rien. Je dois subir une ablation des testicules vu leur condition. Ils sont ancrés dans mon péritoine et je possède une verge miniature. Vu ma condition, j'accepte cette intervention chirurgicale.

Néhémie, après avoir ingurgité un litre de vin et quelques bières, est bien saoul. La table est débarrassée, nettoyée. Tous les adultes se regroupent autour.

Caïn et Juda maintiennent les pieds tandis que Orpa, Rachel, Dina et Schua immobilisent ses bras.

— Ne le lâchez pas! prévient Moïse, j'ai pas envie qu'il gesticule et que je lui coupe autre chose...

Chacun s'arc-boute sur le membre maintenu. Le cœur au bord des lèvres, je badigeonne les parties génitales à la teinture de benjoin.

Ai-je le droit de faire ce que je fais? Est-ce que je ne me mets pas définitivement en marge du monde? J'ai l'impression pénible d'entrer dans une autre réalité, une réalité teinte en pourpre.

Moïse procède à deux incisions sur le scrotum et me réclame une lame de rasoir neuve, puis une loupe et la pince à épiler.

Il semble connaître son affaire. Je me souviens qu'il nous a raconté avoir travaillé, adolescent, plusieurs mois dans une porcherie où sa fonction consistait à castrer les porcelets.

Le « patient » gémit alors que Moïse sectionne le second testicule.

L'opération est terminée. Comme prescrit par notre guide, j'applique une première compresse de solution saline afin de résorber l'énorme tuméfaction scrotale.

— C'est fini! fait Moïse d'un ton qui soudain me fait vraiment penser à un chirurgien. Une diète riche en fer durant quelques jours et tout ira pour le mieux.

Je ne comprends pas, alors que je suis ici pour me rapprocher et obéir à Dieu, pourquoi je me sens si loin de Lui et de Son Royaume.

***

De plus en plus notre communauté se scinde en deux : les favoris et les souffre-douleur (dont je fais partie). Malgré moi, il m'arrive encore de reprendre Moïse sur tel ou tel point et il ne l'accepte pas.

Nous sommes en kislev (octobre) et tout ce mois est consacré à la plus longue des fêtes instituées par notre leader, la « fête des enfants d'Israël ». L'autre jour, il s'en est pris à Juda et Thimna; ce soir (comme d'habitude il a encore trop bu), c'est à mon tour et à celui de Salomé. Il nous harcèle de questions où nous ne devons répondre que par oui ou par non. Pour l'instant il se dit choqué que la femme de Caïn ne veuille toujours pas coucher avec lui.

— Est-ce que je te déplais?

— Non.

— Est-ce que tu trouves Caïn mieux que moi?

— Non.

— Tu crois qu'il fait mieux l'amour que moi?

— Non.

— Tu crois que tu dois lui rester fidèle?

— Oui.

— Parce que l'Église catholique vous a unis?

— Je ne sais pas...

— Oui ou non?

— Oui...

— Tu crois que l'Église du pape vaut plus que ma parole?

— Non.

— Alors c'est quoi? Tu ne crois pas en moi?

— Oui.

— Et tu ne veux toujours pas dormir avec le « représentant de Dieu »?

— ...

— Réponds!

Je m'insurge et lance à Moïse :

— Laisse-la, Moïse, tu vois bien qu'elle n'est pas prête.

— Est-ce que je t'ai demandé quelque chose à toi? Toi, la putain. Tu oses donner des conseils au Choix de Dieu! Pour qui te prends-tu?

— Mais je disais juste que...

— Tu prends parti contre moi maintenant au profit de cette autre insoumise! Tu n'es qu'une péronnelle. Vous êtes corrompues toutes les deux... Déshabillez-vous.

— Mais pourquoi?

— Déshabillez-vous!

Je reconnais la flamme dangereuse dans son œil. Je n'ai pas le choix. Salomé fait comme moi et nous nous retrouvons nues toutes les deux. Pourquoi a-t-il fallu que je m'en mêle?

— Maintenant sortez dehors! hurle-t-il.

Encore une fois, j'essaie de donner mon avis :

— Mais, Papy, on gèle dehors; on va tomber malades.

— Vous ne tomberez malades que si je le décide. Rien ici ne peut se produire sans mon aval, qui n'est que le désir de mon Maître. Dehors! Babyloniennes.

La nuit est noire; le vent, chargé d'humidité, souffle et transperce nos corps. Ça sent le bois mouillé, l'herbe morte et la vase. La neige n'est pas loin. Nous nous recroquevillons sur nous-mêmes.

— Tu n'aurais pas dû parler, me dit Salomé.

— Je sais, excuse-moi.

Nous sommes bleues en rentrant. Sûrement que Moïse va nous dire d'aller nous mettre près du feu. On boira quelque chose de chaud et la fête va continuer avec des chants et des rires...

— Caïn, fait Moïse, fidèle serviteur, m'obéiras-tu jusqu'au bout?

— Bien sûr, Papy!

— Prouve-le-moi, Caïn : coupe un orteil à ton épouse indocile.

— L'orteil, Papy!

— Fais ce que j'ai dit.

Caïn ne discute plus, il est allé chercher le gros *cutter*.

Je ne crois pas ce que je vois : pendant que les autres retiennent Salomé, son mari enserre son orteil entre les lames de la pince puis, d'un coup sec, net, sectionne l'orteil qui tombe suivi d'un jet de sang.

Salomé hurle. Je voudrais me précipiter sur elle, la prendre dans mes bras, la consoler, mais je comprends avec horreur que ça va être à mon tour.

— À elle, à présent, déclare Moïse en me désignant d'un doigt sentencieux. Coupe-lui un doigt.

— T'es sûr?

— Je suis toujours sûr! Si tu le fais pas, j'y tranche les seins, tu choisis...

Je crie :

— Pas les seins! Pas les seins! S'il te plaît!

Les autres me maintiennent, Caïn a placé la grosse pince orange sur une jointure de mon auriculaire gauche. Je crie encore :

— Papy!

D'abord rien, puis la douleur d'une partie de mon corps

qui n'est plus là. Hébétée, je regarde ma main. J'ai envie de vomir. Ai-je vraiment assez fauté pour cela? Il le faut, il faut que Moïse ait raison. Il s'adresse à Orpa :

— Orpa, Orpa, ma fidèle servante, mets le bout de son doigt dans un flacon de formol afin que notre Olive (il m'appelle souvent ainsi parce que je suis souvent vêtue de vert) puisse se rappeler son insubordination. Ensuite tu lui raseras la tête.

On m'a coupé un morceau de doigt! Orpa, avec docilité, est en train de me tondre. Pourquoi? Pourquoi, mon Dieu! Est-ce vraiment en Ton nom?

Quelque part, une voix m'affirme le contraire. Pour la première fois, je songe que Moïse n'est peut-être pas ce qu'il dit. La douleur, ma phalangette perdue, mes cheveux éparpillés sur le plancher, tout ceci me convainc que je puis encore me libérer. Je croise le regard de notre guide. On dirait... Oui! Il lit en moi, sait que je doute de lui. Comment? C'est affreux! Ses yeux bleus violent tout ce que je suis.

Un rictus aux lèvres, il s'approche de moi, se baisse, m'empoigne les chevilles, me renverse vers le sol la tête en bas.

— Tu ne comprendras jamais rien! hurle-t-il, tu es trop bête! Trop souillée par le vice pour te rendre compte de qui je suis! Sans les châtiments que je dois t'infliger, tu serais déjà la maîtresse de Satan, sa prêtresse, son esclave! Et-je-ne-veux-pas-de-ça-dans-ma-ber-ge-rie! Je vais t'ôter le Diable de l'esprit!

Me tenant toujours par les chevilles, il m'élève un peu puis me laisse retomber sur le crâne. Un continent noir vient à ma rencontre, puis ça recommence. Je vais mourir! Il va me tuer! La terreur s'empare de moi. Pourquoi ai-je douté? Ça continue! Petit à petit, mon esprit semble sortir de mon crâne.

C'est fini?

Je suis à genoux par terre, on me garoche un seau d'eau. Je me retourne un peu et aperçois Caïn qui tient une longue lanière brune. Un premier coup s'abat sur mon dos en sifflant, un second... Je ne veux pas crier, aucun son ne sort de ma bouche, ils n'auront pas ce plaisir, je me concentre sur ma douleur, l'embrasse, la chéris... Elle est à moi, les autres n'en profiteront pas!

J'ai compté soixante-quinze coups. Moïse et son bras droit ont abandonné, ils ne m'ont pas eue...

— Néhémie! hurle Moïse, étrangle cette vipère!

Les mains de l'esclave se resserrent autour de mon cou. J'ai de plus en plus de mal à respirer, il m'étrangle donc pour de bon! Je ne veux pas mourir!

Étourdie, je tends les bras vers mon maître. Il me reste un peu d'air pour prononcer les mots que je dois prononcer, tout de suite!

— Papy, mon seigneur et mon roi, je t'en prie, mon maître adoré, je t'en prie, aie pitié!

Comme dans un brouillard, j'entends mon maître sommer Néhémie de me laisser.

Je suis là, mais j'ai l'impression que mes émotions, elles, sont mortes. Mon âme a été emmurée dans un cachot obscur, un esprit qui n'est pas le mien a pris le contrôle et je n'y peux rien. Je veux même l'oublier. Survivre.

***

Je viens de désobéir aux ordres de Moïse, je m'éloigne de la maison et prends la liberté d'aller jusqu'à la clôture. J'aperçois le chat Vitamine qui vient à ma rencontre. Comme je me baisse pour lui flatter la tête, il me saute dans les bras. Presque émue de cette confiance, les yeux perdus dans les ocres et les rouges qui ondoient sur les collines, je reste là avec l'animal contre moi, reconnaissante de cette marque d'affection, et remerciant le ciel pour cette preuve m'affirmant que je peux encore être aimée.

***

Aujourd'hui, Papy Moïse a organisé ce qu'il appelle le pique-nique des handicapées. Le repas est fini et il déplie un papier.

— Thirtsa, commence-t-il, j'ai écrit cette épître à ton intention... « Me voici encore une fois confus et perdu dans l'espace de la solitude engendrée par la férocité de mon corps envers ce qui n'est pas ma conception de la vie... Ton corps porte une fois de plus, ce que je me refuse à croire, les marques de l'Amour... Ah! pourquoi suis-je né près d'une source où il n'y a qu'amertume à boire, moi qui ai tant soif d'une vie simple et naturelle. Même ma bouche prononce des

tas de paroles que mon esprit n'a même pas engendrées...
Misérable que je suis à espérer de vivre cette Vie Meilleure
qui n'est pas pour un corps charnel comme les nôtres... À
chaque jour, je me rends compte que j'ai tout perdu, puis je
réalise que la Vie trouve encore quelque chose à m'enlever...
Quand je pense au mal que je t'ai fait à cause de la Loi qui est
dans mon corps, je deviens comme la poussière... Ce matin,
j'aurais crié ma douleur de posséder ce corps mortel... J'ai
besoin de toi. Je t'aime, prends pitié de moi... Je suis tellement
perdu dans mon physique... Je t'aime. Merci, merci d'être là.
Sois bénie divinement. »

J'ai chaud partout. Il m'aime! Mon ventre a chaud, tout
mon corps a chaud. Je consens à demeurer près de lui malgré
tout!

***

La police est là! À nouveau, le monde veut nous envahir,
nous détruire.

Il n'y a pas si longtemps, Moïse nous a remis à chacun un
gourdin afin que nous puissions faire face à toute visite impor-
tune, mais je ne sais pas si c'est la bonne solution. Lors de la
première semaine d'octobre, lorsque le frère de Schua est
venu pour la voir, Moïse et sept d'entre nous ont été l'accueillir à la barrière. Comme le monsieur ne voulait pas repartir,
ils lui ont donné une volée de coups de trique.

Ensuite il y a eu un accrochage avec des bûcherons qui
voulaient couper du bois autour de chez nous.

Puis Néhémie s'est enfui après que Moïse l'ait flagellé. Je
suppose qu'une fois chez lui, il a dû conter à ses parents
l'émasculation qu'il a subie ainsi que la disparition du petit
Ézéchiel.

Et, ce matin du 12 novembre, la police de New-Carlisle est là.

— Pourquoi venez-vous armés dans notre demeure? leur
reproche Moïse.

Caïn surgit, armé de la carabine .303 qu'il braque vers les
policiers.

— Nous aussi, on est capables... dit-il.

— Pose cette arme, lui recommande finalement Moïse.

Caïn s'exécute, mais je vois, au regard que s'échangent les
flics, qu'ils ne sont pas près d'oublier l'incident.

Les agents de la paix posent des questions, mais aucune ne se rapportant, comme je le présupposais, à la mort de Ézéchiel.

Lorsqu'ils repartent cependant, nous savons que c'en est fini de notre mode de vie, loin de Babylone la Prostituée. Le monde peut intervenir quand il le désire, pas moyen de lui échapper.

***

Quelques jours ont passé. Au cœur de la nuit, simulant une attaque cardiaque, Moïse a envoyé deux d'entre nous demander la police.

Ils arrivent avec l'aube.

— Salut, Roch, fait le caporal Croteau, ça ne va pas?

— Pas très bien... Je vous ai fait demander car je me suis dit que si je devais y passer, il fallait que tout soit net afin que mes amis ne pâtissent pas d'une situation équivoque.

— Qu'est-ce que tu veux dire, Roch?

— À la fin de l'automne, on a fait retirer le nom du petit Ézéchiel Cartier des listes de l'Assistance sociale...

— Nous savons ça. Il a été frappé par le cheval, c'est ça?

— Oui...

— Tu n'as pas déclaré son décès aux autorités?

— Justement, c'est de ça que je voulais vous parler. Après la mort de Gabrielle Madore, les autorités nous ont refusé d'ensevelir son corps où elle le désirait, j'ai voulu éviter cela au petit Ézéchiel. Je voulais qu'il reste ici, près de ses parents...

— Mais tu sais que c'est illégal.

— Illégal... illégal... J'ignorais, et puis nous vivons dans une communauté fermée et autonome. Nous avons notre propre coroner.

Moïse tend au limier un faux acte de décès rempli et signé par Juda, nommé coroner pour la circonstance. Alors que Ézéchiel est décédé en mars, ce document porte la date du 6 juin dernier.

— Tu sais bien qu'on ne peut pas reconnaître ni ce papier ni ton coroner... La Loi va suivre son cours.

Lorsqu'ils repartent, nous savons qu'ils seront bientôt de retour avec des mandats.

Tout a changé depuis quelque temps. Moïse ne pique plus de colère, les enfants restent au milieu de nous et nous couchons en bas, tous ensemble. Durant de longues heures, après des repas où rien ne nous est refusé, notre guide nous entretient de ce que nous devrons dire ou ne pas dire aux représentants de la société corrompue.

— Ils sont aux mains du père du mensonge, nous assure-t-il. Ils vont tout mettre en œuvre pour nous détruire, mais si nous nous tenons, nous les vaincrons. Ils vont peut-être me mettre en prison et vous proposer toutes sortes d'offres alléchantes. Résistez! refusez tout ce qu'ils vous feront miroiter.

— Qu'est-ce qu'on va faire s'ils t'arrêtent? s'affole Orpa.

— Continuer comme je vous l'ai appris. De toute façon, encore un peu de temps et je serai de retour parmi vous. Alors... Mes amis! Mes amis! Je vous demande pardon pour mes offenses, je vous promets de ne plus boire et il n'y aura plus d'orages sur ce pays. Il y a un temps pour tout : un temps pour rire, un temps pour la guerre, et un temps pour la paix. (Ecclésiaste 3, versets 1 à 8) Et, le temps est venu où vous n'avez plus besoin d'être punis car vous êtes purs. Le temps est venu où je vous offrirai le paradis terrestre que vous avez tant attendu. Si nous venons à être traînés devant les tribunaux, cela signifie que nous sommes définitivement sur la voie droite et que nous faisons la volonté de l'Éternel. Les temps sont arrêtés, les assauts continuels de l'Adversaire en sont la preuve flagrante. Il sera bientôt vaincu à jamais. Je sais que nous serons temporairement séparés, mais pas pour longtemps, rassurez-vous. Dieu est de notre côté. Enfin la terre verra Sa puissance et elle sera confondue par les convictions de ceux qui auront persévéré jusqu'à la fin.

Je le regarde qui se balance dans sa balançoire. Ses mots sont justes. Bon! il est sûr qu'il n'a pas su prévoir avec certitude la fin du monde pour la date dévoilée aux médias, mais peut-être aussi est-ce voulu? N'est-il pas écrit que seul le Père sait le moment exact? Et n'est-il pas écrit aussi que viendra un moment où l'on saura que le présent système de choses touche à sa fin; pour ma part, je sens cette fin toute proche. Cela ne peut plus continuer!

***

Mercredi, 9 décembre1981. Nous sommes réveillés par un bataillon de la SQ. Ils nous encerclent et par la fenêtre je vois une armada de 4 X 4 et de motoneiges.

Nous sommes encore engourdis de sommeil, un gradé prévient d'une voix sonore que Roch Thériault, Laurent Cartier et Liette Loubier sont mis en état d'arrestation.

Ça y est!

Ils ont emmené les accusés et les sept enfants, puis des enquêteurs nous ont interrogés toute la journée. Pour ma part, ils m'ont retenue une partie de l'après-midi. Je me suis rendu compte que Moïse n'avait pas prévu toutes les questions. J'ai bien peur qu'ils en sachent autant que nous.

Pour oublier cet interrogatoire, je viens de sortir « faire du bois ». Un agent de la Sûreté s'approche de moi. Je crois déjà deviner ce qu'il va me demander; ils nous regardent tous comme si nous étions des extra-terrestres.

— Pourquoi ne pars-tu pas d'ici avec nous? La vie serait moins dure.

Je ne peux pas dire que sa proposition n'est pas tentante, mais elle le cède à ma promesse et à celles de Moïse. Non! Je vais attendre ici le second avènement du Messie.

— Je suis très bien ici, lui répondis-je, laconiquement.

Mais l'enquêteur ne continue pas, des collègues lui apprennent qu'ils viennent de retrouver trois dents de lait.

***

Ils sont venus me chercher ce matin avec Juda pour comparaître devant le coroner de Chandler.

Ce soir, ils m'ont passé des menottes et j'ai retrouvé mes compagnons dans une cellule de New-Carlisle.

Tout à l'heure, durant l'inspection réglementaire, une gardienne, en ôtant mon foulard de tête noir, s'est aperçue que j'étais tondue.

— Pourquoi as-tu rasé tes cheveux?

— Je perdais mes cheveux par poignées; alors, pour les renforcer, je me suis fait tondre.

— Et ton doigt, qu'est-ce qu'il a eu?

— Bah!... un bête accident de travail, en bûchant.

— Et c'est quoi toutes ces marques sur ton dos?

— Je travaille torse nu l'été et je m'écorche souvent aux branches.

— Je vois, je vois...

Je suis montée sur la balance, celle-ci indique quarante-trois kilogrammes. La gardienne me regarde fixement.

— Vous ne deviez pas beaucoup manger, là-bas.

— Tant qu'on voulait, mais lorsqu'on travaille fort, toute la graisse s'en va.

— Bien sûr!

IX

Le 18 décembre, le juge rend un verdict de responsabilité criminelle à l'endroit de Moïse, de Caïn et de Salomé. Pour ma part, je suis accusée d'avoir délibérément aidé à la castration de Néhémie.

Nous plaidons non coupables.

Le 23, le juge Jean-Roch Roy nous signifie à tous un avis d'éviction de la forêt au nord de Saint-Jogues. Moïse et Caïn sont condamnés à demeurer derrière les barreaux jusqu'à la tenue de l'enquête préliminaire. Juda, Salomé et moi retournons avec les autres au campement en attendant de trouver un logement.

À Noël, pour protester contre leur incarcération, Moïse et son comparse entreprennent un jeûne intégral. De notre côté, nous faisons de même. Au jour de l'An, après une semaine de jeûne absolu, nous passons enfin à la diète liquide. Mes doigts et mon visage sont enflés. Je respire lorsqu'une lettre de Moïse nous demande d'interrompre le jeûne.

Le 18 janvier, sans concession, les forces de l'ordre nous évincent définitivement de la montagne de l'Éternel et la communauté se retrouve dispersée. Je demeure dans un sous-sol à Paspébiac avec Thimna, Dina et Schua. Rachel est à Bonaventure avec Orpa et Juda. Salomé est près de nous à Paspébiac. Quant à Ève et Naomi, elles ont loué une maison à New-Carlisle. Seuls Moïse et Caïn demeurent en prison.

Nous attendons l'enquête préliminaire.

***

Nous sommes tous réunis au tribunal de New-Carlisle. Une voix froide énonce les vingt-deux chefs d'accusation qui pleuvent sur nous. Pour ma part, je suis accusée de négligence criminelle ayant entraîné la mort d'Ézéchiel et d'avoir participé à la castration de Néhémie. Je ne veux pas y penser.

Le juge Yvon Mercier annonce la remise en liberté de Caïn mais refuse de libérer Moïse. Ce dernier s'écroule dans son box. Nous nous dressons tous.

S'est-il évanoui ou...?

***

Moïse va bien, paraît-il; en autant que l'on puisse bien aller dans une prison.

Depuis sa cellule, il nous a demandé de prendre cette épreuve dans la joie.

En regard de tout ce que j'ai vécu jusqu'ici, je mène une vie de pacha. Je mange à satiété, je travaille sans avoir l'impression qu'une bombe à retardement va exploser d'un instant à l'autre, je peux prendre de longs bains chauds et, par-dessus tout, Ève nous distribue à chacune cinq dollars d'argent de poche par semaine; la vie de château, quoi!

Mon premier achat a été un stylo Papermate, puis des bas de nylon et par la suite des barres de chocolat que je mange lorsque je me retrouve seule le soir dans mon lit. Comme c'est bon!

Après toutes ces privations, je crois que j'ai appris à apprécier la moindre attention.

Petit à petit, le directeur de la DPJ nous rend nos enfants. Jézabel est revenue chez ses parents.

***

Le 13 avril 1982, Moïse a été libéré en attendant le procès du 28 septembre. Petit à petit, les choses redeviennent comme avant.

Nous avons restauré de fond en comble la maison qu'il partage avec Ève, Orpa et Naomi. Cette demeure se transforme en bureau-chef que nous surnommons « La Bergerie ».

En mai, nous avons tous décidé d'aller faire une visite à notre ancienne forteresse. Notre petit groupe s'avance dans les chemins de bois avec une certaine appréhension. Tout semble différent.

Nous sommes affligés; tout a été dévasté. Ce qui pouvait être volé, l'a été. Pour le reste, le saccage transpire l'aversion que nous inspirons aux gens des alentours.

Moïse se rend à son sanctuaire qui lui aussi a été dévasté. Chevrette et les poules n'ont pas survécu. Que c'est triste! Pourtant, je ne peux pas dire que j'ai été heureuse ici, non! C'est plutôt de constater à quel point tout le travail que nous y avons mis, toute la peine, auront été inutiles. Tout retourne à la terre. Est-ce un message?

***

Moïse boit de nouveau. L'autre jour, il s'est disputé avec Juda et l'a poursuivi en Toyota à travers champs. Peu de temps après, il a invité à un pique-nique les Morin, propriétaires de son logement. Le mari est avocat et sociétaire d'une usine d'embouteillage où il nous arrive de nettoyer les bouteilles.

— Vous savez, a dit notre hôte à ses invités, nous sommes libérés des tabous. La jalousie n'existe pas. Tenez, je peux demander à n'importe laquelle de mes amies de danser pour vous ou pour n'importe qui, il n'y aura pas de refus. (Il se tourne vers Dina.) Dina, tu veux bien te déshabiller et danser pour nos invités...

Aussitôt demandé, aussitôt exécuté. L'avocat s'est retrouvé avec les seins de notre amie sous le menton. Je ne comprenais pas comment Moïse faisait pour ne pas s'apercevoir qu'il indisposait nos convives.

Ordinairement, il me paraît très intelligent, mais, en certaines circonstances, surtout lorsqu'il a bu, il est sot comme un gamin qui ne peut s'empêcher de faire des mauvais tours pour amuser la galerie.

***

Malgré les directives de la Cour, qui impose de ne pas vivre sous le même toit, nous nous sommes tous rapprochés. Alors que Moïse vit dans le loyer des Morin, nous avons emménagé dans le fenil au fond de la cour.

Il vient de me faire parvenir un message que, tremblante,

je relis pour la troisième fois; il m'invite à venir passer la nuit avec lui et Dina. Voudrait-il enfin de moi comme un homme désire une femme?

Sans prendre la peine de m'habiller, je passe mon imperméable d'armée et, sous une pluie diluvienne de juin, me dirige vers la tente de mon maître, dressée à l'arrière du loyer. Comme la Cour nous interdit de nous rencontrer les uns les autres, nous utilisons ce stratagème pour passer outre à l'ordonnance.

En compagnie de Dina, il repose sur un épais matelas en mousse. Lorsque j'entre, il se tourne sur le ventre sans mot dire. Un nœud dans la gorge, je comprends qu'il veut que je le masse. Désire-t-il plus que ça?

Il y a un certain temps que je le masse lorsqu'il se redresse sur son séant. Dina est collée contre lui.

— Et puis, Thirtsa, me dit-il mielleusement, tu n'aimerais pas que je mette mon gros pénis dans ton corridor?

Je trouve la question ridicule dans sa formulation, mais pas question de le laisser paraître; oui je le veux!

Nous nous mélangeons tous les trois, il me triture les nichons comme s'ils étaient des poignées de cheval d'arçons. Il n'a aucune sensualité, il me chevauche en ne pensant qu'à son plaisir. Et pourtant je le veux.

Et puis à quoi bon ses caresses puisque, cette fois, j'ai son sexe en moi! Les caresses, c'est Dina qui me les donne, ses mains courent délicieusement sur moi et attisent mes sens pour Moïse.

Quelques coups de reins brutaux, il éjacule au fond de moi. Sur-le-champ, je sais que je suis fécondée. Qu'est-ce qui me le dit, je n'en sais rien : je le sais, c'est tout.

Il me demande de me lever pour lui nettoyer les organes génitaux. J'hésite car je crains que sa semence ne redescende et cette semence-là, je veux qu'elle reste en moi. Oui, pour la première fois de ma vie, j'espère être fécondée et cela malgré tout ce que je sais sur les affres que subissent les nourrices de notre collectivité dès que leurs nourrissons sont sevrés. Pour me rassurer, j'anticipe déjà la longue sentence que recevra Papy pour les charges imputées. J'aurai donc tout le loisir d'élever mon bébé, en paix, à l'abri de tous ses caprices.

***

Depuis quelque temps, avec Thimna qui est devenue enceinte comme moi, nous tenons un kiosque, le « Myosotis », sur la 132 et faisons du porte à porte afin de vendre fruits et légumes. Petit à petit, je crois que je deviens experte dans le domaine de la vente. Moïse me dit parfois :

— C'est facile pour toi, tu te débrouilles en anglais et en plus tu es bien plus à l'aise avec ces démons qu'avec tes frères et sœurs qui, eux, sont le Peuple de Dieu.

Comme nous ne sommes qu'à quelques jours du procès, j'en profite pour lui répliquer ce que je pense. Même si je redoute qu'un jour il me faille payer ces libertés, je sais que, par contre, il ne veut pas prendre, en ce moment, le risque de nous laisser une marque malencontreuse.

Cet après-midi, j'ai croisé Jean-Pierre, l'homme qui me louait l'appartement à Paspébiac. Il m'a remis une copie d'un document que des étudiants en ethnologie de l'Université de Montréal ont produit au sujet des sectes religieuses. En rentrant, je tends le document à Moïse.

— Ça semble intéressant, lui dis-je. C'est drôle de voir à quel point il y en a qui peuvent se laisser embarquer.

Le visage contrarié, il déchire rageusement le papier.

— Ne lis plus jamais ce genre de chose! me prévient-il. Ce sont là les armes de l'establishment gouverné par le Diable.

Je suis tout à fait surprise; pas une minute je n'ai considéré que le contenu de ce papier pouvait s'appliquer à mon cas.

X

Mardi, 28 septembre 1982. On m'a passé les menottes et j'ai suivi Moïse, Caïn et Juda à la prison locale de New-Carlisle en attendant mon transfert à la prison des femmes de Québec. J'en ai pris pour neuf mois sous les inculpations de négligence criminelle et de lésions corporelles. Notre guide Moïse, lui, est condamné à deux ans moins un jour d'emprisonnement. Il en a pour plus longtemps que nous autres car, selon le juge Quimper, c'est lui qui nous manipule.

***

Je suis dans la cour de la petite prison et regarde le tronc d'un bouleau blanc dont les feuilles s'entassent sur le sol dans un coin. J'ignore pourquoi, mais je ne cesse de repenser à cette journée lointaine de mon adolescence où, devant le miroir rectangulaire près de l'évier de la cuisine, j'étais en train de peigner longuement mes cheveux tout en m'observant. Je ne comprends toujours pas pourquoi, mais à un moment donné, ma mère s'est levée brusquement, elle s'est approchée de moi et m'a giflée sans explication. Pourquoi?

***

Six cents kilomètres dans un fourgon cellulaire blanc et bleu. Le véhicule vient de s'arrêter dans le stationnement de la Maison Gomin. De hauts murs de pierres grises, des fenêtres grillagées de fer forgé, une allée bordée d'arbres séculaires, je n'ai pas l'impression de m'avancer vers une prison mais plutôt vers un château féodal; presque comme dans un conte de fées. Non je ne suis pas une détenue en route vers sa cellule, mais la fille du seigneur de retour chez son père après une longue absence.

À l'intérieur c'est différent. Au ton cassant des gardiennes, j'ai tôt fait d'abandonner ma démarche altière.

On me remet le livret des règlements internes, on prend mes empreintes puis je reste seule dans ce qui semble être la salle des visites. Il y a encore de l'encre sur mes doigts. Je les regarde comme s'ils appartenaient à une autre.

Des portes grillagées s'ouvrent devant moi et se referment aussitôt dans mon dos. J'atteins ma cellule; comment ai-je pu imaginer que j'arrivais dans un château? L'ameublement est en métal et aussi bien le lit que le placard, la table ou la chaise, tout est rivé au plancher. Il n'y a que l'horrible pot de chambre qui soit mobile.

Je dispose mes quelques morceaux de linge sur les tablettes douteuses du placard. Je suis fatiguée, vraiment fatiguée.

Je voudrais bien dormir sans interruption, mais je suis sans cesse dérangée par le cliquetis des trousseaux de clefs que les geôlières agitent en faisant leur ronde et, si ce n'est pas cela, c'est le faisceau blanc de leurs lampes de poche qu'elles dirigent à intervalles fixes vers mon visage. Et puis mon bébé appuie sur ma vessie, je dois me lever pour uriner. Zut! J'ai l'impression que le bruit que ça fait contre l'émail du pot va réveiller tout le monde; c'est embarrassant!

***

Les jours passent, identiques les uns aux autres. Il y a un point sur lequel je suis presque aux anges : je mange, je mange et je mange. Enfin! Mon appétit contenté, je me plie avec flexibilité aux règlements et corvées qui, tout compte fait, sont nettement moins rigoureux qu'à la montagne de l'Éternel. En réalité, je dispose de nombreux moments de loisir. Tant et si bien qu'avec des rebuts de laine trouvés çà et là, je me suis mise au tricot. On a vite découvert mon modeste talent pour cet artisanat et des commandes affluent de toute la maison de détention. Je tricote des bas pour tout le monde, et la layette pour mon bébé.

Tout en faisant cela, je me berce à la journée longue dans la salle de divertissement. Un écran de fumée bleuâtre planant au-dessus de nos têtes, les autres femmes s'absorbent dans le halo de la télévision, cigarette pendante aux coins des lèvres.

Je n'échange pas beaucoup avec elles; nos mondes sont presque antagonistes; leurs conversations me paraissent insipides, je n'aime pas parler avec vulgarité, je ne fume pas et je ne m'intéresse pas du tout à leurs programmes télévisés. Pourquoi suis-je si différente?

***

J'en suis à mon cinquième mois de grossesse et parce que je me suis plainte qu'il était gênant pour moi d'uriner la nuit dans le pot de chambre, je viens d'être transférée dans une chambre pourvue d'une toilette et d'un lavabo. Le seul défaut de voir ces murs tapissés de photos d'Apollon en érection : je phantasme sans arrêt et me caresse au grand déplaisir du bébé, qui se met en boule et soulève ainsi douloureusement ma paroi abdominale. À ce sujet, moi qui avais toujours cru qu'il n'y avait que dans les quartiers d'hommes que l'on retrouvait ce genre de décoration, j'ai été surprise de me rendre compte qu'il y en a autant sinon plus chez les femmes. Pas une cellule qui ne soit ainsi décorée.

Ma grossesse avance. Au départ, pour plaire à Moïse, j'ai cru et voulu que ce soit un garçon, mais j'ai fait un rêve dans lequel mon bébé et moi étions étendus dans le vide. Sa tête blonde au-dessus de la mienne, il me regardait. La délicatesse de ses traits me dit que ce doit être une fille. Je suis sûre que c'est une fille et, tout en me frottant le bedon, je lui parle, lui confie tous mes projets, tous mes soucis.

***

Moïse m'écrit souvent des lettres de sa prison d'Orsainville. Souvent je les relis, en évalue chaque mot, songeant au moment où nous nous retrouverons. Il est clair que le milieu carcéral a fait de lui un homme plus doux. Tiens! et si j'en relisais une...

Salut, Charme de ma vie, et de mes joies dans mon cœur qui te désire dans les lieux secrets de mon amour pour toi... Je t'aime... Je m'ennuie... Je t'aime... Larmes... Larmes... C'est le matin et mon Maître m'a accordé une belle nuit de rêveries avec mon troupeau, mes amours; à la pensée que nous serons tous ensemble un jour bientôt, j'en ai des soupirs inexprimables et des frissons de joie... Je t'aime... Mon cœur de berger amoureux de la brebis et ma bouche d'homme de Dieu s'ouvre devant toi pour te dire un éternel merci d'être là et pour le don de la femme dont je raffole, merci pour ta joie, tes épreuves, tes peines, ta folie de m'aimer et pour le zèle que tu portes à Mon Père Mon Amour... Je suis heureux que l'Éternel me garde auprès de son peuple peu importe ce que cela peut exiger car c'est avec fidélité et honnêteté que je vous ai donné ma vie et mon corps et que j'ai tout remis entre Ses mains... Comme j'ai hâte de te serrer dans mes bras et de m'asseoir près de toi, regarder ta nudité lorsque tu te changes, te taquiner, te regarder prendre tes repas en face de moi et de t'entendre rire et farcer, aussi voir l'expression de ton visage lorsque je chante, tu deviens tellement... Je t'aime... Larmes... Qu'ils sont vrais les jours auprès de toi et de mon peuple et la vie est quelque chose que l'on peut sentir, rire, toucher et réaliser comment est grand l'Amour de notre créateur pour nous... Je l'aime et je t'aime de Son cœur insondable. Ça devient fou fou et palpitant au-dedans de moi lorsque je réalise quel est l'Auteur de tout ce qui m'arrive et que je lui appartiens et que je suis un vase qu'Il façonne avec beaucoup de délicatesse et de tendresse pour Sa gloire et celle de son peuple... Je t'aime... Je t'aime... Je t'embrasse très chaudement partout et sur tes petits tétons de Charme que j'aime beaucoup...

Quelle belle lettre!

Il n'y a pas longtemps il m'a informé aussi qu'il allait bientôt terminer la rédaction du manuscrit sur tout ce qui nous est arrivé à la montagne de l'Éternel, ainsi qu'une historiette vulgarisée de la Création à l'intention des princes et princesses de notre peuple.

***

Depuis peu je travaille. De huit à seize heures, je fais des ourlets aux draps et taies d'oreiller destinés aux pénitenciers. D'une part cela m'occupe et, d'autre part, me procure un petit revenu que je fais déposer à la Caisse carcérale.

Une question me tracasse : il n'y a pas longtemps, Ève m'a fait parvenir un message qui disait : « Tu sembles t'y plaire à la Maison Gomin, Thirtsa. On dirait presque que t'aimes mieux être là qu'ici, avec nous. »

Bon, je sais, il n'y a pas de quoi fouetter un chat, mais j'ai néanmoins du mal à dissiper un certain remords. Est-ce que vraiment je me plais mieux ici qu'avec mes compagnons et Moïse? Non! il ne faut pas que je me pose ce genre de question, ça doit être le Malin qui essaie de m'influencer. Comment est-ce qu'on pourrait être mieux en prison qu'avec ses amis!

Hier soir nous avons fêté Noël entre détenues et ce matin, une libération temporaire en poche, j'ai pris le train pour Bonaventure. C'est Caïn qui m'accueille à la gare, nous nous étreignons puis il me détaille.

— On dirait que ça va bien pour toi, là-bas, tu as pris de l'embonpoint...

— Idiot! c'est le bébé.

— Peut-être...

À la maison, ce sont des embrassades à n'en plus finir. J'avais oublié comme parfois il est bon de se retrouver entre nous. Des femmes de la prison m'ont maquillée avant le départ; Orpa et Ève le remarquent tout de suite en riant et me taquinent :

— Thirtsa! mais tu travailles sur quel trottoir?

— Tu vois bien que c'est une poule de luxe, fait l'autre, elle ne prend ses rendez-vous qu'au téléphone...

Tout cela est dit sur le ton de la bonne camaraderie et je ris. Cependant, comme je sais que Moïse lui aussi bénéficie d'une libération pour les fêtes, je regarde autour de moi dans l'espoir de l'apercevoir.

— Où est Papy?

— On l'attend, me dit Ève. Il devrait être arrivé.

— Il y a pas mal de poudrerie, constate Caïn, peut-être qu'il a décidé de rester là-bas jusqu'à demain...

À cette idée, je suis déçue; le groupe sans Moïse, ce n'est pas pareil.

Des pneus mordent dans la neige à l'extérieur, nous nous précipitons à la porte. En compagnie d'un inconnu, nous apercevons notre berger qui descend de voiture. Dans une effusion de cris, nous nous précipitons tous à son cou.

De retour à l'intérieur, nous trinquons aux retrouvailles. Moïse nous présente celui qui l'accompagne :

— Adolphe Champagnat, mon compagnon de cellule. C'est un musicien et il m'a montré un peu à jouer de la guitare. Tu nous jouerais pas une petite *tune* avant de repartir?

Adolphe a accepté et nous fredonnons avec lui des ballades *country*. Quelle merveilleuse soirée!

Moïse a commencé à jouer, le Brunswickois lève le bras pour nous saluer.

— Y me reste encore pas mal de chemin à faire, salut tout le monde!

***

Il me semble que depuis son départ, Moïse est plus sombre. Il est vrai qu'un verre n'attend pas l'autre. Pourvu qu'il ne s'enivre pas!

— Encore un verre! demande-t-il à Dina. C'est cette opération pour les hémorroïdes que je viens d'avoir qui m'a mis tout à l'envers...

Dina lui verse un verre. Puis un autre...

Moïse fait des grimaces.

— Après cette chirurgie, je suis devenu complètement constipé, il faudrait que je chie, j'ai l'impression que je vais éclater. (Il me regarde.) Thirtsa, tu peux m'aider, toi...

— Comment, Papy?

— Enfile un gant chirurgical et fais-moi un toucher rectal afin de briser l'ampoule de fèces durcies qui me bouche l'anus.

Je m'attendais à tout autre chose pour ces retrouvailles du temps des fêtes, mais, le cœur au bord des lèvres, je fais comme il me l'a demandé puis lui tiens compagnie pendant qu'il force comme un lutteur de foire.

— Dina! hurle-t-il, apporte-moi à boire! Ça fait trop mal!

À nouveau, il boit puis parvient enfin à évacuer. Se retournant, il contemple le produit de son effort et fronce les sourcils.

— On dirait qu'il y a du sang...

Je m'approche de la toilette pour me rendre compte. Il y a un petit filet de sang facilement explicable après l'intervention qu'il vient de subir. Je le lui dis :

— Après une hémorroïdectomie, c'est normal, Papy.

— T'as peut-être raison... Tu sais ce qui serait bien, ce serait un bon sauna, ça nous détendrait...

— Il n'y en a pas ici.

— On peut en fabriquer un...

***

On a isolé le couloir du deuxième étage avec des feuilles de polythène. Au milieu, le poêle dégage une chaleur intense. Nous nous déshabillons, Moïse passe au milieu de nous en nous caressant.

— Comme je me suis ennuyé de vous, mes poules! Vous ne pouvez pas savoir... Combien de fois j'ai dû recourir à la masturbation en contemplant vos photos bien-aimées... Et vous autres, vous êtes-vous ennuyés de moi?

Nous l'assurons tous que oui, mais il ne semble pas convaincu.

— Je me suis laissé dire, reprend-il, que vous marquiez de la tiédeur vis-à-vis des Saintes Écritures, que vous êtes plus enclins à fêter qu'à prier.

Rachel secoue négativement la tête.

— Papy, tu sais bien que...

— Fais taire ta langue fourchue, ne la laisse pas se corrompre par le mensonge. Tu n'es qu'une pécheresse!

Tour à tour, il nous couvre de ses reproches. Nous ne comprenons pas pourquoi, tout allait si bien jusqu'à tout à l'heure... Et pourquoi me regarde-t-il de cette façon? J'ai l'impression qu'il m'en veut terriblement; qu'ai-je donc fait encore?

— Regardez-la! s'exclame-t-il. Regardez cette prostituée! Elle s'est mis du noir aux yeux et du rouge aux joues. Le Malin semble avoir pris possession de Thirtsa... Et regardez! elle s'est épilé les jambes en plus! Thirtsa, tu es une Babylonienne...

Tous me regardent avec reproche, comme autrefois lorsque venait le temps de me châtier. Il ne faut pas que je les laisse me bousculer ou me frapper, j'ai le bébé, je ne veux pas qu'il arrive quoi que ce soit à mon chérubin, à ma fille d'amour. Non il ne faut pas qu'ils lui fassent du mal.

— Vois, me dit Moïse, vois comme Thimna est humble. Pourtant, comme toi, elle est enceinte. Ne peux-tu être aussi simple aux yeux de mon Maître? Et tu te prétends de mon Peuple! Tu mérites un châtiment...

Je sais à présent qu'ils vont me frapper, je le vois à leurs yeux. Sans essayer de me défendre verbalement, j'écarte vivement un pan de polythène, longe le reste du couloir à grands pas, dévale l'escalier à toute allure, enfile précipitamment un manteau suspendu au crochet, ne prends pas le temps d'enfiler des souliers, puis je sors et cours à perdre haleine en m'enfonçant dans les congères de neige.

Passant devant chez les Hort, je décide de leur demander refuge et frappe vigoureusement à leur porte.

— Qu'est-ce qui se passe? me demande la femme m'apercevant et découvrant ma tenue pour le moins étrange par cette température.

— Madame Hort, s'il vous plaît! pourriez-vous m'héberger; j'ai un frère qui est venu me rendre visite mais il a trop bu et... j'ai peur...

— Mais oui, entrez... Je vais vous faire du café.

Par la fenêtre, j'aperçois notre Ford rouge qui passe en trombe. Qui s'en va à cette allure? J'avise le téléphone.

— Je peux téléphoner?

— Bien sûr!

Je compose le numéro de la Bergerie. Schua me répond, je lui demande qui est dans la Ford.

— Moïse, Élam, Caïn et Ève. Ils sont à ta recherche, Thirtsa. Pourquoi es-tu partie comme ça?

— J'arrive...

Je remercie les Hort et retourne à la Bergerie où je commence par m'habiller convenablement.

— Mais qu'est-ce que tu fabriques? me demande Orpa.

— Je fiche le camp d'icitte.

— Tu ne peux pas...

Je ne veux pas les écouter, je sors et me rends sur le bord de la 132, décidée à faire du pouce pour m'éloigner le plus vite et le plus loin de là.

Fuir.

Une camionnette s'arrête. Je m'approche et ouvre la porte, côté passager.

— Où est-ce que vous allez, ma p'tite madame?

— Là où vous allez, mon cher monsieur.

— Eh ben montez...

En passant à New-Carlisle, j'aperçois notre Ford rouge dans le parking d'un pub. Je me penche de crainte d'être aperçue.

— Vous vous cachez? me demande le conducteur, un peu surpris de se retrouver avec mon visage au-dessus de sa braguette.

— Oui, il y a là-dedans des gars qui m'en veulent... Ça serait gentil si vous pouviez faire demi-tour et me ramener jusqu'à Paspébiac.

— Pas de problème! Je ne veux pas laisser une jeune fille dans le trouble, c'est pas mon genre.

Il me dépose devant un hôtel où j'entre, même si je sais pertinemment que je n'ai pas un sou en poche. Qu'est-ce que je vais faire cette nuit? Où vais-je coucher?

À peine dans le bar, un client assis au comptoir me joue de la prunelle puis s'adresse à la barmaid qui fait oui du menton et vient me trouver.

— Ce monsieur vous offre un verre, qu'est-ce que je vous sers?

— Je prendrais une ponce de gin, et pas un doigt de gin dans trois doigts d'eau, non, six doigts de gin dans deux doigts d'eau.

Sans dire un mot, elle retourne vers l'homme et lui transmet ma demande. Celui-ci paraît surpris mais acquiesce.

Sitôt le verre en main, je le lève à la santé de l'inconnu et le vide d'un trait pour sa plus grande surprise.

Il faut que je fasse quelque chose, je n'ai pas envie de passer la nuit chez ce type parce qu'il m'a offert un verre et que je n'ai pas d'autre place où aller. Je m'approche de lui.

— Vous n'auriez pas un vingt-cinq sous à me prêter pour appeler?

— Sûr!

Encore une fois je compose le numéro de la Bergerie, Naomi répond.

— Allô! C'est Thirtsa... Comment ça va...

— Assez mal, Papy vient d'être arrêté par les flics dans une taverne de New-Carlisle. Il est au poste en ce moment. Le proprio de l'hôtel a prétendu que Papy semait la discorde dans son hôtel pourri.

— Est-ce qu'ils vont le relâcher?

— Ça a l'air que les flics veulent le reconduire en taule...

— C'est pas vrai!

— Oui, Mamy vient juste de nous appeler... Et toi, où est-ce que tu es?

— Dans un bar, à Paspébiac.

— Tu vas revenir?

— Oui...

Je ne me décide pas à rentrer, je déambule sur la rue commerciale qui ruisselle de lumière. Au-dessus de certains commerces, j'entends des chants de Noël.

Je fais de l'auto-stop et je rentre en pleurant à la Bergerie.

Presque tout le monde est parti lorsque j'y arrive. J'apprends que Thimna et Juda sont allés chercher Ève dans un bar après, paraît-il, qu'elle ait tenté de danser nue sur une table pour le bénéfice du gérant de la Caisse populaire de Paspébiac.

Je crois que c'est moins triste en prison.

***

De retour à la Maison Gomin au début janvier, j'ai tout de suite entrepris quelques démarches astucieuses afin, non pas d'écourter mon incarcération, mais de faire le temps qui m'est imparti. Je ne me sens pas prête à retourner à la Bergerie, même si Moïse m'a écrit : « *Tu as toute ma confiance et mon pardon comme j'ai ta confiance et ton pardon. J'ai transgressé en buvant avec intempérance et c'est pour cela d'ailleurs que le Maître a su frapper pour me casser, c'est-à-dire en me frappant par la séparation de mes amours, je ne le remercierai jamais assez... »*

D'une part je sais que je peux reprendre ma liberté, prendre la clé des champs sitôt ma libération, d'autre part j'ai l'impression que cette liberté ne serait qu'illusoire et qu'en outre je risque de perdre la vie éternelle pour avoir abandonné ma démarche mystique. Je ne peux oublier mon serment, ni les paroles si souvent répétées par Moïse : « *Si vous ne gardez pas les commandements de mon Maître, il punira les iniquités sur les enfants jusqu'à la troisième et à la quatrième génération de ceux qui le rejettent.* » (Exode 20, versets 5, 6)

Non, je ne peux renier mon serment, ma faute retomberait sur mon bébé qui va bientôt arriver en ce monde. Je ne peux le condamner avant même qu'il n'ait vu le jour. Je ne peux non plus ôter au père le droit de vivre près de son enfant. Il faut que je retourne à la Bergerie et me soumette à mon rôle de « femme de Dieu ».

XI

Sortie de prison à la mi-mars, je suis donc revenue à New-Carlisle où j'occupe avec Thimna un petit appartement en attendant que la loi nous permette de tous vivre à nouveau ensemble. La vie est simple, Thimna mitonne de bons petits plats et nous passons de longues heures à écouter la télévision. Le temps lui-même semble attendre quelque chose.

Jeudi, 31 mars 1983. Je viens d'accoucher d'une blondinette, comme dans le rêve que j'ai fait. Je la presse sur mon cœur puis lui offre mon sein. Je ferme les yeux, cherchant à déguster pleinement l'euphorie qui baigne mon âme.

Que se passe-t-il? on dirait que ma fille ne veut plus boire. Au sein gauche ça a bien été, mais depuis que je lui ai présenté le droit, elle ne tète plus. Ouvrant les yeux, je me rends compte qu'elle est pâle comme un linge, son front est parsemé de gouttelettes de sueur froide. Mon cœur se met à battre à tout rompre. Je pose mon doigt dans sa menotte, mais ma fille n'a aucune réaction. Qu'est-ce qu'elle a? J'appelle Dina :

— Vite! regarde si son cordon ombilical est correct.

En quelques secondes, les gazes qui pansent son cordon sont défaites et je constate que ma fille saigne à travers son cordon qui a été mal attaché. Je panique :

— Vite! Vite! Appelez le docteur Bourbeau!

Un peu plus tard, Dina revient m'aviser que le médecin a dit que ce n'était pas grave, qu'il n'y avait qu'à donner un peu d'eau bouillie additionnée de miel au bébé. Je m'insurge.

— Apporte-moi le téléphone, Dina.

Dès que j'ai le médecin au bout du fil, je lui expose nerveusement les faits :

— Je suis infirmière, docteur, je sais faire la différence entre un état grave ou non. Ma fille est en train de mourir! Faites quelque chose, bon sang!

***

Le docteur est venu. À présent l'ambulance roule à tombeau ouvert vers l'hôpital général de Maria situé à plus de soixante kilomètres de chez nous. L'angoisse me tord les entrailles, j'ai l'impression que la vie s'échappe de mon petit trésor allongé tout contre moi.

La civière avance le long de couloirs abondamment éclairés. Je ne sais plus trop ce qui se passe, on m'ôte mon enfant, je suis en salle d'obstétrique. Qu'est-ce que je fais là? Une voix professionnelle et rassurante répond à mes questions :

— ...pour vous délivrer de votre placenta et suturer votre déchirure, Madame. Ne craignez rien, tout va bien...

— Et mon bébé?

— Il va bien, il va bien... Il est dans un incubateur, nous faisons ce qu'il faut...

Je respire, je sens à présent que ma fille est en sécurité. Mais pourquoi, pourquoi Moïse tient-il absolument à ce que nous accouchions loin des secours médicaux? Comme il y a cent ans.

Un nom me trotte dans la tête : Bath-Shiva. Je voudrais pouvoir le donner à ma fille.

***

Je viens de recevoir un appel d'Orsainville. Moïse m'a dit qu'il avait ouvert sa Bible au hasard dans le courant de la journée et qu'il était tombé sur le nom Bath-Shiva. Il a déclaré que notre fille porterait ce nom, qui signifie : « Fille de la Promesse ».

Je n'en reviens pas et j'exulte car je sais à présent qu'il est vraiment notre guide spirituel. Est-ce que ce prétendu hasard ne le confirme pas!

***

Mon bébé dans les bras, je suis agenouillée devant le sanctuaire bâti par Moïse avant son incarcération. Un vent frisquet me fait frissonner. Je suis là avec sa permission et ses directives afin de consacrer notre fille.

Je ne sais ce qui se passe en moi, mais cette foi, qui jusqu'à maintenant en a toujours été une de raison, se transforme en certitude. Oui, mon Dieu est ici, près de moi, je le sens, comme je peux sentir le vent.

« Mon Dieu, je Te présente celle que Tu as daigné épargner pour être mon soutien et ma consolation. Père, je la dépose entre Tes mains. »

J'offre en présent les petits chaussons gris en laine que j'ai crochetés à la Maison Gomin.

Me relevant, je me sens un moral d'acier pour affronter ma destinée. Tout ira bien à présent. La dernière lettre de Moïse n'en est-elle pas la preuve?

Je vous salue, mes amis, mes amours, je suis tout fragile et sensible au dernier châtiment de mon Père à mon égard et au vôtre. Je veux que mes premières paroles soient des élans d'Amour pour chacun de vous, représentants d'Israël... Je vous aime d'un amour qui m'a toujours fait souffrir, lorsque je suis séparé de mon troupeau... Je vous aime d'amour... larmes... Je ne peux vraiment pas vivre sans chacun de vous. Je ne peux sonder en moi-même la profondeur de cet attachement envers vous. Vous êtes vraiment ma chair et mes os comme les enfants du premier homme, Adam, devaient être pour lui leur père terrestre. Depuis le quatrième jour, l'Éternel après m'avoir châtié me montre la loi d'amour de la vie, ce qui a pour effet de me faire voir le miroir de ma mauvaise conduite et du même coup mon péché. Cela me produit un grand malaise et une terrible honte envers mon Maître et envers son peuple... et un très grand repentir s'est instauré au-dedans de moi... Seule la miséricorde du Maître et votre pardon me sortent de cet abîme où je m'étais enlisé... Pardonnez-moi, mes amours, mes amis, je vous aime tellement... Je vous aime... sanglots... pause. Combien de fois ai-je contesté à conserver les raisons de boire, oubliant les paroles du Sage ou plutôt

*je préférais les oublier afin d'assouvir ma soif insatiable...
quelle honte... comment ai-je pu me laisser séduire de la
sorte... pardonnez-moi... larmes... Plusieurs de nos pères
ont donné des explications bien précises sur la consommation des boissons, du vin et des liqueurs fortes et ça, je ne
peux le contester pour les avoir vécues très profondément.
Aussi les avertissements de Paul et de Pierre de rester sobre
dans les derniers jours. Les grands bergers que furent les
patriarches n'en firent point la consommation, ayant à
conduire leur troupeau à bon port. Alors voici ce que je dis
devant la face de l'Éternel et je vous prends à témoin de
mon écrit et de mon dire... pause respectueuse.*

*Dans mon cœur et mon esprit, c'est en toute et franche
liberté que je prends la sagesse comme guide de mes jours
sur terre et bientôt dans le Royaume. Mais pour ce qui est
de mon corps de chair, sachant combien il est facile à
séduire, ayant vécu les derniers déboires, et aussi par amour
pour mon peuple chéri ainsi que La Très Grande
Responsabilité qui m'est échue, je rends témoignage à mon
cœur, à mon esprit et à la Sagesse ainsi qu'aux représentants des Restes de Jacob que je fais la promesse et le vœu
de ne plus jamais mettre dans ma bouche les breuvages
alcoolisés fabriqués par les hommes ou fabriqués par moi à
partir de produits mêlés ou de sous-produits quels que
soient les noms, aussi de ne jamais consommer des vins
dont les raisins furent grappillés et vendangés par les
hommes. Je ne boirai seulement que le vin que l'Éternel
voudra bien me donner s'il m'accorde de planter nos
propres vignes et d'en produire notre propre vin... Que
l'Éternel, mon maître, mon Créateur et mon Dieu me
vienne en aide... larmes... Pause.*

***

Je repense à tout ce qui est survenu, ces derniers temps,
tous ces mois durant lesquels Moïse finissait de purger sa
peine. Le grand potager de New-Carlisle, la vente de nos produits dans une guérite le long de la 132. Je me demande
encore si c'est l'absence de Moïse qui, durant cette période, a
rendu les choses plus faciles. Il a, bien sûr, fallu suivre ses
commandements, mais c'était différent; ses emportements ne

pesaient pas sur nos journées comme autant de nuages gris dans un ciel d'été. Il y a toujours eu ce que dans mon ignorance je prends pour du favoritisme; ainsi, par exemple, alors que Nadine peut appeler sa famille tant qu'il lui plaît, nous n'en avons pas le droit. L'une d'entre nous a même dû déchirer le chèque que sa mère lui a envoyé.

Un jour, lors d'une libération provisoire de Moïse, il a demandé à Rachel et Dina de lui voler des vêtements dans un magasin. Peu habituées à ce genre de délit, elles se sont fait prendre. Il me semble qu'il aurait été plus simple d'accepter le chèque pour acheter des vêtements.

Il y a eu aussi cette première visite à Québec où, sept mois après la naissance de notre fille, Moïse a enfin pu la voir. Malgré cela, cette visite a vite tourné à l'orage. S'emportant pour un rien, Moïse s'est fâché contre moi et j'ai dû, clandestinement, faire en sorte que la police vienne le rechercher. Il ne faudrait pas qu'il apprenne cela, il me tuerait.

Puis le livre de Papy est sorti sur le marché. Jusqu'à la libération de son mari, c'est d'abord Ève qui en a assumé la promotion. Elle a même répondu à une invitation de Pierre Pasco. Peu de temps après, le prisonnier vedette a été libéré, au terme d'une incarcération de quatorze mois sur une peine de vingt-quatre. Depuis, il se déplace dans tous les coins de la province pour participer à des émissions de radio ou de télévision.

Et, malheureusement, il s'est remis à boire, « à cause de toutes ces réceptions où je dois me rendre », explique-t-il avec beaucoup de facilité.

— Même si tu dois participer à des cocktails, qu'est-ce qui t'empêche de ne prendre qu'un verre de jus?

— Tu n'y connais rien!

— Je m'excuse, Papy, mais j'ai quand même vécu dans le monde, visité l'Europe et l'Amérique latine, je sais comment ça se passe...

Il m'a regardé avec des yeux vraiment mauvais.

— Qu'est-ce que tu veux insinuer?

— Rien, Papy. Rien...

— Tu n'es qu'une menteuse, une hypocrite, tu n'as même pas le courage de tes opinions, tu n'es qu'une traînée, une nymphomane, une perverse...

Il s'est approché de moi et avant que je ne puisse faire

quoi que ce soit, m'a envoyé une claque qui m'a presque jetée à terre. Il y avait longtemps que je n'avais subi ses foudres, je me suis rebiffée :

— Et pourquoi tu ne veux pas que je lise ton livre comme les autres? Est-ce que tu as conté des menteries que tu ne veux pas que je sache, c'est ça, hein!

J'ai pris peur en voyant son regard se vider de toute humanité; je me suis relevée et, avant qu'il puisse me couvrir de coups, j'ai quitté l'appartement précipitamment. Je ne sais toujours pas si j'y serais retournée si je n'y avais pas laissé Bath-Shiva. Toujours est-il qu'après une longue marche le long du boulevard Henri-Bourassa, craignant que, dans son accès de colère, il ne s'en prenne à notre fille, je suis retournée au bercail. Après six ans de vie dans la commune, je me rends compte que je viens de fuir pour la première fois. Là, au lieu de la scène à laquelle je m'attendais de sa part, il s'est excusé et, en compensation, m'a proposé de l'accompagner pour un voyage d'affaires dans ma région natale.

C'est la première fois qu'il m'associe à un de ses déplacements. Ce matin, 4 décembre 1983, nous avons quitté la vieille capitale en direction du Saguenay. Moïse a été invité à donner quelques entrevues aux médias de l'endroit, relativement à la parution de son livre. Nous buvons du vin – acheté au dépanneur – et je me sens un peu ivre.

En vue des faubourgs de Chicoutimi, il me tend à nouveau la bouteille de rouge.

— Tiens, une dernière gorgée; ça commence bien une journée.

— C'est sûr...

— Veux-tu aller voir ta parenté?

Surprise, je le regarde. C'est lui-même, pourtant, qui nous a demandé d'annoncer aux nôtres que nous ne pourrions plus les voir. Je ne comprends pas : est-ce un piège pour m'éprouver?

Voulant en avoir le cœur net, je mentionne que j'ai des amis chez qui je venais à chaque retour de voyage.

— Tu pourrais les appeler en arrivant, me propose-t-il.

— Tu me le permets?

— Bien sûr!

Je me fais déjà une fête de revoir l'une d'entre eux à qui je n'ai pas parlé depuis fort longtemps.

— Ce que tu pourras faire, une fois que nous y serons, ce sera d'expliquer à tes amis que notre *pick-up* a eu des ennuis mécaniques et qu'on a pas de quoi s'en retourner. Ils te proposeront sûrement de t'avancer de l'argent, tu leur diras que quarante piastres devraient faire l'affaire.

Toute ma joie s'éteint sur-le-champ; je préférerais maintenant ne plus y aller.

— À propos de ton ex-amant que tu avais à Chicoutimi, le bonhomme que t'avais accompagné au Mexique?

— Oui...

— À lui, tu pourrais demander soixante-quinze; il a un commerce, il doit être capable.

— On les remboursera quand?

— Dès qu'on pourra, Thirtsa.

***

Les visites chez mes vieilles relations ont été aussi brèves que gênantes. Cherchant dans une certaine mesure à profiter de l'occasion et du mauvais tour qu'il venait de me jouer, je lui ai demandé à revoir mes sœurs, il a accepté en grommelant. La rencontre de Murielle et de Jeanne-Mance n'a duré que le temps de s'embrasser et d'échanger les nouvelles les plus importantes.

Nous venons de les quitter et il secoue la tête d'un air dégoûté.

— Bah! dis donc! elles sont plutôt moches, tes sœurs. De toutes les plottes de la famille, c'est encore toi la plus intéressante. Elles n'ont pas été gâtées par la nature...

Je me tais. Ce voyage qui devait être une joie, m'a fait me sentir une moins que rien vis-à-vis de madame Tremblay, même chose en allant quêter de l'argent à un ex-béguin, et enfin ces insinuations désobligeantes à l'égard de ma famille. Pourquoi avec lui tout ce qui pourrait être agréable devient-il aussi pitoyable?

***

À notre retour, Moïse a commencé à rédiger un second ouvrage et, un soir, après dix-huit mois d'abstinence, j'ai été appelée à rejoindre sa couche. Fécondée, il m'a renvoyée à la Bergerie en Gaspésie.

Le 25 janvier 1984, Caïn est venu de Québec avec l'ordre pour Thimna et moi de ramasser nos affaires et de nous préparer à quitter les lieux pour le début de février. Comme prévu, par une froide journée, nous sommes montées dans le train à destination de la vieille capitale où Moïse avait réservé un cinquième logis pour le reste de la clique. Il ne restait en Gaspésie que Juda et deux compagnes chargés de ramasser tout notre bric-à-brac. Nous laissions aussi derrière nous d'innombrables factures impayées; entre autres, celles de Bell Canada.

Je ne comprends pas comment Moïse peut faire pour concilier sa gloire de vivre en marge de la société et la somme de tout ce qu'il lui doit.

Petit à petit la commune reprend forme. Le salon de notre loyer est converti en salle à manger où nous nous réunissons également pour nos réunions périodiques. De plus en plus, Moïse nous fait des reproches sur ce qu'il appelle notre laisser-aller durant son incarcération à Orsainville. Les rigueurs du cloître et les châtiments reprennent comme autrefois. Les enfants aussi doivent s'aligner. Hier, il a déclaré que les jeunes devaient absorber de l'ail au repas et, au déjeuner, ma petite Bath-Shiva rechigne devant son gruau dans lequel j'ai dû broyer une gousse.

— Fais taire cette enfant, me commande Moïse, ou c'est moi qui vais m'en occuper...

— Elle a à peine un an... l'ail a mauvais goût, le matin.

— Tu l'encourages!

— Non...

Il regarde à nouveau notre fille qui continue à grimacer.

— Elle mérite d'être corrigée! hurle-t-il.

Et, l'arrachant de son siège, il lui donne une violente fessée que mes supplications sont impuissantes à faire cesser.

— La prochaine fois, dit-il, elle saura qu'il ne faut pas grimacer devant ce que nous donne notre Maître.

***

Pour fêter l'approche de notre nouvelle année, soit celle d'Hubba-Shémesh (février 1984), nous avons fait un jeûne complet de vingt-quatre heures pendant lequel Moïse a imaginé le menu de la fête. Ce soir, nous sommes assemblés, debout, pour écouter l'allocution qu'il doit faire.

— Afin, précise-t-il, de souligner nos retrouvailles et la septième année d'existence de notre belle famille qui a su affronter tous les courants sociaux qui voulaient nous détruire...

L'allocution se prolonge et, à travers des vertiges répétés, je sens mes jambes toutes molles. Oublie-t-il que je suis enceinte de huit semaines? La sueur perle à mon front. Qu'est-ce qui se passe? Je sens un liquide visqueux dégouliner entre mes cuisses. Malgré ma crainte de l'interrompre, je demande à Moïse l'autorisation de m'absenter.

— Tu ne peux donc attendre?

— Je crois que je saigne...

— C'est bon, vas-y.

Aux toilettes, je me rends compte que j'ai un écoulement vaginal. Ressortant de la salle de bains, j'interromps une seconde fois son discours pour faire part à Moïse de mon état.

— Allonge-toi sur le plancher, m'ordonne-t-il, et ne bouge plus!

Le banquet est commencé, tout le monde s'affaire et moi je dois rester là, sur le plancher. De temps à autre, on m'apporte une bouchée, mais je n'ai le cœur à rien. Moïse ne cesse de me lancer des piques blessantes.

— Si t'avortes, ce sera de ta faute, t'as péché et tu sais très bien à quoi je fais allusion.

Je repense à ce que j'ai fait et dit à la Maison Gomin afin d'y prolonger mon séjour. Est-il possible qu'il soit au courant? Non, mon imagination doit me jouer des tours.

Tout le monde s'est retiré pour la nuit sauf moi, toujours étendue par terre. Moïse m'a prévenue qu'il était dangereux pour mon fœtus de faire un seul mouvement. J'ai le bas de la colonne vertébrale en feu à force de courbatures. Est-ce vraiment la bonne solution?

***

Dans la nuit du surlendemain, je fais une fausse-couche. J'ai demandé l'autorisation d'aller me rafraîchir aux toilettes, celle-ci m'est accordée et Moïse commande même à Dina de m'aider à me nettoyer.

— Tu sais, dis-je à ma compagne, à présent que nous sommes seules, j'ai peut-être la berlue, mais j'ai toujours l'impression d'être enceinte, je dois avoir la tête fêlée...

— Ça doit être le traumatisme.

— Ne parle à personne de ce que je viens de te dire, s'il te plaît.

— O.K.

En sortant, je me sens molle comme une guenille, je suis vidée de toute énergie. Moïse me regarde avec des yeux enfiévrés de haine, sa bouche est tordue, une veine bat dangereusement à sa tempe.

— Maudite chienne! m'apostrophe-t-il, par ta propre faute, tu me prives de la joie d'avoir un de mes enfants. Décidément on peut pas faire confiance aux plottes, elles doivent être menées par le bout du nez si on veut en tirer quelque chose! Avoue que tu as triché ton maître... et fais connaître tes péchés à tous!

À nouveau, il me demande de me parjurer sous la menace, comme il m'avait demandé de le faire au tribunal. Je suis tentée de lui répondre que c'est grâce à mon faux serment s'il a eu une sentence réduite, mais j'ai peur et, malgré moi, je commence à avouer comment je m'y suis prise pour rester plus longtemps à la Maison Gomin. Je parle aussi de l'argent que j'ai ramassé alors que je travaillais à l'atelier de couture et que je n'ai pas déclaré à la trésorière. Je me confonds en excuses et en formules de repentir.

— Pardonne-moi, Papy, si je ne t'ai pas écrit assez souvent, si j'ai refusé de te parler au téléphone, je ne savais pas ce que je faisais.

— Tu as péché contre tous tes frères, tu les as trompés, tu dois demander pardon à chacun en particulier.

Tour à tour j'implore le pardon de mes compagnons; ceux-ci en réponse m'humilient copieusement.

***

Les jours passent et j'ai toujours le sentiment d'être enceinte. Il faut que j'en parle à Moïse.

— Tu viens de faire une fausse-couche, me répond-il, comment peux-tu être enceinte?

— J'en sais rien, il y a tous les symptômes...

— Je vais te faire un toucher vaginal; comme ça, on saura.

Je le sens farfouiller en moi de son majeur. Il secoue négativement la tête.

— Il n'y a rien, déclare-t-il, je ne palpe que de la merde à travers la paroi. Arrête de prétendre que tu es enceinte; tu ne l'es pas, c'est clair!

Je fais signe que oui pour m'en débarrasser. Au fond de moi, cependant, je remets en question son examen. Après tout, on verra bien...

***

— Vous savez, nous dit Moïse alors que nous sommes tous attablés autour de lui, je crois que j'ai pris une grande décision...

— Laquelle, Pépé? demande Orpa. Laquelle?

— Voilà, je ne veux plus m'intoxiquer avec la boisson du monde et je crois que la température clémente de l'Ontario serait plus propice à la culture de vignes. Là, nous pourrions extraire notre vin, et puis aussi le climat plus chaud se prêterait mieux à l'élevage des chèvres...

Ainsi il veut déménager en Ontario. Je ne puis m'empêcher de penser qu'il se méfie plus de la Commission des libérations conditionnelles que de la température québécoise. Il sait fort bien qu'ici, les autorités ne permettront pas que notre groupe se reforme.

Vers le 17 avril, une première expédition composée de Moïse, Caïn et Rachel est revenue bredouille d'une recherche de quelques jours dans le centre-sud ontarien. Pour ma part, j'ai respiré. Mais une seconde expédition composée des mêmes personnes est partie et voici que Moïse nous passe un coup de fil pour nous faire part d'une « bonne nouvelle » :

— Je viens de faire une transaction très intéressante pour nous : un certain Manfred Dzedzitz consent à nous vendre une parcelle de cent hectares de terrain dans les bois environnant Kinmount pour douze mille piastres.

— On a cette somme? s'informe Ève.

— Non, mais c'est payable en versements mensuels sur cinq ans sans intérêt.

— Ouais, c'est pas cher...

— C'est parce qu'il n'y a aucune construction sur le lot et pas d'issue directe, aucune chaussée carrossable car c'est situé entre plusieurs autres terres. Ils appellent ça un *land-locked* par ici.

Son épouse nous répète les paroles de Moïse, nous dandinons du chef. Se faisant toujours l'écho de son mari, elle nous demande si nous sommes prêts à recommencer à zéro pour rebâtir et ouvrir des chemins.

Parce qu'elle rêve d'élever son futur enfant dans la nature, il n'y a que Schua pour exprimer du plaisir à cette question; pour tous les autres, c'est plutôt le découragement. Nous nous sommes habitués aux facilités de la civilisation, nous avons vieilli, il y a trois femmes enceintes et une couvée de neuf gamins en bas âge.

Nous hésitons fortement à lui donner notre accord. Entre autres, nous pensons aux enfants qui seront bientôt en âge de fréquenter l'école.

Pour ma part, j'ai bien peur qu'assentiment ou non, Moïse ne nous commande de déménager dans les bois ontariens. À la simple idée d'avoir à nouveau à me battre contre les mouches noires, j'en ai la nausée. Ça ne se peut pas, on ne se laissera pas faire!

***

J'avais tort. Moïse est revenu avec le contrat en poche et nous ne protestons que très mollement.

— Mes amis, nous explique notre guide spirituel, les yeux embués de larmes, depuis la prison j'ai mûri cette idée en ayant à cœur de vous offrir ce temps de paix que l'Éternel veut vous octroyer. Comment vous faire comprendre que c'est votre bien-être que je désire et que je vous aime comme un vrai fou? Pendant ce temps, vous cherchez à me fuir...

Une première consœur s'incline :

— Nous te suivrons où tu iras, Papy.

Et, chacun notre tour, nous faisons cette promesse. Je ne comprends pas pourquoi je la fais, car une voix me dit : « Tu n'as qu'à dire que tu ne les suivras pas, que toi tu restes ici. » Mais j'ai encore plus peur de cette voix que d'aller à nouveau m'enfermer dans le bois. Ça doit être la voix du Mal puisque Moïse, lui, parle pour le Maître.

Il est convenu de déménager au début de mai.

XII

Dans la soirée du 1er mai 1984, Moïse nous donne l'ordre de décamper en vrais sauvages, c'est-à-dire en laissant cinq loyers vacants et une foule de dettes impayées. Nous roulons déjà depuis longtemps. Moïse, Ève et Rachel sont dans la cabine avant d'un camion U-Haul. À l'arrière, au milieu d'un fatras de boîtes, il y a Schua, Naomi, les six enfants les plus vieux et moi. En remorque, un véhicule non motorisé abrite notre vache Cana et le poney Shetland. Nous sommes suivis par le demi-tonne Chevrolet qui, conduit par Caïn, remorque la volaille et les chèvres.

Malgré l'époque, il fait froid, et le temps paraît s'étirer indéfiniment.

Les freins grincent, quelques ballottements indiquent que nous quittons l'asphalte, la porte s'ouvre.

— Burnt River! On est rendus! claironne Moïse.

Nous sommes dans un champ quelconque, environné d'arbres quelconques, et il neige lentement. Une neige humide qui tombe d'un ciel lourd et gris. Je regarde autour de moi, je sais que je suis très loin du Québec; j'ai l'impression d'être dans un autre monde. Prisonnière. Que faisons-nous ici?

— Nous allons dresser la tente à cet endroit, nous indique Moïse.

Suivant son ordre, nous nous activons à dresser la grande tente d'armée rectangulaire. Soudain, je me revois sur la plage de Bonaventure; est-ce que tout va recommencer comme au pied de la Montagne?

Je frissonne et je ne crois pas que ce soit dû à la neige.

— On est tout près de notre terre, nous explique Moïse en montrant du doigt la ligne d'arbres. Demain, on ira voir...

***

Au sabbat du 5 mai 1984 (ou le 21 sivan de l'an Hubba-Shémesh), toute la famille est rassemblée. Entassés dans le Hornet, Juda, Thimna, Orpa, Salomé et les quatre plus jeunes viennent d'arriver. Nous nous embrassons.

— Bienvenue dans le village le plus loyaliste de l'Ontario! les accueillons-nous.

Tout en discutant sur la façon de nous organiser, nous regardons approcher un homme qui, l'air mauvais, braque un fusil sur nous.

— *What do you do here? You can't stay here!*

Moïse me fait signe de lui demander ce qu'il veut. J'apprends que nous sommes sur sa propriété et qu'il ne veut pas que l'on campe dans son champ. Je lui explique que nous avons acheté le lot en arrière et qu'il nous faut passer par là pour nous y rendre, il ne veut rien comprendre et nous intime l'ordre de déguerpir immédiatement. J'explique tout cela à Moïse qui hausse les épaules.

— Tant pis, nous traverserons de nuit.

L'histoire recommence...

Quand est-ce qu'elle arrive, la fin du monde?

***

La lune n'est pas là pour nous éclairer. Nous progressons lentement à travers prés, marécages, bouquets d'aulnes, troncs morts et clôtures barbelées. Nous nous écorchons partout, portant les nourrissons, la volaille, tirant les chèvres qui renâclent, la vache qui parfois s'arrête et refuse de continuer, le poney qui n'est pas d'accord du tout, les enfants qui sont exténués, surtout les jeunes qui viennent de faire un si long voyage.

Cinq kilomètres plus tard, nous arrivons sur notre terrain, mais ce n'est pas fini, il faut monter une des tentes pour coucher la marmaille. Ceci fait – n'étant toujours pas du clan des favorites – il faut que je retourne afin d'aller chercher le reste du matériel transportable à dos d'hommes et de femme enceinte.

À la barre du jour, nous avons transporté tout ce que nous avons pu, nous sommes exténués. Je n'ai plus qu'une envie, m'allonger quelque part et dormir, dormir... Je n'envie pas du tout Caïn, Juda et Élam qui, après cette nuit blanche et laborieuse, doivent ramener le camion à Québec pour éviter de payer ce qu'un tel déménagement coûterait normalement, en redonnant le camion ici, en Ontario. Notre spécialiste en mécanique a débranché le câble du kilométrage.

***

Moïse a défini la structure de notre habitat provisoire. Pour éviter que les enfants ne se blessent sur le chantier situé à deux kilomètres, nous resterons ici tant que toutes les constructions définitives ne seront pas achevées. Ce campement comporte quatre tentes, un refuge de bois bûché par Moïse qui lui servira de chambre mais aussi, pour tout le monde, de cuisine et de salle à manger. Nous avons aussi découvert un autobus en ruine datant d'une autre époque et abandonné là par d'anciens pionniers. Moïse décide qu'Élam et Juda y logeront. Nous nous mettons tous en devoir de nettoyer les lieux.

C'est Élam qui, sous un banc, découvre un nid de porcs-épics. Surpris, les six rongeurs se sauvent dans toutes les directions. C'est une poursuite effrénée. Un à un, les animaux sont abattus.

— Le souper de ce soir! déclare Moïse.

Nous les dépeçons en grimaçant, les vidons, le cœur au bord des lèvres, et pour finir les plongeons dans le pot-au-feu suspendu au-dessus du foyer.

Rien qu'à l'odeur je sais que ça va être infect.

***

Moïse a érigé un sanctuaire au pied d'un gigantesque sapin. Ce lieu sacré est constitué d'un tumulus de pierres. Cela me fait penser à ces constructions celtiques que j'ai pu voir autrefois en Bretagne.

Ce matin, comme d'habitude, il s'y est rendu avant de faire quoi que ce soit d'autre. Il est strictement défendu de lui adresser la parole ou de le déranger d'une quelconque façon avant qu'il ne revienne de son culte. De même, sauf autorisation exceptionnelle, il nous est interdit de nous approcher de son autel. Dieu seul sait ce qu'il y trame.

Je le vois qui s'amène d'un pas dénotant un certain souci. Comme de fait, il nous invite à nous asseoir autour de lui alors qu'il prend place sur sa balançoire de bois que nous transportons depuis Saint-Jogues.

— Mes amis, commence-t-il, il faut que je vous parle. Tout d'abord je voudrais vous exhorter à retrouver cette si belle attitude de soumission que vous aviez à la montagne de l'Éternel. Je le sais : il y a eu la prison et le relâchement qui en a résulté; je ne vous en veux pas, je peux comprendre... (Il se tourne vers Rachel.) Quoique toi, brebis, je trouve toujours que tu as montré beaucoup de scepticisme concernant la réussite de cette nouvelle entreprise, enfin... avec le temps, tu comprendras qui avait raison... Autre chose que je voulais vous dire, mes amours : vous connaissez à peu près l'état de nos finances. Aussi, à partir d'aujourd'hui et ce jusqu'à nouvel ordre, à moins, bien sûr, de trouver de nouveaux porcs-épics ou autres bébites, nous nous contenterons d'une diète à base de moulée pour les animaux. Soja, maïs, orge et riz, voilà qui devrait nous suffire. Les chevaux et les vaches s'en contentent bien...

Je pressens avec découragement que, oui, les choses vont redevenir comme elles étaient au pied de la Montagne en Gaspésie.

Voilà une mauvaise pensée qu'il me faut réprimer à tout prix, car, selon notre pasteur, « elle ouvre la porte au Diable ».

***

Aujourd'hui, plus d'un mois que nous sommes ici, c'est l'inauguration du nouveau moulin à scie patenté par Moïse. Pour fabriquer cet engin, il a fait le tour des *cours à scrap* de la région, rapportant, chaque fois, des morceaux de ferraille qui, pour ma part, me semblaient tout à fait inutiles. Mais tout à l'heure, il a mis le moteur en marche et nous a débité une planche. Il n'y a pas de doute, ça marche!

Chacun notre tour, nous le louangeons pour son habileté et son esprit inventif.

Pour ma part, je crois que je préférerais qu'il soit un peu moins ingénieux et un peu plus conciliant, surtout avec les jeunes. Durant toute la journée, alors que nous travaillons au chantier, les enfants sont parqués du matin au soir dans un clos de quinze mètres carrés. Qui plus est, le régime de maïs à vache ne convient pas tellement à nos organismes et nous souffrons tous de flatulences que nous, adultes, contrôlons tant bien que mal, mais les petits, eux, se retrouvent souvent les culottes souillées en essayant de se soulager de leurs gaz.

Il y a aussi l'hygiène physique qui est réduite à sa plus simple expression. Pour vraiment se laver, il n'y a que le jour du sabbat où l'on doit aller se jeter dans l'eau glaciale du marais, par surcroît infesté de sangsues. Évidemment, en entrant dans l'eau froide, les gamins s'époumonent et crient leur protestation. Moïse dit que c'est bon pour leurs poumons, qu'ils doivent être habitués à la dure, qu'il ne faut pas en faire des femmelettes comme nous. Je ne comprends pas pourquoi il nous fait tant de reproches alors que lui, parce qu'il n'a pas un bon estomac, mange des produits de l'épicerie passés date que je suis parfois chargée d'aller quémander dans les magasins. Il y a aussi que nous devons nous déplacer dans le bois avec une pelle chaque fois que nous voulons aller aux toilettes alors que lui se fait transporter partout son cabinet portable qu'il prétend indispensable à cause de son syndrome de chasse. Moi, je me prétends enceinte, mais cela ne me donne droit à aucune considération particulière. Je fais partie de l'équipe des forçats qui doivent déblayer un chemin d'accès en usant, à la journée longue, de pelles, pioches et leviers pour déplacer de grosses roches qui parfois se dressent sur notre parcours.

Pour célébrer ce moulin à scie, un pique-nique est prévu; pas de maïs à vache ce midi. Je redoute ces festins où la nourriture inhabituellement variée et abondante doit être consommée avec tout un cérémonial que les jeunes enfants ont du mal à saisir. Comment, alors qu'il y a sur la table des saucisses, des omelettes, du fromage et du pain, comment leur faire comprendre, eux qui ordinairement n'ont droit qu'à de la moulée, qu'il faille grignoter tous ces mets avec cérémonie?

Il fallait s'y attendre. Avec horreur j'ai vu Bath-Shiva engloutir une saucisse avec avidité. Moïse la regarde avec fureur.

— Comment élèves-tu cette enfant-là! me reproche-t-il. Elle ne vaudra pas mieux que sa plotte de mère!

Je ne réponds pas à sa remarque stupide. Il semble tout à coup se plaire à oublier qu'il nous a formellement interdit d'élever nos propres enfants, sauf dans le cas de ses favorites. Sitôt que l'on s'occupe d'eux avec un peu d'attention ou d'affection marquée, cela nous est tout de suite reproché avec beaucoup de rigueur.

Il ne sert à rien d'attiser sa colère.

Moïse retire brusquement le plat de notre fillette.

— Tu n'es qu'une petite mal élevée! je ne veux plus te voir manger quoi que ce soit avant demain, tu as compris?

Bath-Shiva a le visage tout grimaçant de peine. Elle fait oui en inclinant la tête.

— Je ne t'ai pas entendu! réclame Moïse.

— Oui, Papy, sanglote notre fille.

J'ai le cœur brisé. Je me demande comment un homme de Dieu peut être aussi dur envers sa progéniture. Son attitude me laisse songeuse.

***

Le moulin est en marche. À la force de nos bras, la première des quatre habitations prévues s'élève le 24 juillet, sur le site des « Restes de Jacob ». Les techniques de construction sont à peu près similaires à celles de Saint-Jogues, sauf qu'ici les détails de menuiserie sont plus raffinés.

De style chalet suisse, s'élève la maison de la tribu de Siméon (représentée par Ève), puis, en forme de grange, celle de la tribu de Juda (représentée par Dina). J'en suis à mon huitième mois de grossesse et je travaille comme une forcenée.

Au matin du 14 août, je transporte des chaudières d'eau de cinq gallons afin de remplir l'énorme baril juché sur une remorque. À chaque transvasement, je sens quelque chose s'ouvrir dans mon bas-ventre. C'est terriblement douloureux et j'écrase furtivement des larmes qui s'échappent de mes yeux. Ce n'est rien, me dis-je, je dois accepter mon sort, celui que Dieu m'a dévolu. Moïse ne répète-t-il pas souvent ces paroles de la Genèse : *« J'augmenterai les souffrances de tes grossesses et tu enfanteras avec douleur, et tes désirs se porteront vers ton mari, mais il dominera sur toi »*?

***

Enfin la journée est finie, je vais me soulager dans le bois, et, m'essuyant avec une débarbouillette, j'aperçois sur celle-ci un film de mucosités sanguinolentes. Non! Ce n'est pas possible! Je ne veux pas accoucher maintenant, il est trop tôt! Je ne suis pas prête! Je suis trop fatiguée, je n'aurai pas la force de passer au travers. Je suis au bout de mon rouleau.

Les heures passent, je suis de plus en plus mal, je me décide à aller trouver Rachel qui se berce sur la balançoire de Moïse.

— Rachel, je ne sais pas comment le dire, mais je crois bien que je vais accoucher...

— Tu es sûre?

— J'ai des contractions importantes.

— Il faut prévenir Papy.

— Que va-t-il dire? Mon temps n'est pas arrivé!

— Tôt ou tard, il va bien falloir lui en parler, non?

Mis au courant, Moïse m'a fait venir dans sa chambre et me regarde comme si les preuves de ma parturition pouvaient être inscrites sur mon front.

— Thirtsa, me demande-t-il, tu es sûre que tu vas accoucher?

Comment en être certaine puisque selon toute probabilité j'ai quatre semaines d'avance?

— J'ai beaucoup de pertes, Papy. Oui, je crois que je vais accoucher...

— Très bien. (Il se tourne vers Rachel.) Appelle Dina et disposez le matériel sous la tente d'Ève.

À peine suis-je étendue que les membranes se rompent, et une soudaine contraction me plie en deux. Je songe à l'interminable accouchement de trente heures pour Bath-Shiva. Je ne me sens pas la force de recommencer, je voudrais me sauver. Mais il n'existe pas d'issue de secours. J'essaie de rassembler mon courage pour me calmer et me concentrer sur mes exercices respiratoires.

Une seconde contraction, puis une autre...

Je n'en suis qu'à la cinquième lorsque Dina annonce que la tête vient d'apparaître. Je me redresse quelque peu et vois le visage du bébé tourné vers le plafond de toile; à ce détail, je sais déjà que c'est un garçon. J'ai toujours vu les filles naître la tête tournée vers le bas.

Mercredi, 14 août 1985, 23 h 13, notre premier bébé en Ontario est né : un garçon de 2,25 kilogrammes aux cheveux bouclés noir de jais. J'exulte. Enfin, Moïse va reconnaître que je suis capable de lui donner un gars. Et j'ai raison car, aussitôt prévenu, il vient pour m'embrasser.

— Bravo, Thirtsa.

— De rien...

Il feuillette sa bible.

— Voilà! fait-il en levant le doigt. Il s'appellera Éléazar.

— Éléazar...

— Oui, c'était le fils aîné d'Aaron : tu sais, le plus grand sacrificateur du temps de Moïse.

Sans me demander ce que je pense du prénom, il me quitte pour annoncer aux autres le nom que portera mon second enfant. Je les entends autour du feu qui entonnent une chanson en l'honneur de la naissance d'Éléazar. Ces mélodies me bercent de joie et d'espérance; j'ai l'impression enfin d'être admise dans l'estime de Moïse – et par conséquent dans celle du monde entier.

***

Une semaine que je récupère lentement en me reposant le plus possible. J'éprouve justement un peu de gêne car je suis étendue et Moïse s'approche de moi. Je me sens toujours en mauvaise posture lorsqu'il me prend à ne rien faire.

— Comment te sens-tu, Thirtsa?

— Ça va, Papy...

— Il va falloir que tu retournes travailler maintenant. Plus vite tu t'y remettras, plus vite tu vas retrouver la forme. Tu sais, nos grands-mères ne s'arrêtaient pas longtemps sur leurs couches. Et puis tu es robuste, on a besoin de toi avant qu'il fasse trop froid.

Je me sens coupable. J'acquiesce à ses propos.

— Je vais retourner travailler, Papy.

— Quand?

— Je vais y aller, là...

— Parfait.

***

Je crois que j'ai repris le travail trop tôt; en plus d'être affligée de lancements et d'œdème aux jambes, j'éprouve une perpétuelle pesanteur dans l'abdomen. Je crois que mon utérus descend dans mon vagin; en fait, je le palpe facilement du bout de mon médius. Comment expliquer cela à Moïse, comment lui dire que ce que je fais ne convient pas à une femme qui vient d'accoucher?

Cette fois ça y est, je suis mal arrangée, ma matrice pendouille de cinq centimètres au dehors de ma vulve; cela entrave ma marche et suscite de perpétuels tiraillements dans la région pubienne.

Je suis gênée de me dévêtir lorsqu'on se lave ensemble et, en particulier, en présence des hommes. C'est un coup terrible porté à ma féminité; à trente-quatre ans, ce n'est pas facile à accepter; d'autant plus que les autres ne se privent pas de me couvrir de quolibets du genre « la vieille ».

***

Dans la matinée du 6 septembre, je suis en train d'assembler des pièces de bois qui formeront les murs du sous-sol de la maison de Moïse, lorsque ce dernier s'approche de moi depuis la cabane principale. Que me veut-il?

— Thirtsa, Dina va avoir besoin de toi, ça va être à son tour d'accoucher.

— J'y vais, Papy.

***

Il y a de cela douze jours, Dina a mis au monde un garçon que Moïse a appelé Labam, qui signifie « blancheur ». Aujourd'hui a lieu une célébration pompeuse pour honorer la nouvelle mère et son nourrisson. N'y sont conviées que les femmes chéries. Mon chagrin est insondable; que fais-je ici? Comme s'il voulait répondre à mon interrogation, je vois Moïse sortir de son abri où a lieu la réception de bienvenue. Il me regarde et s'approche de moi.

— J'espère au moins que tu n'es pas jalouse, me dit-il. Si je ne vous ai pas fêtés, toi et Éléazar, c'est tout simplement parce que Dina est symboliquement dans la lignée des princes illustres issus de la tribu de Juda tels que le roi David et le Christ. Accepte donc ta condition, Thirtsa, elle est loin d'être pitoyable. Considère-toi plutôt grandement bénie que mon

Maître ait permis que ton sein soit le berceau d'un des héritiers de son Représentant qui, comme tu le sais, est le seul homme sur la terre en qui Il met toute sa complaisance. C'est un cadeau et privilège exceptionnel que tu as eu.

— Bien sûr, Papy...

Quinze jours plus tard, nous décidons de pendre la crémaillère. Je le vois se diriger, l'air soucieux, vers Caïn et Juda. De loin, atterrée par ce que j'entends, j'écoute la conversation.

— Savez-vous combien ça fait de temps que je n'ai pas pris une bière?

— Depuis ton vœu à Québec d'arrêter de boire. D'ailleurs, on voulait te féliciter à ce sujet-là.

— C'est ben beau ce vœu-là, mais je vous ai amené dans de verts pâturages, je vous ai trouvé une terre, je vous ai bâti des maisons...

— C'est vrai, on reconnaît que t'es un bon berger, lui précise Caïn.

— Vous trouvez pas que ce serait normal à soir d'arroser ça!

Juda, indécis, jette un regard à Caïn comme pour chercher les éléments d'une réponse à donner à Moïse. Caïn, ayant très bien compris les intentions de son maître, se dirige vers la source, et sort de la crique une caisse de bière.

***

Quelques jours après, je suis en train d'allaiter mon fils quand, relevant la tête, j'aperçois Moïse, ivre depuis que l'eau de la source a été changée en Molson, qui nous regarde. Surprise, je lui découvre un rictus haineux sur les lèvres.

— Qu'y a-t-il, Papy?

— Ce qu'il y a! Il y a que je hais ton fils! C'est un enfant maudit!

— Mais pourquoi?

— Regarde-le, il a la paupière gauche qui tombe; il est laid. T'es chanceuse que je n'applique pas la loi aussi durement que mon prédécesseur premier du nom. Si cet être de malédiction était né à cette époque, Moïse l'aurait tué ou expulsé du camp des Hébreux, tout comme il disgraciait ceux ou celles qui avaient des plaies qui coulaient et des infirmités.

Moïse me tourne le dos et s'éloigne en me laissant l'impression amère que tout s'effondre. Comment peut-il dire cela de mon bébé, de notre fils de trois mois! Il est tellement beau avec ses petits cheveux bouclés, ses yeux brillants comme des perles noires; j'en suis fière, moi! Je me souviens qu'Éléazar signifie : celui que l'Éternel aida. Choquée, je m'adresse intérieurement à Dieu :

« Mon Dieu, je T'ordonne de secourir mon fils. Arrache-le des châtiments qui l'attendent et, s'il le faut, charge-les sur mes épaules! »

***

Fête de la Joie (29 décembre). Moïse, qui s'est enivré une fois de plus, a décidé d'écrire un testament. Ses dernières volontés sont :

— Lorsque je mourrai, Salomé devra quitter la famille et si elle s'y oppose, son époux devra la tuer;

— Mon épouse, Ève, devra mourir s'il s'avère qu'elle donne naissance à un enfant posthume;

— Thirtsa sera pendue à un arbre.

Quelle joie d'entendre ce « nouveau testament »!

***

Samedi, 26 janvier 1985. Le lever est bruyamment martelé contre le baril placé au centre de la place. C'est toujours le même réveil à 5 h 30; je tressaille à l'idée que la nuit soit déjà finie, je retire mon bras passé amoureusement autour de mon chérubin puis, sans vouloir penser à la journée qui m'attend, je me lève d'un bond. Je fais mes ablutions et, aussitôt après, donne le sein à Éléazar. Je me demande combien de temps encore je jouirai de ce privilège de ma dernière maternité. Après ça, je lui fais sa toilette puis lui donne son gruau. Sans changer ses habitudes, il démontre beaucoup de nervosité, comme s'il craignait de ne pas en avoir assez. D'ailleurs, il a une faim d'ogre. Si Moïse l'autorisait, je suis certaine qu'il mangerait davantage.

Un peu plus loin, j'observe Bath-Shiva qui bouffe péniblement son maïs à vache dans un contenant de margarine. Elle ressemble à une Biafraise tant elle a le ventre ballonné. Après l'allaitement, Moïse m'en a totalement retiré la garde et j'en souffre. Impossible sous peine de sévices, pour les deux, de lui donner ne serait-ce qu'un baiser.

Je fais faire son rot à Éléazar puis le recouche. Déjà il s'assoupit et j'en suis assez contente. J'ai remarqué depuis quelque temps qu'il a cessé ses crises incompréhensibles de braillement qui m'obligeaient à lui donner des fessées sous le regard de Moïse, afin justement de le soustraire aux corrections de son papa qui n'y va pas de main morte.

Il est temps à présent que je donne le sein à Jéthro, le garçon de Schua. Celle-ci manque de lait mais ça ne me dérange pas, j'aime beaucoup son petit bonhomme.

À la fin de la tétée, j'enfile bottes, canadienne et mitaines élimées pour aller m'attaquer à ma dernière corvée avant le petit déjeuner. Cette tâche consiste à déblayer les coins et recoins du moulin à scie de toute la neige et des crottins de chèvre qui s'y sont accumulés. Chaque matin, ce travail me prend environ une demi-heure, juste le temps d'arriver pour le repas, lequel est constitué de deux petites crêpes non tartinées seulement.

Après quoi, je me prépare pour ma deuxième besogne du jour : le blanchissage. Dehors à nouveau, je me dirige vers Abondance. C'est le nom donné à l'énorme bassin d'acier reposant sur quatre pattes métalliques autour desquelles sont placées des feuilles de tôle ondulée, ce qui permet de nourrir le feu directement sous le contenant.

Le lavage est sous ma responsabilité, c'est pourquoi je distribue les tâches aux lavandières et me réserve souvent les plus ingrates, comme de nettoyer la fourche du pantalon des femmes. En effet, nous n'avons pas le droit de porter de petites culottes. Moïse dit qu'il faut que « ce coin-là respire », il n'y a que les hommes qui « pour des raisons anatomiques évidentes » ont le droit d'en porter.

Le lavage va bon train et malgré que nous soyons en plein cœur de l'hiver, la matinée est splendide. Frottant des bas puants et des mouchoirs écœurants, sans savon, je me rends compte que l'heure du second boire d'Éléazar est arrivée. Je me dirige vers mon bébé en me promettant de lui faire prendre l'air après sa tétée. Tout ce bon air lumineux lui fera du bien.

Je l'habille chaudement avec les vêtements de laine que

j'ai tricotés à la Maison Gomin, le cache dans une couverture de laine et le dépose sur le dos dans la brouette de métal, préalablement rembourrée d'un sac de couchage. J'embrasse mon petit paquet d'amour et, le laissant près du moulin à scie, je retourne vers Abondance pour finir de frotter avec les autres.

Il est environ onze heures trente, je le sais parce qu'à cette heure une montée de lait me signale que c'est le temps de donner un autre boire à Éléazar. C'est un des seuls moyens dont je dispose pour connaître l'heure. La seule montre ici, c'est Moïse qui la possède.

Je m'approche de la brouette, enlève sa couverture... Mais pourquoi est-il comme ça! Ses traits rigides me le disent mais je ne veux pas l'admettre, aucune partie de moi ne veut le reconnaître ou même le supposer. Pourtant, pourtant... j'approche mes doigts de sa petite bouche et constate aussitôt qu'elle est froide, bien trop froide!

Mon bébé!

Je le saisis dans mes bras pour retenir... retenir...

— Éléazar est mort! à l'aide! Mon Dieu! Mon Dieu, à l'aide!

Je regarde autour de moi et aperçois son père qui dévale le monticule où il travaillait et s'approche de moi à grandes enjambées.

Tout s'efface autour de moi. J'ai l'impression d'évoluer entre le monde des vivants et celui des morts; mon existence n'a plus de réalité. Je ne veux plus de la réalité, je ne veux rien savoir... s'il vous plaît! Je ne veux pas savoir...

Mais la voix de Moïse m'extirpe douloureusement du néant où je veux m'engloutir à tout jamais.

— Juda! dépêche-toi d'avertir la station de secours de Lindsay qu'ils nous envoient une ambulance. Grouille-toé!

Je réalise que, pas plus tard qu'hier, nous avons eu, pour la énième fois depuis notre arrivée, la visite du CAS (Children Aid Society) et que pour parer à toute urgence, ceux-ci nous ont laissé un radio émetteur. Ils en ont profité pour photographier toutes les mères avec leurs enfants. Pourquoi est-ce que je pense à ces broutilles? Ce n'est pas ça qui compte en ce moment, c'est... Non! Non! Il faut sauver mon petit homme!

J'entends Moïse qui commande d'atteler Bonbon à la carriole afin d'aller au-devant de l'ambulance. Je réalise qu'il faut faire quelque chose. Mon fils serré contre ma poitrine, je me mets à courir. Je suis infatigable, même si j'enfonce parfois dans la neige jusqu'aux genoux.

J'ai parcouru trois kilomètres sans fléchir, comme si j'avais une fusée au dos. J'entends l'attelage derrière moi. Il arrive à ma hauteur, j'accepte un bras et me hisse à l'intérieur.

Tremblante, n'osant le regarder, je berce mon fils jusqu'à ce que nous soyons au bord de la 121.

Toutes sirènes hurlantes, une ambulance arrive en trombe suivie d'une voiture de police. Il y a tellement de bruit, tellement de lumière que, pendant quelques secondes, j'ai presque l'impression qu'ils vont pouvoir faire quelque chose.

Je m'engouffre à l'arrière de l'ambulance, où un infirmier s'empresse de découper le linge de mon enfant.

Je regarde ses petits bras en croix étendus mollement sur le brancard. Mes yeux se brouillent, je sens mon visage se défaire, quelque chose veut sortir de ma poitrine, c'est affreux... Pourquoi? Mon petit garçon! Où es-tu rendu?

L'infirmier a un geste d'impuissance.

C'est fini.

L'affreux cauchemar, la terreur, fait place à une réalité encore bien pire; quelqu'un, quelque chose m'a arraché les entrailles et le cœur; il ne reste qu'un gouffre noir et froid.

***

L'urne funéraire sous le bras, Moïse est monté au sommet d'un gros pin. Tous au pied de l'arbre, nous l'entendons lancer des incantations à tous les vents.

Je trouve tout cela ridicule et blasphématoire. Comme tout ce qui a précédé; que ce soit l'autopsie pour vérifier si mon petit garçon n'avait pas été abusé, les manchettes des journaux locaux qui ne se sont pas privés de faire des commentaires malveillants, parlant notamment de négligence : « *Quelle idée de coucher un bébé dehors en plein hiver?* », l'expédition judiciaire le jour même du décès pour interroger tous les membres de la commune. Tout, des moindres vêtements jusqu'à sa diète, a été remis en question.

Et je ne suis plus qu'une masse de remords. Même si le chirurgien Allison W. Lackey est venu en Ski-doo pour m'assurer qu'Éléazar est décédé du Syndrome de mort infantile soudaine, même si les gens de l'institut médico-légal m'ont donné un livre d'information sur le prorome d'apnée (que Moïse m'a ensuite arraché des mains en me sommant d'oublier toute cette histoire et en soutenant : « La vie continue; comme tu es la plus forte des filles, tu dois montrer le bon exemple »).

Une pensée terrible vient de me traverser, je voudrais qu'il tombe de l'arbre. Oui! je voudrais qu'il se tue, qu'il se fracasse le crâne en tombant, qu'il disparaisse de ma vie. Je le veux car je sais que je n'aurai jamais le courage de lui échapper, j'ai trop peur de lui à présent. Je crois qu'il pourrait me tuer.

Le voici qui ouvre l'urne au vent. Une fraction de seconde je vois comme un tout petit nuage gris, puis plus rien.

Plus rien.

Et soudain, terrifiée, je me souviens de l'ordre que, dans ma détresse, j'ai adressé à Dieu en lui demandant d'épargner mon fils. Était-ce sa façon de répondre à mon commandement? Je me rappelle soudain également la signification d'Éléazar : « celui que l'Éternel aida ».

XIII

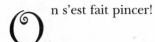n s'est fait pincer!

Pour célébrer notre pâque hébraïque dans l'abondance, Moïse nous a envoyés en « mission d'approvisionnement » à Lindsay. L'opération consistait à chaparder tout ce que nous pouvions. Malheureusement pour notre réputation, un agent en congé nous a surpris et, à la sortie du centre commercial « A. & P. », une flopée d'agents de l'OPP nous attendait. Naomi est prise avec neuf kilos de steak haché, Élam la taille enroulée d'un cordage de nylon jaune et la doublure de son manteau bourrée de sacs d'épices, moi-même avec ma trousse médicale remplie de fromages importés.

Nous venons de recevoir notre sentence; je suis un peu déçue car quelque part j'espérais me retrouver en maison de détention, retrouver un peu la paix que j'avais connue à la Maison Gomin. Mais non, après deux jours de détention, nous écopons juste d'une probation d'un an, d'une interdiction de séjour dans les magasins où nous avons volé et cent heures de travaux communautaires.

Tant pis.

***

Ce midi, 3 février, Rachel a accouché à l'hôpital Ross Memorial. Elle s'est éveillée baignant dans son sang au petit matin; nous avons tout de suite lancé un appel radio et un hélicoptère est aussitôt venu la chercher.

Le lendemain, il semble que ce soit au tour de Salomé : elle vient de se plaindre d'une première contraction.

— Tu iras accoucher dans le sauna à l'extérieur, déclare Moïse.

Je ne comprends pas pourquoi cette décision, d'autant plus que je sais que dans cet abri en polythène l'air est malodorant, le sol couvert de copeaux et les conditions hygiéniques inexistantes. J'en demande la raison à notre berger.

— Parce que cette femme préfère son mari à moi-même, son berger spirituel, parce qu'elle refuse toujours de devenir la concubine que mon Maître m'a accordée. Pour ces raisons, elle accouchera à l'extérieur de notre maison. En outre, je déclare que, dorénavant, elle et ses enfants seront isolés dans une cabane aux limites de notre établissement. Elle ne veut pas de moi, je la répudie! Elle ne pourra plus partager nos repas; ce que Caïn ne lui apportera pas, elle devra venir nous le mendier à notre table.

Que répondre sans s'attirer ses foudres?

Dans l'abri de plastique, j'assiste Salomé à accoucher dans des conditions égales sinon pires à celles de la Vierge Marie.

C'est un garçon. Moïse lui donne le nom de Joseph afin de souligner la faiblesse dont, à son avis, Caïn fait preuve en ne corrigeant pas Salomé aussi brutalement qu'il le lui commande.

***

Jour de la « Délivrance du Peuple ». Une autre journée effrayante qui nous laisse tous avec des marques au corps et au cœur. Moïse s'est emporté contre nous, il nous a d'abord couverts d'invectives puis, regardant Thimna, il lui a demandé :

— Pourquoi es-tu indifférente envers moi?

— Je ne le suis pas, Papy.

Il lui a tordu le bras et nous avons entendu un craquement sinistre.

Nous savons à présent que son poignet gauche est fracturé.

Schua, Juda et moi lui avons ensuite servi de punching-ball jusqu'à ce que l'on perde littéralement connaissance. Orpa, dans son quatrième mois de grossesse, a eu le nez écrasé. À peine âgée de huit jours, Abigail, la fille de Rachel, a reçu une première raclée de son père parce que, de ses petits cris, elle osait perturber sa sainte colère. Puis, s'étant rendu dans la maison de Juda, il s'est amusé à lancer les enfants qui allaient s'écraser contre les murs ou le plancher lorsque leurs mères ne parvenaient pas à temps à les rattraper. Un instant j'ai cru qu'il avait tué Jéthro, âgé de dix semaines, après qu'il lui ait balancé un coup de poing dans la poitrine; durant quelques minutes, l'enfant a eu l'apparence d'une poupée en caoutchouc.

Je ne comprends toujours pas comment nous sommes sortis vivants de cette hécatombe. Une main miraculeuse a dû nous protéger. Est-ce vraiment pour éprouver notre foi?

***

Canaan – qui a six ans – commence à exercer son droit d'aînesse à la manière dictée par Moïse. À l'instigation de ce dernier, le garçon inflige des corrections à ses frères et sœurs dits « impurs » dès que ceux-ci semblent dévier des règlements. Inquiète pour ma fillette, je m'approche alors qu'avec tous les autres regroupés autour d'elle, Moïse la somme de se déshabiller.

— Tu n'es qu'une folle, lui crie-t-il, une pareille à ta mère, une fille de prostituée...

Les enfants dits « purs » montés par Canaan contre elle ont déjà commencé à lui jeter des mottes de terre lorsque je les supplie d'arrêter.

Mal m'en prit, Moïse prend leur défense :

— T'es pas une mère, t'es incapable de corriger ta fille, tu défais toute l'éducation que je veux lui inculquer. Quand vas-tu m'appuyer, femme rebelle? Bats-la comme elle le mérite!

— Mais, Papy...

— Alors c'est moi qui vais m'en occuper.

— Non, non! je vais la corriger...

Voulant encore une fois éviter le pire, je me précipite vers ma « Batchou », la renverse et commence à lui frapper le postérieur. Parce que je dois faire ce que je ne veux pas faire, je frappe comme une cinglée. Je suis folle! Je tape, je tape, jusqu'à ce que son père me dise d'arrêter. Au fond, c'est lui que je frappe.

À présent, je me tiens seule et prostrée dans un coin. Jamais je ne me blâmerai assez; j'ai tant bleui les fesses de mon p'tit bout de chou que l'œdème s'est propagé jusqu'à sa vulve. Je me dis qu'il faut que je me détache de « Trottinette » et m'ancre dans la tête qu'elle appartient au groupe.

— Je dois faire de mes enfants un régiment de fiers combattants et de « parfaits petits Roch Thériault », dit Moïse, afin que, quand ils seront grands, ils soient rodés à livrer bataille contre la société maudite. Lorsque viendra la fin des temps, ils me suivront dans la Milice céleste de l'« Éternel des Armées » dont j'aurai le commandement. Oui, je pourrai alors savourer ma revanche en torturant tous ceux qui m'auront opprimé. Je commencerai par vos parents, puis vous et tous ceux qui auront entravé ma marche, je les harcèlerai durant les siècles des siècles, de telle sorte que tous souhaiteront la mort, sans être jamais exaucés.

Des frissons me parcourent l'échine. J'ai peur. Une chienne de peur d'être fautive et que ces malédictions promises s'inscrivent dans mon livre de vie.

— Tu as peur, hein? me dit-il.

— Je ne suis pas coupable, Papy...

— Pas coupable! Et l'autre jour, lorsque tu étais chez Dudman, n'as-tu pas accepté deux pointes de pizza! Tu ne te souviens pas que Salomon a mentionné qu'à la table des étrangers il faut mettre le couteau sous sa gorge. Dans ta convoitise, tu n'as pas pensé que tes frères et sœurs étaient privés? Tu es une égoïste! Tu es la plus vieille, ici, tu es celle qui a le moins de génie...

Pourquoi me reproche-t-il ce que lui fait journellement? N'est-ce pas lui qui a mangé le morceau d'aloyau que les travailleurs sociaux m'avaient apporté après la mort de mon garçon? N'est-ce pas lui qui dilapide tous les deniers provenant des allocations familiales en boissons alcoolisées? N'est-ce pas lui qui consulte régulièrement un vrai médecin alors que tous les autres doivent se soumettre à sa seule médecine? Est-ce vraiment la justice voulue par Dieu? Est-ce que le premier Moïse s'accordait ainsi ce qu'il refusait à son peuple? Est-ce qu'il geignait tout le temps qu'il allait mourir, que son cœur ne tiendrait pas le coup plus longtemps?

***

L'automne a été fertile en événements. D'abord, forcé par la Société de l'aide à l'enfance, Moïse a accepté, la rage au cœur, que les trois jeunes en âge d'aller à l'école s'y rendent chaque jour. Le matin, Salomé les conduisait en charrette jusqu'à la 121 où l'autobus scolaire les cueillait.

Puis, au risque de brûler éternellement, Salomé s'est enfuie au début d'octobre. Les écoliers font désormais matin et soir les six kilomètres à pied.

L'argent est venu à manquer. Encore une fois Moïse a dû se résoudre à ce que certains d'entre nous aillent travailler dans une ferme à soixante-quatre kilomètres d'ici où Caïn, Juda, Élam et moi, armés d'une machette, y étêtons des choux à longueur de journée.

Je crois que Moïse craint que le monde extérieur nous pervertisse car, au terme de ces longues journées de travail, lui, qui est frais et dispos, nous tient debout chaque nuit pour nous mettre en garde contre les pièges que le Diable peut tendre sur notre route.

— Regardez Salomé, nous prévient-il, il a suffi que chaque matin elle voie passer les automobiles sur la route... À présent, elle est perdue et s'est condamnée à souffrir les tourments éternels. Et pourquoi? Par orgueil, parce qu'elle n'a pas été capable d'accepter que je domine sur elle et son mari.

Je meurs de fatigue en ce 29 octobre et mes paupières descendent malgré moi. Moïse le remarque.

— Ce que je dis ne t'intéresse pas, Thirtsa?

— Hein!... Oui, oui, Papy.

— Tu es fatiguée, peut-être?

— Bah... Un peu...

— Et ta matrice?

— Ma matrice?

— Fais pas l'innocente. Est-ce qu'elle pend toujours en dehors de ton vagin?

— Oui.

— Ça doit te gêner dans ton travail?

— Oui, pas mal. C'est tout le temps douloureux.

— Eh bien, réjouis-toi, je vais t'arranger ça...

Il demande à Caïn d'aller lui tailler un morceau de bois et lui explique ce qu'il veut.

— Déshabille-toi, m'ordonne-t-il, et va t'allonger sur la table.

— Je peux attendre un autre jour...

— Pourquoi attendre, tu ne me fais pas confiance?

— Heu! Oui.

Il fait signe aux autres de venir me maintenir. Supplantant la honte que j'éprouve à être ainsi nue devant tous les autres, y compris le jeune Élam de seize ans, la panique s'empare de moi; que va-t-il me faire? Veut-il me trancher la... C'est pas possible, je vais y rester!

Il vide sur mon utérus exposé une bouteille d'alcool qui aussitôt me brûle, puis il enduit le tout d'une mixture d'huile d'olive et d'iode.

Caïn revient avec la « prothèse » de bois demandée, qui a à peu près la forme et la taille d'une canette. Papy détaille l'objet en fronçant les sourcils puis approuve d'un signe de tête.

Sans prévenir, il assène un coup de poing formidable sur la protubérance afin qu'elle réintègre sa cavité vaginale. Je ne peux m'empêcher de hurler. Sans s'occuper de ce que je peux ressentir, il insère l'instrument de bois, dont l'extrémité sort de mes lèvres et est percée de trous de manière à recevoir des lanières de cuir, qu'il me noue autour des reins.

— Lève-toi, maintenant, m'ordonne-t-il.

J'obéis et il me fait parader de façon à ce que les autres admirent son travail.

***

Chaque déplacement m'indispose considérablement. Il faut pourtant que je parte travailler ce matin à Woodville, il n'est pas question que je paresse pendant que les autres travaillent.

Juste avant d'arriver dans le champ de choux, prétextant un besoin naturel, je m'enfonce dans les fourrés et là je retire l'horrible instrument. Il n'est pas question que je le porte davantage.

La journée s'écoule, à la fois longue et courte. Longue à cause du travail répétitif, courte parce que cette fois, je redoute que Moïse veuille me tuer lorsqu'il s'apercevra que j'ai retiré son cilice. Je songe sérieusement à suivre l'exemple de Salomé.

Ça va être l'heure de rentrer. Subrepticement, je m'éclipse en direction de la lisière d'arbrisseaux qui entourent la ferme Otter and Sons et s'étendent à perte de vue.

Cachée derrière les aulnes, je distingue au loin les autres qui se mettent à ma recherche. Paul, le fermier, a même pris son tout-terrain.

Le temps passe. Lorsqu'ils s'approchent trop près d'où je me trouve, je me déplace lentement.

Vient enfin le moment où ils décident d'abandonner les recherches.

Il pleut à verse lorsque je sors de ma cache. Trempée, je marche environ trois kilomètres avant de me repérer. La nuit tombe lorsque j'avise enfin une maison où je me décide de frapper afin de demander la police.

Je ne sais plus quoi dire lorsque l'agent arrive. Que dire dans une langue que je maîtrise mal? De peur qu'il ne me ramène à notre établissement de Burnt River, je bafouille une histoire et demande s'il ne pourrait pas me conduire au dépanneur de Fenelon Falls.

Le pauvre constable a surtout l'air de me prendre pour une cinglée, mais il acquiesce à mes doléances et, après un court voyage en voiture de patrouille, je me retrouve au magasin général et je demande à l'employé s'il ne connaîtrait pas un refuge. Il m'indique un « Shiloh », un centre communautaire chrétien qui héberge des étudiants de tout âge et les forme à l'enseignement biblique.

Il avait raison, on vient de m'offrir une petite cellule proprette. Pourtant, nonobstant la franche camaraderie de ces gens et le climat de paix qui règne en ces lieux, je ne parviens pas à trouver le sommeil. Je regrette ma fugue et anticipe la réaction de Moïse qui, seul, a le pouvoir de me libérer de mon serment. A-t-il déjà signé ma condamnation éternelle? Autre chose aussi, ne va-t-il pas s'en prendre à ma fille? Je me souviens à présent que son père m'a souvent dit que le salut de Bath-Shiva dépendait du mien. Je ne vois pas d'autre issue que de retourner au bercail, quitte à subir les conséquences de mon acte de rébellion.

***

J'ai erré toute la journée. En fin d'après-midi, alors que les enfants se préparent à fêter l'Halloween, je me poste à l'entrée d'un pont où je crois savoir que le camion de ceux qui travaillent à la ferme passera.

Comme prévu, le véhicule se présente et s'arrête à ma hauteur. Caïn se penche vers moi, sans aucune trace d'animosité à mon égard.

— Allô, Thirtsa! On se demandait bien si t'allais revenir...

— Ben vous voyez... Qu'est-ce qu'a dit Papy?

— Papy... Il regrette son attitude de l'autre soir, il t'a même pleurée, Thirtsa...

— C'est vrai?

— Évidemment!

Imaginant Moïse pleurant mon départ, je m'en veux encore davantage et grimpe dans la boîte du camion.

Nous roulons déjà depuis un moment lorsque au travers plusieurs sacs d'épicerie, j'aperçois des goulots de gallons de vin qui dépassent de leurs sacs de papier. Mon sang se fige; si Moïse s'enivre ce soir, il oubliera vite sa promesse et me tapera dessus pour une autre « sainte fois ». À nouveau je suis soumise à l'idée de fuite.

À Fenelon Falls, profitant d'un arrêt, je saute du véhicule et me sauve à toutes jambes derrière un pâté de maisons.

Je marche, je cours et enfin me retrouve à mon point de départ : le pont.

Désespérée, dans le noir, j'entends l'eau verte qui s'écoule d'une écluse en bouillonnant sous moi. Et si j'en finissais! Ici, vite, tout serait terminé... Non, Thirtsa, tu n'as pas le droit, Dieu seul peut choisir le moment.

Mes mains lâchent le parapet métallique. Je décide de retourner vers mon asile de la nuit passée. Le berger sera certainement ivre dans une heure ou deux, aura d'autres chats à fouetter que de se lancer à la recherche de la brebis égarée.

***

Je n'aurais jamais dû revenir. Oh! les premiers jours, Moïse s'est montré très magnanime, mais ce soir il a de nouveau pris un verre et m'a couvert de railleries. À présent, je ne sais plus ce qu'il veut faire; il vient d'attacher, avec une ficelle, l'excroissance de cinq centimètres qui sort de mon vagin, et il commence à tirer dessus. C'est horriblement douloureux. Veut-il m'arracher les entrailles?

Ricanant, il tire encore plus fort. Mon Dieu! faites que ça cesse! Mon Dieu! Aidez-moi! Quel supplice!

— Ça t'apprendra à ne pas t'enfuir, espèce d'ingrate. Ça t'apprendra à ne pas désobéir au Représentant divin qui te procure tout ce dont tu as besoin ici-bas. Si tu recommences, maudite tête dure, je t'impliquerai tellement dans la mort d'Ézéchiel auprès de la police que tu finiras tes jours en prison. Tu vois que t'es mieux de te tenir tranquille. (Il regarde les autres.) Allez, vous autres, je veux que chacun de vous lui inflige la volée qu'elle mérite. Et frappez durement afin de chasser le Malin qui est en elle et aussi en vous. Sachez que je préférerais vous tuer tous plutôt que de voir un de mes moutons retourner dans les serres sataniques de la société.

Poings serrés, visage de marbre, Orpa est la première à s'avancer vers moi. Pourvu qu'elle ne tire pas sur la corde!

XIV

Mercredi, 4 décembre 1985. Arrivant de l'extérieur, j'aperçois à l'étage Moïse en train de frapper son fils Élam. Je ne sais pas ce qui s'est passé, mais le chef semble furieux. Je crains pour Élam car son père semble complètement hors de lui. À tel point que Caïn et Juda se précipitent sur notre berger pour le maîtriser. Je reste sur place, abasourdie; se pourrait-il que par la force ses deux acolytes le ramènent à un peu plus d'humanité? Pour la première fois depuis des lustres, je me prends à espérer un peu moins de tyrannie.

Mes espoirs sont vite anéantis, Élam vient d'être projeté à travers la fenêtre, Juda le suit de peu et enfin Caïn est jeté en bas de l'escalier.

Mais quelle force anime donc notre guide, il ne paraît pourtant pas si costaud que ça?

Moïse dévale l'escalier et continue de molester Caïn à grands coups de pied et de poing.

Je regarde dehors dans l'espoir que les autres rentrent afin d'aider leur camarade d'infortune, mais je n'aperçois qu'Élam qui court en slip dans la neige en direction d'un village voisin. J'ai comme le pressentiment que les ennuis ne font que commencer.

***

Apercevant un jeune, torse nu dans un *pick-up* en plein hiver, des policiers ont arrêté Élam à Fenelon Falls et l'ont emmené au poste de Coboconk pour l'interroger. Est-ce pour cette raison que ce matin, alors que nous débouchons de notre chemin privé, juste avant d'aborder la 121 pour aller faire les provisions de Noël à Lindsay, nous sommes arrêtés par une véritable armada de voitures de police, de reporters et de fonctionnaires des services sociaux? Cela me rappelle Saint-Jogues.

D'un air suspicieux, Moïse descend le premier de la camionnette et nous fait signe de le suivre. Sept agents viennent à notre rencontre.

Les pourparlers s'engagent entre Moïse et un interprète. Je saisis que tout ce monde vient avec une ordonnance du tribunal pour nous retirer la garde des enfants.

— Vous ne pouvez pas faire ça! s'écrie Moïse. Je ne le permettrai pas!

— Ne fais pas celui qui est offensé, lui crie un policier qui parle français, on sait que tu as forcé les jeunes à avoir des rapports sexuels avec toi. Si tu veux pas collaborer, on va te faire nettoyer nos barreaux jusqu'à ce que ta barbe soit blanche, maudit écœurant!

— Mais...

— Ouais, tu sais plus quoi dire, il paraît même que tu les nourris avec de la moulée pour les vaches. Tu mériterais...

— Tous les jeunes? demande Moïse à l'interprète qui, lui, parle plus officiellement.

— Les treize, acquiesce ce dernier.

Des rapports sexuels avec des enfants, je n'en reviens pas. Qui a pu leur raconter des choses pareilles?

Nous retournons vers l'établissement pour rassembler les affaires de nos petits. Je suis terriblement abattue de voir ma blondinette ainsi enlevée. D'un autre côté, je ne peux m'empêcher de penser qu'elle sera bien plus heureuse n'importe où ailleurs. N'est-ce pas ce qui compte! Elle n'aura pas à endurer ce que j'ai souffert!

Pendant que nous faisons les bagages, Moïse va de l'une à l'autre des mères.

— N'allez pas croire leurs prétendues accusations d'inceste et d'assauts sexuels, se défend-il, ils ne fabriquent que des mensonges pour nous désunir, nous le peuple de Yahvé.

— Bien sûr, Papy, on le sait bien!

— Ça doit être Salomé qui leur a raconté toutes ces menteries pour vous forcer à faire comme elle. Elle brûlera pour l'éternité, la vache, la Judas.

***

Ce sont ces mots qui me reviennent en tête lorsque, réunies avec nos enfants, dont l'âge varie de 5 mois à 8 ans, dans une salle bourrée de jouets au centre de la CAS de Lindsay, les travailleurs sociaux proposent à chacune d'entre nous de reconquérir la tutelle de nos bébés en quittant la commune pour rejoindre momentanément l'asile de protection pour femmes battues de Peterborough, le « Crossroads ».

Comme les autres je refuse. J'ai trop peur.

***

Est-ce pour le punir à distance de nous avoir quittés? Papy a été jusqu'à dire aux enquêteurs qu'Élam, son propre fils, avait violé Jézabel et s'était livré à des actes sexuels avec des poules.

Je me pose encore la question aujourd'hui car, pour la « Fête de la Joie », Papy nous ordonne de réunir toutes les affaires ayant appartenu à Salomé, la fuyarde, et de les détruire par le feu.

— Ensuite, ajoute-t-il, nous brûlerons la cabane où elle a logé afin de purifier ces lieux du mauvais esprit qu'elle y a laissé.

Je le regarde verser de la vieille huile sur la petite demeure en rondins, y mettre le feu et jeter de grandes poignées de sel aux quatre coins en prononçant des imprécations. Je ne peux croire que Salomé soit aussi mauvaise qu'il le prétend.

***

Un banquet de Noël a été organisé pour nous et nos enfants dans un local de la CAS. J'ai envie de pleurer en apercevant ma petite fille; jamais je ne l'ai vue aussi joliment habillée! Je n'en reviens pas de voir ma « Batchou » avec une ravissante robe blanche parsemée de fleurs roses. Il n'y a pas que les vêtements qui sont différents. Pour la première fois, je la vois exprimer des émotions autrefois formellement interdites par Papy. Pour la première fois, elle vient se blottir tendrement dans mes bras. Pour la première fois, elle sourit. Passant outre aux commandements de notre berger, je l'embrasse sans compter. Je m'emplis le cœur de son amour plein de fraîcheur.

***

Samedi, 4 janvier 1986. Nous nous sommes réunis à la proposition de Papy afin d'élaborer un projet d'incorporation.

— Il nous sera plus facile de récupérer nos enfants lorsque nous gagnerons de l'argent, nous explique-t-il. Nous donnerons le change à la société et lorsqu'ils seront persuadés que nous fonctionnons comme eux, ils nous rendront nos petits.

La nuit est déjà avancée, nous venons de nous entendre sur une raison sociale : Ant Hill Kids Han-dicraft, autrement dit « l'Artisanat de la fourmilière des enfants ». Le symbolisme de ce nom représente à nos yeux le labeur que les fourmis accomplissent afin de permettre à leurs jeunes de retourner à la fourmilière.

Nous débattons jusqu'à l'aube pour parvenir à établir la liste des activités qui entreront dans la charte de notre société commerciale :

a) Fabrication manuelle de bibelots divers tels que peintures sur canevas, sur coquilles, sur rondelles de bois décoratives, encadrements et enseignes publicitaires;

b) Manufacture de meubles rustiques, production de bois pour revêtement de maison tel que bardeaux, chons et clins;

c) Vente de bois de chauffage au détail;

d) Commerce des produits de l'érable confectionnés à l'ancienne et comprenant sirop, sucre mou et sucre dur.

Il fait totalement jour lorsque le conseil d'administration est acclamé à l'unanimité. Ève est nommée présidente, Rachel décroche le poste de secrétaire-comptable, Juda celui de trésorier, et Papy sera, bien sûr, le directeur général.

Uniquement ces quatre personnes seront autorisées à signer des chèques.

— Avant de lever la séance, dit Papy, je voudrais que l'on définisse par écrit quelques règles qui me semblent majeures.

La première : aucun d'entre nous, s'il quittait le « Pays de Canaan », ne pourrait disposer de biens de la compagnie. La seconde : tout le travail sera bénévole et tous les profits, sans exception, seront réinvestis dans le commerce. Qu'est-ce que vous en pensez?

Je sais que cette question n'est posée que pour la forme. Quiconque réclamerait à ce moment un salaire se retrouverait vite victime d'un châtiment exemplaire.

Nous approuvons tous, et c'est à moi qu'il incombe de traduire en anglais l'Acte de constitution.

***

Depuis quelque temps, la crainte a cédé du terrain à l'espoir de voir enfin poindre la paix. L'énorme quantité de travail à produire doit y être pour quelque chose. Le dortoir des enfants du second palier chez Juda est converti en studio d'artisanat où œuvrent Ève et Naomi. Roch s'est monté un atelier d'ébéniste où il travaille à une balançoire. Il nous a même dit, une fois encore, qu'il ne boirait plus. L'équipe des bras forts, dont je fais partie, fend et empile les bûches que Caïn débite du matin au soir. Aucune séance de châtiments n'est venue troubler ces dernières nuits.

Cet après-midi, Papy, Rachel, Ève et moi-même nous trouvons dans le bureau du directeur de la CAS, entourés par deux policiers. Nous sommes là dans le cadre d'une requête visant à récupérer nos enfants.

Je n'en reviens pas du rapport que le fonctionnaire vient de lire sur mes compagnes, je les regarde en me demandant quelle est la part de vérité de ce que j'entends, sans penser un seul instant que l'on pourrait trouver des accusations semblables contre moi. Aussi, incrédule, chacun des mots que j'entends m'atteint comme une claque lorsque monsieur Richard Hildreth commence à lire un rapport me concernant.

— ... il appert que lors de cette réunion (il parle du banquet de Noël), la mère aurait étreint sa fille trop longuement et trop étroitement. Il semblerait également que durant cette étreinte une de ses mains se serait logée sur sa croupe et qu'un de ses doigts, peut-être l'index, serait allé se loger dans la région anale...

— Vous êtes fous! malades! Complètement pervers, vous

voyez du mal partout; il y avait presque un mois que je n'avais pas vu mon bébé, il était normal que je la serre contre moi! Ça ne se fait pas chez vous, d'étreindre vos enfants? Des attouchements! à travers la robe, les collants, la culotte de plastique et la couche, vous êtes totalement déboussolés! C'est une machination pour nous enlever nos mioches!

L'on m'intime le silence, mais j'ai du mal à me contenir. Les officiels se regardent d'un air entendu, comme si mon éclat de voix leur prouvait quelque chose. J'enrage, il me semble que si j'avais une arme je ferais un malheur.

C'est à présent au tour de Papy qui, lui aussi, se voit accusé de je ne sais quels attouchements (j'ai du mal à fixer mon attention), d'avoir eu des rapports sexuels avec certains jeunes et d'avoir exigé des fellations de la part de quelques-unes des fillettes. Aberrant! Je veux le crier :

— Papy a huit concubines, quel besoin aurait-il de décharger sa libido sur ses propres enfants?

Je me demande comment j'ai pu me poser des questions sur Moïse, il est évident que le Vrai Mal est là, dans cette société pourrie! Comment ai-je pu douter de mon berger?

Il est clair qu'elle ne voudra jamais nous rendre nos petits.

***

Plus d'enfants, plus d'allocations. Nous avons, pourtant, tout essayé. Moïse a loué une boutique d'exhibition pour nos produits, juste à côté de John & Marie's Place, sur la route 35. Thimna et moi-même sommes affectées au magasin dès la mi-mai. De même, nous sommes engagées pour le service des déjeuners aux camionneurs de 5 h à 8 h du matin pour prêter main-forte à madame Dufresne, et Juda remplacera son mari aux pompes à essence durant ces mêmes heures. Pour ce faire, tous les jours nous partons à 3 h 30 afin d'ouvrir le casse-croûte. Pourtant l'argent manque toujours.

Il faut dire que Moïse s'est remis à boire et que cela grève sérieusement le budget. Au point qu'il nous impose, après nous avoir interdit de les contacter depuis près de neuf ans, de renouer avec nos familles pour leur demander des avances.

— Jamais tant que tu resteras avec ce chameau de Thériault! a dit le père de Rachel.

Pour ma part j'ai été invitée à répondre « gentiment » aux

assiduités d'un juge de paix qui vient régulièrement me conter fleurette au magasin. Tant et si bien qu'il m'a emmenée dans un restaurant et que, sur le chemin du retour, alors que je lui demandais un prêt de 5 000 $, il a glissé sa main vers le bas de mon ventre. Dégoûtée, je l'ai repoussé, ce qui, bien sûr, a entraîné le refus du prêt.

***

Et les vols à l'étalage ont repris. Pas pour nous personnellement, pour le cellier et la garde-robe du « Seigneur » des lieux. Souvent, lorsque nous rentrions, Moïse nous faisait déshabiller afin de voir si nous ne cachions rien pour notre compte personnel. Ce qui, selon ses paroles, deviendrait alors « un vol véritable ». L'autre jour, pour vérifier « plus loin », il a essayé de me sodomiser.

Il recommence à nous faire souffrir, nous accusant de tous les maux de la terre; il a brûlé les matelas de Caïn, de Juda, de Schua, de Thimna et le mien pour que nous ne dormions pas trop confortablement. À force de trop travailler, Thimna a avorté de son troisième.

Peut-être pour se défouler, il m'a obligée à frictionner le vagin de Naomi avec un piment fort et ensuite à m'en frotter les paupières. Nous hurlions comme des démentes pendant que lui trouvait ça drôle.

Au cours de cette même journée d'été, il est allé marchander du poisson à Toronto et le voici qui revient, ivre mort.

— Cette nuit, déclare-t-il, nous allons procéder à une Délivrance du Peuple comme il n'y en a pas eu depuis longtemps. Vous devenez trop insoumis, mes enfants d'chienne! il faut que je vous corrige. (Il se tourne vers Ève.) Est-ce que ce n'est pas toi qui te plains d'avoir mal à une dent? Je vais t'arranger ça...

Avec angoisse nous le voyons sortir le matériel d'extraction dentaire que lui a donné Rosaire Laroche – notre pourvoyeur en primeurs de Beamsville.

— Je n'ai plus mal, assure Ève.

— Tais-toi, femme sans courage. Ces créatures sont tellement lâches qu'elles préfèrent souffrir plutôt que de se faire soigner.

Ève se tortille dans tous les sens pendant que Moïse s'arc-boute sur sa pince de dentiste. Nous entendons craquer les cartilages ou je ne sais quoi de la gencive.

— Vas-tu venir! ahane-t-il.

Enfin la dent est extraite en même temps qu'un grand cri. Mais nous ne sommes pas soulagés, nous savons que chacun va avoir droit à sa « Délivrance ».

Pour l'instant il se fâche. C'est comme un ciel d'orage que l'on voit monter à l'horizon. Tout d'abord il y a un peu de vent, la lumière s'assombrit, puis le vent devient plus fort, les branches ploient, de premières gouttes tombent avec force, enfin un éclair déchire le ciel gris ardoise et survient le fracas de la foudre; en l'occurrence, plats, cocottes, couteaux et articles divers qui volent dans la pièce en nous prenant pour cibles. Dina, dont la grossesse est avancée, est obligée de se jeter à terre pour éviter une marmite.

Brusquement le vent cesse. Un sourire inquiétant aux lèvres, Moïse me tend une carabine.

— Je veux que tu vises le carreau, là-bas, me dit-il. Tu le descends.

— Le carreau?

— Oui, j'ai dit le carreau.

Ne voulant surtout pas risquer de le contrarier, j'épaule, vise le carreau d'une des fenêtres et m'apprête à tirer lorsque je vois apparaître Moïse dans ma ligne de tir.

Pendant une fraction de seconde j'ai terriblement envie de tirer. Si seulement, à ce moment précis, j'avais eu le moindre doute que les accusations d'abus sexuels portées contre lui étaient fondées, je l'envoyais rejoindre son « cher » Maître sans hésiter un seul instant.

XV

Après bien des souffrances, Ève a eu un troisième enfant à l'hôpital.

Malgré qu'elle en fût à la fin de sa grossesse, pour la punir d'avoir déserté quelques jours à Toronto, Moïse l'a obligée au porte à porte sur les chemins afin de vendre les pommes que nous avons récoltées durant l'automne à Clarksburg.

Évidemment son fœtus a souffert de ce traitement; un jour, il a fallu l'hospitaliser d'urgence et, afin de redonner du tonus au bébé, le médecin lui a fait administrer un agent auquel elle a réagi par une violente allergie. À tel point qu'elle a dû être évacuée sans tarder au Mont Sinaï Hospital de Toronto, où elle est restée plusieurs jours entre la vie et la mort.

C'est presque un miracle que son bébé ait pu survivre.

Seulement le petit Noé, le quinzième enfant de Moïse, né dans la secte, lui a été enlevé par la CAS quatre jours après la naissance.

Loin d'être transfiguré par sa visite au Mont Sinaï, Moïse montre beaucoup de ressentiment à ce nouveau coup porté par la CAS.

— C'est bientôt Dina qui va accoucher, dit-il, vont-ils encore une fois nous enlever l'enfant?

— Je ne sais pas... dit la concernée.

— Ah tu ne sais pas! Eh bien on va voir! Thirtsa, prépare le matériel d'accouchement...

— Mais Papy, Dina n'a que huit mois de faits...

— Prépare le matériel! que je t'ai dit.

Sans tergiverser, je vais chercher la boîte de carton contenant tout ce dont on peut avoir besoin pour un accouchement naturel sans complications.

— Nous partons en Ski-doo, déclare Moïse.

Ignorant notre destination, l'on se retrouve assis en selle sur la motoneige, fonçant à travers les falaises de neige durcie. Moïse pilote sans aucun égard pour la future mère. Parfois, les sauts qu'il nous fait faire nous rabattent brutalement sur notre séant. En temps normal il n'y aurait rien là, mais pour une femme qui en est à son huitième mois...

Nous arrivons à Kirkfield, devant l'appartement d'une jeune femme qui nous a déjà rendu plusieurs services. Ça me fait penser que Moïse doit posséder un magnétisme pour ainsi arriver à séduire la plupart des gens qu'il rencontre. Mais pourquoi est-ce que je pense ça! Ce n'est pas un magnétisme, c'est tout simplement qu'il est l'Émissaire de Dieu. Pourquoi toujours vouloir chercher plus loin?

La jeune femme nous ouvre après plusieurs cognements. Moïse lui présente deux bouteilles de vin.

— Salut, Anne, s'écrie-t-il, nous sommes venus fêter avec toi.

— Entrez, fait Anne, non surprise de nous voir arriver à l'improviste entre Noël et le jour de l'an, avec le vin de l'amitié.

Les bouteilles sont vides, Anne semble à présent très animée. Elle rit et approuve tout ce que lui dit Moïse.

— J'aurais quelque chose à te demander, fait notre guide, comme s'il venait tout juste de penser à un point particulier.

— Tout ce que tu voudras...

— Tu sais comment sont les fonctionnaires : si nous allons accoucher à l'hôpital, ils nous enlèvent les bébés...

— Je ne peux rien faire!

— Au contraire, pourrais-tu nous prêter une de tes chambres pour accoucher?

— Pourquoi pas chez vous?

— Regarde Dina, je crois que notre voyage en Ski-doo a devancé les prévisions... On ne peut plus la transporter maintenant et je ne veux pas qu'elle aille à l'hôpital...

Nous nous retrouvons dans une chambre où je déballe le

matériel et me questionne avec angoisse. Mon Dieu Seigneur! Veut-il vraiment provoquer Dina, qu'est-ce que ça va faire?

Dina est allongée et regarde Moïse avec des yeux ronds.

— Papy Moïse, je ne peux pas accoucher sur commande, tu le sais bien.

— Je sais!

Sous mon regard stupéfait, il lui donne un vigoureux coup de poing dans le ventre. La pauvre Dina cherche de l'air une seconde, le trouve, pousse un hurlement, ses yeux se remplissent de larmes et elle se replie sur le côté en chien de fusil.

Je sens mes genoux ployer sous moi-même. Je ne sais pas si je ne vais pas tomber, comme si le coup porté à Dina m'avait atteinte directement. J'adresse une prière à l'au-delà.

— Ressaisis-toi! m'ordonne Moïse, on va avoir besoin de toi, c'est pas le temps de jouer les femmelettes.

Je m'approche de Dina qui a le front perlé de sueurs froides tandis que le scélérat sort en claquant la porte.

— Ça va? demandé-je à Dina.

Elle secoue la tête d'une façon qui ne veut dire ni oui ni non. Des larmes roulent sur ses joues, elle a une grimace qui ressemble presque à un sourire.

Moïse entre à nouveau dans la pièce.

— Est-ce que le travail est commencé? demande-t-il.

Visiblement Dina n'ose pas répondre. Ce qui signifie qu'il ne l'est pas et qu'elle ne veut pas recevoir un autre coup.

— Fais-lui un toucher vaginal, m'ordonne Moïse.

Ce que je fais, avant de me retourner vers notre guide pour lui expliquer que le col utérin n'est même pas dilaté.

— Il n'y a rien à faire, Papy.

Il nous regarde tour à tour sans aménité puis ordonne à Dina de se rhabiller.

Revenant au salon après avoir rangé le fourbi, je me rends compte que Moïse est en train de tranquilliser notre hôtesse sur le cri qu'elle a entendu tout à l'heure.

— Sûrement une contraction nerveuse après le voyage en motoneige, tente-t-il d'expliquer. Mais Thirtsa m'affirme que Dina n'accouchera pas tout de suite. N'est-ce pas, Thirtsa?

— C'est vrai, Dina n'est pas prête.

***

De retour à notre repaire, je n'arrive pas à oublier le coup qu'il a donné. Rien, nulle part dans la Bible, ne peut justifier ce que j'ai vu. Aucun homme de Dieu ne pourrait frapper un petit être à travers le ventre de sa mère pour lui intimer l'ordre de venir au monde. Inconcevable!

Je le sais, je me le dis et pourtant le doute est toujours en moi. Comme si mon aura s'était fusionnée à celle de Moïse.

L'année 1986 tire à sa fin. Moïse vient de s'en prendre au jeune berger allemand qu'il vient d'acquérir pour le dresser.

— Qui t'a dit de japper après tout le monde! hurle le maître incompréhensiblement déchaîné après le misérable animal qui semble vouloir rentrer la tête dans ses épaules.

Il se tourne vers nous comme si nous avions une réponse à sa question. Personne ne bronche. Il s'en prend à nouveau au chien.

— Tu dois avoir la rage, sale cabot, je vois que ça!

Il s'approche, lui tire violemment les oreilles et la queue. Le chien pousse des plaintes qui me secouent les entrailles. Va-t-il cesser! Cette pauvre bête ne peut pas comprendre, à quoi bon la faire souffrir?

— Tu portes le mal en toi! se déchaîne Moïse, je vais t'en débarrasser. Tiens!

Sans interruption il lui donne des coups de pied dans les flancs. Gémissant, avançant sur deux pattes, le chien parvient à se faufiler vers une porte entrouverte. Stupéfaite, je vois Moïse qui épaule sa carabine.

Il tire, le chien s'écroule, raide mort.

— Nettoie, me dit froidement mon berger en désignant la mare de sang rouge qui s'étale rapidement sur la neige.

***

Mardi, 14 avril 1987. Nous sommes à la cour provinciale de Lindsay (Family Division) pour entendre le juge L.A. Beaulieu statuer que nos enfants resteront définitivement des pupilles de la Couronne. Pire encore, s'ajoute le fait que plus jamais nous ne pourrons les revoir, afin d'assurer leur intérêt physique et psychologique.

Le magistrat nous explique cette décision par le fait que plutôt que de choisir entre le bien-être de nos enfants et la vie que nous menons, nous avons choisi cette dernière. Comment lui expliquer que nous n'avons pas le choix, ou plutôt que s'il y en a un, il se trouve entre Dieu et le monde? Comment lui expliquer que nous ne pouvons pas choisir cette société, qui ne nous reconnaît même pas le droit de voir nos enfants parce que nous devons suivre celui que Dieu a choisi pour nous guider? Comment lui expliquer que l'on ne peut pas faire ce que l'on veut? Moïse nous a suffisamment donné d'exemples dans la Bible où des patriarches, comme Noé, étaient la risée du monde. Pourquoi serait-ce différent aujourd'hui? N'est-ce pas au contraire une preuve!

Il y a un point qui met Moïse de fort méchante humeur : Annie Cartier peut rejoindre sa mère, Salomé redevenue Liette Loubier. Il doit craindre que cela nous incite à faire comme elle.

Pour ma part, je n'arrive pas à croire que je ne reverrai jamais Bath-Shiva.

***

Peut-être pour dissiper notre abattement (mais aussi afin de renflouer la caisse), Moïse nous a emmenées au Québec en mai.

— En revoyant leurs filles prodigues, vos familles vous donneront bien un petit quelque chose, a-t-il déclaré.

J'ai remarqué lors de ce déplacement à quel point il savait se faire aimer de gens qui pourtant devaient le détester avant de le connaître. De passage au Saguenay, après m'avoir autorisée à prendre rendez-vous avec mes sœurs, à la dernière minute il a décidé que je n'irais pas.

Lorsque, comme je le crois, les filles ont pu ramasser tout ce qu'il y avait à prendre, Moïse a décidé qu'il était temps de rentrer.

Beaucoup d'ouvrage en arrivant à Burnt River; avec les capitaux que nous rapportions, il a été décidé de procéder à la construction d'une pâtisserie.

Ce commerce marche assez bien, et ce serait parfait si, de temps en temps, je pouvais avaler ne serait-ce qu'une fournée manquée, mais non! Les favorites de Moïse me surveillent – elles qui peuvent s'empiffrer autant qu'elles le désirent.

Il est dur de ne pas être de la tribu de Juda!

Peut-être pour me soustraire à la tentation, j'ai été nommée, au cours de l'été, pour le forage d'un puits qui, au bout de cinq mètres, s'est révélé complètement inutile.

Qu'à cela ne tienne, Moïse s'est équipé d'une radiocassette, a acheté des cassettes de marches militaires et, le soir, nous suivons un entraînement rigoureux. Nus, nous défilons tous, prêts à nous joindre aux Milices célestes pour participer à l'épuration du monde. Et en avant... marche! Une, deux! Une, deux! À gauche... gauche! À droite... droite. Marquez le pas... À mon commandement... Stop!

Il avait même réussi à altérer la divine beauté de pièces classiques en nous imposant mille exercices de régiments et en nous punissant au plus petit accroc. Bien sûr. Dans l'au-delà, sa rencontre avec Tchaïkovski sera difficile.

***

Je repense à tout cela pendant que je suis en train de profiter d'une trêve. Il est curieux de s'exprimer ainsi alors que l'on est hospitalisé, qui plus est pour une hystérectomie partielle qui me condamne à ne plus pouvoir enfanter, mais c'est ainsi. Ici je me remplume, je me repose et voilà même quelques pensées qui me viennent à l'esprit. Je me rends compte que j'ai presque perdu l'habitude de penser à autre chose qu'à l'immédiat.

Il a été dur de convaincre Moïse de m'autoriser à recevoir cette chirurgie. Tout d'abord il a refusé et la gynécologue consultée à Lindsay n'a eu d'autre choix que d'essayer de refouler mon utérus avec un diaphragme. Mais au premier effort physique qui a suivi, le morceau de caoutchouc a été expulsé. Il a fallu l'intervention d'Ève pour convaincre notre berger que l'opération était inévitable.

En parlant de Moïse, je viens d'apprendre avec surprise qu'il est parti dans l'Utah rencontrer un autre berger du nom d'Alexander Stanley. Une des neuf concubines de cet homme lui aurait écrit que là-bas ils sont prêts à accueillir nos futurs bébés.

***

Moïse vient de rentrer de son périple aux États. Assis autour de lui, nous l'écoutons narrer son voyage à Big Water.

— Ça, mes agneaux, on peut dire que là-bas j'ai été reçu comme un roi. Alex a reconnu en moi un vrai Danite de la tribu des Juges. Lui-même est un descendant direct de la tribu de Joseph. Tous les deux nous prêchons la restauration de la caste israélite de l'Ancien Testament. Oui, on peut dire qu'ils sont bien organisés, là-bas! Il m'a montré l'enceinte familiale composée de nombreuses cabines mitoyennes où logent enfants et concubines, vraiment bien... Vous savez, ses enfants, dès l'âge de deux ans, sont enrôlés dans son académie militaire privée qu'il nomme la Royal Guard; ils apprennent le maniement des armes à feu, les techniques de défense ainsi que la discipline; c'est impressionnant.

— Deux ans, c'est un peu jeune, non?

Moïse regarde avec sévérité celle qui vient de l'interrompre.

— Sache qu'il n'y a pas d'âge pour défendre le Royaume...

— Et après, demande Orpa, qu'est-ce que tu as vu?

— En revenant, je me suis arrêté à Provo, toujours dans l'Utah, chez Jess Templeton. C'est un psychanalyste très connu. Je me suis entretenu avec lui durant deux jours. Sans fausse modestie, il m'a dit qu'il avait rarement rencontré quelqu'un ayant un niveau spirituel aussi élevé que le mien. Probablement le plus élevé sur cette terre, selon lui. Tous deux, nous avons parlé d'une nouvelle thérapie de vie basée sur un retour à la nature qui pourrait être bénéfique à d'innombrables malades. C'est pourquoi, après y avoir sérieusement réfléchi, je vais bientôt me rendre à Toronto afin d'obtenir, du propriétaire des lots 5 et 6, l'autorisation d'établir un réseau de cottages au cœur de ses concessions qui, comme vous le savez, sont riches en sources d'eau potable.

— Ce serait magnifique! s'exclame Orpa.

— Comme vous le voyez, mon Peuple, je n'ai pas perdu mon temps...

La nuit s'avance vers l'aube et il nous parle toujours de ses projets. Tout paraît magnifique, mais je ne sais pas s'il faut s'en réjouir. J'aime à imaginer une colonie où nous pourrions soigner les malades, rendre service aux nécessiteux, apporter notre soutien aux reclus de la société, mais je sais aussi que là-bas, aux États-Unis, Moïse s'est extasié devant l'enrôlement militaire d'enfants de deux ans, et cela ne va pas du tout avec ce que je voudrais voir.

— En changeant de sujet, j'ai une demande à faire à mes

couturières, demande-t-il alors que le jour se lève et qu'il va falloir aller travailler. J'aimerais que vous me fassiez une tunique, un éphod en satin rouge avec les pierres du jugement, l'urim et le thummim, au niveau de la poitrine. Rappelez-vous ce qui est écrit dans Exode 28, versets 30 à 38 : « *Dan portait sur son cœur la volonté divine et il sera chargé des iniquités des enfants d'Israël...* »

Je me demande ce que cela signifie exactement.

***

J'avais raison de me poser des questions. Depuis son retour de l'État des mormons, Moïse s'enfonce dans une molle oisiveté. Pendant que nous colportons sur les chemins les produits de la pâtisserie, il reste avec ses favorites à regarder la télé. Lorsque nous rentrons très tard le soir, le sang se fait plus lourd dans nos veines et nous nous demandons quels châtiments il va encore inventer pour la nuit.

Comme d'habitude avant de franchir le seuil de son logis, je me dépêche d'aller faire mes besoins car je sais qu'après ce sera défendu, et, une boule dans la gorge, je rentre rapidement afin de ne pas me faire taxer de flânerie.

Je ne sais pas pourquoi, mais en l'apercevant, je sens que, cette nuit, ça va être à mon tour. Chaque soir il se choisit une victime principale.

Ce soir, ce sera moi.

Alors que nous sommes tous debout depuis un temps infini, les insultes et les railleries pleuvent sur moi. Je me courbe pour ne pas l'offenser de mon regard. Ce qui n'a pas dû être le cas pour Juda qui soudain devient le point de mire de Moïse.

— Pourquoi me regardes-tu ainsi, toi?

Sans attendre de réponse, notre berger se précipite sur lui et le bourre de coups de pied. Sous la douleur et la peur sûrement, les intestins de Juda se libèrent sur le plancher. Moïse devient fou furieux et s'en prend de nouveau à moi.

— C'est de ta faute! Tu es un poison, la lie du monde!

J'essaie d'esquiver les coups de bottine à cap d'acier qu'il me lance dans les mollets, cela le fâche davantage.

— T'essaies de te soustraire à la justice du Représentant de Dieu! Mais pour qui te prends-tu, toi qui n'es que merde. Oui!

tu n'es que ça. Tiens, je t'ordonne de te couvrir la face de la
merde à Juda, là, sur le plancher. Tu seras dans ton élément.

J'hésite, je renâcle, mais les ruades pleuvent. Je ne puis
lutter et je fais ce qu'il me demande en ayant peur de vomir,
car je sais qu'il me forcerait à ravaler le tout.

— Et maintenant tu vas lécher le cul à Juda, m'ordonne-t-il.

Je secoue négativement la tête.

— Ça, je peux pas, Papy...

Un violent coup m'arrive dans les côtes, j'en ai le souffle
coupé. Je voudrais mourir, mais même ça m'est interdit. Je ne
peux me résoudre à m'abaisser à imiter cet acte de chien.
Trop c'est trop.

Il vient de me soulever et me projette à travers la pièce.

Percluse de douleurs je suis incapable de me relever, il
vient me saisir à nouveau et recommence, une fois, deux fois,
trois...

Luttant contre d'épouvantables haut-le-cœur, je me traîne
à genoux vers Juda et fais ce que Moïse m'a ordonné.

Mais ce n'est pas assez, l'ours me saisit la tête dans ses
grosses pattes et, depuis le front jusqu'au menton, il me
laboure le visage contre le gros clou recourbé qui sert de
poignée de porte. Le sang me coule dans les yeux. Un craquement suivi d'une vive douleur; le fauve en délire vient de
m'écraser le nez contre la porte.

— Arrête! Arrête, Moïse! tu vas la tuer!

C'est Ève qui vient de le stopper. Je me demande comment ça se fait que je ne sois pas encore morte, je le souhaite
pourtant.

Ève est courageuse, il pourrait s'en prendre à elle pour
cet affront.

Ce soir, mon nez est cassé mais tout compte fait, ça me
paraît moins grave que l'autre jour alors qu'après m'avoir
cogné indéfiniment la tête contre celle de Thimna, il m'a fla-
gellée avec sa ceinture jusqu'à ce que la boucle vienne frapper
mon œil droit. Celui-ci noyé par le sang, il m'a fallu attendre
que Moïse s'écrase de fatigue et d'alcool avant de pouvoir
constater l'étendue des dégâts. Je l'avais échappé belle! mon
œil était dans son orbite et ce n'était qu'une double déchirure
partant de l'arcade sourcilière et allant à la tempe qui m'inon-
dait l'œil.

Mais je ne suis pas toute seule. Tous les autres travailleurs de l'équipe externe sont démolis chaque soir à tour de rôle. Ils sont héroïques, je me dois de l'être tout comme eux. Pubis épilés à la main, organes génitaux pincés, crânes dégarnis à pleines poignées, yeux au beurre noir, mâchoires édentées à vif, nez cassés, gorges étranglées, peau lacérée par ses griffes, côtes fracturées, bras et abdomens injectés de solution de camphre ou d'alcool, flagellation... et j'en passe.

— Je suis loin de ce qui est terrestre, explique Moïse lorsqu'il se calme, et pourtant combien j'en ressens le poids. Je suis à mi-chemin entre le royaume de mon Maître et cette planète. Je suis accompli dans mon esprit et la seule chose qui reste de ce passage est ma carcasse qui résiste. Ce pourquoi Il dispose de moi quand mon esprit est engourdi par l'alcool afin de vous conduire à bon port. Autrement, je serais incapable de réaliser Sa Volonté. Ce qui vous arrive n'est pas de ma faute, je ne suis qu'un humble instrument entre Ses mains. N'oubliez pas que c'est la très grande douleur que me procurent vos péchés qui me rend furieux. Que le repentir demeure en vous, afin que justice soit agréable à subir et produise la paix de vos âmes! À part cela, il n'y a que cet amour inébranlable envers vous.

Comment ne pas le croire? Qui pourrait donner autant de coups pour le simple plaisir? En me posant la question, je réfute d'avance l'idée qu'il pourrait être dérangé mentalement.

***

Fin d'octobre. Pour la quatrième fois, Ève s'est enfuie.

Nous en faisant porter la faute, Moïse a voulu en marquer quelques-unes du « Sceau de la Contrition ». Après m'avoir menacée en me brûlant les poils pubiens et les lèvres vaginales avec son chalumeau à acétylène, il m'a ordonné de maintenir fermement Schua puis Naomi pendant qu'il rôtissait le dos de l'une et le ventre de l'autre, qui en est à son sixième mois de gestation.

Honteuse et repentante de les avoir maintenues contre mon gré, je dois maintenant les soigner avec l'onguent qu'il m'a remis, une composition d'huile d'olive, de neige et d'excréments de poule...

***

La forêt exhale cette tristesse mélancolique propre à l'automne. Il y a quatre jours que, dans cette atmosphère humide, j'erre à travers les conifères. Je me suis enfuie à mon tour, bien décidée à me laisser mourir de froid, de faim ou de n'importe quoi qui se présentera en premier.

Quelle est cette image qui se dessine dans ma tête? Un cadavre bleu trop maigre, ses entrailles à l'air tandis qu'une bande de corbeaux se repaissent et tirent sur des morceaux de tripes qui n'en finissent pas de s'étendre...

C'est moi!

Non, je ne veux pas finir ainsi! Il faut que je retourne.

***

Décembre, le 31, mon trente-septième anniversaire. Toute la soirée, nous avons interprété des sketches. Ceux-ci terminés, Moïse nous a demandé de nous dévêtir afin de vérifier, à la loupe, la propreté de nos vagins.

M'exécutant, je regimbe devant ce qui me semble être rien d'autre qu'une humiliation gratuite.

Il ne me répond pas. Simplement son visage blêmit, il me saisit par les hanches et s'approche du poêle qui ronfle, apparemment bien décidé à m'y asseoir. Sans effort d'imagination, je me représente le grésillement que ça va faire lorsque mes fesses seront appuyées sur la fonte du poêle. Je m'affole. Il faut que je fasse quelque chose et vite. Quelque chose qui l'arrête.

Me débattant, j'ouvre la porte du poêle, saisis un tison rouge et, sans le lâcher, l'applique sur ma fesse droite.

Visiblement mon geste l'ébranle.

— Là... tu m'étonnes, la grande...

Je regarde ma main, aucune brûlure. Comment cela se peut-il?

— Comment t'as fait ça pour que ta main ne soit pas brûlée? As-tu passé un pacte avec le Diable?

— Tu sais bien que non, Papy!

Pendant que moi-même je ne sais pas à quoi attribuer ce miracle, lui ne sait toujours pas comment réagir à mon geste; je le vois qui secoue la tête d'un air buté.

— Dehors! me crie-t-il soudain en me désignant la porte. Dehors, sorcière!

J'ébauche le geste de me rhabiller, mais il me fait signe que non. Je passe la porte et suis immédiatement, saisie par le vent glacé. Je saute sur place en tentant de me réchauffer.

Les minutes passent et on dirait bien qu'il m'a oubliée là... Transie, je cours vers le compartiment arrière de la Datsun rouge que l'on vient de donner à Moïse. Il y a là des boîtes de carton, je les défais pour m'en couvrir.

Je les entends qui m'appellent. Un bruit de moteur, je me redresse un peu pour apercevoir Moïse sur le tracteur. Non, je ne bougerai pas d'ici!

J'en ai marre de passer des nuits comme ça, de manger de la moulée, de vivre comme une bête traquée. Jusqu'ici, et c'est ce qui me le faisait supporter, j'ai assimilé mon calvaire à celui du Christ, mais là je n'en peux plus... C'est assez!

Tel le Christ, je m'écrie dans ma tête : mon Dieu, mon Dieu, pourquoi m'as-tu abandonnée? Puis, je m'adresse à mon petit garçon, là-haut, au paradis, et lui demande : « Éléazar, peux-tu demander à notre Seigneur de faire quelque chose pour ta maman, qu'Il me rappelle auprès de toi! »

Au-delà des pauvres douleurs physiques et morales que m'inflige Moïse, je pleure surtout cette déchirure qui m'a séparée de mon fils à tout jamais.

XVI

Pourquoi tout cela m'arrive-t-il? Mes origines y sont-elles pour quelque chose?

Je suis née le dernier jour de l'année 1949 à l'Hôtel-Dieu Saint-Vallier de Chicoutimi. Une délivrance quelque peu laborieuse, ai-je appris beaucoup plus tard, car ma mère, alors âgée de 42 ans, était totalement sous anesthésie.

Ce fut la dernière fois, au propre comme au figuré, que j'ai eu droit à la chaleur maternelle. Quelques heures après, l'on me plaça aux soins de l'orphelinat adjacent.

Pas parce que ma mère décéda, mais simplement parce qu'à ce moment de sa vie elle n'avait plus la force physique de s'occuper d'un douzième rejeton.

De cet orphelinat, je me remémore très vaguement certaines visites que m'y firent mes parents. Je faisais des crises de larmes à leur arrivée et à leur départ. Peut-être qu'inconsciemment cela m'a brimée aux yeux de ma mère? Ou encore en est-elle inconsciemment venue à m'en vouloir parce qu'elle n'avait pu me garder, bébé?

Je me souviens parfaitement par contre que lorsque je refusais mon repas, l'on m'enfermait dans un placard. J'avais, m'a-t-on dit, un mauvais comportement. J'ai appris un jour que la dénivellation au-dessus de mon arcade sourcilière droite est le résultat d'un coup de bâton infligé par une religieuse que j'aurais excédée.

Lorsque j'ai eu trois ans, papa, sur les conseils de mon

frère aîné, décida de mettre fin à mon internement. Littéralement, je me suis retrouvée catapultée dans ma famille. Intégration pour le moins bouleversante, car là où j'espérais amour et sécurité, je ne trouvais qu'austérité. Maman n'était pas tellement différente des « servantes de Dieu » de l'orphelinat, très marquées par le caractère monolithique de ce que j'appelle la religion d'autrefois.

Quand j'ai eu cinq ans, ma mère, devenue veuve, jeta, au détriment des autres membres de la famille, toute l'affection dont elle était capable sur mon frère cadet qui, à deux ans, ressemblait étrangement à mon père. La discrimination devint telle que je me retrouvai vite le mouton noir de la famille.

Je ne me souviens pas que ma mère m'ait embrassée, cajolée ou enlacée. Par nature, j'étais la seule des enfants portée à vouloir l'embrasser le soir avant d'aller me coucher au grenier; il me fallait refréner cet élan, de crainte d'essuyer la raillerie des autres. Comme j'aurais voulu qu'un de mes becs suscite l'éveil d'une pulsion maternelle! Mais non, je ne recevais en retour que froide indifférence.

Est-ce que je suis marquée pour avoir été privée de cette affection que je cherche tant aujourd'hui? Est-ce cette quête qui m'a conduite où je me trouve à présent et me fait accepter sinon rechercher ce qu'un travailleur social a appelé : « un refuge antisocial visant inconsciemment à palier à une carence affective »? Il n'avait pas vraiment tort. La société me semble tellement aveugle, tellement insensible que je crois toujours de mon devoir de rechercher une autre voie. Non pas que je m'estime meilleure, mais je ne suis tout simplement pas capable d'entendre des mauvaises nouvelles du monde et ensuite d'aller me coucher pour une bonne nuit de huit heures. Si les autres souffrent, je souffre, et je ne veux pas souffrir! En un certain sens, je préfère les coups qui, selon Moïse, ont le pouvoir de nous libérer des attaches terrestres qui nous rendent égoïstes. Pendant que je souffre dans ma chair, mon esprit n'est pas attiré par l'abandon. Et peut-être que cela me vaudra un jour d'être aimée...

Ces temps-ci cependant, je doute de plus en plus. Accusé formellement, vers la mi-janvier 1988, d'avoir violé une étudiante de quatorze ans, Moïse devient dangereusement sombre et belliqueux. Je ne crois pas à ce viol, bien sûr, mais je n'arrive plus à distinguer en lui ce magnétisme qui autrefois m'a portée vers lui. Je me demande même si je ne me suis pas leurrée.

Je sors de mes pensées car Orpa vient de se plaindre d'un mal de dent.

— Laquelle? demande Moïse.

— Je ne sais pas, Pépé, c'est diffus...

— Laisse-moi m'en occuper.

Il fait ingurgiter quatre cent cinquante millilitres d'alcool à sa dévouée qui, peu de temps après, affalée dans un fauteuil, en tout abandon, ouvre innocemment la bouche.

La pince donnée par Rosaire Laroche remplit ses offices. Une à une, toutes les dents supérieures sont extraites sans que Orpa ne manifeste aucune douleur. Nous suivons l'opération avec angoisse.

Est-ce que ça va être ensuite à notre tour? Est-ce vraiment nécessaire pour survivre à la fin du monde? Soit dit en passant, elle se fait attendre celle-là.

La mâchoire supérieure totalement édentée, Orpa se lève en rigolant pour aussitôt s'écrouler, inconsciente, sur le plancher. Peut-être parce que c'est elle, Moïse prend peur. Nous savons que c'est la dose d'alcool qui a assommé notre compagne, mais lui craint un choc. Il panique.

Relevant Orpa, il la gifle pour tâcher de la ramener à elle. N'obtenant aucun succès de cette manière, il l'arrose d'eau glacée à l'aide du boyau de la citerne puis nous demande de la soutenir par les aisselles et de la faire marcher de long en large. Ce que nous faisons jusqu'à ce que lui-même soit terrassé par l'ivresse.

***

Le surlendemain, il anime un « débat industriel » qui, pour mon goût personnel, tire en longueur. Inconsciemment, je bâille et ferme l'œil presque insensiblement...

S'il y a une chose que Moïse déteste, c'est bien que l'on s'assoupisse durant ses discours. Il ne supporte aucune faiblesse humaine de la part des travailleurs externes – qui ne sont pas issus des tribus de Juda, de Lévi, de Gad ou de Siméon.

— Thirtsa, ce que je dis ne t'intéresse pas?

— Hein... Oui, oui, Papy!

— Encore le mensonge! Tu as la langue fourchue. Tu me déçois terriblement, après tout ce que j'ai fait pour toi... Il va encore falloir que je te châtie, que je te torture s'il le faut, afin de chasser le démon qui est en toi. Je n'ai pas le choix, déshabille-toi.

Ça y est, il vient de prononcer la formule rituelle qui prélude généralement aux séances de Délivrance du Peuple.

Cette fois il a organisé un match de boxe. Mon adversaire – en l'occurrence Rachel – se précipite sur moi et commence à me donner une série d'allers-retours auxquels je ne peux répondre puisqu'elle est d'une caste supérieure à la mienne.

Je m'affale de tout mon long, Moïse fait alors signe aux autres de me battre à leur tour.

Alors que je me relève tant bien que mal après cette tornade, Moïse m'attrape par le cou et m'étrangle jusqu'à ce que je perde connaissance.

Lorsque je reviens à moi, j'ai la surprise de le découvrir seul avec moi. Prenant mon courage à deux mains, d'une voix rendue bizarre par l'étranglement, je lui pose la question qui m'obsède depuis des années :

— Dis-moi, Papy, pourquoi t'acharnes-tu plus sur moi que sur les autres? Je fais tout ce que je peux pour te plaire et en retour tu ne me donnes que ton mépris, j'en ai assez de te déplaire sans savoir pourquoi.

Il me regarde longuement dans le blanc des yeux. Je me sens fondre sous son regard déshumanisé.

— C'est ton attitude, Thirtsa, j'ai toujours l'impression que tu lis constamment en moi comme dans un livre ouvert et que tu cherches à remettre sans arrêt mes motivations en question.

— Mais je te jure que tu te trompes!

— Eh bien la prochaine fois, si je semble perdre le contrôle de moi, disparais de ma vue.

Pour une rare fois, j'ai l'impression d'avoir pu parler avec lui en amis. Pourquoi cela n'est-il pas tout le temps de mise? Pourquoi n'est-ce pas toujours comme lorsque nous nous sommes rencontrés la première fois? Où est passé l'homme qui me parlait et m'écoutait à Keswick?

***

Nous sommes tous, dans sa chambre à coucher, agglutinés devant la télévision pour écouter la diffusion du Super Bowl du 31 janvier. (Ce qui ne m'enthousiasme guère plus que *Benny Hill*, son programme favori.) Tournant les yeux vers Moïse, je m'aperçois qu'il me détaille d'une drôle de façon. Je réponds à son regard par un demi-sourire, ce qui, incompréhensiblement, paraît le mettre hors de lui.

— À poil, Thirtsa! Et vite!

Frissonnante d'effroi, je fais ce qu'il m'ordonne. Ce faisant je remarque qu'une des fenêtres est entrouverte. M'approchant subrepticement de cette dernière, lorsque je suis à portée, avant de savoir ce qu'il me veut, je saute et m'enfonce dans la nuit.

Sans hésiter, je me dirige à toute allure vers le chalet suisse pour m'y vêtir chaudement, après quoi je cours le long de l'ancien chemin de six kilomètres et me réfugie, essoufflée, dans le foin de la grange des voisins Dudman.

J'ai fait comme il me l'a conseillé, j'ai disparu de sa vue. Il ne pourra pas me le reprocher.

***

Affamée, je suis toujours dans cette grange le surlendemain lorsque je l'aperçois en train d'avancer, le dos courbé, vers la clôture qui nous isole de la civilisation.

La peur et l'hésitation se mêlent dans mon esprit. Et si j'allais le retrouver, qui sait, peut-être serait-il gentil avec moi? J'ai tellement envie qu'il le soit. Je n'aurais jamais cru pouvoir aimer mon bourreau, car finalement c'est ce qu'il est. Pourquoi aussi cette image de ma mère me vient-elle à l'esprit? J'y suis! En un certain sens, le despotisme de Moïse me rappelle celui de maman. Est-ce pour cette raison que, ne connaissant rien d'autre, je me suis condamnée à vivre sous ce joug? Mais pourquoi toutes ces suppositions? Je suis ici pour ne pas perdre ma vie éternelle, je n'ai pas d'autre raison!

Plus sur une impulsion que sur une décision, je sors de ma cachette et m'avance à sa rencontre.

— Je suis là, Papy.

S'arrêtant, il me regarde puis m'ouvre les bras.

— Thirtsa! J'ai tellement eu peur que tu m'aies quitté... Accorde-moi ton pardon, Asher de ma vie.

Je le regarde et me rends compte qu'il a des larmes aux yeux. Elles semblent même réelles.

— Tu n'as pas à me demander pardon, Papy, tu le sais bien.

— Tu sais, Charme, je te promets de ne plus lever la main sur toi.

Je veux le croire. Je suis conquise et, avec dans l'air quelque chose qui me rappelle une ancienne promenade en tenant la main de papa, nous rentrons côte à côte en échangeant de longues paroles silencieuses.

***

Moïse et Caïn sont allés à Québec essayer de convaincre Ève de revenir accoucher du dix-huitième enfant du clan à Burnt River. Pour cette raison, je suis persuadée que la journée va être calme, mais Naomi me fait changer d'avis en m'annonçant qu'elle vient d'avoir une contraction. J'ai presque peur; il y a plus de deux ans que je n'ai pas participé à un accouchement. De plus, il y a toujours eu Moïse pour intervenir au cas où...

L'avant-midi passe... C'est la première fois que la servante royale d'Ève va enfanter. Les contractions sont violentes, mais ma compagne semble impuissante à expulser le bébé. Elle faiblit rapidement.

— Fais quelque chose, Thirtsa, je vais y rester...

— Mais non, voyons!

Que faire? Je vois bien que l'orifice vaginal est étroit. Et si j'incisais le périnée?

Je n'ai pas le choix, Naomi faiblit d'une façon inquiétante, il faut que j'agisse.

Un des scalpels à Moïse en main, je commande à Naomi de ne plus forcer et, anxieuse, je pratique une incision périnéale de quelques centimètres.

Je n'ai pas à m'interroger longtemps si j'ai bien fait ou non, le travail reprend aussitôt et cette fois tout semble aller mieux. À 14 h 42 un garçon est expulsé sans autre difficulté. Ma joie est à son paroxysme, et je dois avouer que les félicitations des autres y sont pour quelque chose. L'humiliation ici étant généralement la règle, il est difficile de ne pas prêter oreille aux louanges.

***

Ça n'a pas duré.

En rentrant, Moïse m'a tout de suite houspillée parce que j'avais dévoilé aux autres le sexe du dix-neuvième enfant de la communauté. Il dit que c'est uniquement à lui de le faire.

Son humeur s'est encore aggravée lorsque Stan Pope, le travailleur social, est parti avec le petit Jemuel.

— Pourquoi avoir des enfants si on ne peut les garder? a gémi Naomi.

— Relis Timothée 2, Verset 15 : la femme n'est sauvée que par l'enfantement. N'est-ce pas assez pour toi de savoir que tu as donné la vie?

— Oui, Papy, oui...

Je sais que Moïse bluffe; lui aussi souffre de ne pas avoir ses enfants. Non pas tant que leur amour lui manque, ça je ne peux le croire, mais parce qu'il aime bien avoir toute sa tribu autour de lui. En réalité, je crois qu'il les considère un peu comme des trophées, et que c'est pour cette même raison qu'il n'aimait pas mon fils Éléazar qui avait une légère difformité à la paupière. Moïse dit toujours que les malformations physiques sont sataniques.

***

Ève est finalement revenue, mais en cet après-midi de la mi-mars, Moïse semble vouloir faire payer l'affront de sa légitime à tous. Tout d'abord Thimna a dû se plaquer contre une porte en bois pendant qu'il lançait des couteaux autour d'elle. L'un d'eux est allé se planter à l'extrême limite au-dessus de son crâne. Puis il a sorti toute la panoplie des tiroirs et, à présent, canifs, poignards, couteaux à dépecer, couperets, éplucheurs, tout vole à travers la pièce et retombe autour de nous.

Un large coutelas s'envole en direction de sa femme légitime. Est-ce une prémonition? Je suis sa trajectoire comme dans un ralenti. Un cri, le couteau se fiche dans la cuisse gauche de Mamy et en rejaillit aussitôt sous l'effet d'une violente contraction musculaire.

Hurlant de douleur, l'estropiée se tient la jambe pendant que Moïse s'approche pour se rendre compte de la gravité de la blessure. Il regarde puis se tourne vers moi.

— Thirtsa, vide un pot d'eau bouillante là-dessus pour désinfecter.

— De l'eau bouillante...?

— Fais ce que je te dis et ne discute pas!

Me mordant les lèvres, je fais ce qu'il m'a demandé en essayant de rester sourde aux cris stridents de la blessée.

Moïse a placé l'extrémité d'une tige de métal dans le foyer du poêle. Caïn a fait un tourniquet au-dessus de la lacération. Anxieuse, je regarde la tige de métal en me demandant si notre « docteur » tient vraiment à s'en servir pour ce que je pense.

Oui, c'était bien pour « cautériser » la plaie. Il lui applique la tige rougie sur la meurtrissure et moi, plutôt que de regarder les traits de notre compagne, j'observe attentivement l'expression de notre berger; il ne souffre pas, mais pas du tout! Même, je crois qu'il prend plaisir à nous maltraiter!

Un très bref instant, une image sulfureuse représentant une espèce de bouc me traverse l'esprit. J'en ai la chair de poule. Tout au fond de ma tête, il me semble entendre le rire argenté de Lucifer. Qu'est-ce que ça veut dire?

Ève est à peine étendue sur le divan qu'il revient, en grimaçant, à la charge et comprime la cuisse de ses mains pour libérer l'énorme caillot qui s'est formé à l'intérieur de la blessure. Cette fois la pauvre perd connaissance.

Lorsque la patiente revient à elle, Moïse nous ordonne de la faire marcher. Ce faisant, je m'aperçois qu'elle est littéralement verte. Si nous ne la soutenions pas, elle s'écroulerait.

— Je vais me coucher, déclare Moïse. Qu'on ne me dérange pas avec des jérémiades inutiles.

La mutilée se tord sur le sofa. Ses yeux écarquillés sont les témoins de sa douleur.

— Caïn, implore-t-elle, il faut que tu m'emmènes à l'urgence à Lindsay, il le faut! Je veux pas perdre ma jambe.

— Je peux pas, Mamy, le bruit du moteur de la motoneige réveillerait Moïse.

Je réalise qu'il nous possède tous, nous sommes réellement sous le contrôle absolu de notre berger. Jamais encore cela ne m'avait frappée à ce point.

***

Quelques jours ont passé et la cuisse d'Ève a pris des proportions volumineuses.

— Je t'offre deux possibilités, lui propose Moïse : ou te faire hospitaliser dans le monde, ou te faire soigner par ton berger. Qu'est-ce que tu préfères?

— Par toi, Moïse.

Il nous demande de transporter l'éclopée sur la table de la cuisine, s'enduit les mains d'un composé de savon d'habitant et de gros sel puis commence à pétrir sauvagement l'entaille. Au contact de ce composé corrosif, Ève s'arc-boute sur la table.

— Ne commence pas! lui commande Moïse, j'en ai pour un moment.

Ça a duré deux heures. Deux longues heures durant lesquelles je me suis attendue, chaque seconde, à ce que notre malade tourne de l'œil. Malgré les liens que nous avons dû lui mettre, elle se tordait sur elle-même en criant grâce.

À présent, alors qu'il lui suture la plaie, j'ai l'impression que les yeux de Mamy vont sortir de leurs orbites.

— Voilà, dit enfin Moïse d'un air satisfait. Demain ça ira mieux.

***

Effectivement, le lendemain la cuisse a retrouvé sa taille normale et va beaucoup mieux. Mais aujourd'hui, 6 avril, un fait tout à fait imprévu s'abat sur Moïse : les forces de l'ordre l'emmènent en prison pour avoir, selon ce qu'on en a su, cherché à intimider la jeune fille de quatorze ans qui l'accuse de l'avoir violée. Il lui aurait affirmé, si elle ne se rétractait pas : « L'ange de la mort viendra bien plus tôt que tu ne penses ».

***

Nous ne savons rien de plus, mais la jeune fille ne devait pas être de bonne foi puisque Moïse n'a été détenu que quarante-huit heures.

En tout cas, il revient à temps pour les sucres.

Le printemps voit revenir la récolte de l'eau d'érable, activité qui, ordinairement, renfloue la caisse de la communauté. Les 2 000 érables sont entaillés, ce qui, si l'on se fie à l'an passé, devrait nous donner au moins 1 575 litres d'un sirop ambre exempt de tout grain de calcium vendu au coût exorbitant de 36 dollars le litre.

Mais cela ne nous donne pas l'opportunité de profiter d'une seule partie de sucre. Pour nous, pas de *beans* au four, pas d'omelette au sirop ni de tire sur la neige, tout est exclusivement réservé à la vente et aux maux d'intestins de Moïse. Cette économie va lui permettre de se payer un tour d'avion pour survoler les 2 400 hectares du « Pays de Canaan », dans le but de relever les détails géographiques du site projeté d'un camp naturiste.

Durant cette période, Ève s'est de nouveau enfuie. Je ne la comprends plus. Pourquoi fuir alors que l'on sait très bien que l'on finira par revenir? Nous savons tous que c'est dur, terrible même, mais aucun d'entre nous ne veut brûler durant toute l'éternité; plutôt souffrir ici-bas et être heureux pendant des siècles et des siècles. Nous ne sommes pas comme les gens du monde qui croient que l'enfer n'existe pas. Le Diable n'est pas encore parvenu à nous faire avaler cette ruse ultime. Moi aussi, parfois, je voudrais fuir, je l'ai même parfois fait, mais à quoi bon finalement puisque cela nous condamnerait ultérieurement à bien pire que ce que nous vivons ici.

Il n'en reste pas moins que notre berger a parfois de bien curieuses attitudes. L'autre jour, Juda s'est fracturé un pied en laissant tomber dessus le bras d'accouplement d'une remorque pleine de bois de chauffage. Moïse lui a dit d'aller se faire plâtrer à Lindsay, mais à peine a-t-il été de retour, que notre guide a utilisé sa scie mécanique pour ôter le plâtre et a ordonné à l'accidenté de travailler comme à l'accoutumée. Je m'interroge sur ce qui peut bien se passer dans sa tête lorsque, en toute lucidité, il pose de tels actes.

Sachant fort bien que cela pourrait donner à Moïse l'envie de lui fracturer l'autre pied, le pauvre Juda essaie tant bien que mal de contrôler sa claudication.

***

La nature a quitté son cocon. Les grenouilles, les grillons et quelques autres bêtes invisibles du marais envahissent maintenant tout l'espace sonore des premières soirées douces. Comment tous ces couples peuvent-ils se retrouver pour procréer dans une telle noirceur? Où est donc l'ordre dans ce chaos infernal? Il y a aussi toutes ces senteurs neuves qui ont couvé si longtemps sous la neige et qui me flattent l'odorat. Elles me ramènent, chaque année, à La Baie où, insouciante, j'attendais l'été, les vacances et toutes les joies qui l'accompagnent.

***

Nous virevoltons partout en nettoyant et faisant reluire à la paille de fer tous les bâtiments de notre campement. La cabane des hommes a été déplacée près du versant oriental du chalet suisse. Son plancher est varlopé, des films de polythène neufs sont fixés aux fenêtres, les murs retrouvent leur air de jeunesse, une table est spécialement construite par Moïse pour l'hôte que nous nous apprêtons à recevoir : le docteur Templeton que Moïse a rencontré à Provo. L'illustre personnage nous rend visite.

Moïse nous a donné ses instructions : le docteur doit repartir avec une impression inoubliable. Il ne faudra pas lésiner sur les petits plats, les spectacles de tous les genres, ni même les séances de massage dont Naomi et moi avons été nommées responsables.

***

Nous avons réussi! Moïse vient de recevoir une lettre du psychiatre où celui-ci affirme qu'il a été profondément touché par la générosité, la gentillesse et l'hospitalité dont il a été bénéficiaire. Il nous assure que le sens élevé de notre camaraderie spirituelle risquait d'affecter sa vie au point que s'il ne devait vivre en permanence à proximité de sa seconde clinique psychiatrique de Sacramento, il n'hésiterait pas une seconde à tout liquider pour venir se joindre à notre clan en tant qu'humble travailleur. Il termine en disant que la vie dans les bois est autrement plus riche et plus noble que la folie qui règne dans les cités.

Tout cela semble vrai; pourtant...

***

Apprenant qu'ils touchent au cannabis, alors qu'il a horreur de la drogue à tel point que jamais une seule fois il n'y en a eu dans notre commune, Moïse s'est rendu au Québec, le 11 juin, afin d'aller chercher ses deux fils aînés. Il a, paraît-il, eu un peu de mal à décider Élam de le suivre car ce dernier se rappelait fort bien les sévices servis par son père, mais finalement il a réussi à les convaincre en leur promettant d'en faire ses co-associés dans l'établissement d'un site naturiste.

Les adolescents sont au paradis. Des privilèges leurs sont accordés puisqu'ils sont des êtres « purs » : des gâteries, collations entre les repas, beaux vêtements blanchis régulièrement, des heures de sommeil comme il leur convient, des louanges et des courbettes de notre part, de l'argent de poche et même une sortie hebdomadaire à la discothèque de leur choix.

Quant au père, il jubile d'avoir dupé la CAS et la DPJ.

Pour la fête des pères, il a organisé une soirée de bienvenue et transformé la demeure de Dina en bar.

La bière artisanale coule à flots et Moïse, arborant sa tunique royale et une couronne sertie de boutons multicolores, se grise généreusement aux spiritueux. Tout comme les éphèbes assis de part et d'autre de son trône. Bien vite une piste de danse est aménagée et l'on procède à des spectacles pour leur bénéfice. Par une certaine analogie, je pense soudain à Hérode voulant voir danser Salomé... La honte m'envahit.

L'aube pointe aux fenêtres et la fête bat toujours son plein. Levant le bras, Moïse demande à l'une d'entre nous de se dénuder et de danser avec son fils de 18 ans, Élam...

Puis les choses se détériorent. Ils décident de rire de moi et je me retrouve sur un tabouret avec un bol sur la tête pendant que Orpa coupe tous les cheveux qui dépassent.

— Vous voyez, les jeunes! lance leur père, les femmes, c'est de même qu'il faut les traiter. Tout est permis pour les faire manger dans sa main. Un jour, vous devrez agir comme ça pour soumettre les vôtres.

***

Le projet du centre de villégiature pour naturistes ne fonctionne pas. Comme d'habitude, Moïse a d'abord eu le feu sacré pour l'entreprise, mais, dès qu'elle a perdu de sa nouveauté, il s'en est désintéressé. Un autre problème, plus grave, commence à montrer son nez : Moïse se rend compte que sa personnalité est confrontée à celle de son aîné qui lui ressemble étrangement.

C'est dans cette optique que, mettant sur le compte de la drogue leurs frasques lors de leur sortie du 16 juillet à Orillia, il vient d'ordonner une fouille dans les appartements de ses fils et de son neveu Alexandre, arrivé depuis quelques semaines d'Oshawa.

Un minuscule flacon vide vient d'être découvert dans les affaires du cousin. Moïse se fâche et darde un couteau dans le pied gauche du présumé coupable qui se sauve sans en attendre davantage.

Les deux frères semblent ébranlés, Moïse se rend compte de leur indécision; pour les rassurer, il les invite au restaurant.

— C'était un drogué, déclare-t-il, il aurait eu mauvaise influence sur vous. Allez, on va aller se payer un chinois pour oublier ça...

***

Mais les choses ne s'arrangent pas. Sans se rendre compte que c'est Élam qui le décontenance, Moïse s'en prend à Aram et le fustige pour son hypersensibilité.

— T'es une femmelette ou quoi!

— Non!

— Alors pourquoi t'es toujours après chialer pour un oui ou pour un non? Les larmes, c'est pas fait pour les hommes; je vais t'endurcir, moi! (Il se tourne vers Élam.) Je veux que vous boxiez tous les deux, un vrai match avec des vrais coups.

Le match commence et, visiblement, les deux garçons ne veulent pas se cogner. Moïse s'en rend compte et saute sur le ring imaginaire.

— Je vais vous montrer comment on cogne!

Il n'en a pas le temps, les deux jeunes se sauvent à toutes jambes.

Caïn et Juda courent après eux, mais la peur a donné des ailes aux gamins. Pour ma part, je pense que, sans avoir besoin de la CAS, Moïse a perdu ses fils par sa faute. Il n'a pas réalisé qu'ils étaient ici non comme des disciples mais comme des enfants.

Ce qui devait arriver arrive; il rejette sur nous la faute de leur départ. Pour nous punir de les avoir « gâtés-pourris », il nous enfonce des aiguilles partout dans le corps. Quant à moi, il en plante une qui se brise contre ma colonne vertébrale.

***

Il ne se console pas du départ de ses fils. Après nous avoir écrasé les doigts dans l'étau industriel de son atelier, il nous a « invités » à un sauna duquel Schua tente de sortir sans sa permission.

— Où vas-tu?

— Je sors, Papy.

— Sans mon autorisation?

— Ben...

Il s'adresse à Caïn et Juda.

— Vous deux, soulevez-la et tenez-la à l'horizontale en travers de la porte.

Les deux hommes font comme Moïse le leur a commandé. Aussitôt notre guide ouvre grand le battant et le referme violemment sur le ventre de Schua qui se trouve cisaillée entre la massive porte de bois et le chambranle, le tronc dehors et les jambes à l'intérieur. S'appuyant contre le battant, Moïse la retient dans cette position alors qu'elle le supplie de l'épargner :

— Papy, Papy... Mon seigneur et mon roi... Épargne-moi, je t'en supplie! Ne me tue pas!

Elle n'a plus la force de crier lorsque la bête s'écarte de la porte. Schua s'écroule comme une masse inerte, en état de syncope, le teint cadavérique et les orteils cyanoses.

— Juda! hurle Moïse, garroche-lui une chaudière d'eau glacée pour la sortir de sa pâmoison.

Puis, sans attendre, il la pousse du pied et se rend dans ses quartiers en commandant par-dessus son épaule à ses favorites de lui préparer un bain et des massages.

***

— Levez-vous! Levez-vous et venez voir...

J'entrouvre les paupières, réveillée par la voix de Moïse qui nous appelle de l'extérieur. Je fais comme les autres qui se lèvent. Que peut-il bien se passer?

Dehors, je le rejoins qui nous désigne l'étang du doigt.

— Regardez! Regardez comme il est beau!

Avant qu'il ne l'ait dit, j'ai aperçu le grand héron qui marche tranquillement au bord de l'eau. Tous, en silence, presque hypnotisés, nous contemplons l'oiseau magique.

Il fait doux, il y a dans l'air comme une vapeur dorée, les baumes exhalent un doux parfum... Que s'est-il passé? Est-ce que la fin du monde est survenue pendant notre sommeil? Sommes-nous au paradis terrestre?

Au fond, je sais bien que non, mais tout est tellement parfait qu'on pourrait le croire.

***

Lundi, 1er août. Le soleil est vraiment accablant cet après-midi et on dirait qu'une pareille chaleur porte à la dispute. Sans que j'en connaisse la raison, Moïse ordonne à Rachel de bafouer celui à qui elle a été unie par lui il y a onze ans à Sainte-Marie-de-Beauce.

— Regarde-le, dit notre guide, il traîne toujours la patte, il est vraiment lamentable... À poil, Juda, qu'on voie ce qui ne va pas avec toi.

Sachant ce qu'il pourrait lui en coûter s'il refuse, Juda n'essaie pas de discuter et obtempère.

— Frappez-le! nous commande Moïse, et n'y allez pas de main morte! Vous ne voyez pas qu'il se décharge sur vous de son travail en simulant une fracture... Allez! Tapez!

Nous le rouons de coups et je me fais dire que j'y vais « trop mollement ».

Moïse, qui était allé dans la pâtisserie, en ressort avec un couteau. Mon Dieu! que veut-il faire?

Je n'ai pas le temps de me poser davantage la question, je vois notre guide enjamber Juda, se pencher au-dessus de ses parties génitales et, très rapidement, lui trancher le testicule gauche, celui qu'il lui a étranglé durant sept heures avec un élastique il y a environ deux mois.

Notre ami se débat sur le sable, hurlant à fendre l'âme. J'aperçois son scrotum sanguinolent à moitié rempli de terre. La vision dépasse en horreur tout ce que j'ai vu jusqu'ici.

— Amenez-le sur la grande table dans la pâtisserie, nous ordonne le « boucher ».

Oh oui! je ne peux le nommer autrement, terriblement outrée par ce qu'il vient d'infliger à Juda.

Cependant j'ai peur et, comme les autres, je participe à ce qu'il nous a ordonné. Juda se retrouve à présent maintenu sur la surface où, normalement, l'on façonne le pain.

— Comme ça, tu vas arrêter de te plaindre de ta maudite couille! déclare Moïse alors que Juda se tortille comme un serpent et que son sang éclabousse chacun de nous et, surtout, rejaillit sur chacune de nos consciences.

— Hé! vous autres, restez pas là comme des nouilles, apportez-moi le chalumeau, et du cognac! Et toi, le lamenteux, ferme ta grand-boîte!

Le chalumeau est arrivé. Moïse avale une longue lampée de cognac et, à travers des cris difficilement supportables, effrayés, nous assistons, impuissants, à la cautérisation de la plaie, ou plutôt à sa transformation en une brûlure qui atteint la cuisse et le sexe lui-même.

Juda n'est pas au bout de ses souffrances, notre « chirurgien » décide de le recoudre avec du gros fil industriel.

— Croyez-vous qu'on devrait le lapider pour ses transgressions? demande-t-il en coupant le fil.

Nous secouons négativement et mollement la tête, de crainte qu'un non trop ferme soit mal interprété et nous vaille plaies et bosses.

***

Ce soir, encore plus effarouchés que d'habitude, nous nous sommes tous enfuis dans le bois et comptons sur les ténèbres pour nous dissimuler jusqu'à ce qu'il revienne à des sentiments moins violents. Même Orpa, la disciple la plus fanatique, s'est sauvée, et j'ai vu le mutilé, en piètre état, traverser la cour en se traînant à quatre pattes pour se mettre à l'abri dans les fourrés. Ses souffrances doivent être affreuses.

Au cœur de la nuit, tapie derrière les chiottes, j'aperçois Moïse qui descend l'escalier. Il vient sûrement de se rendre compte qu'il est seul et il crie au hasard :

— Mes amours, mes moutons, ne me laissez pas! Vous savez bien que je n'existe que pour vous; je ne peux pas vivre sans vous! Revenez! J'ai besoin de vous.

Je comprends donc qu'il a besoin de nous!

***

Nous ne sommes rentrés les uns après les autres qu'au cours de la matinée suivante. Il nous a promis que, cette fois, il arrêtait de boire pour de bon...

— Cette fois c'est fini, mes amis. Dina, tu veilleras à ne plus me verser une goutte d'alcool. De toute façon, il faut se mettre au travail à présent, tout le monde : je dois réunir ce qu'il faut pour mon prochain voyage en Europe.

À part ses favorites, je suis la seule à être dispensée de parcourir les chemins pour vendre pains et gâteaux. Pour l'instant, mon travail consiste à soigner le castrat qui se remet, malgré tout, de ce qu'il vient de subir.

***

Moïse n'a pas tenu parole : nous sommes le 25 août, à la veille de son départ, et il s'est saoulé comme le plus invétéré des ivrognes. J'ai l'impression que, ce soir, c'est moi qui risque de faire les frais de la nuit. Je le sais parce que aujourd'hui, en voulant m'humilier, c'est lui qui a été ridiculisé. Ça s'est passé dans l'après-midi, soudain il a vociféré :

— Thirtsa, je vais t'enculer!

Ce n'était malheureusement pas des paroles en l'air et, au vu de tous les autres, il a fallu que je me mette en position. Brutalement, comme à son habitude, il a cherché à me sodomiser, mais l'ironie de l'histoire, si l'on peut dire, est que le maïs à vache qu'il nous fait manger se digère très mal; lorsqu'il s'est retiré, il y avait un grain de maïs en équilibre sur son pénis. Preuve de plus que cette céréale est impropre à la consommation humaine...

— Tu n'es qu'une rebelle, une vicieuse, une perverse! ne cesse-t-il de répéter. Avoue que t'es une infidèle à ma loi?

— Non... oui, Papy...

— Ah tu l'admets! Alors c'est toi la rebelle, la je-sais-tout, tu n'as donc pas encore brûlé ton orgueil!

J'ai l'impression d'avoir affaire à un homme des cavernes lorsqu'il m'attrape par ce qui me reste de cheveux et me traîne brutalement à l'extérieur, jusqu'en bas de l'escalier. Là, il me saisit au collet et m'approche de son visage.

— Enlève ton linge, Thirtsa : ce soir, toi et moi on va mourir ensemble... On va brûler...

Heureusement, il ne donne pas suite à cette menace. Il me traîne plutôt à l'intérieur, et là, commence à me frapper violemment le visage avec sa lampe de poche. Ma peau et ma chair éclatent sur deux centimètres au-dessus de ma lèvre supérieure gauche.

Il se recule et semble jauger mon état.

— Ouais... Je vais t'arranger ça, dit-il en se rendant compte de ce qu'il a fait. J'y ai peut-être été un peu fort.

Avec l'air d'y prendre plaisir, il suture ma plaie avec du gros fil.

Je ne me préoccupe plus tellement de l'apparence que j'aurai après cela; au fil des ans, il m'a tellement amoché le visage que celui-ci ressemble à un vrai champ de bataille.

Mes jolis traits sont depuis longtemps l'histoire d'une autre époque; même si, parfois, passant par hasard devant une glace, il m'arrive encore de fondre en larmes.

XVII

C e soir, Moïse veut tuer la bête.

Il s'est installé dans une des fenêtres de la maison et attend patiemment que l'ours noir tombe dans son piège. Une énorme bête qui fait des ravages autour du campement presque toutes les nuits. Moïse a dispersé des fruits dans une remorque ouverte, située à une dizaine de mètres du logis principal. Il a très bien éclairé l'appât afin de pouvoir tirer l'intrus à distance. Je l'observe à la dérobée en pensant à son père qu'il a souvent comparé à un ours.

Vers 3 heures, une senteur forte se mélange soudain à l'humidité de la cour. La bête s'approche du piège, prudente. Elle est géante. Elle n'est pas bien, elle reste debout un instant avant de monter dans la remorque. Elle fait quelques pas en avant attirée par les pommes et les raisins du festin funèbre. Un coup de feu dans la nuit noire, un seul. La bête tombe sur le côté, victime de la lumière...

***

Je suis rarement épargnée par Moïse, mais je n'envie pas du tout le statut de « gouverneur » de Rachel. Elle est littéralement accablée de responsabilités. C'est elle qui doit veiller à ce que les affaires marchent bien, elle qui doit s'occuper des livres de comptabilité de la compagnie dont elle est présidente depuis la fuite d'Ève, et elle encore qui doit voir à l'intendance du peuple. Mais la plus épineuse de ses tâches est de s'assurer de la rentabilité du commerce; la moindre perte met notre conducteur dans des états terribles. Gare si elle ne peut disposer des liquidités qu'il réclame souvent à l'improviste et, en plus des nuits passées dans les paperasses administratives, il lui faut souvent satisfaire les perversions sexuelles du chef. Tout dernièrement, il lui a demandé de déféquer sur une vitre pendant que lui, en dessous, pourrait « analyser » le processus. Jamais je n'aurais pu imaginer que le seul homme choisi par Dieu pour guider Son Peuple vers la Lumière puisse être aussi obsédé par la merde.

Il la talonne sans cesse et je crois que c'est pour cette raison qu'elle souffre, depuis un moment, d'anorexie même si, en qualité de membre de la tribu de Lévi, elle jouit de la possibilité de manger ce qui lui plaît. Par contre, je trouve qu'elle boit beaucoup trop.

Je pense à tout cela alors que je la vois se balancer tristement dans la cour.

— Tu n'as pas l'air en forme, Rachel, ça ne va pas?

Elle secoue lentement la tête de droite à gauche.

— Je suis au bout du rouleau, Thirtsa. Je ne sais plus quoi inventer pour ne pas décevoir Moïse. J'ai l'impression que je ne suis jamais à la hauteur, que jamais il ne pourra être content de ce que je donne comme rendement. Malgré mes efforts pour améliorer mes imperfections et corriger mes défauts, rien de ce que je fais ou dis ne le satisfait, j'ai peur que ça ne puisse durer longtemps...

— Qu'est-ce qui ne pourrait pas durer?

— Je ne sais pas... J'ai l'impression que quelque chose va arriver...

— Ben voyons! tu te fais des idées...

Pourquoi secoue-t-elle la tête de telle manière que j'ai l'impression qu'elle sait quelque chose que nous ne savons pas?

***

Moïse vient de rentrer d'Europe où, pendant une semaine, il a visité Paris et la Normandie sans vouloir nous dévoiler les buts de son voyage, si ce n'est qu'il avait recherché là-bas les origines de son nom qui signifierait l'union de la terre et de l'eau (Thériault; il me semble que l'analogie est un peu facile...). Quoi qu'il en soit, ce périple ne semble pas lui avoir ôté l'idée de nous châtier.

Nous venons de faire une épluchette de blé d'Inde et, parce que Rachel n'a pas conservé d'épis pour ses repas ultérieurs, il la couvre d'injures :

— Mais qu'est-ce que tu crois, niaiseuse! que la nourriture va tomber du ciel! Tu crois qu'on peut tout bouffer, comme ça, sans penser à l'avenir? Mais qu'est-ce que t'as dans la tête, démone?

— Moïse, pourquoi tu n'arrêtes pas de chialer sans arrêt, t'es jamais content de ce qu'on fait; je commence à en avoir plein mon casque...

Nous sommes tous stupéfaits du ton qu'elle vient d'employer avec notre chef. Personne encore, même sous la colère, ne s'est risqué à lui dire de tels mots.

Elle n'a pas le temps d'en rajouter, il lui tombe dessus à bras raccourcis.

— Mais pour qui te prends-tu donc! Suis-je toujours ton maître ou un simple maître d'occasion qui fait ton affaire? Est-ce que je dois encore goûter à l'amertume de ta mollesse et à ton ingratitude? Tu choisis ton chemin, tu suis ta lumière... Il faudrait peut-être que je rampe aux pieds de Madame et que je me mette à nu pour que tu contemples le menu dont tu as préparé toi-même la recette... Non merci! Fais ton choix : demeure ce que tu es et je vais demeurer ce que je suis, marche dans tes ténèbres et moi je vais marcher vers la Lumière. Je trouve que tu manques de vie et d'humilité pour une femme ou un chef ou un gouverneur qui a tant fait de mal. Pourtant... ton maître est encore prêt à tout oublier devant de nouvelles dispositions de ta part. Dois-je te faire confiance ou te surveiller jour et nuit?

Rachel se tient aux pieds de notre guide.

— Excuse-moi, Moïse! Je suis découragée de moi-même car tu me dis que je suis démone. Je sens ce mauvais esprit qui me possède tout le temps. Lorsque tu n'es pas là, ça peut aller, mais, lorsque tu arrives, mon esprit devient comme de la merde. Je sais que je suis pleine d'orgueil et folle, mais je sais aussi que toi tu es la vraie lumière et la vie... Je t'en prie, Moïse, aide-moi. Il y a juste toi qui peux me sortir des ténèbres où j'ai pénétré en m'élevant contre toi. Je t'en supplie, Maître, ne me laisse pas à moi-même. Tu es vraiment un homme différent des autres hommes que l'on peut rencontrer sur cette planète. À travers ma folie, ma méchanceté et ma stupidité, je t'admire car tu te tiens debout malgré ce qui t'entoure. Daigne pardonner mon insolence envers toi... Prends pitié, Moïse!

***

Alors que je suis dans la pâtisserie, se croyant seules à l'extérieur, Rachel et une compagne que je ne peux apercevoir ne se rendent pas compte de ma possibilité de les entendre. Rachel raconte qu'elle a reçu une belle lettre de Moïse.

— Elle est si belle qu'il faut que je te la lise, écoute :

« *Salut, ma brebis. Ce soir je pleure j'ai mal. Pourquoi me suis-je rendu coupable de vivre avec un corps d'homme afin de te donner ce que j'ai de plus pur en moi, l'Amour? Je te blesse et je t'aime... Tu me blesses et tu m'aimes... Pardonne-moi, mon Amour... Je t'aime... N'aie crainte de rien car les écluses de l'Amour du Royaume déferlent sur moi, je t'aimerai toujours et éternellement car je suis le premier à constater que je suis complètement fou et cinglé... je ne vois plus rien, je suis aveugle... j'ai besoin de toi... Prends pitié de moi... Je te cherche dans mon aveuglement et lorsque je te trouve, je repose... Je t'aime. Ton fou. Moïse.* »

Je pleure en laissant retomber mon bras. Pourquoi n'ai-je pas de telles lettres, moi? Et pourquoi tant de guerres s'il y a tant d'amour?

Je ne comprends plus rien. Plus rien...

***

Dans l'espoir de récupérer les enfants, Moïse a engagé un associé de Clayton Ruby, le célèbre avocat de Toronto. Je ne sais pas comment on va le payer, car j'ai appris que ses honoraires sont exorbitants. Et ce n'est pas tout! Le 26 septembre, nous sommes allés à l'aéroport international Pearson de Toronto pour accueillir notre berger qui revenait de Sacramento où il a rencontré le docteur Templeton dans le but d'en savoir plus sur certaines sciences occultes médiévales. Malgré moi, je me demande combien ce voyage représente de pains et de pâtisseries durement écoulés par les chemins.

Après six mois d'absence, Ève est revenue. Elle était avec nous à l'aéroport, répondant au *call* du chef qui l'a appelée depuis la Californie pour lui demander de revenir afin de faciliter les démarches en vue de récupérer la tutelle des enfants.

Lorsqu'il est apparu à la sortie des passagers, il a aperçu sa femme et a eu un grand sourire.

— Salut, mes amis, quel voyage!

Répondant à nos questions, il nous a raconté avoir été sur une réserve navajos.

— Et vous ne savez pas ce que les anciens là-bas m'ont dit? Ils m'ont dit avoir reconnu en moi un chaman...

— Un chaman? a demandé l'une d'entre nous.

— Oui, un grand sorcier. Bien sûr, ils confondent car je suis un prophète, et aucun chaman n'a été l'Oint de Dieu, mais c'est certainement l'énergie que je dégage qui les aura amenés à me prendre pour un nouveau grand sorcier...

C'est à tout cela que je repense alors que nous nous affairons dans la pâtisserie. D'après ce que j'en sais, un chaman était plutôt un personnage doué de pouvoirs occultes inquiétants; comment les Navajos ont-ils pu prendre un homme de Dieu pour un tel personnage? Il est vrai que Moïse est parfois inquiétant, il n'y a qu'à en juger par l'ordre qu'il a donné, le 28 au matin, de ne plus s'adresser à Rachel.

Car à nouveau, et pour je ne sais quelle raison spécifique, il lui en veut.

La pauvre ne peut même plus travailler avec nous à la pâtisserie. Pour l'occuper, Juda lui a attribué une corvée punitive qui consiste à creuser une tranchée de drainage à l'extérieur, même si nous n'avons pas besoin de cette tranchée.

Passant devant la porte, j'entends Moïse qui s'adresse à elle depuis la cuisine.

— Rachel, va donc embrasser ta jumelle, tu sais bien, celle qui est aussi orgueilleuse que toi, Thirtsa...

Pourquoi lui demande-t-il cela?

Rachel s'approche comme il le lui a commandé et nous nous étreignons. Ses mains posées sur mes bras semblent vouloir me parler, je ressens comme un appel au secours. Que veut-elle me dire?

Alors que nous retournons à nos tâches respectives, Moïse m'appelle :

— Thirtsa, viens que je soigne ta plaie.

Il parle de celle qu'il m'a faite au visage en me frappant avec sa lampe de poche. Depuis ce temps, elle suppure, mais je n'ose me soigner de peur que mon geste ne soit taxé de coquetterie et d'en subir les conséquences encore plus douloureuses.

Moïse frotte rudement ma plaie avec un mélange de savon et de sel tandis que je m'efforce de ne pas grimacer. Enfin c'est fini! Il applique un peu d'huile d'olive et me pose un pansement de cuir.

— Tu vois le travail que tu me donnes, maugrée-t-il.

Je ne lui ai pourtant rien demandé.

***

Je suis retournée au boulot dehors à polir les lèchefrites rouillées, à proximité de la pâtisserie, lorsque j'aperçois notre roi sortir de la maison, vêtu de sa tunique de satin rouge. Il porte également la couronne et le sceptre. Je frémis car je sais que ce vêtement, cette couronne et surtout ce bâton qu'il n'a encore jamais sorti, depuis que nous sommes en Ontario, sont les attributs de la « Justice suprême ». Autrement dit, certains d'entre nous vont y goûter.

Je le vois qui s'approche de Rachel et lui parle. De l'endroit où je me trouve, je n'entends pas ce qu'il lui dit, mais je m'interroge car je vois mon gouverneur s'agenouiller comme pour lui demander grâce ou pardon. Frissonnante de plus belle, je me rappelle les mots qu'un jour il lui a dits : « Brebis, le jour où tu verras la Gloire de Dieu à travers moi, ce jour-là sera celui où tu mourras, car nul être ne peut subsister devant l'éclat de Sa Gloire ».

J'ai peur. Mes tripes se nouent, ma gorge se contracte et j'ai la nausée. Mais voulant avant tout éviter d'être prise à partie, comme si de rien n'était, je me replonge dans le polissage des ustensiles.

Nous parachevons la fournée de pains et de tartes du jour lorsque le crépuscule fait place à la nuit.

— Tout le monde dans la pâtisserie! ordonne Moïse.

Là, sans que j'en comprenne la cause, il passe en revue ses exploits chimériques d'autrefois, nous fait étalage de ses biens, nous déploie ses muscles et nous montre jusqu'à ses « pierreries », un tas de quartz qui, à mon avis, ne vaut pas grand-chose.

Il donne une tape dans le dos d'Ève.

— Avoue, lui dit-il, que c'est quand même autre chose que les bijoux que t'a donnés ta mère, pas vrai?

— Bien...

— T'as pas l'air sûr, vous voyez ça; votre reine prétend peut-être avoir de plus belles pierres que les miennes... Va les chercher qu'on voie de quoi elles ont l'air...

Nous attendons, mais Ève ne revient pas. Caïn, parti à sa rencontre, réapparaît en déclarant qu'elle semble avoir fait son sac.

— Allez à sa recherche! s'exclame Moïse à ses deux serviteurs, et retrouvez-la, sinon...

Ils la cherchent, mais sans résultat. Pourquoi perdre leur temps? Si jamais elle les entend, Ève n'a qu'à se cacher dans un fourré le temps qu'ils passent. Pour ma part, si elle veut partir...

Quand Moïse les voit revenir bredouilles, il lève les bras au ciel en écumant de rage et en nous couvrant de bêtises et de jurons. On dirait la bête de Gévaudan hurlant toute sa rage et sa haine d'avoir échappé sa proie.

— Vous n'êtes qu'une bande d'incapables! Qu'est-ce que je vais faire avec vous autres?

Il donne des coups, nous enfonce ses doigts dans les yeux ou les narines, bourre les joues de Thimna d'un rouleau de papier hygiénique, obstrue la bouche de Rachel avec un chiffon puis, l'ayant retiré, l'étrangle de ses mains. Les lèvres de notre compagne deviennent violacées.

— Maître, implore-t-elle, mon souffle t'appartient!

Il la relâche enfin puis demande sans raison apparente :

— Est-ce que quelqu'un a besoin d'être soigné?

— J'ai toujours des maux de ventre, dit Rachel.

— Des maux de ventre?

— Oui, peut-être l'estomac ou le foie, je ne sais pas...

— Je vais t'arranger ça, ma brebis. (Il se tourne vers nous.) Débarrassez la table et nettoyez-la!

Nous obéissons sans attendre. Pour ma part je me souviens de la mésaventure de Juda qui s'est terminée sur cette même table, il n'y a pas plus de deux mois.

— Rachel, allonge-toi là, lui ordonne Moïse. Je vais te donner de quoi qui va te purger.

Comme il l'a déjà fait, il lui fait avaler un demi-litre d'une mixture d'huile d'olive et de jus de citron, puis nous attendons.

Comme il n'y a pas d'expulsion de calculs biliaires, il lui administre coup sur coup deux lavements d'eau tiède additionnée d'huile, de mélasse et de bicarbonate de soude.

Toujours rien.

— Moïse, déclare Rachel, tu ne peux pas me purger, il y a plusieurs jours que je jeûne.

— Je sais ce que je fais...

L'air buté, il lui masse la région abdominale avec une brutalité évidente.

Mais il n'y a toujours pas de résultat. Je ne comprends pas cet acharnement puisqu'il est clair que Rachel ne doit rien avoir dans les intestins.

Il lui martèle à présent l'épigastre.

— Ça va sortir! Je te dis que ça va sortir!

Voulant se protéger, Rachel pose ses mains sur celles de Moïse. Celui-ci semble furieux de ce geste.

— Enlève tes mains de sur les miennes! tout de suite!

L'abandonnant momentanément, il enfile des gants chirurgicaux.

— Je vais te débloquer le rectum, annonce-t-il. Il doit y avoir des fèces indurées.

Avec brusquerie, il lui enfonce deux doigts dans le rectum.

Encore rien.

— Ça doit être le foie, décide Moïse en commençant à pétrir la région concernée avec violence.

Rachel grimace.

— Papy! Tu me fais mal!

— Tais-toi! Tu veux que je te soigne ou non?

— Oui, mais...

— Alors cesse de pleurnicher! Je vais te donner un lavement d'estomac.

Il doit s'y prendre à plusieurs fois pour parvenir à lui passer par le nez une sonde Levine. À plusieurs reprises, il doit l'ôter, en essuyer des filaments sanguinolents et recommencer.

Le clystère enfin en place, il nous oblige à tour de rôle à aspirer dans la sonde œsophagienne afin de faire ressortir le produit résultant du lavage gastrique. Puis il change d'idée :

— Maintenant, déclare-t-il, plutôt que d'aspirer, vous allez souffler dans le tube. Toi, Thirtsa, tu vas lui faire une sous-cutanée de camphre au thorax.

Pour la première fois, je lui désobéis. Ne voulant pas augmenter les souffrances de Rachel, j'ai quelque peu désaccouplé l'aiguille de la seringue et le liquide camphré s'écoule discrètement sur la peau.

La nuit s'avance et, sur le coup de minuit, notre angoisse tourne carrément à la terreur lorsque, après que Moïse lui ait parlé à l'oreille, nous voyons revenir Orpa avec le fameux couteau de chasse « *made in Germany* » en le dissimulant aux yeux de Rachel. Suite à un regard et à un signe de notre chef, le vice-roi Caïn le prend et va l'aiguiser sur la meule du moulin à scie.

Moïse a l'arme offensive en main et, la dissimulant toujours à Rachel, il s'approche de moi.

— Thirtsa, bénis-moi.

Avec l'impression que mon cœur va éclater dans ma poitrine, je fais comme il m'a demandé et adjure mentalement la Providence d'intercéder en faveur de Rachel.

Sur la table, cette dernière est inexplicablement immobile. Moïse s'avance à nouveau vers elle en cachant toujours le poignard dans son dos.

Tout le monde est là, comme des statues de sel : Caïn a un peu perdu du teint sanguin qui le caractérise, Juda le mélancolique semble profondément désespéré en tenant la main de son ex-femme, Orpa observe nonchalamment la scène de son regard évasif, toute la légèreté de Dina s'est envolée, Naomi ne s'active pas partout comme elle en a l'habitude, Schua ne fait aucune de ses facéties habituelles, Thimna ne chante pas; quant à moi...

Et Moïse commence à couper.

Figée, interdite, les yeux certainement sortis de leurs orbites, j'observe le fil du couteau qui incise la chair élastique. Aussitôt la peau et les muscles s'écartent telle une faille déchirant la terre lors d'un séisme. Les entrailles de Rachel sont exposées à nos regards, comme une impudicité ultime; j'ai l'impression ignoble que, ne se satisfaisant plus de notre nudité, Moïse agit ainsi pour en voir davantage...

Malgré moi, me débattant intérieurement de toute mon âme, je me sens emportée par les flots fangeux et déchaînés du Styx.

Incroyablement, la martyre ne dit pas un mot et ne tressaille même pas; seuls ses yeux hagards expriment ce qu'elle doit endurer alors que notre « chirurgien » à la manque lui ouvre le ventre sur une longueur d'environ dix centimètres. Pourquoi reste-t-elle ainsi? Comment fait-elle pour ne pas hurler?

J'ai envie de vomir, envie de fuir. Quel est ce cauchemar qui ne veut pas finir? N'en croyant pas mes yeux, je vois ce faux disciple d'Esculape qui farfouille vulgairement dans le ventre de Rachel, en ressort une masse charnue de couleur crème, puis, me coupant littéralement le souffle, il en arrache, de ses mains nues, une portion. Il replace le tout sans souci apparent d'ordre à l'intérieur de l'abdomen.

Il examine le morceau de ce que je crois être la membrane qui tapisse l'intestin, puis le plonge dans un bocal rempli de vinaigre.

— Je le savais! claironne-t-il en ricanant. Je savais qu'elle devait avoir une cirrhose. Ce que vous voyez là c'est des tissus nécrosés par trop d'alcool...

Rachel boit, c'est évident, mais n'est-ce pas lui qui l'y a forcée! Et comment peut-il le lui reprocher, lui un maître buveur? Et pourquoi, plutôt que de s'occuper d'elle, qui a toujours le ventre ouvert, passe-t-il tant de temps à discourir sur ses prouesses opératoires? Tout ce que j'ai appris me dit que l'on ne peut opérer quelqu'un sans anesthésie et dans un endroit aussi peu hygiénique. Soudain une analogie terrible se fait dans ma tête : je revois les photos parues dans *Paris-Match* après l'assassinat de Sharon Tate. Drogue en moins, j'ai l'impression de participer à quelque chose d'équivalent.

Je voudrais pouvoir faire quelque chose et mon impuissance à braver Moïse m'enrage. J'ai honte et j'ai peur. Je voudrais revenir en arrière et n'avoir jamais eu à vivre ce que je vis.

Mais ça continue.

— Thirtsa, me dit Moïse, j'ai fini! À toi de faire les points.

Je tremble de tout mon corps et secoue la tête.

— Je peux pas... je peux pas... je suis incapable.

Moïse hausse les épaules.

— Bonne à rien, dit-il. Caïn, occupe-toi de la suture.

À ma surprise, ce dernier hoche affirmativement la tête puis, avec l'aiguille à laine que Moïse a recourbée, utilisant du fil industriel, il recoud la plaie.

— Maintenant, déclare Moïse à Rachel, tu te relèves et tu marches.

Réprimant tant bien que mal des gémissements, la malheureuse se redresse et, le regard agrandi autant par la douleur que par l'effroi, s'efforce de marcher tel que commandé par Moïse. De grosses gouttes de sueur sur le front, elle sort dans la nuit.

Autour de nous, les conifères m'apparaissent comme les surveillants redoutables d'un cimetière malsain. Pourquoi est-ce que je pense à un cimetière?

Rachel arrive à la cuisine, gravit l'escalier de la mezzanine et s'affale sur son grabat.

Décontracté, lui, Moïse s'étend mollement sur le divan du rez-de-chaussée, un sourire étirant ses lèvres, apparemment insouciant des souffrances de sa « brebis bien-aimée ».

Je m'entends avec Dina pour veiller Rachel, puis prenant mon tour, je m'assieds près de l'opérée – si l'on peut dire – et surveille sa respiration que je trouve par trop saccadée.

— Tiens-moi la main, me demande-t-elle d'un ton défaillant dans la pénombre. Tiens-moi la main, Thirtsa, j'ai peur.

— Je suis là, Rachel. Je suis là, t'en fais pas.

Je préférerais qu'elle me réponde, mais son silence résonne presque comme une accusation.

***

Chargée d'angoisse, la nuit s'égrène lamentablement tandis que la respiration de Rachel est de plus en plus pénible à écouter. Il me semble entendre mon père, il y a de cela bien des années. Ses doigts sont froids, maigres et faibles entre les miens, je les serre dans ma paume comme pour retenir quelque chose.

Je crains qu'elle ne meure. Souvent il m'est arrivé de presque la haïr lorsqu'elle usait parfois de son autorité pour nous humilier mais, cette nuit, j'oublie tout. Ce qu'elle a fait ne l'a été que parce que Moïse l'a voulu, d'une manière ou d'une autre.

Ses doigts se resserrent brusquement autour des miens.

— Jamais je n'aurais cru souffrir autant dans ma vie, souffle-t-elle.

Sa torture me laboure le cœur et les entrailles. J'ai mal à sa plaie. J'ai aussi une sacrée peur. Ce qu'elle endure peut aussi bien m'arriver demain ou un autre jour.

Je la regarde et m'afflige de ce que son facies n'exprime qu'angoisse et souffrance. Comment est-ce que je peux penser à moi en pareilles circonstances?

Je lui répète pour l'énième fois que ça va aller. Ce qui me fait penser que le jour où quelqu'un me dira que ça va aller, je saurai que ça ne va pas du tout.

***

Jeudi, 29 septembre 1988. Le petit matin arrive, gris comme l'angoisse. Dehors, le ciel charrie des nuages que l'on dirait chargés de neige. Quand je suis sortie pour prendre l'air, tout à l'heure, j'ai vu un gros corbeau noir posé sur la souche à droite en sortant. Il me regardait comme s'il voulait me signifier quelque chose. J'en suis encore glacée.

En bas, Moïse doit venir de se réveiller, il hurle à Rachel de descendre.

— Tu vas pas nous jouer les malades encore longtemps! la prévient-il. Si tu descends pas par toi-même, c'est moi qui vais aller te chercher...

Tant bien que mal, titubant de faiblesse, souffrante, Rachel se lève et descend l'escalier. Moïse lui jette un œil dépourvu de toute mansuétude.

— T'as trop jeûné, décide-t-il. Fini! Maintenant tu vas manger. Pour commencer, tu vas me gober six œufs frais; après ça, tu verras, tu te sentiras beaucoup plus forte.

Il est visible que Rachel prend sur elle-même pour se forcer à avaler les œufs crus.

Moïse feint de ne pas remarquer les grimaces qu'elle ne peut éviter.

— Tu vois que ça va mieux! Tout à l'heure, je vais te faire un emplâtre sur la coupure pour la désinfecter, et tu verras : dans quelques jours, tu vas sauter partout.

Pour faire le cataplasme en question, il concocte un mélange avec des champignons vénéneux et sa salive, puis il affirme que c'est « un puissant antibiotique ».

Même en me rappelant les pouvoirs de certains de ses onguents, je suis loin d'être convaincue que ce soit un bon remède.

***

La matinée tire à sa fin et Rachel ne va pas mieux du tout. Un pli soucieux barre le front de Moïse.

— Vous allez apporter ma baignoire qui est dehors, nous demande-t-il, et vous la remplirez d'eau bouillante.

Nous faisons tel que demandé et, dans l'eau assez chaude pour rougir un homard, il jette tout un gallon de queues de cerises ainsi que de nombreuses poignées d'autres herbes médicinales.

— Allongez-la là-dedans, nous commande-t-il.

Je voudrais protester, crier qu'il va l'achever, mais les mots ne veulent pas sortir; j'ai trop peur qu'il s'en prenne à moi.

À peine Rachel est-elle dans l'eau, grimaçant plus que jamais parce que l'eau est vraiment très chaude, que Moïse commence à lui reprocher tous ses « égarements ».

— Alors tu croyais pouvoir me tenir tête, mais pour qui te prends-tu?

Sans aucun doute, Rachel est au bord de la défaillance. Elle jette à son maître un regard où je vois luire à la fois l'amour, l'abandon et la peur. Moïse se dresse au-dessus d'elle.

— Allez, maintenant montre-moi que tu es un vrai chef et que tu m'honores.

Les prunelles dilatées par la frayeur, elle tente de se redresser en s'agrippant aux bords du bain. Ses doigts blanchissent, ses bras se tendent, mais elle ne peut aller plus loin. Moïse se fâche à nouveau.

— C'est l'eau chaude qui l'aura engourdie, changez-moi ça pour de l'eau glacée.

La mort dans l'âme, parce que nous sommes écrasés de honte, nous obtempérons. Mon esprit a été anéanti par je ne sais quelle force obscure et je me sens en tout point comme ces créatures vides qu'autrefois j'avais vues dans le film *La Nuit des Morts-Vivants*.

Il a bien fallu qu'il se rende compte qu'elle y bleuissait de froid. Il nous commande à présent de l'envelopper dans une couverture de laine.

Effrayée, je regarde les jambes de la pauvre fille qui s'agitent nerveusement en l'air tandis que le reste de son corps reste figé. On dirait Anne agonisante.

À sa demande, je lui apporte le chat en peluche noir de sa petite Jaël. Elle le tient tout contre sa poitrine, comme un trésor. D'entre ses lèvres inexplicablement immobiles s'échappe un flot de paroles à l'intention de Moïse. Comme des paroles d'outre-tombe, dites d'une voix de fillette.

— Je t'ai fait beaucoup de mal dans ma vie, mais à présent je ne t'offenserai plus. Viens, mon maître, viens t'allonger à côté de moi et ne te soucie plus jamais de mon comportement... Je te serai toujours fidèle... Je sais que tu es le Chemin, la Vérité et la Vie.

Stupéfaite, je me rends compte qu'elle s'éteint en bénissant celui qui lui a arraché la vie.

***

Seize heures. Elle serre toujours fortement le chaton en peluche de Jaël lorsqu'elle rend l'esprit.

Surtout pour éviter de penser à l'irrémédiable, je me dépêche de lui mettre un linge dans la bouche afin d'empêcher tout épanchement sanguin.

Le remords et la honte dominent en moi et m'écrasent. Elle est partie sans qu'un seul cri d'horreur s'échappe de nos poitrines.

Je voudrais être seule et libre afin de pouvoir crier. Mais, même cela, nous ne le pouvons pas.

Qui sommes-nous? Que sommes-nous donc devenus?

Je crois que je me fais peur.

— Transportons-la jusqu'à mon autel, dit Moïse.

Nous la plaçons sur une civière et la transportons au sanctuaire sous l'énorme conifère. Là, Moïse lève les bras au ciel dans un mouvement que je ne peux m'empêcher de trouver par trop théâtral.

— Mon Dieu! Mon Dieu! Je n'ai essayé que de lui sauver la vie. Pourquoi t'es-Tu servi de mes mains pour en faire des instruments de mort? Ne peux-Tu, dans Ta Toute-Puissance, m'aider à la faire revivre?

Incroyablement, c'est presque avec espoir que je le regarde s'approcher de la dépouille et commencer un bouche à bouche.

Mais les yeux de la défunte ne s'entrouvrent pas, sa poitrine reste inerte. Même lorsqu'il lui injecte, à tort, dans le dos une ampoule d'excitant cardiaque, mon dernier espoir s'est éteint comme le dernier tison d'un feu de camp sous une averse d'automne.

Je me rends compte qu'il n'est pas de ceux qui peuvent ressusciter Lazare. Il est vraiment loin de Dieu.

***

À la brunante, nous portons le brancard vers la maison où nous procédons aux dernières ablutions de la morte. Révoltée après moi autant qu'après lui, je le regarde qui avance devant nous, uniquement vêtu de ses bobettes, une bouteille de bière à la main. Défilé grotesque.

Comment en suis-je arrivée là?

— Laissez-la nue et couchez-la sur mon lit, nous ordonne Moïse. Je veux rendre un dernier hommage à ma brebis...

Une fois lavée et embaumée, nous la déposons sur la couche.

De pauvres larmes ne nous viennent que lorsque ceux qui vendent pains et gâteaux par les chemins arrivent et que, leur apprenant l'affreuse nouvelle, nous en prenons nous-mêmes vraiment conscience.

Pendant qu'au sous-sol, après nous avoir prévenus de ne le déranger sous aucun prétexte, Moïse s'est couché près du cadavre de « sa brebis », nous autres, au rez-de-chaussée, entamons une longue veillée dans cette atmosphère saturée des miasmes d'un cauchemar devenu réalité.

Je n'ose imaginer ce qui peut se passer en bas... dans l'alcôve. Je n'ai plus confiance en Moïse.

***

Les jours passent et le cauchemar s'intensifie; je me rends compte avec effroi que je n'ai pas de chagrin comme tel et le désespoir de cette constatation annihile totalement mes émotions.

Je suis une morte-vivante.

Que s'est-il donc passé?

Et depuis que l'on a déposé le cercueil de Rachel dans la clairière où les cendres de mon Éléazar ont été dispersées au vent, Moïse se morfond en sempiternelles lamentations.

— Je veux rejoindre l'esprit de ma moutonne, nous dit-il sans arrêt. Je ne peux vivre sans elle. Tuez-moi! Tuez-moi!

Il faut le convaincre que, selon ses propres enseignements, « le courage dans l'adversité apporte beaucoup de force ».

Mais à ces propos, il secoue la tête négativement.

— Thirtsa, me demande-t-il, je veux que tu m'inocules une seringue pleine d'air dans la veine. Tu dois le faire.

— Non, Moïse. Je n'ai pas le droit de donner la mort, il n'y a que Dieu qui puisse le faire.

— Alors je me donnerai la mort moi-même... Tout ce que je vous demande est d'aller à la pharmacie me chercher deux flacons de 222. Ça, vous pouvez pas me le refuser.

À notre retour de la pharmacie, à la demande de Moïse, je dissous une vingtaine de comprimés de 375 mg d'acétaminophène dans un verre de jus de tomate.

Nous le regardons tous avaler la moitié du verre. Je n'éprouve aucune angoisse, presque du soulagement.

Au petit matin, alors que nous hésitons à aller nous rendre compte de son état, nous l'entendons qui s'éveille, apparemment en pleine forme.

— Ça n'a pas marché, nous déclare-t-il. On va essayer la noyade...

Comme il nous l'a demandé, à l'exception de la tête, nous l'entourons de bandelettes de coton telle une momie.

— Merci, mes amours, nous dit-il. Quand je serai dans l'autre monde, n'ayez crainte, je veillerai sur vous. Mais ne péchez pas, car je saurai aussi vous châtier...

En nous mordant les lèvres, nous le plongeons dans la baignoire remplie et l'y maintenons.

Le soi-disant suicidaire est immergé. Le silence est de plomb. Durant une seconde il reste immobile puis soudain, il se débat avec une telle furie, que les bandelettes de coton imbibées d'eau se relâchent. Tant et si bien qu'il parvient à se libérer et réussit à s'agripper aux rebords de la cuve.

— Il faut que vous me mainteniez sous l'eau! hurle-t-il. J'suis pas capable, mon corps est incapable d'accepter de mourir, il se débat contre mon gré.

Mais nous refusons. Il peut tout nous demander, sauf ça.

— Alors j'ai une autre idée, renchérit l'entêté, vous allez me ligoter et me laisser à l'intérieur du *panel* blanc dans lequel on va détourner les gaz d'échappement.

Encore une fois, bêtement, nous avons suivi ses directives. Nous démarrons le moteur, fermons les portières et, tous les huit, allons nous écraser le nez sur les vitres de chaque côté du Dodge.

Il y a quelque chose de profondément malsain dans notre

attente. Pour ma part, je dois avouer l'ambiguïté de mes sentiments : d'une part je jouis presque de notre passivité, de l'autre je me fais des remontrances.

En quelques secondes, l'intérieur est enfumé. Les yeux hagards, Moïse réussit à redresser sa nuque et nous conjure à tue-tête, d'une voix suraiguë :

— Vite! vite! s'écrie-t-il d'une voix de fausset, sortez-moi de là... mon heure n'est pas encore venue!

J'ai l'impression que je deviens folle. À quoi rime tout ce cinéma? Il veut mourir ou non? Un moment, j'ai la conviction que sa conscience ne lui permet pas de survivre au geste perfide qu'il a posé sur Rachel, un autre j'ai l'impression qu'il se fiche de nous en croyant nous convaincre de son repentir.

***

Chaque jour renforce mon désarroi.

De moins en moins, je souscris aux croyances qui, jusqu'ici, m'ont retenue, mais je me rends compte qu'il y a maintenant un macchabée entre nous et le monde que désormais nous ne pouvons plus rejoindre.

Un monde dont nous nous éloignons à la vitesse de la lumière.

Il ne reste que la peur.

Une terrible erreur de parcours nous a tous précipités dans le piège d'un malade déguisé en prophète.

***

Une première fois, Moïse a décrété qu'il fallait déterrer Rachel et la couvrir de vinaigre afin que les vers ne la mangent pas.

Nous en vidons quatre-vingt-dix litres dans le cercueil.

Une seconde fois, il nous fait exhumer la dépouille :

— Il faut retirer certains organes, nous dit-il sur un ton qui exclut toutes questions.

J'ai l'impression de m'enfoncer davantage dans un marais putride et sans retour tandis qu'à l'aide d'une lame effilée Caïn pratique une ouverture allant du menton au pubis.

— À toi, me dit Moïse l'éventreur. L'utérus d'abord.

Plus perturbée encore par ce que j'accomplis que par

l'odeur pestilentielle, j'extrais l'utérus puis un des reins. Moïse observe chacun de mes mouvements et je suis tellement nerveuse et en proie à une telle nausée que Caïn doit venir à ma rescousse afin de dégager le rein gauche.

— Décidément, me dit Moïse sur un ton dégoûté, tu fais une piètre infirmière.

Orpa, par la suite, dépose les viscères dans un bocal rempli d'acide acétique qu'elle range sous les marches de l'escalier conduisant à la chambre de son maître.

***

Encore une fois, la troisième, il faut ressortir de terre Rachel.

C'est le soir et, dehors, les hululements d'un hibou me donnent la chair de poule. Cette fois, j'ai réellement l'impression de participer à un rite satanique.

— Caïn, demande Moïse, je voudrais que dans le crâne de Rachel tu pratiques une ouverture frontale de forme rectangulaire, à peu près de cette taille... (Des doigts, il montre l'ouverture qui doit être pratiquée.) Cette ouverture permettra à l'esprit de Rachel de quitter son corps et, en plus, je pourrai m'y masturber afin de redonner vie à ses os.

Ces paroles produisent un court-circuit dans ma tête. Comme si une partie de moi essayait de se déconnecter avant de se trouver plongée au fond de l'horreur.

Je ne pense plus à rien, je ne suis plus rien; rien qu'un instrument au service d'une entité dont je ne sais plus rien.

Je suis vide; un corps de chair renfermant le néant et le froid. Un sarcophage pillé et abandonné, il y a des millénaires, au fond d'une crypte oubliée.

***

Une fois de plus Ève est revenue. Peu après son arrivée, elle a pris le train avec Moïse pour se rendre, le 16 octobre, à Provo dans l'Utah, rencontrer le fameux psychiatre. Ils ont également profité de ce voyage de 13 jours pour se rendre jusqu'à Big Water chez Alexander Stanley qui les a unis, car selon eux, leurs deux mariages contractés sous les rites de l'Église adventiste ne sont plus valables. De plus, Ève étant leur mandataire, Alexander unissait Moïse, à titre posthume, à Anne, décédée il y a bien longtemps à la Montagne, et à Rachel dont la dépouille profanée se putréfie dans les bois de Burnt River. De plus, il a remis une véritable couronne à Ève qui a enfin pu en ceindre le front de son mari. En fait, elle a fait le voyage dans le but de réclamer ce présent que depuis longtemps elle voulait offrir à son roi de cœur, le « Roi des Israélites » comme venait de le nommer leur hôte américain.

Repassant par Toronto, Moïse y a acheté de nombreux livres d'alchimie que depuis il compulse frénétiquement. Je me demande quel ascendant le docteur Templeton a sur notre chef. Depuis qu'il l'a rencontré, il est question de vaudou, de druides, de cérémonies qui, à mon avis, ne doivent pas avoir l'aval de Dieu.

Je le soupçonnais de vouloir une fois de plus déterrer Rachel et j'ai été presque soulagée lorsque j'ai entendu Mamy nous rappeler un fait que nous avions oublié :

— Pourquoi n'avez-vous pas incinéré Rachel? C'est ce qu'elle désirait, non?

D'un air minable, Moïse hausse les épaules.

— Fais ce que tu crois... Toutefois, avant, je voudrais pouvoir récupérer une de ses côtes flottantes... Toi, Ève, et toi, Thirtsa, vous ferez ça pour moi.

C'est pourquoi à présent, assistée d'Ève, je m'adresse à Rachel et à toutes les puissances d'en haut afin que l'on me pardonne ces mutilations excessives et que je ne peux concevoir autrement que sacrilèges. Le courage me manque pour refuser cette quatrième profanation. Je demande pardon à Dieu en me doutant fort bien que ma lâcheté ne passera pas inaperçue.

Pendant qu'Ève la maintient sur le côté, je me rends compte que cette dernière, qui vient de découvrir le visage uniformément noir de Rachel ainsi que son masque de souffrances, risque de faire une crise de nerfs.

— Ne la regarde pas, lui dis-je à voix basse. Regarde ailleurs.

— C'est horrible!

Que répondre? Les mots seraient de toute façon bien en dessous de la réalité.

Équipée d'un couteau de poche, taillant dans des chairs en putréfaction, je réussis à extirper la côte flottante inférieure gauche que je tends à celui qui m'apparaît, de plus en plus, comme étant le « Père des Ténèbres ».

— Tu sais ce que tu vas faire avec, me dit-il, tu vas me l'implanter sous la peau du ventre.

— Mais Papy, je ne suis pas chirurgien! Je pourrais faire des bêtises sans le savoir...

— Bon... tant pis, je la porterai en collier sous ma barbe.

***

Un énorme bûcher a été installé.

Sous la lumière blafarde d'une lune triste, le feu est allumé. Immobiles, nous regardons les flammes consumer la pauvre dépouille de notre compagne. Je ne comprends toujours pas ce qui est arrivé. L'autre jour, elle était là, puis une opération, et elle n'est plus. Sa disparition a tout bouleversé; le purgatoire est devenu l'enfer et Moïse s'est travesti en Méphistophélès.

Les flammes agressent la nuit où ne se détachent que nos visages orangés, tourmentés. Le feu et l'obscurité; n'est-ce pas là une image parfaite de l'Hadès? À travers les pétillements des aiguilles de sapin s'embrasant, il y a des grésillements de gras. Ça sent le lard grillé... Cette nuit, il n'y a plus d'amour et je me demande même s'il y en a jamais eu...

Ça pue la mort et le mal. Mais n'est-ce pas synonyme?

Chaque matin, en m'éveillant, ma première pensée est pour la Gabrielle que j'ai peut-être été et qui, il me semble, n'est plus. À la place, il ne reste plus qu'un zombie capable d'exécuter ce que son maître lui intime, y compris découper des cadavres avec un couteau de poche.

***

Le surlendemain des obsèques, Moïse a forcé Orpa à fouiller dans les cendres du bûcher incandescent pour voir s'il ne restait pas des morceaux mal consumés. Elle est revenue avec des fragments d'os épars. Moïse les a mis dans un pot, y a ajouté une photo de lui et de Rachel, a couvert le tout d'huile d'olive et placé le récipient sur une étagère de sa chambre à coucher.

Depuis, il éjacule régulièrement à l'intérieur de ce reliquaire en affirmant que son « sperme divin » contribuera à un processus alchimique capable de redonner chair aux ossements de sa brebis. Mon Dieu! mais quel est donc ce monstre qui peut concevoir une pareille ignominie?

Et sur son ordre, nous retournons les cendres afin de récolter d'autres petits osselets qui, enveloppés dans une peau d'animal, doivent être portés comme pendentifs.

***

Passant à proximité du champ voisin, j'entends d'abord un cri qui me remplit de mélancolie. Me retournant, j'aperçois un vol d'outardes se posant. Comme c'est beau! Je m'approche de la clôture pour mieux les contempler. Pourquoi ne suis-je pas une outarde? Elles doivent avoir une vie saine, elles. Peut-être un jour un chasseur me tuerait-il mais, sûrement que pour les oies sauvages, il n'existe pas de prédateur plus redoutable. Aucun, en tout cas, qui puisse leur ôter plus que la vie. Comme je voudrais prendre mon envol avec elles, fendre l'azur à tire-d'aile, libre.

***

Ce soir, il nous a fait déshabiller puis asseoir autour d'un cercle imaginaire. Je ne sais pourquoi exactement, mais je pense au suicide collectif de Jonestown. Moïse circule derrière nous en brandissant son triste couteau de chasse et vocifère :

— Êtes-vous prêts, vous qui tenez tant à votre misérable vie, à mourir dans les conditions qui ont emporté votre gouverneur? Elle, ma brebis, a accepté bravement sa destinée et, de par son libre consentement, elle s'est taillé une place de choix dans le Gouvernement de Dieu. Ne croyez pas, si vous aspirez au Royaume des cieux, que vous serez en mesure d'éviter un sort pareil au sien pour réussir à passer le chemin étroit qu'elle a franchi grâce à moi.

Il est derrière moi. Je me contracte, mais rien n'y fait, je sens la pointe de son poignard tout contre ma nuque. J'ai tellement peur que j'ai l'impression que je vais défaillir, ma raison vacille. Mon Dieu, aidez-moi! Toi aussi, Éléazar, aide-moi, viens abréger mon fardeau! Je vous en prie!

Il s'éloigne. Je me demande si ce n'est pas l'archange Michel qui a retenu son bras, tout comme il a retenu celui d'Abraham qui s'apprêtait à sacrifier son fils.

Mais rien n'est terminé. Voilà qu'il ordonne à Naomi de raser la nuque d'Ève, puis à Orpa d'aller chercher le bocal Mason où se trouvent les derniers ossements de Rachel. (Mason et Manson, tiens, tiens.)

Plaçant le récipient au centre d'un cercle tracé à la craie, il invite, à tour de rôle, chacune de ses concubines à poser les mains à plat sur le tabouret royal et à se laisser à demi pénétrer par Juda qui doit se tenir derrière elles. Toute cette mise en scène burlesque parce que ce n'était que par le sexe de l'ex-mari de Rachel que nous pouvions, selon Moïse, sceller notre alliance avec l'esprit de la défunte.

Quand Juda se retirait de nous, il fallait, en tenant le couteau de chasse, sauter à l'intérieur du cercle en proclamant allégeance à notre roi qui nous prévenait avec solennité :

— Cette lame se retournera désormais contre celui ou celle qui reniera l'Alliance de la Brebis.

Même les hommes ont signifié leur accord à ce pacte ridicule et combien compromettant qui implique que tous, sans rechigner, nous devrons un jour passer par où est passée Rachel.

***

Samedi, 5 novembre 1988. Rien ne va plus. Nos ventes périclitent et l'argent ne rentre plus. Pas assez en tout cas pour autoriser Moïse à boire comme il le voudrait. Et ça le rend furieux. Il nous accuse de tous les maux de l'univers.

Parce que, prétend-il, j'en ai trop dit sur son compte aux voisins, voici que je me retrouve face à lui alors qu'il s'apprête à m'arracher à vif les dents du bas.

— Tu es trop entêtée, me dit-il, tu ne veux jamais reconnaître tes fautes. Je dois te donner une bonne leçon.

Je rencontre ses yeux globuleux et striés de sang lorsqu'il se penche au-dessus de ma bouche.

— Ouvre grand! m'ordonne-t-il.

Ce que j'essaie de faire, mais cela ne doit pas être suffisant à sa guise car il m'écarte brusquement les mâchoires avec des tenailles.

— Quand je dis grand, c'est grand! hurle-t-il. Vas-tu continuer tout le temps à m'emmerder?

Un élancement fulgurant, une série de craquements inquiétants; je vois passer une dent sanguinolente. À nouveau la pince est dans ma bouche.

Je suis debout, la tête rejetée en arrière, et je dois en plus supporter le poids de son bras carrément appuyé sur ma face. Je le préviens tant bien que mal que je vais tomber, il fait signe à Caïn de venir me tenir dans le dos.

Une autre dent. À présent, la douleur est partout et j'ai l'impression pénible qu'elle irradie jusqu'à mon cerveau.

Encore une dent. Le temps d'un regard j'aperçois les six autres, autour de la table, qui me dévisagent avec des mines effrayées. À travers la souffrance, je me rends compte que tout ce qui importe pour eux en ce moment est de ne pas se trouver à ma place. Je les comprends car dans ce genre de circonstances, je me comporte exactement de la même façon.

Il m'a retiré huit dents. Huit dents parfaitement saines. Plus encore, il m'a massacré la mandibule et blessé grièvement la gencive. La souffrance et l'apparence que je dois désormais offrir me fâchent. Inconsciente, d'une voix que je ne me reconnais pas à cause de ce que je viens de subir, je lance une pique à mon bourreau :

— T'es content maintenant, tu m'as charcutée comme tu voulais...

Les yeux arrondis par la haine, il me regarde un instant puis se lance à ma poursuite en pointant vers moi son couteau de chasse.

— Je vais te sortir les boyaux! hurle-t-il.

Sans attendre, je m'enfuis. Les autres se dépêchent de quitter la table et je ne trouve rien de mieux à faire que de tourner autour. Mais je me retrouve bientôt acculée contre le mur. Moïse s'avance vers moi en pointant le couteau contre mon ventre. En un éclair, je revois les souffrances de Rachel et je suis certaine qu'elles vont bientôt être les miennes. Ensuite, il va me découper, m'ôter l'utérus, les reins, faire un trou dans mon crâne pour s'y masturber...

NON! Je ne veux pas!

Plutôt que de me laisser bêtement transpercer, j'attrape la lame de ma main droite et le sang jaillit d'une entaille profonde. Hors de lui, Moïse fait un pas en arrière et s'écroule, en proie à une sorte de crise d'épilepsie. Juste à temps!

J'évalue les dégâts et constate une bonne coupure à l'annulaire ainsi qu'une profonde perforation à l'auriculaire. Il faut que je soigne ça au plus vite, sinon, lorsque Moïse reprendra ses esprits, il voudra sûrement le faire, et je n'y tiens pas du tout! Mais la douleur dans ma bouche me dit que celle-ci aussi doit être dans un triste état. Je n'ai pas le choix, il faut que je me sauve!

En courant, je m'enfonce dans la nuit et cours sans répit vers Burnt River, espérant arriver à la cabine publique avant d'être rejointe. Je ne suis qu'un paquet de nerfs. Il fait noir, je n'entends que le bruit de mes pas sur le chemin gorgé d'humidité. Mon cœur saute douloureusement dans ma poitrine, il résonne dans mon cerveau, mais je ne veux ralentir, de peur d'être rattrapée. Parfois je tends les bras en avant de crainte d'entrer en collision avec un arbre, mais ce ne sont que des ombres plus denses. Pourvu que j'atteigne le village!

J'y suis, enfin! Exténuée, j'essaie en même temps de reprendre mon souffle et de déterminer qui je peux appeler. Après plusieurs hésitations, je compose le numéro de Michelle Duperré, une relation de notre entreprise. Je dois cependant la rassurer dès que je l'ai en ligne car, il n'y a pas longtemps, alors qu'il était totalement ivre, Moïse lui a administré une volée; je l'assure qu'il ne viendra pas me chercher chez elle.

— Mais qu'est-ce qui t'est arrivé? s'exclame-t-elle en me voyant.

Je lui explique que Moïse a encore trop bu.

— Il faut le laisser définitivement, me conseille-t-elle. Ce type ne va pas bien du tout et je crois qu'il en a particulièrement après toi parce que tu es une femme de tête. Et ça, ça doit sûrement le déranger. Ce gars-là n'aime pas les femmes. C'est drôle à dire, mais je suis certaine qu'il a peur de nous. Il s'est peut-être passé quelque chose avec sa mère quand il était petit, on ne peut pas savoir...

***

Le lendemain matin, Michelle m'a amenée à Peterborough où elle m'a d'abord conduite au *Salvation Army Store* afin de m'habiller des pieds à la tête, puis elle m'a laissée au Crossroads, qui est le centre d'hébergement local pour les femmes victimes de violence familiale.

Là, je me suis retrouvée cernée de questions, le personnel de l'établissement essayant d'en savoir plus sur notre commune, dont tout le monde ici a déjà entendu parler. Surtout par crainte de représailles, ne voulant absolument pas dénoncer Moïse, j'ai dû inventer des explications boiteuses pour justifier l'état de ma physionomie et de ma main aux autorités médicales.

Puis, un médecin m'a prescrit des antibiotiques, un dentiste m'a suturé les gencives, et, au bout de trois semaines, un chirurgien du Civic Hospital a réparé les tendons sectionnés de mon auriculaire en insérant le long de l'os des fils d'argent, avant de plâtrer le tout presque jusqu'au coude.

Toujours au Crossroads, je prends des bains chauds, dors comme je l'entends et mange autant qu'il me plaît. Mais, il reste la question qui m'angoisse, celle du serment d'allégeance que je suis en train de briser.

Vendredi, 25 novembre 1988. Cherchant à me changer les idées, j'allume le poste de télévision.

Un séisme de magnitude importante vient d'ébranler le Saguenay – mon pays. Est-ce un signe? Est-ce que je ne me suis pas éloignée du « Peuple de Dieu » alors que le monde s'apprête à s'effondrer? Je me vois brûler dans les flammes de l'enfer pendant l'Éternité. J'essaie de m'imaginer ce que peut être une éternité de souffrance; une horrible douleur qui jamais, jamais n'aura de fin. Une douleur dont on sait que l'on devra l'endurer à tout jamais sans espoir de remède, de fin ou de grâce. Je ne peux prendre un tel risque! La perspective d'un cataclysme plus grand m'alarme réellement. La fin apocalyptique tant ressassée me semble maintenant imminente. Mes nuits sont affreuses et mon sommeil habité par mille rapaces cornus qui me mangent, vivante.

***

Un coup de téléphone des États-Unis. C'est Moïse! Après toutes les affres mentales par lesquelles je suis passée ces derniers jours, je suis prête à lui dire que je reviens lorsqu'il m'informe qu'il se trouve, en ce moment, chez Alexander

Stanley avec six de ses soumises. Il m'annonce que la sage-femme d'Alex a accouché Dina, dont il a eu un troisième fils, nommé Sidom, et que ce vingtième rejeton demeurera à Big Water en attendant que le Tribunal des enfants révise notre cas.

— Je m'excuse pour le mal que je t'ai fait, Thirtsa. Il faut que tu me pardonnes. Cette fois, c'est vrai, je l'ai promis aux autres, je ne touche plus à la bouteille. Il n'y aura plus de violence, ce sera le paradis sur terre. Imagines-tu?

Je suis torturée. Je sais fort bien que même sans qu'il boive ses éclats peuvent être terribles, parfois même pires. Il nous est même arrivé de souhaiter qu'il s'enivre.

— Tu nous as déjà fait cette promesse, Papy...

— Laisse-moi te le prouver. Tiens, justement Ève est là, elle est revenue parmi nous... je te la passe, tu pourras lui demander si je bois encore...

— Allô, Thirtsa?

— Bonjour, Mamy. Papy me dit qu'il ne boit plus?

— C'est vrai, je peux en témoigner.

— Tu crois que je peux revenir sans risque?

— Sûr que oui! C'est différent à présent, prends-moi au sérieux, sinon je ne serais pas revenue.

Je prends ma décision, je vais retourner à Burnt River.

— Bon... dis à Moïse que je vais revenir.

Il y a une discussion à l'autre bout de la ligne puis c'est son mari qui répond :

— Je suis heureux, Thirtsa. Lorsque Caïn, Juda et Schua viendront nous chercher à Newmarket, ils te prendront au Crossroads. D'accord?

— D'accord, Papy.

— Je t'aime, Thirtsa.

***

Pour célébrer ma venue, Moïse m'a invitée en tête-à-tête à un restaurant de l'endroit où nous avions rejoint les voyageurs, le soir du 3 décembre.

— Qu'est-ce qu'ils t'ont fait au bras? me demande-t-il.

Je lui explique l'opération et les fils d'argent. Puis je m'aperçois que je n'aurais peut-être pas dû, car le regard qu'il jette à présent sans arrêt sur mon plâtre ne me rassure guère, même si je dois reconnaître que, par ailleurs, il me fait une belle façon.

***

Trois jours que je suis de retour et l'ivrogne a déjà rompu sa promesse; il boit.

— Ève, Thirtsa, nous appelle-t-il, venez me voir un peu...

Rassemblées dans la cuisine, nous n'en menons pas large alors qu'il nous traite de tous les noms pour nous être enfuies.

— Vous n'êtes que des femmes sans âme, aucune conscience! (À nouveau, il fixe mon plâtre méchamment.) Il va falloir que je t'enlève ça, c'est le symbole de ta fuite, Thirtsa.

— Mais le docteur a dit que...

— Je me fous du docteur, de tous les docteurs! S'il y a quelqu'un qui peut te soigner sur cette planète, c'est moi, et moi seul!

À nouveau, je voudrais prendre le large, mais je suis dans son piège; il est plus fort que moi. Son pouvoir est absolu sur ma personne, je n'existe plus. Je suis comme une mouche dans la toile d'une araignée géante qui a décidé de me dévorer morceau par morceau.

Je dois tendre le bras et aussitôt, sans ménagement (loin de là!), il entreprend de couper le plâtre avec une paire de ciseaux puis il l'arrache. Ce n'est pas fini car, à l'aide d'un bistouri, il m'entaille assez profondément le mont de Jupiter sur une longueur de près de cinq centimètres.

— Papy... Qu'est-ce que tu fais?

— Ce que je fais! J'enlève ces maudits fils d'argent. Tu ne dois rien accepter du monde. Tu ne te souviens pas?

Serrant les dents, je le vois prendre une pince de menuisier, l'insérer dans la plaie qu'il vient d'ouvrir et, tandis que je me retiens pour ne pas hurler et ainsi attiser son humeur, tirer de toutes ses forces sur les fils qui sont attachés aux tendons et collés à l'os.

La douleur est terrible mais, durant plusieurs minutes, il essaie vainement d'arracher les fils.

— Il va falloir que je m'y prenne autrement, déclare-t-il. Une autre fois, ce soir, tu m'as fatigué.

Lorsque j'échappe à son emprise physique, certaine qu'il va tenter n'importe quoi pour m'extirper les fils, je me sauve à nouveau dans la nuit.

Pendant que nous nous retirions, un aveu de Mamy a renforcé ma décision :

— Faut m'excuser, Thirtsa, mais je ne t'ai pas dit toute la vérité au téléphone l'autre jour. Quand on était chez Alexander Stanley, Moïse a voulu me gifler, mais Alex s'est interposé en disant qu'il ne voulait pas de ça dans sa communauté. Là-dessus, Moïse a crié qu'il n'avait d'ordre à recevoir de personne et lui a donné un bon coup de poing dans les parties. Évidemment, Alex nous a mis à la porte... C'est pour ça qu'on est revenus, plus tôt qu'il ne l'avait prévu.

***

À nouveau je me suis retrouvée à l'aube du 7, à Peterborough. Le lendemain de mon arrivée, tête basse, je me suis présentée à la clinique externe de l'hôpital. Mon chirurgien m'a regardée d'un œil soupçonneux.

— Que vous est-il arrivé?

— J'ai eu peur de perdre les fonctions articulaires de mes autres doigts; alors, j'ai enlevé le plâtre moi-même...

— Et là, cette entaille dans votre paume?

— Je suis bêtement tombée sur un couteau dans la cuisine.

— Hum... Ça devait être un gros couteau...

Je n'ai pas répondu, de crainte de lui paraître impertinente.

— La guérison va prendre plus de temps, a-t-il dit après l'examen. Je ne vais pas vous remettre de plâtre puisque vous les ôtez, je vais simplement poser une attelle métallique.

Mais il n'y a pas que ma main qui soit atteinte, mon esprit doit l'être aussi car quatre jours plus tard, accablée de remords, craignant toujours pour ma vie éternelle, j'étais de retour à mon goulag de Burnt River.

Pas longtemps. Seulement 48 heures.

Une remarque cynique de Moïse sur ma « catin » a suffi à me faire peur et, à nouveau, j'ai pris les jambes à mon cou pour me retrouver sur la 121 en train de faire du pouce.

Toutefois, en revenant à Peterborough, je n'ai pas osé cogner, pour une troisième fois consécutive, à la porte du centre d'hébergement que je venais de quitter. La seule alternative valable qui s'offrait à moi était de me présenter au YWCA (*Young Women Christian Association*). Là, il fallait payer la chambre une semaine d'avance et je n'avais pas un sou en poche. J'ai donc dû me rendre au bureau des services sociaux où j'ai dû poireauter une bonne partie de la journée avant que l'on m'accorde une aide.

J'enrageais, rendue à trente-huit ans, de ne rien avoir sur moi, ne serait-ce quelques dollars pour manger un sandwich. Et pourtant, j'ai toujours travaillé.

Depuis, les journées s'écoulent, monotones, sans autre activité que de me rendre chaque matin à des exercices de rééducation pour mes doigts en physiothérapie, au Civic Hospital. À nouveau, un peu plus chaque jour, le remords et la culpabilité me font regretter ma fugue. Qu'est-ce que je fabrique dans le monde? Est-ce que ma place n'est pas auprès de la famille de Moïse? J'ai toujours en tête une partie des mots d'une lettre que Moïse m'a écrite alors qu'il était à la prison d'Orsainville. Ces paroles me rappellent que je ne suis pas en ce monde pour mon corps charnel, mais pour mon être spirituel. C'est celui-là que je dois protéger, et non pas un doigt, ou même cette peau qui n'aura d'autre destinée que la putréfaction et la poussière.

> « Vous n'êtes pas sans savoir d'après l'enseignement reçu que je suis divisé en deux corps complètement distincts, mon corps intérieur et mon corps extérieur. Mon corps intérieur est toujours auprès de Notre Maître et auprès de Vous. Il aime, il est joyeux et le temps n'a aucun effet sur lui car il vit de l'Amour Éternel dans chacun de vos cœurs d'Enfants de Dieu. Il est complètement opposé à mon être extérieur car il vit des choses invisibles; par exemple, je suis ici et Vous êtes à la Bergerie mais pourtant beaucoup d'Amour se dégage entre Nous et on ne peut se voir ni se toucher; par contre, l'Amour est bien là entre nous. Il est invisible comme mon Intérieur et c'est lui qui me donne La Vie que j'ai présentement qui en est une d'éternité. Voilà pourquoi je m'affectionne des choses que je n'ai jamais vues dans mon corps extérieur et que je ne peux même pas comprendre ni sonder. Aussi, pour ce qui est de mon corps extérieur il est marqué par le temps, la souffrance, la séparation, la douleur. Il est l'instrument utilisé pour sensibiliser tout mon être afin de vivre d'Amour dans l'espérance du rétablissement de mon corps. Et ce moment est tout près... »

N'est-ce pas là la vraie Vérité? Que, par crainte pour ma pauvre enveloppe charnelle, je fuis les enseignements de notre berger? Ne sera-t-il pas le chef des armées célestes au jour du Jugement! Cela aussi, il nous l'a dit dans une lettre.

« *Le Maître m'a visité... larmes... sanglots... Je peux vous dire que mon corps subit les terribles chocs de son passage. C'est effrayant, c'est épouvantable comme je suis troublé... Je n'ai pas encore reçu les révélations et j'ignore entièrement ce que j'ai vu et entendu, mais je sais avec véracité qu'Il est venu... Car il est environ dix heures, à l'heure du Peuple. La journée fut longue. Je viens tout juste de sortir de cet étourdissement, je n'ai rien pu faire de la journée, mon corps ne pouvait garder aucune position et c'était comme si mes nerfs s'étiraient tous dans des sens opposés à l'extérieur de mon corps, même qu'à un moment donné, je suis devenu fou de colère. J'aurais tout brisé, je me suis alors recouché et si vous aviez vu le massacre que j'ai effectué en rêverie. Zélé pour Mon Maître, vous en seriez restés bouche bée... Je peux vous dire que j'y allais à cœur joie. Il me tarde beaucoup d'être un vaillant soldat pour Lui et faire partie de Sa Vengeance. Si l'Éternel me garde ici pour rien je veux mourir mais, s'Il veut m'utiliser pour semer Sa Terreur, je suis prêt. Qu'Il m'envoie une cohorte de son Royaume avec un de ses grands chefs et je saurai bien les conduire et les diriger pour assouvir leur soif de vengeance, ayant vu tout ce que les impies ont fait subir devant La Face de leur Maître Bien-Aimé, à Son Peuple Chéri et Fidèle... Qu'il vienne ce jour! Ne tarde pas, Éternel, avant que le Diable croie que Tu lui accordes de vivre à perpétuité. Viens mettre un terme à l'idolâtrie et à la prostitution des méchants, ne permets pas que Ton Oint soit dans l'incapacité de ne rien faire excepté que de souffrir. Réveille mon corps ceint de Ta Force et remplis-moi de zèle pour combattre en Ton Nom car il n'y a rien de plus beau et de plus grand qu'un fils qui défend son père et qu'un père qui protège son fils... Merci, Papa... Merci, Papa.* »

Qu'est-ce que je fais ici? Je dois repartir vers Papy, je ne suis rien sans lui. N'est-il pas l'Oint de Dieu. De quel droit oserais-je le juger? Je cours à ma perte.

***

Noël. Je suis revenue au sein du « Peuple » et, bien évidemment, Moïse exerce sa vengeance contre tous nos manquements. Sa furie est démesurée; il rosse nos fesses mouillées à coups de planche, nous bénit avec de l'acide à batterie, nous arrose de jets d'eau glacée, transperce avec un poinçon le lobe des oreilles de certains d'entre nous pour en faire des esclaves de marque, et boxe les autres au cours de matchs improvisés. Il a mordu au sang mes doigts, à peine rétablis des sévices antérieurs, et puis il les a frappés contre le coin de la table. Ils sont tellement endommagés et ensanglantés, voire fracturés, que j'ai du mal à présent à les refermer sur son pénis pour le masturber.

— Il faut fêter comme il convient, dit-il, excédé par mon impuissance à bien le frotter. Alors, il me lacère la gorge, la poitrine et les membres de coups de griffes, et me fait des boutonnières un peu partout sur le corps avec, on s'en doute, son couteau de chasse.

Il a pris sa carabine et vide des boîtes entières de munitions en tirant partout à travers la maison.

— Il faut célébrer la naissance du Sauveur comme il convient! hurle-t-il.

PAN! PAN! PAN! Recroquevillée dans un coin, je me bouche les oreilles, m'attendant à chaque instant à recevoir une balle.

— Craindrais-tu pour ta pauvre vie terrestre, femme de peu de foi! Debout!

Levant les yeux, je me rends compte qu'il s'adresse à moi. Les jambes flageolantes, je me redresse, contre le mur, à environ cinq mètres de lui. Je secoue négativement la tête.

— Mets un bol sur ta tête, m'ordonne-t-il.

Je fais comme il me dit et essaie de maîtriser mon tremblement pour ne pas que le récipient tombe. Je vois le canon de l'arme pointé dans ma direction; directement vers mon visage d'après ce que je peux voir. Je sais que Moïse est ivre, comment va-t-il faire pour atteindre cet objet à cette distance? Je vais mourir d'une balle dans la tête! Mon Dieu! reçois-moi dans Ton paradis.

PAN! Les morceaux de verre tombent sur le sol. Je crois que j'ai crié. Il rit aux éclats.

— Trop facile, dit-il en s'approchant.

Tremblante comme une feuille, je constate avec terreur que c'est à présent une salière qu'il pose en équilibre sur ma tête.

— Voilà qui est plus indiqué pour un tireur de ma classe, déclare-t-il en reculant à l'autre bout de la pièce.

Je suis certaine que c'est fini. La gueule noire du canon me fixe méchamment. Elle est démesurée. Comme dans un vertige, je me sens aspirée par ce gouffre de noirceur qui pourrait me conduire dans ce tunnel blanc qui nous sépare des êtres bons, des guides initiateurs et de la Lumière elle-même.

Bizarrement, je me demande comment il va raconter ça à la police. Expliquera-t-il qu'il était en train de nettoyer son arme? Qui pourra dire le contraire? Les autres témoigneront. Allez! qu'il tire et qu'on en finisse.

PAN!

Ça y est, je sens le sang qui dégouline le long de ma nuque. C'est drôle, ça ne fait pas mal et j'ai l'impression d'être toujours vivante. Curieux... « Idiote! c'est le sel qui coule sur ta tête. »

**

Suite au tumulte du Temps des Fêtes 1988, les lieux étaient un véritable cloaque. Il a fallu tout remettre en état avant que l'on ne périsse de froid ou que des officiels ne passent par ici et posent des questions embarrassantes. Les vitres cassées ont été remplacées par des feuilles de polythène et les multiples impacts de balles dans les murs ont été colmatés avec de la pâte de bois. Cependant, le rafistolage se révélant incapable de faire disparaître les trop nombreuses perforations de la cloison occidentale, l'une d'entre nous a eu l'idée de cacher ces traces en accrochant une des toiles invendues d'Ève. Cette huile illustre une mer déchaînée qui me porte parfois à comparer la furie des éléments à celle de Moïse. Il a également fallu récurer les traces de sang séché sur le plancher de lattes, vestiges compromettants d'un champ de bataille. Seule cette ambiance lugubre qui plane depuis l'agonie de Rachel a été impossible à déloger.

J'ai le sentiment qu'une aura maléfique baignera les lieux à jamais. Mais ce n'est plus très grave puisque, aujourd'hui 3 janvier, nous en sommes partis.

Nos deux camionnettes roulent sur la 401 en direction de Windsor où l'on doit passer aux États. Le mot d'ordre du départ a été donné par Moïse après une visite de travailleurs sociaux qui se sont informés de l'absence de Rachel.

— Nous ne pouvons plus rester ici, a déclaré Moïse. On va traverser aux États et nous rendre jusqu'en Utah. Vous verrez, là-bas, tout est facile, pas besoin de lutter contre les hivers rigoureux, on peut faire pousser tout ce qu'on veut à l'année longue.

À ces paroles, je me suis souvenue qu'Alexander Stanley l'a prié de quitter les lieux la dernière fois, mais il n'est plus dans mes habitudes de chercher des explications.

Je suis dans la fourgonnette de tête avec Moïse et les autres filles tandis que Caïn et Juda roulent derrière nous. En sortant du pont qui traverse le lac Saint-Clair, nous abordons les douanes américaines. Je vois Moïse baisser sa vitre et afficher son sourire le plus enjôleur, celui que j'ai connu à Keswick.

— Citoyenneté? demande le douanier qui ne lui rend pas son sourire.

— Canadienne, nous sommes tous canadiens.

— Qu'allez-vous faire aux États-Unis?

— Je suis professeur en médecine naturelle, prétend notre conducteur, ces jeunes femmes sont mes étudiantes et elles m'accompagnent au Michigan pour m'assister lors d'une série de séminaires sur la médecine naturelle.

— C'est bon, passez.

C'est sans aucune histoire que nous nous retrouvons dans le cœur du réseau autoroutier de Détroit. Ce qui n'est pas le cas pour nos deux compères en arrière.

Comme ils n'arrivent pas, Moïse va à leur rencontre. Il se passe un moment avant qu'il ne revienne. Toujours seul.

— J'ai peut-être un peu trop boxé Caïn, avoue-t-il, sa tête d'éclopé a intrigué cet abruti de douanier qui a dû le prendre pour un terroriste ou je ne sais quoi et lui a demandé ses papiers. Deux minutes après, en pitonnant sur son ordinateur, le gars savait que Caïn et Juda avaient un dossier criminel; ils n'ont pas pu passer...

— Qu'est-ce qu'on va faire? demande Orpa.

— Je leur ai dit de rester là jusqu'à notre retour.

***

305

Nous fonçons sur la 75 pour rejoindre la 90 depuis déjà un long moment lorsque Moïse prend une bretelle de sortie.

— On peut pas aller là-bas, dit-il. J'ai pas réfléchi, on ne peut pas. L'autre, là-bas, ne pourra jamais accepter mon autorité.

— Alors où est-ce qu'on va? demande Dina.

— On retourne chez nous.

— Mais... et les enquêteurs?

— Les fouineurs, on s'arrangera bien...

Si le vrai Moïse du désert avait changé d'idée aussi souvent, les Israélites n'auraient jamais atteint la Terre promise et tourneraient encore en rond.

— Thimna, tu vas prendre le volant, dit-il en remontant dans le véhicule, moi je vais relaxer un peu en prenant une petite bière.

Il en a pris une puis deux, puis plein... Nous sommes de nouveau sur la 401, il fait nuit et il nous distribue à tour de rôle des coups de poing et de pied. Il nous commande de nous taper dessus puis soudain me désigne d'un doigt accusateur :

— Je ne voulais pas le dire, Thirtsa, mais tu es une voleuse, tu m'as volé quatre cents piastres dans mon portefeuille...

— Papy, tu sais bien que c'est pas vrai! J'aurais jamais fait ça!

— Et tu es menteuse en plus! tu mériterais...

Il baisse sa vitre, me demande d'approcher puis aussitôt me bascule vers l'extérieur, le tronc sorti par la fenêtre, la tête tournée vers le ciel, les jambes à l'intérieur, suspendue au-dessus de la chaussée. L'asphalte n'est qu'à quelques centimètres de ma tête et je dois tenir les bras relevés pour ne pas qu'ils traînent par terre. J'entends Moïse qui demande aux autres de me tenir les chevilles, que lui est fatigué de me supporter.

Je voudrais crier, mais le déplacement d'air m'en empêche. Les yeux certainement écarquillés par l'épouvante, je ne peux que regarder la route défiler à une vitesse tout à fait folle vue de cet angle. J'essaie de faire des signes désespérés aux voitures qui suivent et qui nous précèdent, mais en vain, il fait trop sombre.

Enfin je suis ramenée à l'intérieur, affolée. Tout ceci semble avoir mis Moïse de bonne humeur, il rit aux éclats et déclare que c'est au tour d'une autre.

À présent, c'est à mon tour de tenir les chevilles d'Ève. Par personne interposée, je revis ce que je viens d'éprouver. Affreux!

**

Au retour, hormis Caïn et Juda, nous ne sommes pas restés longtemps à Burnt River; comme si Moïse cherchait à demeurer sur place le moins possible. Il nous a proposé un voyage au Québec, dans sa propre famille.

Après avoir chargé différentes marinades cuisinées par lui-même et qu'il destinait à son père, ainsi que du pain de ménage – également pétri de sa main –, nous nous sommes installés dans la fourgonnette, en route pour cette ville de mineurs où nous sommes arrivés le jour de l'Épiphanie. Émus, nous avons assisté aux retrouvailles des parents et du fils. Moïse avait presque les larmes aux yeux.

Son père, Jean-Guy, était bien, comme il nous l'avait décrit, un gros ours en ce sens qu'il était terriblement costaud et avait le ton rude. À le voir, je n'ai pas eu de mal à imaginer où Moïse avait pris ses exemples. Il essaie de blaguer avec lui :

— Vous en souvenez-vous, le père, quand on jouait au jeu d'os avec les amis?

— Un peu, ouais... À propos, j'ai entendu dire que tu te faisais appeler Moïse, comme le Moïse sauvé des os?

— Toujours le mot pour rire, le père.

Je me souviens que Moïse nous a raconté que son père se livrait avec les jeunes du voisinage à ce qu'il appelait le « jeu d'os ». Il s'agissait pour tout le monde de mettre les pieds sur la table puis, à coups de soulier, de se faire mal, de se blesser, jusqu'à ce qu'il n'en reste plus qu'un avec les pieds sur la table.

Je n'en jurerais pas, mais je crois bien que la mère de Moïse n'a pas dû avoir la vie facile. Quoi qu'il en soit, ce jour-là, bizarrement, elle a accueilli son garçon de quarante-deux ans avec beaucoup de démonstrations affectives que je jugerais déplacées, pour la circonstance, le minouchant et le bécotant partout, y compris sur la bouche, à tel point que je me pose encore des questions.

— Roch, lui demande-t-elle, tu prendras bien une petite bière?

— Il y a longtemps que je ne bois plus, mais enfin... juste une pour aujourd'hui.

— Jean-Guy aussi a arrêté.

— Dans la famille on sait se tenir...

Avant le repas, la mère nous a conduites dans sa chambre afin de nous montrer les albums de famille, tandis que Moïse se retirait au salon avec le bonhomme. J'aurais bien voulu entendre ce qu'ils pouvaient se raconter.

Durant le repas, les conversations insipides m'ennuyaient tellement que j'en ai profité pour détailler l'étrange maison. Des murs de béton d'une incroyable épaisseur, humides et sans chaleur. Sans les quelques touches féminines qu'avait dû apporter madame Thériault, on aurait pu se croire dans un bunker ou un abri nucléaire. Je me suis demandé si cette maison n'avait pas eu une influence sur le caractère du jeune Roch Julien Thériault. Car la grande nouvelle que je venais d'apprendre pour ma stupéfaction, est que sa famille n'a jamais habité en Abitibi. Je ne comprends toujours pas pourquoi il m'a autrefois raconté cette histoire, et je me demande si tous les actes héroïques de lui et de son père en Abitibi ont quelque fondement.

Et, à moins qu'il ne devienne invalide au fond d'un lit, il est certain que je n'oserais jamais aller le lui demander.

Après le repas, ses parents nous ont proposé de rester coucher à cause de la tempête qui faisait rage, mais Moïse a décliné l'invitation en disant que nous étions trop nombreux. Peu après la vaisselle, nous sommes remontés dans le camion, avons roulé toute la nuit et sommes arrivés à Burnt River au petit matin.

À temps pour préparer une fournée de pains et de gâteaux.

Toutefois, je ne suis pas restée longtemps à la « Fourmilière des enfants ». Peu après notre retour, Moïse se remettait à boire et à nous couvrir d'injures et de bleus. Tant et si bien qu'une nouvelle fois j'ai pris la fuite et me suis retrouvée au YWCA de Peterborough.

Au fil des jours qui ont suivi, voulant comprendre pourquoi Moïse agissait comme il le faisait, je me suis inscrite aux Al-Anon. Tant bien que mal, j'ai essayé de comprendre ce qui se disait durant les réunions, mais rien n'y faisait, mon esprit était tout le temps occupé à chercher ce qui n'allait pas dans cette société dont finalement nous nous sommes écartés et dont, après toutes les mises en garde de Moïse, je me méfie.

Environ un mois après mon départ de *Ant Hill Kids*, je me suis trouvé un travail d'aide-ménagère, et, avec les gages obtenus, j'ai pu louer une chambre dans une sympathique pension de famille.

Tout semblait s'arranger. Petit à petit, je revenais dans ce que certains appellent une vie normale. Cela aurait été vrai s'il n'y avait pas eu le remords. Ce remords qui me poursuit chaque fois que je quitte l'établissement. Ce remords qui est toujours accompagné de la crainte de brûler dans les flammes éternelles. Aussi inconcevable que cela puisse être, la peur que j'éprouve souvent en vivant dans cette commune m'est beaucoup plus supportable que le remords qui me ronge lors de mes fugues. Même après avoir rencontré Ève dans un transport public où elle m'a appris qu'elle aussi avait pris la poudre d'escampette, ainsi que Thimna et Dina qui, elles, étaient même retournées au Québec.

— Il s'est passé des choses terribles, m'a-t-elle avoué. Après avoir poché les yeux des filles, Moïse a fait coucher Caïn par terre et s'est amusé à tirer la hache autour de lui. Comme Caïn n'était naturellement pas d'accord et qu'il le lui a dit, Moïse s'est fâché et lui a asséné un coup de crosse entre les deux yeux. Hors de lui, Caïn s'est rappelé le temps où il faisait du karaté et il a jeté Moïse par terre avant d'aller se cacher dans un des véhicules. Pour se venger de lui, parce que son second était allé s'habiller dans la maison de Dina avant de se cacher, Moïse a incendié la demeure en question. Comme il y avait beaucoup de vent, le feu s'est étendu au moulin à scie, brûlant tout le matériel. Lorsque Caïn est revenu en s'excusant au petit matin, pour le punir sauvagement, Moïse l'a circoncis à vif.

— Mon Dieu, tout ça à cause de moi. Si tu savais comme je me sens mal. On dirait même que Moïse est pire quand je ne suis pas là. Est-ce vraiment possible?

— Attends, c'est pas tout, rendu furieux par la perte du moulin, il s'en est pris aux filles qui restaient, il a tiré une balle de .22 dans l'épaule de Naomi et il a noirci les yeux de Schua. Il n'y a que Orpa qui s'en est bien sortie, comme toujours. Quant à Juda, le malheureux a été brûlé pour avoir réclamé une tasse de thé avant de partir travailler. Quand il est rentré le soir, Moïse lui a vidé toute une théière d'eau bouillante sur le dos, en lui disant : « T'en voulais du thé, en v'là! » Puis, comme si c'était pas assez, il a pris un de ses quartz et il lui a massacré le bras avec...

***

Peu de temps après ma rencontre avec Ève, Moïse est venu me voir lui-même et, presque mielleux, m'a raconté que Juda avait eu un accident.

— Tu sais comme il est maladroit, eh bien il a trouvé le moyen de se brûler gravement les épaules. Tu es infirmière, Thirtsa, j'ai besoin de toi pour le soigner...

— Papy, Orpa peut faire ça aussi bien que moi. De toute façon tu m'as toujours dit quoi faire, et, même quand je veux te donner des conseils, tu m'entends pas, ou tu m'appelles « la professionnelle »!

— Je le savais! Je savais que tu étais une maudite tête de cochon! Toute une rebelle! Je te souhaite de brûler dans les flammes éternelles. Je te maudis.

Ébranlée, je suis descendue du Dodge pendant qu'il continuait à m'injurier et à me souhaiter les pires tourments.

En tournant au coin de la rue, il m'a rattrapée et m'a lancé que le Jugement était déjà au-dessus de ma tête. Mais ce n'est que lorsqu'il m'a crié que tout était fini entre nous que je me suis arrêtée sur place, totalement démolie, un grand vide froid et gluant s'étendant en moi. Comment pouvait-il me dire ça après douze années d'abnégation?

***

C'est parce que je n'ai pas pu répondre à cette question que je suis à nouveau de retour à Burnt River.

Je suis totalement incapable de tourner définitivement le dos à Moïse. Il y a comme un énorme élastique qui me ramène irrémédiablement sous son joug. Il a annihilé en moi toute capacité de faire un choix autre que de revenir à lui.

Au fait, ai-je vraiment déjà eu, depuis ma naissance, la capacité de choisir? Naissance, orphelinat, famille, inceste, religion, école, milieu, amis?

Tout a recommencé comme avant : arrachage de dents

pour Juda, coup de marteau dans le front de Thimna pour lui « organiser le portrait », tir aux couteaux en direction d'Ève qui a bien failli en recevoir un en plein front. Puis, comme Schua avait fui à son tour, le perfide s'en est pris à Thimna, son amie d'enfance, et lui a donné des coups de poing dans le ventre jusqu'à ce qu'elle accouche alors qu'elle n'en était qu'à son huitième mois. Je n'ai pas été en reste, et, le jour de sa fête, 16 mai, pour « me tenir en place », j'ai eu droit à un coup de masse sur le crâne plus deux autres sur la cuisse droite.

Ces « châtiments », encore une fois, m'ont fait décamper. Après une nuit et une journée cachée dans le vieux camion d'armée, alors que je m'apprêtais à retourner parmi les autres, j'ai entendu décoller la génératrice et les cris qui, trop souvent, accompagnent la mise en marche de cet engin qui fournit l'électricité. Effectivement, les soirs dits de « purification » Moïse ne veut rien perdre de la scène et surtout des réactions à sa médecine « divine » sur nos visages. Il a besoin de lumière. Beaucoup de lumière... Changeant d'idée, je me suis enfuie à travers bois pour rejoindre la 121. Je commence à connaître ce chemin par cœur. Dénivellations, marécages, détours, branches qui forment la voûte de cette route noire comme l'encre. Ayant déjà connu l'odeur que dégage l'ours noir, je la sens ce soir dans mes narines. Se peut-il que ce soit une mauvaise farce de mon imagination? Quoi qu'il en soit, et malgré une jambe mal en point, cette peur supplémentaire me donne des ailes aux pieds, comme la Minerve des Étrusques. À l'aube du 18 mai, j'ai rencontré Dina qui, elle, retournait vers la commune après avoir séjourné chez Michelle. Je ne suis pas la seule à faire le trajet dans les deux sens.

— Ça fait dur, là-bas, lui ai-je expliqué; je ne sais pas ce qui se passe mais ça crie pas mal fort. Tu devrais t'en venir avec moi, j'ai décidé de me sauver au Québec sur le pouce.

Elle n'hésite pas un seul instant, et, le soir même, nous arrivons chez les Poliquin, dans l'Estrie, sans difficulté aucune.

Et puis, comme toujours, il a suffi d'un coup de téléphone de Moïse pour qu'elle reparte en Ontario.

Pour ma part, je continue ma fugue vers le Nord jusqu'au Saguenay, ma terre d'origine, où sont encore toutes mes racines.

***

Mardi, 23 mai 1989, il est vingt-deux heures. À l'improviste, sans avoir prévenu et sans avoir jamais donné de nouvelles, je m'apprête, au bout de 12 ans, à frapper à la porte de mon frère cadet. Et je sais que, derrière cette porte, il y a aussi ma mère.

C'est mon frère qui ouvre. Tout d'abord, il ne semble pas vraiment me reconnaître. Je lui souris.

— Salut frérot, c'est moi, Gabrielle...

À présent il me reconnaît mais est trop saisi pour faire quoi que ce soit, il lui faut quelques secondes pour réagir. Comme s'il apercevait un fantôme devant lui, il me pince le bras comme pour s'assurer de ma réalité.

— Gabrielle!... Gabrielle! Mais c'est toi!

Nous tombons dans les bras l'un de l'autre. Je ne sais pas vraiment pourquoi je pleure, et lui non plus ne doit pas savoir pourquoi il en fait autant. Après tout, ça n'a jamais été le grand amour entre nous.

Puis il me présente sa femme, ses trois enfants et enfin ma mère. Je la reconnais sans la reconnaître. L'âge a fait ses ravages et si physiquement ses traits sont les mêmes, leur sévérité a fait place à plus de douceur. Ma tristesse se mélange à la sienne et, alors que j'aurais tant à lui dire, voilà que les mots, pour elle, n'ont plus de signification. Dieu la protège donc de mon histoire invraisemblable qui la tuerait sûrement.

***

Mon frère et moi avons jasé jusqu'aux petites heures du matin; peut-être autant au cours de cette nuit que tout ce que nous avions pu nous dire (si l'on excepte les bêtises) étant jeunes.

Puis des journées se sont écoulées au cours desquelles, déroutée, je me suis rendu compte que certains des miens n'avaient pas changé, comme si leurs idées et leurs manières de vivre n'avaient pas évolué d'un iota; seuls leurs traits avaient vieilli. En est-il de même pour moi? Ai-je toujours été celle que je suis aujourd'hui? Est-ce une rébellion perpétuelle en moi qui m'a poussée vers Moïse? Je me demande même, si je n'avais pas rencontré Roch Thériault, si je n'en aurais pas suivi un autre? N'avais-je pas déjà changé de religion! Restons-nous toujours les mêmes, nous débattant dans le même cercle d'idées restreint? C'est effrayant d'y penser.

Un coup de téléphone, durant cette période, m'a appris

qu'une nouvelle fois Ève s'était enfuie, de même que Dina qui venait juste de rentrer. Fâché, Moïse avait brûlé le chalet de son épouse, de même qu'un autobus scolaire acquis l'an passé. De plus en plus il utilise le feu pour purifier, le feu pour cautériser, le feu pour chasser les esprits mauvais, le feu pour incinérer ses victimes, le feu pour châtier; comme s'il était le maître du feu, le maître de la géhenne...

Quittant ma famille du Saguenay, j'ai voulu rejoindre ma sœur Camille à La Tuque en me disant qu'avec elle j'aurais le courage de me confier et de lui faire part de tout ce que j'ai pu endurer au cours de ces années. Il me semble que si je pouvais le faire, cela me libérerait du remords chronique qui me pousse toujours à revenir vers Moïse.

Mais Camille n'était pas là; elle travaillait dans le bois, dans un camp de chasse.

Ne sachant où aller, vraiment désorientée, j'ai accepté l'invitation de sa fille, Liliane, qui me proposait de passer la première fin de semaine de juillet à son chalet.

C'est pourquoi, dans l'après-midi du samedi, je suis avec elle sur le quai qui s'avance dans le lac face au chalet. Il pleut, mais, un peu égayées par une ou deux petites bières, nous nous attardons en riant à l'extérieur. Liliane me désigne soudain du doigt le filet de pêche enroulé près de ses pieds.

— Regarde, il y a une écrevisse qui est restée prise...

Nous nous penchons pour regarder le crustacé. En voulant le retirer pour le remettre à l'eau, un de ses membres reste accroché dans le filet.

— Ah! lance Liliane, je l'ai amputée.

Surprise, j'ai un léger mouvement de recul. Le souffle un peu coupé, je croise les bras sur ma poitrine. Je suis triste pour la bête, je me sens toute drôle. La vue de ce membre inerte d'où s'échappe la vie graduellement me bouleverse, m'envahit. Attrapant une éclisse de bois, ma nièce l'enfile dans l'appendice puis la raboute au reste du corps.

— Ça va lui faire une prothèse, dis-je en la posant sur l'eau.

Nous regardons la bestiole qui, malgré notre installation de fortune, semble bien s'en tirer.

— Est-ce que tu penses qu'elle va vivre pareil? demandé-je à Liliane.

— Certain qu'elle va survivre!

***

Un téléphone d'Ève m'a appris que Moïse s'apprêtait à lui écrire une lettre de répudiation. Je me suis alors souvenue des paroles du Deutéronome 24, verset 1 : « *Lorsqu'un homme aura pris et épousé une femme qui viendrait à ne pas trouver grâce à ses yeux, parce qu'il a découvert en elle quelque chose de honteux, il écrira pour elle une lettre de divorce, et, après la lui avoir remise en main, il la renverra dans sa maison* ».

Je ne veux absolument pas qu'on m'excommunie du clan pour des raisons similaires. J'ai peur de Moïse, mais je n'imagine pas pouvoir être loin de lui définitivement. C'est pourquoi, lorsqu'il m'a téléphoné à La Tuque de Québec où il était venu rechercher Mamy, j'ai accepté d'aller les attendre, dès le lendemain, soit le 9 juillet, à la station d'autobus de Trois-Rivières.

Après un « drôle » de voyage dont je me souviendrai toute ma vie parce que, justement, il s'est déroulé sans même que j'en prenne conscience, je suis de retour à Burnt River où j'ai découvert une Dina rasée, squelettique et couverte d'ecchymoses; où, sans plus m'enfuir, j'ai été jetée trois fois en bas de l'escalier de la seule maison qui n'a pas été brûlée; où j'ai assisté Orpa dans son accouchement d'un garçon immédiatement nommé Malkiel; où j'ai pu voir Moïse pratiquer deux incisions entre les yeux de Thimna en vue d'une lobotomie future, et encore une autre incision au couteau sur la nuque de Orpa afin, a-t-il dit, de la guérir d'un cancer.

L'imagination perverse du maître des lieux n'a pas de bornes. Ce soir, il veut marquer ses brebis d'une marque indélibile, d'une sorte de cachet qui leur permettra d'être sauvées quand les trompettes se seront fait entendre.

Nos poitrines, femmes comme hommes, sont les cibles visées par le divin marqueur. Il utilise une paire de pinces longue et fine pour nous aplatir les mamelons. Un des miens se fendille sous le choc et saigne abondamment. Si l'ivresse le rend heureux, nos gémissements le font jouir, c'est certain.

Mais pour l'instant c'est mon auriculaire paralysé par sa faute qui l'intéresse. Depuis longtemps, je remarque avec appréhension qu'il reluque mon doigt blessé. Je crois que ce soir, il veut s'en occuper...

— Viens me montrer ton doigt, m'ordonne-t-il, haut et fort.

314

— Ça va, Papy, ça va...

— Thirtsa, je t'ai dit de venir me montrer ton doigt. Tu ne veux pas me désobéir!

— C'est pas ça, Papy. C'est juste que je ne veux pas te faire perdre ton temps avec des détails niaiseux, mon doigt va très bien.

— C'est à moi d'en juger! hurle-t-il. Montre-le-moi.

Comme je fais une nouvelle fois signe que c'est inutile, il se redresse, m'attrape par le poignet, pose ma main à plat sur la table de peuplier recouverte d'une toile cirée; puis, avant que je ne puisse faire quoi que ce soit, il me transperce la main de son couteau de chasse et la cloue ainsi sur place, d'une façon tellement solide qu'il m'est impossible de la bouger. La lame pénètre profondément le bois mou de cette table.

— Quand je te dis de faire quelque chose, tu le fais! me crie-t-il alors que moi je hurle ma surprise et ma douleur.

Je m'affole devant le jet de sang qui jaillit en fontaine de la blessure. Au-delà de la douleur aiguë, je panique en voyant Caïn, Juda, Ève et Thimna s'esquiver, mine de rien, à l'extérieur.

Moïse s'approche de moi et me dévisage à quelques centimètres avec un sourire de prédateur qui vient d'enserrer sa proie.

— Comme ça, à soir, tu pourras pas t'enfuir, Thirtsa, hein!

Pour toute réponse, je le regarde très intensément. Je veux voir plus loin que sa pensée. Il baisse les yeux.

Je reste debout à demi penchée, tandis que lui s'est assis en face de moi, l'air totalement absent, presque hagard, comme cela lui arrive souvent en pareille circonstance. Derrière moi, Orpa et Naomi restent debout elles aussi, hébétées par le spectacle de ma main clouée sur la table.

Les minutes passent, à chaque pulsation il y a un petit jet de sang. Il y a plus d'une heure que je suis ainsi, la souffrance a fait place à une insensibilité totale; je ne sens plus du tout mon bras qui est d'abord devenu bleu puis qui commence à noircir.

Je dis à Moïse que je ne sens plus mon bras.

— Aux grands maux, les grands remèdes! déclare-t-il sentencieusement en sortant de sa torpeur. Ton bras va se gangrener, je n'ai plus le choix...

J'ai peur de deviner ce qu'il veut dire, mais je n'ai malheureusement pas à m'interroger longtemps; il ajoute :

— Pour corriger cette insuffisance circulatoire, l'unique solution est d'amputer...

— Je ne sais pas si...

— Je sais quoi faire... (Il se tourne vers Orpa.) Apporte-moi le couteau à tapis...

À sa demande, son âme damnée, Orpa, lui tend le petit couteau recourbé avec un manche en bois. Je respire presque, il ne compte certainement pas m'amputer avec ça.

Je me trompais! Il commence à me décharner le bras droit à mi-chemin entre le coude et l'épaule.

Sous la douleur insupportable, impuissante à m'échapper, je m'adresse au seul Ami qui me reste, Celui qui m'a toujours soutenue à travers l'épaisseur des ténèbres : Dieu.

« Mon Dieu! allège, s'il Te plaît, ma torture. Comme Toi, on m'a clouée à une planche. Si c'est Ta sainte Volonté, je suis prête à donner ma vie pour Toi. La place que Tu m'as réservée au ciel, je suis même disposée à la céder à mon bourreau. Garde-moi quand même un petit coin dans ton Paradis. »

Satan est toujours là à trancher cette peau noircie qui résiste trop à une lame émoussée.

Je me demande ce qui m'arrive, la douleur s'estompe et j'ai l'impresssion d'être opérée sous anesthésie locale. Sans bouger, sans crier ou frémir, j'assiste à ce martyre, le mien, baignée d'une lumière sûrement venue d'ailleurs. Je ne souffre pas physiquement de ce qu'il est en train de me faire! J'ai peine à y croire.

Les images de toute ma vie défilent à une vitesse vertigineuse dans mon esprit. Une voix dans ma tête, qui me rappelle celle de Paris, il y a tant d'années, ne cesse de me répéter : « Je ne te reproche rien, Gabrielle, car je t'aime et sais que tu as toujours été franche avec toi-même ».

Détachée de tout, j'ai l'impression d'être une simple spectatrice. Même lorsque, levant les yeux vers mon bourreau, je me rends compte pour la première fois après douze ans de ce qu'il est réellement : le Diable!

Ce n'est pas un suppôt de Satan, un prêtre des ténèbres ou le membre ordinaire d'un culte satanique, non! rien d'aussi peu en regard de ce qu'il est vraiment.

Alors qu'il sectionne mes muscles en petits lambeaux avec son mauvais scalpel, je réalise que Roch Thériault est mort depuis très longtemps. En fait, je ne l'ai sûrement jamais connu. Le Démon a pris sa place et agit à travers sa forme charnelle. Je le vois clairement à présent dans ses yeux morts; ces yeux qui, jusqu'à maintenant, m'ont fascinée. J'en comprends aujourd'hui la raison; ce regard est totalement différent de celui d'un humain.

Et en même temps que je le sais, il sait que je le sais.

Incompréhensiblement, je n'ai pas mal, mais, comme les flots d'un barrage qui vient de céder, je me sens emportée par une répulsion instinctive. À tel point que je ne peux m'empêcher, dans une vaine tentative de fuite, d'appeler la mort qui m'apparaît soudain d'une indéfinissable beauté. Transparente, argentée, légère... Cette délivrance que je recherche, à bien y penser, depuis la séparation de mes deux enfants bien-aimés...

Les deux témoins de la scène se sont transformés en deux statues de pierre de l'île de Pâques. Personne ne sait d'où elles viennent ni ce qu'elles regardent. Encore moins ce qu'elles pensent.

***

Une heure et demie que ça dure. Satan est fatigué et demande à Orpa de le relayer dans le dépouillement des dernières fibres musculaires autour de mon os. Le sang-froid de sa dévouée, qui, elle, est bien humaine, m'arrache à ma narcose surnaturelle; la douleur se réinstalle subrepticement. J'en déduis que Dieu peut nous épargner des atteintes du Diable, mais pas de celles des pauvres mortels que nous sommes.

Cette révélation m'aide à supporter les souffrances de la demi-heure qui suit. En fait, je crois qu'à ce stade la douleur est tempérée par la répulsion que j'éprouve pour celui que, durant toutes ces années, j'ai pris pour mon guide temporel. Comment ai-je pu être aussi aveugle? Est-ce ma longue déchéance qui m'a préparée à cela?

Je me pose la question, puis je crois que je peux y répondre. Oui, mon aveuglement résulte de ce que mon âme a été souillée par mon père un jour d'inceste. À quatre ans, j'ai découvert l'horreur et le plaisir, mais voulant oublier l'horreur parce qu'il s'agissait de papa, j'ai tout oublié sauf le plaisir. Et depuis ce jour où j'ai perdu la vue, elle m'est rendue aujourd'hui alors que s'en va la main par laquelle j'ai été initiée au mal.

Faut-il que Satan soit stupide! il coupe ce qui m'enchaînait à lui.

Revenant à des considérations plus terre à terre, si l'on peut dire, j'en viens presque à souhaiter qu'il m'ampute pour de bon; si ça continue ainsi la douleur va finir par avoir raison de moi.

— Orpa, lui demande Satan, va chercher une bûche de bois sec.

— Tout de suite, Pépé.

En revenant, elle dépose la bûche de sapin au centre de la pièce. Satan aiguisant un nouveau couperet, me regarde avec un sourire sardonique et me fait signe de venir vers lui.

Puisant à tout ce qui me reste de courage, je prends le manche du poignard dans ma main valide et, d'un coup sec, l'arrache de la table, mais pas de ma main.

Je suis inondée d'une sueur glacée.

Nue, tremblante, c'est toujours de moi-même que je vais m'agenouiller au centre de la pièce et pose mon bras moribond sur la bûche.

Satan s'avance en faisant mouliner un couperet japonais.

Vite! Qu'on en finisse! Qu'on me coupe le bras au plus sacrant!

Alors que la lame s'abat, je tourne instinctivement la tête avec la sensation épouvantable que je vais être décapitée.

Le choc est terrible. La douleur charnelle a ses limites, mais lorsque vient le tour des os...

J'ouvre les yeux pour me rendre compte avec dépit que l'humérus a à peine été entamé. Mon Dieu! Est-ce que ça va finir!

— La lame est gâtée, constate nonchalamment Satan. Faut que je l'aiguise encore...

Me tortillant de douleur, je reste agenouillée tandis qu'il aiguise le fil de l'arme avec une pierre ponce qu'il humecte de salive. La bave du serpent.

Enfin, de nouveau, l'arme s'élève... VLAN!

Incrédule, je regarde mon bras qui tombe lourdement sur le sol, le poignard toujours fiché dans la main. Je n'arrive pas à croire que ce membre faisait partie de moi.

Satan et Orpa m'enveloppent grossièrement le moignon

dans une veste de cuir. Satan, tel un médecin avant une opération, se tient les bras en l'air et attend que sa fidèle servante verse de l'eau dans le bassin afin de se laver les mains, tachées de mon propre sang. Se serait-il tout à coup souvenu de Pilate?

Pour ma part, je m'écroule là, sur le plancher, grelottante, sans couverture, couchée en chien de fusil serrant les mâchoires contre la douleur. Avant de fermer l'œil, j'aperçois à quelques mètres de moi ce bras, inerte, avec ce poignard encore planté dans ma main tournée vers la terre.

À ma gauche, la patte de la table sur laquelle coule encore le sang venu de l'étal. Puis, sans même daigner me jeter un dernier regard, le bourreau et ses deux complices s'engouffrent dans leur terrier, pour y passer la nuit...

Ce n'est qu'au terme d'une éternité que je finis par m'endormir, ou m'évanouir? je ne sais pas.

***

La bouche sèche comme le Sahara, la langue pétrifiée, je m'éveille avec quelque chose qui me dérange et la réminiscence d'un affreux cauchemar où l'on me coupait le... Ouvrant les yeux, anéantie, je me rends compte que je n'ai pas fait de cauchemar, mais la réalité est encore plus effroyable.

Il me manque une aile!

Je voudrais crier, hurler mon désespoir, mais je ne peux même pas; ma bouche est trop sèche. J'essaie de toutes mes forces de me convaincre que je suis victime d'une illusion, mais rien n'y fait; la réalité est immuable.

Étendue sur le plancher, j'en observe les nœuds, essaie de m'y noyer, à la recherche d'une autre dimension, mais... Je suis toujours là. Alors, je détaille la pièce, celle qui, pour des raisons nébuleuses, est devenue *la* pièce où je vis. Avec quelqu'un d'autre que Satan pour y habiter, peut-être ce royaume tout en bois serait-il agréable...

De l'autre côté de la fenêtre, le soleil se lève et ses premiers feux accrochent des lueurs mordorées aux murs lambrissés. Les conserves, les peintures d'Ève, l'eucalyptus, les verres de cristal sur la petite étagère devant le papier fleuri, les petits bancs de bois, le calendrier avec les canards blancs, le silence matinal, tout pourrait parler d'un endroit, d'un foyer où il fait bon vivre. Tout pourrait être tellement différent, tous les objets qui sont ici pourraient être ceux de l'amour, ceux du don. Je me rends compte que ma vie est un enfer alors qu'elle pourrait être un paradis. Cependant, aussi longtemps que Satan sera ici, la haine et la souffrance régneront en maîtres absolus des lieux.

De nouveau mon regard accroche mon bras. Une plainte s'échappe de mes lèvres; il n'y a pas de doute, ce n'est pas seulement un morceau de chair et d'os qui traîne là, sur le plancher, c'est une partie de moi. Je me sens diminuée, et cette douleur est pire que la souffrance physique.

Pourquoi le soleil traîne-t-il sur les murs? Veut-il me faire encore davantage souffrir en me rappelant comme tout pourrait-être merveilleux?

Je ne veux plus croire au soleil. Je nie la lumière et je cherche l'ombre, l'obscurité et la noirceur pour totalement m'y engloutir. Je repense tout à coup à cette écrevisse amputée. Essayait-on de me prévenir de quelque chose? Comment aurais-je donc pu saisir ce message codé?

J'en suis encore à chercher le moyen de réparer les dégâts lorsque, remontant du soubassement où il a sa chambre, j'aperçois Satan qui, sans m'adresser une seule parole, se dirige vers la porte, l'ouvre et clame aux autres qu'il a besoin d'eux.

Franchissant le seuil, Caïn et Juda restent figés de surprise et d'horreur en voyant le tableau que je dois offrir, à quelques mètres de mon bras.

Satan s'impatiente:

— Restez pas là plantés comme des pions! Dépêchez-vous de nettoyer la place et débarrassez-moi de ça...

Satan en profite pour s'esquiver à la recherche des deux brebis, Thimna et Ève, qui ne sont pas revenues depuis hier.

En nettoyant, c'est à Juda qu'il revient de transporter mon bras, dans un sac vert, dehors en vue de l'incinération. Étourdie, titubante, je trouve l'énergie pour le rejoindre dans la cour et le prier d'éparpiller les cendres dans la clairière où celles de mon fils ont été dispersées au vent.

Caïn et Juda me font signe que ce sera fait.

***

Une douleur comme celle que je ressens a ceci de particulier qu'elle ne semble pas pouvoir avoir de fin. Et cette impression qui la rend encore plus pénible fait que l'on se dit... Bref, même si j'ai voulu me montrer forte, je ne peux m'empêcher de commencer à gémir d'une façon plus ou moins continuelle. Agacé, Satan déclare :

— Donnez-lui du Courvoisier pour la soulager.

Je suis passablement engourdie par l'alcool, lorsque Orpa, sous les instructions de Satan, suture mon moignon avec du simple fil à couture.

Mais je n'y suis pas tellement; quelque part, une voix dit que je délire.

Une semaine s'est écoulée, une semaine de deuil inqualifiable, au cours de laquelle j'ai tenté de me raccrocher à n'importe quoi pour essayer de trouver des bons côtés à mon état, des pensées du genre : « Tu n'auras plus besoin de te crever au boulot », ou encore : « Tu n'auras plus besoin de masser l'Oint de Dieu. » Mais, évidemment, tout cela est loin de me consoler.

Thimna, Ève et Juda sont repartis. Juda a même écrit une lettre :

> « *Bonjour, Moïse*
>
> *J'ai retardé pour écrire mais j'ai bien réfléchi à ce que je t'écris. Je vous ai quittés pour plusieurs raisons dont la peur qui prend une large place. Aussi, j'aurais encore pris la poudre d'escampette à la prochaine fois que tu aurais bu. (Les derniers événements m'ont marqué beaucoup.)*
>
> *Il y a aussi que je ne voulais plus jouer double jeu en ayant deux maîtres... Aussi mon sommeil devenait de plus en plus dangereux pour les autres. J'en ai terminé aussi de te dormir dans la face. Pour ce qui est de la boisson, je ne t'en veux pas. Si tu obéis à ton maître dans ces circonstances, j'y crois. Je crois aussi, peut-être que je me trompe, que c'est de cette façon qu'il fait son tri...*
>
> *Je m'excuse, je ne donne pas d'adresse ou de numéro de téléphone ou un temps pour téléphoner car je suis trop troublé et j'ai même peur. J'écrirai de nouveau plus tard.*
>
> *Salut à tous.*
>
> *Juda ou Steven...* »

Moi aussi j'attends mon heure, pour partir.

***

Dans la semaine qui a suivi le dimanche, 6 août, peut-être pour nous amadouer, Satan nous a emmenés avec les deux bébés au restaurant Bamboo Gardens de Newmarket où, bien sûr, il s'est mis à boire et nous avons reçu l'ordre de faire comme lui. Éméché, il a fallu qu'il raconte à la serveuse qu'il était chirurgien, un bon chirurgien, et il a ôté mes bandages de cotonnade pour montrer un moignon suintant, œdémateux et répugnant à fuir en courant. Humiliée, j'ai décidé que cette fois il était temps que je le quitte pour de bon. Vers dix-neuf heures, je me suis rendue aux toilettes. Comme je tardais à revenir, les filles visitèrent du côté des femmes, puis celui des hommes, où je m'étais cachée en ayant la bonne idée de grimper sur la cuvette. J'étais très angoissée que l'on me découvre.

Après, je ne sais plus ce qui s'est passé, c'est le noir total. Je me réveille au petit matin, il doit être environ sept heures, je suis frigorifiée. Je suis couchée comme un chien errant sur le côté gauche et collée le long de la clôture d'un stationnement d'un poste de location de camions Ryder's. À part ce que je porte, je n'ai plus rien, pas même de sac à main. Qu'est-ce que je fais ici? Que fait ici une femme de trente-neuf ans?

Désemparée, grelottante, je me relève, traverse Davis Drive et me dirige au *Voyageur Motel* avec l'intention de me réchauffer dans le vestibule.

Avisant la première femme de chambre, je lui mendie l'autorisation de prendre un peu de repos dans une chambre avant qu'elle n'y fasse le ménage.

— Venez plutôt à la cuisine des employés, me propose-t-elle, je vais vous donner un bon café chaud.

Le café me fait du bien, je regrette de ne pas avoir mes deux mains pour les réchauffer autour de la tasse. C'est bizarre, j'ai froid à celle qui n'est plus.

— Je vais aller voir ce que je peux faire pour vous, me dit la femme de chambre avant de me laisser.

Je fais signe que oui et me prends à rêver d'un bon bain chaud.

À son retour, elle est accompagnée d'une policière.

Je ne sais toujours pas pourquoi, sûrement une habitude

contractée avec Satan, ma première réaction est de raconter à cette femme un tissu de mensonges à propos de moi. Comme elle me laisse pour aller vérifier mes dires, je me sauve et cours me dissimuler dans des bosquets avoisinants.

Il y a un bout de temps que je suis là et, intriguée, du regard, je suis les recherches d'un hélicoptère de l'*OPP*.

Je me demande soudain si les vantardises de Satan au restaurant ne sont pas tombées dans des oreilles par trop curieuses et si la police n'est pas à ma recherche.

Au fait! il est formellement interdit par la loi d'amputer quelqu'un. Et moi, pauvre idiote, je ne m'en suis même pas rendu compte.

Pourquoi est-ce que je me comporte comme une coupable?

C'est déjà la fin de la journée lorsque je m'aventure sur le chemin et fais du pouce. Une voiture me conduit jusqu'à la station d'autobus mais, là, sans argent, je me rends compte que je ne suis pas plus avancée. Désemparée, je ne trouve rien de mieux que de téléphoner à la constable à qui j'ai faussé compagnie ce matin.

Moi qui croyais que la police allait pouvoir faire quelque chose, pas du tout! Ils m'ont recherchée toute la journée et tout ce qu'ils font à présent est de me conduire au foyer pour femmes battues d'Aurora, le « Yellow Brick House ».

C'est vrai que je leur ai menti, mais quand même... Je n'y comprends rien, je ne sais vraiment plus quoi faire. Avec effarement, je me rends à l'évidence que je n'arrive pas à me détourner de cette impulsion qui m'ordonne de retourner près de Moïse. Je ne vois pas d'autre issue, je ne connais que cela; ailleurs, il n'y a que le froid, la solitude et l'oubli.

Et je veux continuer d'exister!

C'est pourquoi, lorsque Caïn vient me chercher, je n'hésite pas et, malgré tout ce que je sais, je pars avec lui.

Arrivant au Pays de Canaan, j'aperçois Satan, qui vient de sortir à notre rencontre. Cherche-t-il le moyen de me faire rejoindre Rachel? J'en suis incertaine, mais que pouvais-je faire d'autre?

***

Un violent coup sur le crâne fait exploser mille feux dans ma tête et je reste sonnée un bon moment, jusqu'à ce que je prenne conscience qu'un flux de sang coule dans mon dos. Me retournant pour comprendre ce qui vient de m'arriver, j'aperçois Satan qui tient toujours la hache dont il vient de me donner un coup sur le plat.

— À poil! me hurle le dément. (Puis se tournant vers Naomi :) Toi aussi.

Nous sommes assises toutes les deux sur le plancher, frissonnantes de terreur alors qu'il s'amuse à lancer sa hache dont la lame vient se ficher tout autour de nous. À chaque tir, c'est Caïn, son fidèle serviteur, qui lui rapporte l'outil.

— De quoi avez-vous peur, femmes de peu de foi? Pourquoi ne croyez-vous pas en moi... Quand cela viendra-t-il? Que faut-il donc que je fasse?

Se lassant de ce jeu, il me somme de m'agenouiller devant lui alors qu'il s'installe dans son fauteuil olive. À peine suis-je dans cette position qu'il m'enserre la taille de ses cuisses et exige de Orpa qu'elle lui apporte les ciseaux.

— Il faut que je t'enlève tes points, me dit-il, mais avant je dois vérifier s'il n'y a pas de pus.

Pour ce faire, avec la lame des ciseaux, il découpe trois entailles dans mon moignon.

— C'est correct, dit-il, mais pour détourner une éventuelle infection à ce niveau je vais pratiquer une ouverture sur le côté de ton sein droit afin qu'elle s'y dirige au cas où...

Sans crier gare, il me pince la peau et en découpe une bande de quatre centimètres avec les gros ciseaux chromés.

Puis, se levant de son fauteuil royal, je le vois s'apprêter, sans raison apparente, à m'enfoncer la pointe des ciseaux dans mon moignon. Terrifiée, je me débats, réussis à me dégager, bouscule Orpa qui cherche à me retenir et me sauve par la porte arrière. Je dévale l'escalier extérieur, trébuche sur une marche et m'affale sur le sable en bas de l'escalier. Je me redresse en vitesse et, toujours nue, je cours dans la nuit à perdre haleine. Je ne m'arrête que lorsque je considère être hors d'atteinte dans les fourrés.

La nuit est longue et je me pelotonne sur moi-même pour tenter d'avoir plus chaud. Mes blessures me font souffrir. Je voudrais m'endormir et ne plus jamais me réveiller.

Au matin du 10, j'aperçois Caïn qui ratisse les lieux à ma recherche.

Certaine qu'il peut m'aider, que lui me comprendra, je l'interpelle doucement pour lui demander s'il y a des risques à retourner à la maison, si Satan est encore en boisson.

— Tout va bien, me répond-il, mais la meilleure façon de le savoir c'est de venir t'en rendre compte par toi-même.

Confiante, je le suis en me disant – je veux le croire – que cette fois je vais faire mon balluchon, dire au revoir aux autres et partir, libre.

Passant le seuil de la porte de l'enfer, je réalise immédiatement que j'ai été trompée par celui que je prenais pour un ami. Satan cuve son vin, assis en bobettes sur le plancher, et me regarde avec cynisme.

— Te voilà! Traîtresse! Vois, par ta faute, ce qui est arrivé à Naomi...

Je regarde celle-ci, étendue sur le divan, misérable.

— Par ta faute, m'accuse Satan, je me suis emporté et je lui ai mis des coups de pied... Elle a avorté, espèce de bonne à rien, de parasite, de nuisance, de coquerelle, tu mériterais... Malgré ce qui lui est arrivé, Naomi, elle, est restée, et n'est pas partie se cacher dans le bois comme la poltronne que tu es. À cause de toi, je viens de perdre un enfant, te rends-tu compte!

C'est au tour de Naomi de se tourner vers moi et de m'adresser des reproches :

— Quand vas-tu reconnaître que Papy Moïse est l'homme de Dieu et qu'il peut utiliser tous les moyens pour sonder notre fidélité à Son Maître? Tu oublies que nous sommes à la fin des temps et que depuis la mort de notre gouverneur, notre chef fait le triage des élus.

Moïse approuve, j'ai l'impression que je vais encore subir ses foudres. Que peut-il me faire cette fois-ci, me couper l'autre bras? Une jambe?

Imaginant ce qui peut m'arriver, une nouvelle fois, profitant de ce que Caïn est parti aux toilettes, je file à nouveau en courant. Je sais que Satan est trop ivre – ou trop vache – pour courir.

Les autres me crient à tue-tête de revenir immédiatement. Je ne les écoute pas, peu importe ma tenue je file...

En franchissant les barils derrière la maison, je me rends compte que je n'ai pas été assez vite, Caïn me rejoint et m'accroche par mon bras restant.

— De grâce, Caïn, laisse-moi... Tu ne trouves pas qu'il m'en a assez fait.

Pour la première fois depuis des années, je pleure. Oui, cette fois je pleure!

Mais ma supplique n'éveille aucune compassion chez Caïn. Il me vend, comme autrefois en Gaspésie j'ai vendu Schua.

De retour dans la maison, Satan ordonne à son homme de main de me ligoter le bras restant avec mes chevilles.

— Pourquoi voulais-tu partir avant que je soigne la gangrène qui s'étend dans ton bras? demande Satan, en remplissant un verre de vin et en l'offrant à Caïn. Tu ne veux pas être soignée?

— Non!

— Je vois que tu délires, la fièvre te fait dire n'importe quoi. (Il s'adresse à Caïn :) Quand tu auras fini ton verre, on ira chercher les bouteilles et le chalumeau.

Je réalise avec horreur et panique ce qu'il veut faire. Comment me sortir de cette situation? Il n'y a rien à espérer, je suis là, attachée sur le plancher, totalement impuissante. Je vais être brûlée! Je suis sûre qu'il ne va pas se contenter de cautériser ma plaie, il va chercher à me tuer par état de choc, je sais qu'il veut se débarrasser de moi à présent que je sais qui il est.

***

Ils ont monté tout l'équipement, ainsi qu'une barre d'acier recourbée que Satan est en train de chauffer à blanc.

— Tenez-la! ordonne-t-il à Orpa, Naomi et Caïn.

Je ne peux que regarder le morceau de métal incandescent s'approcher de mon moignon...

***

La douleur a été telle que j'ai eu l'impression de ne plus être capable de penser, comme si le mal s'était prolongé jusque dans le cœur de mon cerveau pour le griller.

Comme je l'ai présumé, Satan ne s'est pas contenté de cautériser la plaie. Prétextant qu'il était malhabile, il m'a brûlé les tissus de la poitrine, de l'aisselle, du flanc et même du dos. D'ailleurs, en tombant, le fer rouge a laissé son empreinte sur le plancher.

Et il est insulté de ce que j'exprime ma souffrance.

— Tu vas apprendre à souffrir! me lance-t-il.

Il me force à grimper sur ses épaules et, du haut de la quatrième marche, il me lance sur la gravelle en contrebas de l'escalier en s'arrangeant pour que j'atterrisse sur mon moignon et mes brûlures.

Et il recommence, encore et encore...

Je ne comprends pas comment je suis encore en vie.

Ce n'est pas fini, voici qu'il me fait mettre à genoux, prend mon poignet gauche, me tord le bras dans le dos et demande à Caïn de prendre la planche qui traîne non loin de là.

— Prends la planche et fesse-la comme elle mérite, on va lui apprendre...

— Papy... je peux pas faire ça...

— Fais ce que je te dis!

Je vois Caïn lever la longue pièce de bois, elle s'élève... Je ferme les yeux, cette fois je suis certaine que je vais être tuée, je me prépare à recommander mon âme à Dieu...

Au dernier moment, la planche est à mi-course, je sens que quelque chose se passe et rouvre les paupières, Satan vient de mettre sa main entre mon visage et la course du morceau de bois. Je vois Caïn qui s'emploie à présent à ralentir le mouvement afin de ne pas frapper trop fort la main de son maître.

Je réalise que Satan s'est aperçu à temps qu'il ne pourrait expliquer une mort par coup de planche. Je sais que ce n'est que partie remise.

Mais pour l'instant il se tient la main et crie après Caïn parce que ce dernier a osé le frapper.

— Tu m'as fait mal! tu as osé me faire mal, espèce d'imbécile!

Puis se tournant vers moi :

— Toi, Thirtsa, à soir, tu viendras me voir dans ma chambre. J'aurais besoin d'un certain massage...

— O.K., Papy.

Le soir venu, je rejoins Satan dans son antre. Étendu sur le dos, il est là, nu, les bras croisés sur son torse, les yeux fermés. À mon arrivée, il ne bronche pas. Je m'avance à pas feutrés vers l'alcôve, mesurant gestes et paroles.

Le fanal jette une drôle de lueur sur le mur opposé. Les ombres de la nuit valsent ensemble. Le maître des lieux reste silencieux et, derrière ses yeux clos, j'imagine mille fantasmes plus pervers les uns que les autres. N'étant pas venue là par amour, les mots affectueux, échangés normalement dans ce genre de rencontre, ne viennent même pas à mon esprit. Il me l'a souvent reproché d'ailleurs.

Cependant, je sais ce qu'il veut et je joue la comédie. J'ai l'impression de me prostituer chaque fois avec cet homme placé sur mon chemin par Dieu lui-même.

D'être obligée ainsi de manger le sexe de Satan, j'ai mal au cœur, au corps et à l'âme.

***

La nuit a passé et j'ai obtenu le droit de me laver. N'ayant plus qu'une main, et comme le cuir chevelu me démange atrocement, Caïn veut bien m'assister pour me faire un shampoing. Il est en train de me savonner au-dessus de la bassine en plastique jaune.

— Attends une minute... dit-il. Ouais... ça peut bien te gratter, tu sais pas ce que tu as sur le crâne?

— Non?

— Des vers... Ouache! c'est écœurant!

— Des vers? Pas des vers!

— Ouais, et c'est infesté. Ça doit être après le coup de hache, quand t'as passé la nuit dehors, des bestioles ont dû pondre leurs œufs dans la plaie...

— Tu vas me les enlever, dis?

— Ouais... mais je vais d'abord être obligé de te raser un coin de la tête. Je vais te faire une tonsure, comme les curés dans le temps.

Je ferme les yeux pour ne pas pleurer. Je suis déjà tellement enlaidie, pourquoi faut-il ajouter ça? En plus, je me mets à imaginer que des larves se sont frayé un chemin et se sont nichées dans mon cerveau, j'ai l'image de ma cervelle grugée de varrons. C'est affreux!

Une à une, avec des pinces à épiler, Caïn ôte les larves que je vois tomber sur le sol.

Voilà ce que Satan a fait de moi.

***

Je suis regaillardie et ces derniers jours, j'ai guetté les occasions de transporter du linge et des effets personnels dans un sac en nylon sous la vieille carcasse du Chevrolet situé à environ soixante mètres de la maison. Le plus dur a été de fouiller dans ma sacoche noire au vu de tous dans la maison pour mémoriser mon numéro d'assurance sociale et celui de ma carte d'assurance santé de l'Ontario. J'ai ensuite glissé dans une chaussette les cinquante dollars que je garde depuis mon voyage au Saguenay.

Hier soir, je me suis couchée en priant Dieu qu'il m'accorde la force et la chance de réussir mon évasion. Ce matin, c'est la grande forme. Le soleil trace de drôles de messages à travers les cumulus. Je n'en saisis qu'un seul qui m'indique la sortie de ce camp de concentration. Les préparatifs des derniers jours ne me laissent aucun remords, aucune culpabilité. Sentiment inconnu depuis douze ans chez moi. Il me suffit d'atteindre la civilisation et après je serai tranquille. J'ai maintenant la certitude de connaître l'identité de celui qui se cache à l'intérieur du personnage civil nommé Roch Thériault. Quand je dis que je serai tranquille, ce n'est pas tout à fait vrai, car je sais qu'ensuite je vais toujours courir le risque d'être assassinée. Jamais il n'acceptera que je puisse dire au monde qui il est vraiment et tout ce qu'il a fait de mal. Il va falloir que je me tienne tranquille dans un coin à l'abri.

Depuis ce matin, je surveille le moment où Caïn va partir. J'ai choisi de fuir lorsqu'il sera absent et que Satan fera sa longue sieste habituelle.

Ça y est! je crois que l'heure est arrivée. J'embrasse la photo de Bath-Shiva dans le cadre que ses parents adoptifs m'ont envoyé et je sors, passe près de la pâtisserie où, mine de rien, je m'entretiens quelques minutes avec Orpa. J'offre avec empressement mes services à Naomi pour faire la lessive, je remplis un seau de couches à étendre puis, sifflotant, me dirige vers la corde à linge. Une dernière fois je m'assure que personne ne s'occupe de moi puis je m'élance vers le Chevrolet où je prends mes affaires et, l'adrénaline aidant, j'entame une folle course de sept kilomètres à travers le bois, en direction de l'ancien chemin de passage.

Je sais que si je manque mon coup, ce sera le dernier jour de ma vie.

Je ne ralentis que lorsque mon cœur saute à tout rompre dans ma poitrine. Les traumatismes et les privations de ces derniers temps paraissent l'avoir fatigué, je suffoque littéralement.

Encore trois kilomètres!

J'ai l'impression qu'ils sont à ma recherche, qu'ils vont me rattraper, c'est comme si je les entendais, ils vont me lapider et m'enterrer sur place. Peut-être même vivante.

Encore un kilomètre!

Est-ce que je vais y arriver? Je suis déjà crevée. Et si Caïn passait sur la route lorsque je vais l'atteindre. Ne pas penser, garder mes forces pour avancer. Décidément mon cœur n'est plus ce qu'il a été. Je prends mon courage à « une » main.

Enfin la 121! J'y suis. Il ne reste qu'à prier pour que Caïn n'arrive pas avant qu'une voiture m'embarque.

Une auto passe lentement, s'arrête un peu plus loin puis recule.

— Vous allez où? me demande la conductrice.

— Le plus loin possible.

— Moi, je vais à Lindsay...

— Ça ira pour commencer.

Je me dis que ce sera toujours ça de mis entre *Ant Hill Kids* et moi.

La femme travaille comme agent immobilier pour Royal LePage et nous discutons. Tout en les déguisant pour ne pas l'effrayer, je lui raconte mes malheurs. Mon histoire a dû l'émouvoir car, à Lindsay, plutôt que de me déposer à la station d'autobus comme je le lui ai demandé, elle décide de me conduire jusqu'à Aurora. Plus exactement au 37 Wellington Street où se trouve le centre pour femmes battues Yellow Brick House.

Deux cent trente kilomètres entre moi et Satan.

Je donne trente dollars à la femme pour son essence et la remercie avec empressement. J'espère qu'un jour cette madame Quibell réalisera qu'elle aura été ma planche de salut.

À 21 h 30, sous une pluie battante, réajustant la manche droite de mon veston bleu, je gravis les marches de la maison jaune. En ouvrant la porte, j'ai la très nette sensation d'entrer dans une nouvelle vie, de renaître à l'espoir.

Allez, me dis-je, maintenant ça va bien aller.

XVIII

Une chambre pour moi, un bon bain (j'adore les bains fumants), un lit moelleux, voilà la vraie vie!

Avant de me coucher, je sors de mon sac des cotonnades propres que j'ai subtilisées avant de partir et je change celles enroulées autour de mon moignon et mes brûlures. Ce n'est pas beau à voir, mais j'espère pouvoir m'en sortir.

Pour la première fois depuis longtemps, je m'endors sans trop d'appréhension.

***

Mardi, 15 août 1989. Je me lève tard et, parce qu'il le faut, je me dirige vers le réfectoire, mais je n'ai aucun appétit. En fait, sitôt les premières bouchées avalées, je dois vite trouver une salle de bains pour vomir.

De retour à ma chambre, je redéfais les pansements et me rends compte avec désespoir que je suis infectée. Juste l'odeur fétide me le confirme.

Que vais-je faire? Moi qui ne voulais pas mettre au courant les autorités médicales, voici que je n'ai plus le choix. Ce n'est pas que je craigne la médecine, non, au contraire! mais je sais fort bien qu'une fois devant un docteur, il va bien falloir m'expliquer. Je ne pourrai tout de même pas lui dire que je suis tombée sous la tondeuse à gazon et que je n'ai pas jugé bon venir le trouver tout de suite, que j'attendais que ça repousse… Non, si je ne veux pas les voir, c'est de crainte ensuite d'être repérée à nouveau par Satan.

Mais je n'ai pas le choix, si la gangrène s'installe, on ne pourra pas m'amputer le tronc.

Deux jours après mon arrivée, découragée, je vais à l'administration et, avisant une des responsables que je connais, je lui demande :

— Kathleen, pourrais-tu me conduire à l'hôpital de Newmarket le plus tôt possible…

— Pourquoi, ça ne va pas?

— C'est dur à expliquer…

— As-tu rencontré notre médecin?

— Non, je n'ai pas le temps et il m'enverrait de toute façon rapidement à l'hôpital.

— Tu ne veux pas me dire?

— J'aime autant pas.

— Comme tu voudras, Gabrielle.

En arrivant au York County Hospital, comme je passe dans la salle d'examen, je la remercie :

— Si j'étais toi, je ne perdrais pas mon temps, je t'assure qu'ils vont me garder.

— Tu ne veux toujours pas m'expliquer?

— Peut-être plus tard, excuse-moi.

— Libre à toi, tu dois avoir tes raisons.

— Merci, Kathleen.

***

Défaisant mes pansements, l'infirmière reste d'abord muette de stupeur puis s'écrie sans aucun tact :

– *My gosh, that's awful! Why, in the world, did you wait so damn long before to come here? What a neglect!* (Mince alors, c'est affreux! Zut! Pourquoi avez-vous attendu aussi longtemps avant de venir ici? Quelle négligence! [TdA])

On prend mes signes vitaux, des échantillons sanguins et on m'installe un soluté additionné d'antibiotiques… Qu'est-ce qui se passe?

Je sens comme un vent du large…

Ça y est! après les rapides, j'ai l'impression que l'esquif de ma vie vient d'aborder des courants tranquilles. Il suffisait de prendre une décision pour enfin retrouver l'usage de mon libre arbitre.

Il va falloir que je réapprenne à vivre, Satan a effacé tous les modes d'emploi pour ne laisser que le sien.

J'ai la confirmation que tout va changer lorsqu'un spécialiste du système vasculaire vient m'examiner puis m'annonce gravement :

— Je suis désolée, madame, mais je dois immédiatement aviser les autorités policières; ce que j'ai sous les yeux est matière à instruction criminelle.

— Faites ce que vous avez à faire, Docteur.

***

Lorsque le constable Fred Kerr, escorté de Brad McKay de l'*Intelligence Unit* et de William M. Thompson de la *Criminal Investigation Branch* entrent dans la pièce, j'ai eu le temps de composer toute une histoire qui ne met pas mon tortionnaire en cause. Non parce que je veux le protéger, mais parce que, malgré tout, je tiens encore à la vie.

Je suis persuadée que s'il arrive à me localiser, il va tout mettre en œuvre pour me faire passer à trépas.

— Comment une pareille blessure vous est-elle arrivée? demande l'un des policiers.

— Tout d'abord il faut vous dire que je vis normalement au Québec, au Saguenay plus précisément mais, depuis la mi-juillet, je voyage un peu partout en Ontario et je paie les frais de mes déplacements en travaillant, ici et là, à l'entretien ménager des domiciles. Il y a environ trois semaines, j'ai rencontré un naturopathe avec qui je me suis baladée en 4 X 4 sur ses lots boisés d'Haliburton. À un moment donné, les freins n'ont pas répondu et il a perdu le contrôle de son véhicule dans une pente que nous dévalions à toute allure. J'avais le bras passé par la vitre lorsque la voiture est allée se jeter contre un arbre; ça m'a écrasé le bras. Là, j'ai perdu connaissance. Voyant dans quel état j'étais, mon copain a pris une hache et a profité de mon inconscience pour me couper le bras avant que la gangrène ne se mette dedans. Il était obligé car, à pied, nous étions à des heures et des heures de la première habitation.

— Et les brûlures? demande l'autre policier.

— Ça, c'est plus tard, quand il a essayé de cautériser la plaie avec un fer rougi...

— Et le nom de ce type ne serait pas Roch Thériault, par hasard?

Je n'ai pas le choix, je fais signe que oui avant d'ajouter que tout le reste de l'histoire est vrai.

Sans plus poser de question, la mine dubitative, ils quittent les lieux.

***

Le lendemain de mon admission, je suis transférée au sixième étage et le chirurgien qui me prend en main est venu m'expliquer ce qu'il compte faire à mon moignon. Sa bonhomie m'inspire confiance et j'en profite pour lui faire part de mes craintes :

— Si jamais Thériault apprend où je suis, il va me faire tuer, c'est sûr!

— Je vous crois, il n'y a qu'à en juger par ce qu'il vous a déjà fait...

— Mais vous savez, il est très rusé, il n'y a rien à son épreuve.

— Écoutez, je vais aller de ce pas à l'administration et Gabrielle Lavallée n'existera plus dans cet établissement, il n'y aura plus que... Gail Lupton, ça vous convient?

— Oui, Docteur, je vous remercie.

— Et puis croyez-moi, il vaut mieux dire la vérité aux gens de la police; ils travaillent pour vous, pas contre vous.

— Oui, Docteur.

Le lendemain, 18 août, sous anesthésie générale cette fois, le docteur Michael G. Bottomley a réduit mon amputation de dix-sept à sept centimètres parce que l'os, en saillie, ne permettait pas de faire de points. Le Dr Beatty, pour sa part, a procédé tout de suite après la première opération, à une greffe de peau pour réparer la lacération de mon sein droit.

À partir de ces interventions chirurgicales, j'ai lentement mais sûrement remonté la pente sous la protection de cet homme très avenant. Chaque jour, il est venu dans ma chambre pour me faire la conversation, il m'a apporté des boîtes de chocolats, des roses (j'adore les roses!), des revues françaises et m'a même fait installer un appareil téléphonique.

Grâce à lui, j'ai recommencé à croire qu'après tout j'étais peut-être une personne aimable et digne de m'attirer le respect d'autrui.

Puis, malgré le fait que je n'aie pas démordu de ma première déposition, l'agent William O'Bryan a déposé une plainte de négligence criminelle et voies de fait graves sur ma personne à l'encontre de Roch Thériault.

Lui aussi a été vraiment sympathique. Souvent, il est venu me faire le détail des recherches. C'est ainsi qu'il m'a appris la découverte des ciseaux qui avaient été trouvés sur le poêle à bois de la « maison des tortures », avec, collé aux mâchoires, un morceau amputé de mon sein droit. Toutes les chasses à l'homme, en vue de retrouver Thériault et les autres, se sont révélées infructueuses, et cela même si les polices ontarienne, québécoise, canadienne et américaine avaient son signalement.

— Je suis certaine qu'il se cache encore dans la forêt, lui ai-je dit un jour.

Et je lui ai même décrit l'endroit approximatif où l'on risquait de découvrir leur véhicule.

Ma déduction était bonne car, le 19 septembre, les policiers ont trouvé le Dodge sous un amas de branches.

Encouragés par cette découverte, ils ont lancé d'autres recherches, mais en vain.

Jusqu'à aujourd'hui, 5 octobre.

Ce matin, j'ai demandé à Billy (c'est ainsi que j'appelle à présent le policier) s'il pouvait aller me chercher la photo de Bath-Shiva ainsi que sa poupée de chiffons Trottinette, restées dans notre bâtiment principal. Arrivant sur place, aidés par la trajectoire du vent, ils sont tombés sur Roch Thériault et Laurent Cartier en train d'essayer de redémarrer le vieux GMC. Aussitôt, le collègue de Billy les a mis en joue, mais ils ont réussi à filer.

Pas longtemps après, à 17 h 50, les poursuivants rattrapaient Laurent Cartier, et, tout à l'heure, en venant me rapporter cette nouvelle, Billy m'a assuré que ce n'est plus qu'une question de temps avant de mettre la main sur Thériault.

J'espère qu'ils vont le trouver avant que lui ne me trouve.

***

Après cinquante et un jours d'intensives recherches, ils ont attrapé Thériault! Avec lui restaient encore Cécile Déry (Naomi), Jessica Loisel (Orpa) et les bébés Ephraïm et Malkiel.

Il était temps, ils s'apprêtaient à partir aux États-Unis.

Alors qu'on lui passait les menottes, Thériault a déclaré :

— Accusés en rapport avec Gabrielle! Mais pourquoi? Nous on se cachait, parce qu'on voulait garder les bébés.

XIX

Alors que pendant tout ce temps, et malgré les conseils de Billy, je m'en suis tenue à ma première déclaration et ne comptais pas en démordre de crainte, en cela, de goûter au plat de la vengeance, j'apprends que Roch Thériault a déclaré aux policiers qu'il avait dû m'amputer parce que je m'étais cassé le bras au cours d'une bagarre avec les autres et que des signes de gangrène ne lui avaient pas laissé le choix. Sidérée devant ce mensonge qui m'accable et renverse mon témoignage, je propose immédiatement à Billy de rétablir la triste réalité des faits, et pour cela, s'il le faut, j'accepte de me rendre sur les lieux de la commune afin de reconstituer tout sur bande-vidéo.

Disant cela, je n'ai pas pensé une seconde que ceci allait me placer devant le dilemme de cacher ou non la vérité sur la triste fin de Roberte Poitras (Rachel), morte à 32 ans. J'aime la voie de la vérité que je viens de redécouvrir après tant d'années, je m'y sens bien, mais je crains de m'inculper moi-même dans cette affaire. Alors que je commence tout juste à redécouvrir la vraie liberté, je ne peux m'imaginer derrière les barreaux.

Même si, ironiquement, je me suis assoupie devant bien des horreurs, ce soir, je ne parviens pas à m'endormir car, pour la première fois depuis des années, je me retrouve, moi et ma conscience.

***

Arrivant sur les lieux de ce que fut la commune, en compagnie de Billy, je rencontre le constable-cameraman, Roy Gilbert, en train de vérifier son équipement.

Je le salue sans presque y prendre garde; tout ce que je redécouvre autour de moi me bouleverse. Comment ai-je pu vivre ici? Ce que je vois est une véritable nécropole de détritus : pneus usés, vieilles carcasses d'autos, amoncellement de ferraille rouillée, piles de vieux journaux qui nous servaient de papier hygiénique.

Tout est repoussant, à l'image de ce que nous avons réellement été. Et comment pourrait-il en être autrement puisque tout ceci est l'œuvre du Diable? Même lui parti, il plane sur les lieux une ambiance lugubre. Je comprends encore moins comment j'ai pu me laisser ensorceler durant tant d'années. Et si moi je ne le comprends pas, qui le pourra? Cette constatation me terrasse, suis-je condamnée à vivre avec cela sans pouvoir le partager?

Qui pourra comprendre ce qui est arrivé à Roberte Poitras sans que j'en sois accusée? Et suis-je si innocente?

Je n'en suis pas certaine.

Seule note optimiste dans ce décor marqué par l'empreinte du Mal, le toc-toc des gouttes de pluie au fond des seaux d'aluminium accrochés aux érables.

Un jour, me dis-je, tout sera effacé et lavé par la pluie du ciel, et le chant des pinsons finira bien par prendre le ton sur celui des tourterelles tristes...

Mais quand?

***

Billy a tenu à me montrer la cache où Thériault et ses derniers disciples se sont terrés soi-disant pour garder les bébés. Sans contredit, ils ont travaillé comme des nègres. Aucune commodité ne manque à cette cabane de bois rond; outre un plancher de lattes, il y a trois lits superposés, une table surmontée d'étagères garnie d'une batterie de cuisine, et il y a même quatre châssis vitrés. Pour le reste, la cache est habilement ensevelie sous une disposition adroite de branchages qui la rend impossible à discerner du ciel, voire du sol. À l'extérieur, je découvre même la toilette de Satan adroitement taillée dans la souche d'un arbre.

Comment ont-ils fait pour s'installer ainsi en si peu de temps? En découvrant tout cet aménagement, y compris un souterrain d'évacuation, je dois reconnaître que Thériault est très ingénieux. Mais qui a dit que le Diable ne l'était pas?

J'ai soudain l'impression que la lutte n'est pas finie.

***

Mardi, 10 octobre 1990, 10 heures du matin. Palais de Justice de Lindsay.

Roch Thériault se lève et, par l'intermédiaire de la traductrice, exprime qu'il désire plaider coupable. Son défenseur ne semble pas de cet avis, mais Thériault persiste.

Le procureur de la Couronne, Chris Menhardt, fait appel à son témoin principal, William O'Bryan (Billy) lui-même qui, comme pièce à conviction, dépose mon témoignage écrit. Dans un silence très lourd, les membres de la cour écoutent la presque litanie de tous les sévices que j'ai reçus depuis 1988.

À la question de savoir s'ils reconnaissent la validité du témoignage, tous les accusés déclarent que les faits sont substantiellement corrects.

À la clôture de son manifeste, le procureur déclare :

— Rien de pire ne peut réellement être imaginé et le plus surprenant est que l'offensée soit encore vivante.

Lorsqu'on demande à Roch Thériault s'il a quelque chose à ajouter, celui-ci déclare lui-même en anglais :

— Votre Honneur et membres de cette cour, je crois que la véritable preuve a été divulguée par Gabrielle Lavallée parce qu'elle a été impliquée dans cette affaire et je n'en connaissais pas tous les détails parce que j'étais ivre. Maintenant, je sais. C'est horrible, il n'y a pas d'excuses. Je suis coupable parce que j'ai pris la bouteille et personne ne m'a forcé à la prendre. Je me sens triste à ce sujet.

Je reconnais bien là cet acteur de talent. Si on le laisse faire, c'est la société qui devra bientôt se présenter au banc des accusés.

— En dehors de ses excès de boisson, ajoute Cécile Déry, il est un très bon gars.

— Je considère Roch comme mon amour, lance pathétiquement Jessica Loisel, et je l'ai toujours respecté.

Le tribunal reconnaît Roch coupable de trois charges

d'assauts graves en contravention de la section 268, et un chef d'accusation pour avoir, illégalement, causé des lésions physiques en contravention de la section 269 du Code pénal canadien.

Au terme d'à peine quatre-vingt-dix minutes, le procès se termine par l'énoncé des condamnations. Roch Thériault est condamné à douze ans d'emprisonnement répartis comme suit :

— un an pour m'avoir arraché, à l'aide de pinces, huit dents saines, le 5 novembre 1988;

— un an pour m'avoir cassé le plâtre et infligé des blessures à la paume, le 6 décembre 1988;

— dix ans pour avoir, illégalement, pratiqué une amputation artisanale, le 26 juillet 1989, outre les trois années de peines concurrentes à celle-ci et, en regard des lésions corporelles du 9 août de même que la cautérisation du 11 août 1989.

De son côté, Laurent Cartier se voit condamné à cinq ans de pénitencier en plus d'une probation de deux ans. Jessica Loisel est condamnée à deux ans moins un jour plus une probation de deux ans. Enfin Cécile Déry reçoit dix-huit mois plus une probation de trois ans.

En quittant le tribunal, je voudrais bien que tout soit terminé, mais une voix me dit que non.

***

J'en ai la confirmation ce soir. O'Bryan vient de me téléphoner pour me dire qu'il faut retourner après-demain à Burnt River. La Rivière brûlée...

Ce bref entretien me donne froid dans le dos. Je sais que quelque chose le préoccupe en rapport avec Roberte Poitras. Comment a-t-il pu savoir? Est-ce que Nadine, la femme du prophète déchu, aurait parlé?

Est-ce que je dois révéler toute la vérité? Celle-ci me brûle les lèvres. Je sais déjà qu'elle serait une délivrance, mais j'ai peur de la prison. Je ne m'en sens pas la force pour le moment.

***

L'hélicoptère atterrit à moins de deux kilomètres des bâtiments de la commune. Tout à l'heure, alors que O'Bryan me conduisait au poste de l'OPP de Toronto d'où nous avons embarqué, je lui ai dit qu'un membre de la secte était bien mort à Burnt River et, qu'une fois sur place, je raconterais tout en détail.

Ça y est, le sort en est jeté! Je me sens déjà soulagée.

***

Durant le restant de la journée, j'ai tout exposé aux policiers. Je leur ai montré l'endroit de l'inhumation, celui de la crémation et leur ai même parlé des amulettes faites à partir des os de Roberte.

— Allez voir Thériault et regardez sous sa barbe, ai-je ajouté, vous devriez trouver la côte flottante de Roberte qu'il porte en pendentif.

Il fait nuit. Me reconduisant vers ma chambre d'hôpital, Billy me propose d'arrêter manger un morceau dans un O'Toole de Toronto.

— Tu sais, me dit-il une fois attablés, je ne pensais pas te reconduire à l'hôpital, j'avais ordre en rentrant de t'amener directement en prison.

— Mais pourquoi?

— Parce que ton silence t'aurait inculpée, tu aurais été retenue comme complice.

— Mais je suis coupable! Nous sommes tous coupables de l'avoir laissé faire!

Il ne me répond pas, mais son regard exprime clairement ce qu'il veut dire : La Loi n'est pas la conscience...

***

Du 10 au 13 février 1992, j'ai offert des funérailles décentes à mon fils, Éléazar. Durant ces deux jours, je me suis enfermée dans ma chambre et là, en contact avec lui, j'ai pleuré et cherché à mettre au clair tous les motifs qui m'ont empêchée d'être maternelle comme je l'aurais voulu.

Ce n'est que suite à ce véritable au revoir entre mon petit garçon et moi, qu'enfin je me suis sentie en paix autant que je pouvais l'être et que j'ai commencé à réaliser que j'étais sur le chemin du renouveau, commencé à comprendre aussi à quel point, durant toutes ces années, mon esprit a littéralement été capturé, séquestré et enchaîné à la galère des lubies d'un dépravé.

Car c'est là le pouvoir de Roch Julien Thériault. Un pouvoir démoniaque qu'il faut dénoncer de toutes nos forces avant qu'il ne souille d'autres esprits en quête d'un monde meilleur.

Même en prison, cet homme est dangereux.

XX

Lundi, 18 janvier 1993. Parce qu'elle est devenue l'épouse légale de Thériault depuis son incarcération, seule Raymonde Poliquin (Dina) a l'autorisation d'être présente au plaidoyer de culpabilité qui s'ouvre ce matin à Kingston, concernant spécifiquement l'accusation de meurtre de Roberte Poitras.

Je suis en train de discuter avec des policiers lorsque l'un d'eux secoue ma manche pour me faire signe que Thériault arrive.

Je ne peux m'empêcher de sursauter puis d'avoir un rire nerveux. Plusieurs kilos en moins, il a coupé ses cheveux, rasé sa barbe, revêtu un costume qui pourrait être celui d'un représentant en produits pharmaceutiques et, appuyé sur des béquilles, il avance d'un pas fragile. Le patriarche qui nous soumettait de ses foudres est, apparemment, devenu un gentil pépère bourgeois.

Je me trompe peut-être, mais je suis certaine que cette apparence a été étudiée pour s'attirer la clémence, voire la sympathie, du juge.

Je connais trop bien l'habileté de Thériault à se faire passer pour ce qu'il n'est pas.

Assise devant le banc de Raymonde, j'écoute depuis plus d'une heure la liste des accusations dressée par les procureurs à l'encontre de Thériault. Moi qui croyais tout savoir, je réentends ce que je n'ai appris qu'en 1990, à savoir que Thériault forçait quelques-uns de ses enfants à le masturber. L'une des gamines aurait expliqué : « Papa veut que je frotte son pénis et que je fasse sortir du liquide blanc. Maman et moi, on le faisait à tour de rôle et quand le liquide sortait, Moïse se levait ».

Pour moi-même, la liste des faits qui ont parsemé notre vie à la commune me paraît aberrante. Comment avons-nous fait pour rester là, et non seulement y rester, mais y retourner après en être partis à maintes reprises?

Dans ma tête, comme un kaléidoscope de mauvais souvenirs, je me souviens à travers les autres sévices mentionnés par la voix grave des procureurs, comment il exposa Thimna, nue, sous un orage de grêlons parce qu'elle avait utilisé les lieux d'aisances avant leur « inauguration ». Comment, en lui faisant croire qu'elle était pulmonaire, c'est lui-même qui avait poussé Roberte vers l'alcool en lui affirmant que l'unique thérapie était d'ingurgiter de l'alcool à 90 % et en la forçant à boire sur une période assez courte, une caisse de vingt-six onces. Comment il fouillait à la loupe nos parties génitales pour vérifier si nous nous lavions correctement. Comment il nous interdisait de nous adresser directement à Dieu sans passer par lui. Comment il avait jeté la petite Bilha de deux ans dans la boue pour ensuite la ligoter contre un arbre. Comment il avait forcé Laurent Cartier à donner la bastonnade à son épouse. Comment il nous interdisait de lire sous peine de sévices. Comment il nous était défendu de donner des marques d'affection à nos propres enfants (au point que je me suis souvent levée la nuit pour donner un baiser à Bath-Shiva ou à Éléazar). Comment, un jour, il s'était gavé de cailles alors que les enfants n'avaient droit qu'à des bouillies de maïs à vache ou à des concentrés de fève soja qui leur occasionnaient des flatulences douloureuses...

Dans le courant de l'après-midi, je me rends compte que Roch Thériault a su jouer avec les sentiments du docteur Kelly de l'Université Queen's. Celui-ci débite une litanie d'éloges qui, si je n'étais pas où je suis, me ferait hurler :

— Roch Thériault m'apparaît donc comme un homme de la Renaissance, affirme le spécialiste. De nature ascétique et sensible, nous devrions le secourir du simple fait qu'il ait à vivre dans notre monde. Lorsqu'il sera libre, sa seule difficulté sera de s'intégrer confortablement dans une communauté autre que celle d'érudits comme lui. Non, je ne crois pas que mon patient possède des dispositions asociales ou criminelles impossibles à dominer.

Si je ne l'avais pas été durant douze ans, ma question serait : comment peut-on être aussi aveugle?

À moins que tout cela n'ait été un moyen de ne pas soustraire Thériault à la Justice en le déclarant inapte à subir un procès, ce psychiatre a manqué une belle occasion d'explorer la personnalité de Satan en personne. Lequel l'aura vite possédé d'ailleurs.

***

Sortant de la boîte des accusés, Thériault se plante à un mètre de moi et là, alors que personne ne peut en être conscient, il m'assaille d'un flot d'énergie si puissant que lorsqu'il me pénètre, je ressens une douleur au niveau du cœur et chancelle une fraction de seconde.

En sachant l'analyser à présent, je sais qu'il use de la même énergie démoniaque qu'il a employée pour me serrer la main il y a quinze ans à Keswick.

ÉPILOGUE

Depuis 1989, Roch Thériault purge une peine d'incarcération à vie pour meurtre non prémédité. En juillet 2002, mon tortionnaire a vu sa demande de libération conditionnelle être rejetée par les trois commissaires fédéraux devant lesquels il s'est présenté au Nouveau-Brunswick. La Commission nationale des libérations conditionnelles a en effet jugé qu'il représentait toujours un risque élevé de danger pour la société. L'accusé a lui-même déclaré, d'ailleurs, qu'il préférait rester derrière les barreaux pour sa propre sécurité...

Vous trouverez en annexe de cet ouvrage le seul réquisitoire entendu lors des auditions de cette Commission. Je l'ai écrit et présenté dans le but de justifier mon objection catégorique à la libération de Thériault.

Depuis le début de son incarcération, Roch Thériault a été transféré dans différents pénitenciers canadiens. Dans chacune de ces prisons, il a reçu de fréquentes visites féminines. C'est ainsi que, depuis l'année de son emprisonnement, il a réussi à devenir père de quatre autres enfants.

Quant à moi, je continue de vivre paisiblement en harmonie avec mon milieu. Je me suis réconciliée avec mon passé, mes pairs, l'Église catholique et Dieu qui pourvoit à mon bonheur quotidien. Très souvent, je me déplace pour donner des conférences au sujet des sectes et de leur emprise sur notre libre arbitre. Mes auditoires sont souvent très variés, mais la majorité d'entre eux est composée d'étudiants des cours secondaires. À la demande des autorités qui m'invitent, j'oriente alors mon propos sur l'aspect manipulation de certaines relations amoureuses et des dangers à long terme qu'une telle situation peut engendrer.

Également, je réponds aux nombreux courriels qui m'arrivent soit du Canada soit d'ailleurs. Certains d'entre eux me servent des commentaires ou me posent mille et une questions sur mon témoignage écrit et d'autres me demandent conseil à propos d'expériences à caractère sectaire qu'ils ont pu vivre. Enfin, je passe aussi plusieurs bons moments avec ma fille adorée avec qui je partage une très belle complicité.

J'ai repris ma vie en mains et j'ai surtout appris que j'étais maintenant la seule responsable de tout ce qui m'arrivait! J'ai pris conscience avec le temps que le pire ennemi que nous puissions avoir est encore soi-même. Car c'est nous, et nous seuls, qui prenons toutes les décisions qui nous rendront heureux ou malheureux.

À l'occasion de l'édition revue, corrigée et augmentée de mon ouvrage en 2009, je tiens humblement à demander pardon à tous ceux et celles que la publication de ce livre a pu offenser. Il en est ainsi pour Roch Thériault. Bien qu'il ait été mon agresseur, il est avant tout un être humain. Par contre, cette demande de pardon ne me permet pas d'oublier le sort que nous avons subi sous sa férule. À cet effet, si Thériault se présente à nouveau devant la Commission des libérations conditionnelles, je m'opposerai encore à un possible allègement de sa peine. Non seulement pour assurer ma protection et celle de mes proches, mais également et surtout pour sa propre protection et le maintien de l'ordre public.

Enfin je travaille présentement à un ouvrage qui fera part de mon vécu et des expériences diverses qu'il m'a été donné de vivre depuis la sortie de mon premier livre *L'Alliance de la Brebis* en 1993.

Vous pouvez joindre directement l'auteure en lui écrivant
à l'adresse électronique suivante :
atiredaile@gmail.com

ANNEXE

Chicoutimi, le 15 juin 2002

Réquisitoire adressé aux :
MEMBRES DE LA COMMISSION NATIONALE
DES LIBÉRATIONS CONDITIONNELLES

Objet : La libération de Roch Thériault

Mesdames, Messieurs les membres,

Le présent réquisitoire qui vous est déposé a comme seul objectif de justifier mon objection catégorique à la libération de Roch Thériault.

Si l'on remonte un peu dans le temps, on apprend que la tradition attribuait un triple rôle au châtiment :
1) un rôle expiatoire;
2) un rôle préventif;
3) un rôle dissuasif.

Après avoir lu le sommaire de mon autobiographie, publiée en 1993 et intitulée L'Alliance de la Brebis, lequel résume fidèlement mon parcours de vie antérieure et mes douze années passées sous le joug de Roch Thériault, et si l'on accepte que le châtiment doive jouer encore un rôle expiatoire, ce contenu devrait vous convaincre du caractère monstrueux des agissements de Roch Thériault pendant toutes ces années

En effet, vous avez là, devant vous, un monstre d'une espèce rare, et les nombreux crimes répugnants qu'il a commis exigent bien davantage qu'un minimum de peine.

Le châtiment devait ensuite jouer un rôle préventif pour éviter la récidive. Qu'adviendrait-il de Roch Thériault libéré? Si trois jeunes femmes sont toujours sous son joug, qu'il leur a fait des enfants, alors qu'il est incarcéré, comment peut-on imaginer qu'il ne chercherait pas à recruter d'autres victimes à sa sortie de prison et à recommencer ce qu'il a déjà fait?

Le châtiment doit jouer un rôle dissuasif, c'est-à-dire qu'il doit détourner d'autres malades mentaux de commettre les mêmes crimes. Or, quand on doute que la peine de mort joue un rôle dissuasif, comment croire qu'une incarcération dans une prison canadienne, avec mille petites permissions pour ceux qui se comportent bien à l'intérieur, puisse en jouer un? Surtout s'ils peuvent être libérés après quelques années d'incarcération.

Le 18 janvier 1993, quand j'assistai à Kingston à la lecture de la liste des accusations dressée par les procureurs contre Thériault et au prononcé de la sentence, je me demandais comment j'avais fait pour rester dans cette commune si longtemps, et non seulement y rester, mais y retourner après en être partie à maintes reprises?

Voilà bien tout le « pouvoir » de Thériault. Un pouvoir invisible, impalpable, improuvable, mais toujours au service du mal et de l'asservissement de tout être humain qui se trouvera, un jour, dans son cercle vital. Comme il en va du caméléon pour tout insecte qui entre, innocemment, dans son périmètre. Bien sûr, si ce pouvoir était utilisé au service du bien, c'est un procès pour canonisation auquel nos descendants pourraient assister dans une centaine d'années.

Je vous implore donc de tenir compte de mes remarques et de ce qui s'est véritablement passé dans ce groupe avant de remettre Roch Thériault en liberté. Bien sûr, je parle pour moi et pour de nombreuses autres personnes qui risquent, innocemment, d'être au mauvais moment, à la mauvaise place.

Que Dieu vous éclaire.

Je vous remercie de votre attention.

Gabrielle Lavallée

L'Alliance de la Brebis

par Gabrielle Lavallée
© ÉDITIONS JCL, 1993
Sommaire

De manière épisodique, la question des sectes refait surface à la une de l'actualité. Il y a seize ans, la tragédie de Waco nous le rappelait de façon aiguë. Quelquefois, les rubriques nous réapprennent alors que des individus, apparemment semblables aux autres, parviennent à totalement annihiler le libre arbitre de certains de leurs contemporains et acquièrent ainsi le pouvoir illimité de disposer d'eux comme bon leur semble.

Cependant, jamais article de presse ou de magazine ne nous a présenté le cheminement aussi atroce qu'inimaginable qui a pu attacher un disciple à son maître sur une période s'étendant au-delà d'une douzaine d'années.

C'est ce que nous propose à présent Gabrielle Lavallée, cette femme qui un jour, en Ontario, a par hasard croisé Roch Thériault, alias Moïse, et a payé cette rencontre de douze années d'un enfer auquel seule l'amputation barbare d'un bras a pu mettre fin.

Un enfer que personne ne peut imaginer. Il n'est pas exagéré de dire qu'à côté de la réalité qu'elle nous dévoile dans son témoignage, des auteurs de fiction, comme Stephen King ou Clive Barker, font figure de vieilles demoiselles écrivant à leur tante religieuse au couvent de la Miséricorde.

La première question que l'on se pose généralement au sujet des sectes est : comment peut-on être assez naïf pour suivre un tel individu? En commençant, dans le style sans fard qui la caractérise, par nous raconter brièvement sa jeunesse, Gabrielle Lavallée nous livre une grande partie de la réponse.

Laissée à l'orphelinat à sa naissance par une mère qui, ayant déjà une dizaine d'autres enfants, n'en pouvait plus, Gabrielle a reçu dans cette institution ses premiers sévices physiques et n'y a rien appris de l'amour. Pas beaucoup plus à trois ans, lorsque soudain incorporée dans sa famille, son seul « soutien » fut un père incestueux qu'une pneumonie allait bientôt emporter. Restée seule, devant élever sa famille dans la pauvreté, sa mère ne sut jamais montrer d'autre visage que celui de l'intransigeance. Et c'est toujours sans avoir connu l'amour, mais courant derrière, que, contre la volonté de sa mère qui voulait l'envoyer travailler, Gabrielle décida et entreprit de poursuivre ses études d'infirmière. Elle espérait implicitement qu'en soignant les autres, ceux-ci sauraient peut-être lui donner en échange un peu de chaleur humaine. Mais le sort voulut qu'elle ne rencontre surtout que des hommes plus intéressés à ses charmes physiques qu'à lui offrir un peu de camaraderie. Finissant par s'imaginer qu'amour et sexe n'étaient que les deux reflets d'une même réalité, la voilà qui occupe ses fins de semaine à faire du pouce en direction de Montréal, avec l'attente d'une nouvelle aventure sensuelle dans chaque voiture qui passe. Sans aucune fausse pudeur, elle nous livre de façon clinique pourquoi, entre autres, elle a même couché avec une femme ou avec deux Grecs en même temps.

Puis surgit le prince charmant. Il est diplomate, beau, intelligent. Il l'invite à le rejoindre à Madrid pour se marier. En Espagne, déception, il la prévient d'emblée qu'il ne faut pas qu'elle s'attende à ce qu'il soit toujours fidèle, ce n'est pas dans sa nature. Désespérée, elle le quitte et prend le train pour Paris où elle va travailler à l'Hôpital Américain. En France, avec le temps, les choses semblent aller mieux, elle se lie d'amitié avec une Normande et commence à visiter l'Europe. Mais un détail l'ennuie, elle se rend compte que la plupart des médicaments prescrits aux malades ne servent le plus souvent qu'à les assommer. Tant et si bien qu'avec le temps, elle finit par entrer en conflit avec sa supérieure au point de devoir donner sa démission. Elle ne reste pas longtemps sans emploi, la voici au chevet du fils d'un politicien en vue, puis à celui d'une riche veuve qui l'emmène en Suisse. Sa vie semble suivre un cours plus tranquille, mais, en allant rejoindre son amie à Paris pour se diriger ensemble aux vendanges, elle est enlevée au petit matin par cinq hommes qui la violent à tour de rôle.

Nous la retrouvons au Mexique où elle a accepté l'invitation d'un commerçant de Chicoutimi rencontré alors qu'elle suivait ses cours d'infirmière et avec qui elle a déjà fait le voyage autrefois. Cependant l'homme est marié et cette liaison la dérange. Un beau jour elle quitte le Chicoutimien pour un Californien plus jeune et plus attentif qui l'initie rapidement au trafic de la drogue. La voici qui importe de la marijuana au Stampede de Calgary, va à Medellin et prend des petits avions en Amérique centrale... Puis c'est le retour au Mexique, la plage, le farniente, et une maladie parasitaire qui la conduit au Guatemala pour se faire soigner – juste à l'époque du tremblement de terre qui ravagea le pays.

Fini le trafic, ils s'installent en Californie, à Los Angeles, où, pour ne pas dépendre de son compagnon qui travaille pour un fournisseur de la NASA, elle danse dans un cabaret. Renvoyée parce qu'elle a accompagné un client à Las Vegas, elle trouve une place dans un autre club – beaucoup moins sophistiqué – où on lui demande de se livrer à des exhibitions lubriques. Rupture avec son compagnon.

Elle se sent au bout de la déchéance lorsqu'elle rencontre le propriétaire d'un magazine pornographique qui l'invite sur son yacht, puis dans sa propriété dans l'arrière-pays. Mais elle veut vivre par elle-même. À peine remise, cherchant à donner un sens à sa vie, la voici qui retourne au Guatemala afin d'y apprendre la médecine par les plantes. C'est là qu'elle rencontre les Adventistes du septième jour et, séduite par leur façon de voir l'existence, adopte cette religion.

C'est dans le cadre d'une convention des Adventistes que, de retour au Canada, elle se rend au camp d'été de Keswick. Et, juste parce qu'elle ressent le besoin de parler en français, s'adresse à un compatriote arrivant tout juste de son Québec natal, Roch Thériault.

Elle nous apprend qu'elle est immédiatement subjuguée par le regard de cet homme, puis, par le détail, nous fait le compte rendu de leurs premières rencontres – le plus souvent au clair de lune. C'est durant ces rencontres qu'il lui arrive d'avoir des visions étranges que Thériault expliquera en affirmant qu'il a reçu une mission divine. Au départ nous découvrons un homme prévenant, à l'écoute et toujours disponible. Intarissable, Gabrielle se révèle en entier à lui. S'étant ainsi livrée, pressée d'être enfin utile, on comprend l'empressement qu'elle met à dire oui lorsqu'il lui propose de se joindre à son groupe de bénévoles pour enseigner aux gens la façon d'abandonner le tabac.

Dès la fin de la convention elle le suit dans la Beauce en compagnie de quelques autres qui formeront le noyau des disciples. Nous assistons à l'enrôlement de nouveaux disciples et comprenons ce qui les attire dans le style de vie que leur propose Thériault. En effet, les premières réalisations sont à tout point de vue exemplaires : soins gratuits aux malades et nécessiteux, cours anti-tabac qui portent fruit; nous avons presque l'impression d'être dans l'entourage de mère Teresa, et ces jeunes qui se cherchaient ont le sentiment d'œuvrer au bien. Ils commencent à se sentir redevables à Roch Thériault qui leur a fait découvrir cet état. Un couple vend même sa maison et ses biens pour tout donner au leader et se joindre à la communauté.

La Beauce offrant bientôt un champ d'action trop restreint, ils se dirigent vers la Gaspésie où Thériault leur expliquera vite avoir eu une révélation lui commandant de s'établir loin du monde, car la fin de celui-ci approche. Une autre révélation les conduit – loin de la civilisation – au pied d'une montagne où, après avoir prêté serment d'obéissance et de renoncement, ils travaillent tous à l'édification d'une vaste maisonnée. Ils œuvrent toute la journée comme des forçats, sont peu nourris et doivent écouter les sermons de leur chef une grande partie de la nuit. On comprend que tout ceci entraîne rapidement un abrutissement de la volonté et une dépendance passive. Lorsque, dans un sursaut d'énergie, une des disciples tente de s'enfuir, il la rattrape dans le bois et pour la première fois fait usage de la force. Un peu plus tard, après leur avoir expliqué qu'ils n'ont plus rien à voir avec la société, il leur demande de brûler leurs papiers d'identité et leur explique que désormais ils devront vivre entièrement par eux-mêmes. Lorsqu'il leur donne de nouveaux noms (celui de Moïse qui lui sera attribué a été proposé par Gabrielle), ils ne sont déjà plus libres et ne réagissent pas lorsqu'il affirme être là pour éprouver leur foi afin de déterminer s'ils méritent le Royaume. Pas davantage de réactions lorsqu'il prétend être le chef des Milices célestes qui viendront pourfendre les impies. Au fil des événements, on entrevoit pourquoi les hommes mariés acceptent sans broncher que leurs femmes passent dans le lit de leur guide. Pas davantage de réaction lorsque vient leur tour. Nous réalisons que le guide devient un despote sexuel et sommes amenés à nous poser la question de savoir si tout relève d'un fantasme prémédité ou a évolué dans ce sens à cause du contexte. Gabrielle explique comment elle doit masturber son maître sans pour autant avoir le droit d'embrasser les « lèvres sacrées ». Une fois dépourvu de toute identité intime, chacun se retrouve en but à des humiliations de la part du chef. Cela peut aller des mots jusqu'aux commandements les plus effarants, comme d'ordonner à ses disciples de se caresser mutuellement les parties génitales devant les autres.

Il leur impose de travailler sans relâche. Plusieurs poêles ronflent dans la maison et demandent une corde de bois quotidiennement. L'oisiveté est punie, même les séjours aux toilettes sont évalués dans leur durée et leur fréquence. La nourriture est de plus en plus chiche.

Arrive le temps des premiers accouchements, loin des soins médicaux. Parce qu'elle était infirmière, c'est Gabrielle qui se retrouve dans le rôle d'accoucheuse. Elle nous donne le détail des problèmes et angoisses qui se posent à elle. Plusieurs guérisons inexplicables de Roch la confortent dans la certitude qu'il est bien l'Envoyé de Dieu.

La communauté commence à intéresser les journalistes et, par ricochet, à la demande de certains parents qui prétendent que leurs enfants sont retenus contre leur volonté, la police intervient. Ce qui semble resserrer davantage les liens des membres de la communauté devant ce qui leur est présenté comme l'agresseur.

Incrédules, nous assistons aux premières « nuits d'expiation ». Pour se laver de leurs « fautes », les disciples se regroupent nus dans ce qui est appelé « le sauna » et, l'un après l'autre, chacun est battu, fouetté, piétiné sans concession par tous les autres. Seul Thériault, parce qu'il est « l'Élu », peut frapper sans l'être à son tour. Du reste il se plaint sans cesse de malaises et l'on devine qu'il est hypocondriaque. S'il est inquiet pour lui-même, ce n'est pas le cas pour les autres; même les bébés doivent être soumis au régime qu'il impose. L'affection filiale entre les mères et leurs enfants est bannie et châtiée dans le sang. Il a sans cesse des comportements qui, en des circonstances normales, devraient répandre le doute chez ses disciples; ainsi lorsqu'il veut mettre le feu à la queue de la jument pour qu'elle avance plus vite, ou lorsqu'il plaque un de ses disciples le thorax nu sur le poêle chauffé à blanc, lorsqu'il en suspend un autre à des poutres pour lui appliquer un lavement au vin, lorsqu'il décapite le chat et empale la tête sur un pieu derrière la maison, lorsqu'il demande à un enfant de trois ans de frapper sa mère qui « a péché » et lorsque celui-ci refuse, le propulse à travers la pièce, puis ensuite s'en prend à la mère qui semble s'être davantage attachée à son fils qu'à lui, lorsqu'il frappe les femmes du pied dans les parties génitales, lorsque, uniquement vêtu d'un cache-sexe, il égorge rituellement un bouc, lorsqu'au cours du réveillon du jour de l'An il fait danser une femme enceinte pour le bénéfice de notables de Bonaventure, lorsqu'il passe tout près d'étouffer un bébé qui criait trop fort à son goût au cours de ce même réveillon, lorsqu'il ordonne de nouvelles séances de purification où les sévices sont tellement brutaux qu'au matin on découvre Gabrielle et d'autres frottant le plancher pour en faire disparaître les traces de sang. Mais, s'ils sont terrifiés, rien n'entame la confiance des disciples, et Gabrielle Lavallée réussit le tour de force de nous faire comprendre pourquoi.

Nous sommes étonnés lorsqu'il demande à un nouveau membre, un malade mental, de garder les enfants. Ahuris, lorsqu'au matin on découvre un des petits le visage et le pénis tuméfiés. Incrédules, lorsque Thériault, qui a ordonné aux parents d'aller travailler dans le bois, décide d'opérer l'enfant. Abasourdis, de l'intervention qu'il pratique aux parties génitales tandis que la narratrice fait office d'assistante.

Nous ne sommes malheureusement pas étonnés lorsque survient la mort du garçonnet au terme de souffrances qui nous enragent. Nous voudrions croire que tout ceci n'est qu'une œuvre d'imagination, que ça n'a pu avoir lieu.

Mais non, et on s'enfonce davantage dans le cauchemar lorsque vient la crémation en forêt au milieu de la nuit, que vient le simulacre de procès du simple d'esprit, reconnu innocent de par son état mental, mais condamné à être castré. Ce à quoi s'emploie Thériault, toujours assisté de Gabrielle.

Il faut lire ce témoignage pour comprendre quel peut être l'état d'esprit des disciples après ces faits. Comprendre pourquoi ils restent là alors que leur guide spirituel, loin de montrer quelque peine, s'amuse un soir à les prendre pour cibles à éviter lorsqu'il lance des couteaux, lorsqu'il décide d'appeler autrement les jours, les mois et les ans, lorsqu'il ordonne à son bras droit de couper un orteil à sa femme parce que celle-ci ne veut pas quitter la couche de son mari, qu'il fait couper un doigt à Gabrielle puis la fait étrangler jusqu'à ce que celle-ci implore sa grâce.

Et nous demeurons totalement atterrés lorsqu'il ordonne de lapider une fillette pour une broutille. Atterrés car, comme l'a ordonné Thériault, les disciples ramassent des pierres, et si, en empruntant les paroles du Christ, il avait dit : « Que celui qui est sans péché lance la première pierre », nous réalisons avec horreur qu'ils auraient tous lapidé l'enfant.

Comment des êtres humains, au départ animés par des sentiments généreux, peuvent en arriver là, c'est ce à quoi répond ce témoignage.

Lorsque nous voyons à nouveau apparaître la police alertée de la mort de l'enfant par le simple d'esprit qui s'est enfui, on espère avec soulagement que cette période obscure va prendre fin. On ne peut imaginer que l'horreur peut aller plus loin.

Suivent l'arrestation et le procès qui conduit Thériault et quelques-uns de ses disciples (dont Gabrielle) en prison. À ce propos, la narratrice nous explique comment la maison d'arrêt lui semble un havre de paix en regard de ce qu'elle vient de vivre. Et nous la voyons même manœuvrer pour ne pas obtenir de libération anticipée, afin de n'avoir pas à retourner tout de suite dans la secte où elle est convaincue que son avenir l'attend puisqu'elle a fait serment devant Dieu de suivre Roch. Sans compter qu'elle est à présent enceinte de lui qui l'a fait demander au cours d'une nuit précédant l'incarcération. Nuit au cours de laquelle c'est une autre disciple qui a dû la caresser tandis que « l'Élu » se contentait de donner sa semence.

Lors d'une libération provisoire à Noël, alors qu'ils sont tous à nouveau réunis pour quelques jours, Thériault, qui vient d'arriver, ordonne une nouvelle nuit d'expiation.

À sa sortie de prison, séjour en Gaspésie et naissance de l'enfant dans des conditions qui nécessiteront une hospitalisation d'urgence, puis à Québec la secte reprend sa forme initiale tandis que Thériault va écumer l'Ontario à la recherche d'un endroit tranquille où il pourra planter sa vigne, faire son vin et surtout diriger son troupeau comme bon lui semble.

À l'exception d'un disciple et de Thériault lui-même, personne ne tenait à partir en Ontario et recommencer au fond des bois ce qu'ils avaient connu au pied de la montagne. Pourtant, laissant à Québec un tas de factures impayées, ils partent tous. Nous les voyons, au cours d'une nuit froide, traverser à maintes reprises un terrain privé et des sous-bois en portant sur leur dos tout le matériel jusque sur le lot encastré que Thériault vient d'acheter. De nouveau c'est le travail de construction, l'établissement de nouveaux bâtiments, le bois ne manque pas car Thériault, qui possède d'étonnantes facultés d'adaptation, a construit un moulin à scie à partir de pièces diverses récupérées à la ferraille. La nourriture est constituée de moulée normalement réservée aux animaux. Pour se laver il n'y a que les marais infestés de sangsues. Gabrielle est de nouveau enceinte mais néanmoins affectée à l'équipe des « bras forts », ceux qui abattent les arbres et les transportent. Et tout cela dans la morosité, car il n'y a plus, comme la première fois en Gaspésie, l'impression de bâtir quelque chose de neuf qui se distinguerait du monde.

À peine a-t-elle accouché, qu'elle doit retourner au travail. Son utérus ne tient pas le coup, sa matrice descend et pend sur cinq centimètres hors de sa vulve. Thériault ne voit là aucun empêchement au labeur. Au lieu de cela, rendant visite à son fils, il le déclare maudit, car ce dernier à une paupière plus basse que l'autre. Plus tard, il fait son testament dans lequel, entre autres, il est ordonné qu'après son décès Gabrielle soit pendue. Mais celle-ci n'a pas le temps de se poser des questions, son fils meurt d'une façon inattendue. Sans artifice, elle nous fait partager sa torture morale. Pour la première fois, alors que dans une parodie funèbre Thériault monte en haut d'un arbre pour disperser les cendres de l'enfant, elle se prend à douter de lui et à souhaiter qu'il tombe de l'arbre.

Toujours plus sinistre, la vie se poursuit. Certains disciples sont arrêtés pour vol à l'étalage; Thériault a trouvé ce moyen pour améliorer son ordinaire. Lui ne mange pas de moulée! Aux enfants les plus vieux, il enseigne comment corriger leurs frères et sœurs dits « impurs », car la secte est partagée entre les « purs » et les « impurs ». Une façon comme une autre d'appliquer la règle du diviser pour régner.

Un beau jour les autorités envahissent les lieux à grand renfort de policiers et de fonctionnaires afin de soustraire tous les enfants à l'autorité de Thériault. Des accusations sont portées contre lui à l'effet qu'il aurait exigé des fellations de la part de certaines de ses fillettes en présence de leur mère. Gabrielle ne peut le croire. Cette marque de confiance n'empêche pas son guide de vouloir « arranger » lui-même son utérus en le maintenant en place à l'aide d'un morceau de bois retenu par des cordelettes. Une autre fois, parce qu'elle avait fugué et jeté le morceau de bois, il lui a attaché l'utérus avec une corde et s'est amusé à tirer...

Voulant récupérer les enfants, il s'est imaginé qu'il pourrait y parvenir en fondant une compagnie rentable. Aussi, au cours d'une nuit, il fut décidé de créer la *ANT HILL KIDS HANDICRAFT* dont les activités consisteraient à gagner le plus possible par n'importe quel moyen, que ce soit la vente au porte-à-porte, la fabrication de pain, la tenue d'un étalage de fruits et légumes ou le commerce de bois de chauffage et des produits de l'érable. Peut-être pour fêter ça, voici une nouvelle nuit d'expiation au cours de laquelle, entre autres, il arrache à vif les dents d'une disciple.

Un peu plus tard, cherchant à éviter que les autorités ne viennent chercher l'enfant d'une autre de ses disciples, il tente de provoquer l'accouchement à coups de poing. Au cours de la même période, il rend visite à une secte semblable à la sienne dans l'Utah. Au cours de ce voyage il rencontre un psychanalyste célèbre qui semble porté sur les cultes sataniques. Au retour, suit une succession de nuits d'expiation. Quand vient le tour de Gabrielle, celle-ci est obligée de se barbouiller le visage des excréments qu'un des disciples a évacués sur le plancher alors qu'on lui tapait dessus. Suite à cela, Thériault lui écrase le nez contre la porte et lui laboure le crâne avec un clou de quatre pouces qui tient lieu de poignée à cette même porte. Les autres membres ne sont pas en reste, pubis épilés à la main, organes génitaux écrasés, crânes dégarnis à pleine poignée, yeux au beurre noir, peau lacérée, côtes fracturées, abdomens injectés de solution de camphre et flagellations sont le lot commun quand il n'organise pas un match de boxe entre deux femmes, ne brûle pas des lèvres vaginales au chalumeau pour les soigner ensuite avec des onguents de fabrication personnelle. Comme si ce n'était pas suffisant, il s'amuse à lancer des couteaux sur ses disciples; lorsqu'il en blesse une à la cuisse, il ordonne à une autre de verser dessus une pleine bouilloire d'eau bouillante « pour désinfecter la blessure ». Lors d'une soirée « plus douce », il a même demandé à une des disciples de danser nue avec son fils aîné.

Survient un petit temps de répit; il est incarcéré pour avoir cherché à intimider une jeune fille de quatorze ans.

Pourquoi ne l'a-t-on pas gardé derrière les barreaux? À peine sorti, il s'en prend au plus tranquille de ses disciples et le castre, dehors, à l'aide d'un couteau de boucher. Non satisfait de la souffrance qu'il vient d'infliger, il faut qu'il cautérise, encore une fois au chalumeau qui, comme chacun sait, n'est pas un outil de grande précision. Il arrive, au cours des nuits qui suivent, que beaucoup des disciples se réfugient dans le bois pour passer la nuit afin d'éviter les colères de leur guide spirituel. La dernière fois il a défiguré Gabrielle à coups de lampe de poche et l'a ensuite recousue avec du gros fil industriel.

Puis est survenue la tragédie que tout le monde connaît, l'opération de Solange Boilard. Parce qu'elle avait « mal au ventre », ce qui se conçoit très bien lorsque l'on songe au régime auquel ils étaient soumis, Thériault a décidé de lui ouvrir carrément l'abdomen, de couper un morceau qu'il ne jugeait pas sain, puis a demandé à son bras droit de recoudre le tout avec une aiguille à laine. Après quoi, la pauvre fille, qui avait dû subir tout cela à vif, se vit intimer l'ordre de se lever et de marcher sans faire d'histoires. Le lendemain, elle était au plus mal, mais Thériault exigea qu'elle se lève comme à l'habitude, puis, se rendant compte qu'elle n'était vraiment pas bien, il lui fit gober six oeufs, lui apposa un emplâtre de champignons et de salive sur la blessure, lui fit prendre un bain d'eau très chaude, puis un autre d'eau glacée. Après tout cela, il alla jusqu'à feindre la surprise lorsqu'elle rendit l'âme. Dans la nuit qui suivit, il exigea que la dépouille soit étendue nue sur son lit, et passa la nuit seul auprès d'elle.

Le lendemain, après une inhumation tenant du guignolesque, il demanda aux autres de l'aider à s'ôter la vie. Après plusieurs tentatives, toutes vouées à l'échec, il déclara que Dieu avait décidé qu'il devait vivre.

Comme si ce n'était pas suffisant, il ordonna à trois reprises de déterrer sa victime afin de prélever des organes. La première fois, c'était pour verser dans la pauvre tombe une centaine de litres de vinaigre pour empêcher les vers de ronger le cadavre. La seconde fois, Gabrielle se vit intimer d'extraire l'utérus puis un rein. Une autre fois il demande à son bras droit de pratiquer une ouverture dans le front de Solange pour s'y masturber afin, selon ses dires, de « faire revivre ses os. » À cette même occasion il fait prélever une côte flottante qu'il portera autour du cou comme un talisman.

À ce stade, la narratrice nous fait réellement sentir à quel point elle et la plupart des autres se sentent comme des morts-vivants. C'est une plongée en apnée au fond de l'horreur. Dans un bocal, des « morceaux » de la disparue ont été conservés dans une mixture d'huile d'olive et de sperme à Thériault. C'est autour de ce bocal, alors qu'à tour de rôle, dans un geste qui se veut symbolique, ils sont pénétrés par l'ex-mari de la victime, que chacun doit prononcer l'Alliance de la Brebis. Autrement dit, accepte de passer par là où elle est passée afin de se mériter le Royaume.

Une autre fois, Thériault se rend en Utah et, à son retour, achète des livres traitant d'alchimie. Suivent d'autres fugues de la narratrice, le récit de cette équipée alors que leur guide, ayant décidé d'aller se réfugier en Utah, avait fait demi-tour en chemin après s'être rendu compte que là-bas ce ne serait plus lui le *boss*. Enfin les détails à glacer le sang de l'amputation à froid et de ses suites vécues par Gabrielle le jour même où il lui est apparu que Thériault devait être une incarnation de Satan. Comme s'il avait lu en elle et qu'il avait voulu la supprimer.

Plus tard, une tentative de fuite nocturne la mène à travers bois où, rattrapée par un des disciples, elle implore ce dernier de la laisser filer, mais il ne l'écoute pas et la ramène à Thériault qui aussitôt entreprend de cautériser le moignon au chalumeau. Encore une autre fugue, la bonne cette fois. Puis l'hôpital, où elle arrive juste à temps pour éviter une gangrène généralisée. La police devant qui elle hésite longuement avant de raconter toute la vérité. La fuite des membres restants de la secte qui disparaissent purement et simplement dans les bois durant de longs mois, et que l'on ne retrouve que grâce à un hasard providentiel, juste avant que Thériault ne passe la frontière.

Le procès a lieu en janvier 1993. Encore une fois Gabrielle se souvient de toutes les dépravations de Thériault. Comment il exposa une disciple, nue, sous un orage de grêlons parce qu'elle avait utilisé les lieux d'aisances avant leur « inauguration ». Comment, en lui faisant croire qu'elle était pulmonaire, il avait poussé Roberte Poitras vers l'alcool en lui affirmant que l'unique thérapie était d'ingurgiter de l'alcool à 90 % et en la forçant à boire, sur une période assez courte, une caisse de vingt-six onces. Comment il fouillait à la loupe les parties génitales des filles pour vérifier si elles se lavaient correctement. Comment il interdisait de s'adresser directement à Dieu sans passer par lui. Comment il avait jeté la petite Bilha, âgée de deux ans, dans la boue pour ensuite la ligoter contre un arbre. Comment il avait forcé Laurent Cartier à donner la bastonnade à son épouse. Comment il interdisait de lire sous peine de sévices. Comment un jour il s'était gavé de cailles rôties alors qu'en face de lui les enfants n'avaient droit qu'à des bouillies de maïs à vache ou à des concentrés de fèves de soja qui leur occasionnaient des flatulences douloureuses...

En sortant du tribunal, un instant face à face avec son bourreau, Gabrielle a l'impression qu'il essaie de la tuer en usant de la même énergie démoniaque qu'il a utilisée quinze ans plus tôt à Keswik pour lui serrer la main.

Aujourd'hui, Roch Thériault est incarcéré à perpétuité et a peu de chance d'être éligible à une libération conditionnelle. Si jamais il vient à en obtenir une, il reste quatre-vingt-quatre charges criminelles que les rescapés pourraient faire appliquer. Un témoignage unique, qui ne fait pas que restituer des scènes à la limite du supportable, mais qui, tout en répondant aux questions que chacun se pose, interroge, au-delà même du phénomène des sectes, à l'instar du *Journal d'Anne Frank*, sur ce dont est capable d'infliger ou de supporter l'humain.

À moins, comme en est persuadée Gabrielle Lavallée, que l'humain en Thériault n'ait été annihilé par le démon qui a pris sa place. Sur cette question, à la lueur de ce qu'il aura appris, chaque lecteur aura droit à sa propre opinion.

DISTRIBUTEURS EXCLUSIFS

Distributeur pour le Canada et les États-Unis
LES MESSAGERIES ADP
MONTRÉAL (Canada)
Téléphone : (450) 640-1234 ou 1 800 771-3022
Télécopieur : (450) 640-1251 ou 1 800 603-0433
www.messageries-adp.com

Distributeur pour la France et autres pays européens
DISTRIBUTION DU NOUVEAU MONDE (DNM)
PARIS (France)
Téléphone : 01 43 54 49 02
Télécopieur : 01 43 54 39 15
Courriel : info@librairieduquebec.fr

Distributeur pour la Suisse
(À l'usage exclusif des librairies)
SERVIDIS / TRANSAT
GENÈVE (Suisse)
Téléphone : 022/342 77 40
Télécopieur : 022/343 46 46
Courriel : transat-diff@slatkine.com

Dépôts légaux
Bibliothèque nationale du Canada
Bibliothèque et Archives nationales du Québec, 2009
Imprimé au Canada